AF392918

En la tesis XI sobre Feuerbach, Carlos Marx señalaba que nos hemos dedicado a pensar el mundo de diversas maneras, pero de lo que se trata es de transformarlo. Žižek, el filósofo eslavo, ha afirmado que tenemos que revertir dicha tesis. En un mundo complejo, contradictorio e incierto como el que vivimos, necesitamos huir de la performatividad, del hacer por el hacer, de las actuaciones oportunistas, de los esquemas de acción que se nos ofrecen como la "salvación definitiva". Tenemos que parar, detenernos y pensar, pensar libremente, pensar con los demás y pensar en profundidad. Esta colección *Pensar la Educación*, no pretende ni más ni menos que lo dicho: pensar la educación como la alternativa necesaria para frenar la constante presión a hacer cosas, a innovar ciegamente, a hacernos creer que estamos cambiando todo para no cambiar nada al estilo del Gatopardo de Lampedusa. Para ello, para ayudarnos a pensar y pensar con los otros, la colección quiere ofrecer herramientas conceptuales, reflexiones e ideas, intempestivas, desconcertantes e incluso singulares, pero siempre profundas para que nos ayuden a entender qué está ocurriendo en la educación y también releer, volver a replantearnos las mejores ideas, conceptos y enfoques de nuestro pasado reciente. Esperamos con ello, con esta colección, atisbar la revolución pedagógica que tanto necesitamos.

Edición: Primera en castellano. Octubre de 2022

Título original: "Curriculum Epistemicide: Towards An Itinerant Curriculum Theory"
Traducción: Silvia Tenconi
Diseño: Gerardo Miño
Composición: Laura Bono

ISBN: 978-84-18929-56-4
E-ISBN: 978-84-18929-57-1
Depósito legal: M-18893-2022

Thema: JNA [Philosophy & theory of education]
WGS: 830 [Vocational & subject textbooks]
BISAC: EDU040000 [Philosophy, Theory & Social Aspects]

dirección postal: Tacuarí 540 (C1071AAL)
Ciudad de Buenos Aires, Argentina
tel-fax: (54 11) 4331-1565
e-mail producción: produccion@minoydavila.com
e-mail administración: info@minoydavila.com
web: www.minoydavila.com
redes sociales: @MyDeditores, www.facebook.com/MinoyDavila

JOÃO M. PARASKEVA

Epistemicidio curricular

Hacia una Teoría Curricular Itinerante

MIÑO y DÁVILA
EDITORES

Para mi madre

Agradecimientos

Este libro es el resultado de incontables interacciones con innumerables personas, instituciones y organizaciones comunitarias a las que les debo mucho.
Unas palabras de profundo agradecimiento a Antonia Darder por el apoyo constante, la solidaridad y el cariño que siempre nos demostró a mí y a mi trabajo. Profunda gratitud a Noam Chomsky. Una hora con Chomsky es un momento de revolución intelectual sin precedentes. En mis encuentros con él he podido aprender mucho sobre las complejidades de la dinámica de la producción ideológica y de la educación. También, muchas gracias a Henry Giorux, Ramon Grosfoguel, Paget Henry, Richard Quantz, Boaventura Sousa Santos. Su influencia en mi trabajo está más allá de las palabras. También quiero agradecer a mis estudiantes de doctorado en Liderazgo y Políticas Educativas de la Universidad de Massachusetts, Dartmouth. El entorno crítico que construimos juntos ha sido responsable de mi constante crecimiento intelectual. También una palabra de agradecimiento para mi esposa y mi hija por el constante apoyo y preocupación y por las constantes preguntas cruciales para las que, honestamente, no tengo respuesta. Por último, pero no menos importante, especialmente en momentos como este, no puedo olvidar a mis padres, a quienes les debo mucho. Desafortunadamente, mi madre no vivió lo suficiente como para ver reflejada gran parte de nuestras discusiones en mis escritos.

Índice

Prólogo

Impiedad y la forja de epistemologías liberadoras: una ardua travesía

Antonia Darder
Universidad Loyola Marymount

> *El colonialismo niega los derechos humanos a los seres humanos a quienes ha sometido mediante la violencia y los mantiene por la fuerza en un estado de miseria e ignorancia que Marx, con razón, llamaría una condición infrahumana.*
>
> *El racismo está arraigado en las acciones, las instituciones y en la naturaleza de los métodos colonialistas de producción e intercambio. Las regulaciones políticas y sociales se refuerzan mutuamente. Dado que el nativo es infrahumano, la Declaración de Derechos Humanos no se aplica a él; inversamente, como no tiene derechos, es abandonado sin protección a las fuerzas inhumanas, introducidas con la praxis colonialista, engendradas en todo momento por el aparato colonialista y sostenidas por relaciones de producción que definen dos clases de individuos: uno para quien el privilegio y la humanidad son una sola cosa, que se convierte en ser humano mediante el ejercicio de sus derechos; y el otro, para quien la negación de derechos autoriza la miseria, el hambre crónico, la ignorancia o, en general, la "infrahumanidad".*
>
> *Albert Memmi (1965)*

Hace cincuenta años, Albert Memmi planteó la crítica precedente a la colonialidad del poder en su texto seminal, *El colonizado y el colonizador*. En esta crítica, Memmi denuncia abiertamente la inhumanidad del racismo y la praxis colonialista, que han considerado infrahumanas a las poblaciones indígenas y subalternas, en comparación con la subjetividad de élite de Occidente. Al hacerlo, Memmi llamó la atención sobre la impiedad y ferocidad del imperialismo occidental y la legitimidad y el monopolio falso que brindan los mecanismos de producción de conocimiento que sostienen la colonialidad del poder.

La crítica sin escrúpulos de Memmi desafía un modo de producción cognitivo epistemicida arraigado en una tautología deshumanizante de objetividad y superioridad, engendrada por el aparato colonialista responsable de su formación en primer lugar.

Del mismo modo, Memmi ha criticado estridentemente, al igual que João Paraskeva en este libro, el proyecto hegemónico de los derechos humanos de Occidente. Lo que se vuelve sorprendentemente obvio es que solo a través de tal indagación podemos llegar a comprender cómo funciona realmente esta perspectiva de los derechos humanos, aparentemente benevolente, como un dispositivo hegemónico engañosamente divisivo y oscurecedor. En el análisis de Boaventura de Sousa Santos (2007), en el que se basa Paraskeva, el pensamiento modernista que sustenta este dispositivo ideológico puede entenderse como uno que produce una *abismal división.* Es decir, donde las líneas de distinción se trazan con tanta fuerza como para decretar todo lo que queda fuera del ámbito del aparato colonial inexistente, infrahumano o, en el mejor de los casos, irrelevante. Tanto es así, que una creencia profundamente arraigada en la subhumanidad del "Otro" continúa perdurando en la mentalidad occidental incluso en la de sus defensores más liberales. No es de extrañar, entonces, que después de casi 70 años desde la Declaración de Derechos Humanos de las Naciones Unidas, la colonialidad del poder en la raíz del pensamiento excluyente occidental y sus manifestaciones materiales destructivas permanezcan, tenazmente, prácticamente inalteradas. Mientras tanto, a pesar de todas las campañas y proclamas bien intencionadas, la política de los derechos humanos –basada, consciente o inconscientemente, en lo que Paulo Freire (1971) denominó *falsa generosidad*– ha fracasado miserablemente para transformar el aparato colonial subyacente, que permanece en pleno florecimiento dentro de las escuelas y la sociedad.

En el proceso, las alternativas epistemológicas subalternas, que desafían la colonialidad del poder y exigen cambios estructurales reales en el poder y la redistribución de la riqueza, están fácilmente sujetas al poderoso y mortal control de las fuerzas hegemónicas de la modernidad. Aquí encontramos la inseparabilidad y la interacción histórica constante de una cosmovisión curricular opresiva, que yuxtapone herméticamente la colonización, la expansión cosmológica y la conquista material como necesarias para la evolución humana. Con el trasfondo de esta agonía cultural, Paraskeva afirma, con razón, que nada menos que la impiedad liberadora puede liberarnos del *dominio eugenésico de la perspectiva epistemológica eurocéntrica moderna occidental,* con su autoridad aparentemente absoluta sobre nuestras vidas y nuestra humanidad. Por lo tanto, parece apropiado comenzar este breve prólogo firmemente anclado en la convención radical de los críticos implacables, incluyendo directamente a Paraskeva entre esta loable tradición de estudiosos revolucionarios.

¿Por qué impiedad?

> *En un momento como este, se necesita una ironía abrasadora, no un argumento convincente. ¡Oh! Si tuviera la capacidad y pudiera llegar al oído de la nación, hoy derramaría un torrente ardiente de burla mordaz, reproche explosivo, sarcasmo fulminante y reprimenda severa. Porque no es luz lo que se necesita, sino fuego; no es el aguacero suave, sino el trueno. Necesitamos la tormenta, el torbellino, y el terremoto. Hay que avivar el sentimiento de la nación; la conciencia de la nación debe ser incitada; la honestidad de la nación debe ser sorprendida; debe ser expuesta la hipocresía de la nación; y deben ser proclamados y denunciados sus crímenes contra Dios y el hombre.*
> *Frederick Douglass (1852)*

¿Por qué impiedad, uno podría preguntarse? Para responder, podemos basarnos en estas apasionadas palabras de Frederick Douglass, quien también nos recordó que "El poder no concede nada sin una demanda. Nunca lo hizo y nunca lo hará".

Como educadores críticos, activistas y ciudadanos culturales del mundo, estamos inmersos en una lucha global sin piedad por nuestra propia humanidad, que requiere de nosotros un espíritu inquebrantable para interrogar minuciosamente, con valiente honestidad y audaz coraje, los males explotadores del capitalismo avanzado, particularmente en su forma actual. Existimos en un mundo donde las artimañas del neoliberalismo están firmemente apoyadas por los epistemicidios del libre mercado que abstraen abrumadoramente nuestra existencia física y cognitiva, considerándonos objetivos de explotación desechables para el mercado, socavando el potencial para la promulgación genuina de los derechos humanos. En el proceso, la vitalidad dinámica de nuestras vidas, nuestro trabajo y nuestros sueños son usurpados diariamente por los "dioses del dinero" que hoy gobiernan nuestro planeta.

Frente a la impunidad financiera del neoliberalismo, lo que se necesita es la impiedad de la declaración de Douglass: Porque no se necesita luz, sino fuego; no es el aguacero suave, ¡sino el trueno! En medio de una multiplicidad de ataques insensibles y descarados a nuestra humanidad, no podemos ser ni ingenuos ni arrogantes al enfrentar las fuerzas abrumadoras que niegan la legitimidad de nuestra prolongada lucha histórica por la justicia social. Tampoco podemos pretender que las fuerzas de la opresión entreguen fácilmente su autoridad y dominio material ganados injustamente sin una batalla. Tampoco podemos pretender que los poderosos respondan mágicamente de manera favorable a la luz moral que arrojan los argumentos emancipadores. En cambio, Paraskeva afirma que nuestra praxis política debe ser epistemológicamente feroz y profundamente anclada en las sensibilidades de nuestra subalternidad, el único lugar desde el que realmente podemos librarnos del pesado yugo de la tiranía sancionada por Occidente, que ha forjado amargas historias de empobrecimiento, colonización, esclavitud y genocidio.

Teniendo en cuenta todo esto, Paraskeva nos invita, con razón, a reconocer que la forma en que percibimos y experimentamos el mundo (individual o colectivamente), la forma en que identificamos los problemas y citamos soluciones, y la forma en que nos ubicamos en el mundo, son todas inseparables de la lucha por la justicia cognitiva. Es así, dado que las lealtades ideológicas a epistemologías particulares en última instancia determinan los significados que construimos, cómo vemos nuestro mundo, cómo contextualizamos nuestra participación y cómo perpetuamos verdades, supuestos y valores individuales y colectivos, dentro de los contextos del currículo educativo, del trabajo de los movimientos sociales y de nuestra existencia cotidiana. Aquí se pueden encontrar suposiciones no examinadas, formaciones sensoriales comunes y entrelazamientos cognitivos directamente vinculados a la colonialidad del poder que hemos interiorizado, la mayoría de las veces a través del currículo oculto del sistema bancario de educación y la industria cultural de nuestra sociedad profundamente dividida por clases, razas y género.

Por lo tanto, afirmar que las epistemologías tienen consecuencias reales en las esferas social y material es reconocer críticamente, por un lado, nuestra relación dialéctica en curso con el mundo natural; y, por el otro, que la conciencia que encarnamos incuestionablemente modela los contornos y alcances de nuestra existencia humana. En consecuencia, la conciencia no es sólo una cuestión epistemológica, sino también profundamente material. Es desde aquí que Paraskeva nos invita a problematizar y repensar sin compasión la conciencia o para *comenzar de nuevo*, a través de nuestros compromisos subalternos del proyecto político-económico inacabado de Marx, en un esfuerzo por profundizar y expandir su visión emancipadora, a saber, la liberación de nuestra humanidad, pero ahora solo a través de la complejidad de la epistemología multicéntrica capaz de soportar el carácter siempre cambiante de nuestras formaciones culturales y manifestaciones políticas.

Epistemologías de liberación

> *Pienso que tiene sentido tratar de localizar e identificar estructuras de autoridad, jerarquía y dominación en todos los aspectos de la vida y desafiarlas; a menos que se las pueda justificar son ilegítimas y deben ser desmanteladas para aumentar el alcance de la libertad humana.*
> *Noam Chomsky (1996)*

Las epistemologías de la liberación que pueden desafiar persistentemente las *estructuras de autoridad, jerarquía y dominación en todos los aspectos de la vida* deben ser cultivadas, nutridas y encarnadas dentro del bendito desorden y caos difícil de manejar de la vida cotidiana dentro de las escuelas y comunidades. Paraskeva señala aquí a las epistemologías curriculares enraizadas en una visión dinámica y multidimensional de nuestra humanidad, unificada solo por nuestro anhelo colectivo de libertad y el derecho a existir sin restricciones en medio de nuestras diferencias. Tales epistemologías de justicia cognitiva apuntan a desmantelar. sin arrepentimiento. los mitos hegemónicos de Occidente, potenciados por insulsas sensibilidades neoliberales que convierten la igualdad en una insípida semejanza y la diferencia en una perversa inferioridad.

A partir de Santos (2012), Paraskeva sugiere que la construcción de epistemologías de liberación debe construirse sobre una lógica de cuatro vías que desafíe el dualismo aniquilador de Occidente, que engañosamente separe a los seres humanos del mundo natural. Como tal, la construcción de epistemologías emancipadoras de inclusión y crítica se basa en principios pedagógicos liberadores que involucran las ausencias, las emergencias, la ecología de saberes y las traducciones interculturales absolutamente vitales para la formación de movimientos pedagógicos y políticos para el cambio social emancipador. Es decir, nuestra pedagogía y nuestra política deben convertir en posible lo que hasta ahora se había vuelto imposible; pensar el futuro con posibilidades plurales y concretas que surjan de las acciones en el presente; asumir que todas las relaciones humanas y los conocimientos están informados tanto por el privilegio como por la ignorancia; e integrar formas de construcción del conocimiento que permitan la "inteligibilidad mutua entre las experiencias del mundo" (pág. 58).

> Desde esta perspectiva privilegiada, llegamos a comprender críticamente que las epistemologías curriculares específicas que adoptamos, promulgamos y perpetuamos en las escuelas y la sociedad nunca son ni inocentes ni neutrales. Nuestros procesos de solidificar y fabricar la rectitud y validez hegemónicas del canon occidental deshumanizante o liberarnos de su estrangulamiento, abriendo caminos hacia epistemologías y formas de vida emancipadoras. Con esto en cuenta, Paraskeva propone que cultivemos la fuerza epistemológica y los medios para viajar en el tiempo tanto al pasado como más allá de lo que Santos (2007) denomina la *brecha abismal*, para romper el pensamiento abismal de la colonialidad que obstruye, distorsiona o extingue rígidamente la expresión del Otro.

Al hacerlo, también podemos trabajar para transmutar nuestra relación con nuestras historias subalternas y conocimientos indígenas, de modo que estos puedan informar mejor nuestra comprensión actual del mundo, de formas nuevas y liberadoras, formas que potencialmente pueden conducirnos hacia una mayor justicia cognitiva global.

Currículo itinerante y justicia cognitiva

> *Por lo tanto, la lucha por la justicia social global debe ser también una lucha por la justicia cognitiva global. Para tener éxito, esta lucha requiere un nuevo tipo de pensamiento, un pensamiento postabismal.*
> *Boaventura de Sousa Santos (2007)*

La Teoría Curricular Itinerante, tal como la concibe Paraskeva, está destinada a guiarnos en la transformación de nuestro trabajo en una praxis viva de justicia cognitiva global. Esto implica un currículo impulsado por epistemologías emancipadoras de diferencia y rotunda alteridad que nos brindan el espacio en el que (re) imaginar y transformar las ideologías rígidas, incorpóreas, fracturadas y reductivas que acosan nuestra enseñanza y nuestras vidas. A través de este trabajo emancipador en las escuelas y las comunidades, nos abrimos a nosotros mismos y a nuestros estudiantes a nuevas posibilidades para trabajar a través de nuestras diferencias, resistir y alterar las viejas formas de conocimiento que antes volvían silenciosas e invisibles las vidas subalternas. Por lo tanto, lejos de ser únicamente un esfuerzo abstracto, teórico o intelectual, la justicia cognitiva se rige por epistemologías críticas de acción que apuntan a interrumpir y desmantelar las injustas condiciones sociales y materiales, particularmente para aquellos más afectados por las devastadoras políticas económicas de la clase financiera neoliberal, capitalistas por excelencia, que han eludido la responsabilidad por las brutales consecuencias de sus jugarretas del libre mercado, el botín de la privatización, los esquemas especulativos y las políticas desreguladoras, que les han permitido causar estragos a escala global.

La clave para el proceso de una reafirmación epistemológica del conocimiento subalterno y las posibilidades liberadoras es un ámbito dialécticamente epistemológico, donde el poder oculto y reprimido de nuestras epistemologías subalternas puede ser accedido, recuperado, comprometido y utilizado pedagógicamente y políticamente, en interés de nuestra humanidad. Este proceso también nos permite objetivar la atracción que ejercen sobre nosotros los epistemicidios imbuidos de las ideas neoliberales que cosifican nuestro ser para que simultáneamente podamos reimaginar nuevas posibilidades, a través de la expansión al campo de la conciencia individual y colectiva que esto presagia. Y como nos recuerda Santos (2009), "se genera así un sentido intensificado de reparto y de pertenencia que, si se pone al servicio de las luchas de resistencia y liberación de la opresión, puede contribuir a fortalecer y radicalizar la voluntad de transformación social".

Además, vivir en la dialéctica de comenzar de nuevo –ser creado y recreado constantemente– implica la capacidad de apertura radical, tolerancia a la ambigüedad y a la complejidad, comodidad con el caos necesario no solo para la creatividad sino para la encarnación de la vitalidad y las expresiones genuinas de la vida democrática. Es precisamente esta dimensión revolucionaria la que es despojada por el campo hegemónico de la constricción del sujeto universal en el mundo occidental en una supuesta semejanza objetiva, hecha a imagen de su propia ideación dominante; o su objetivación de la conciencia como fenómeno lineal singular, legitimado por la racionalidad estrecha del dualismo.

Entonces, nuestro desafío es permanecer siempre conscientes y basados en formas de justicia cognitiva que, epistemológicamente, tanto pueden estabilizar nuestra conciencia como permitirnos permanecer cognitivamente fluidos, flexibles y abiertos al cambio. Es decir, para que podamos permanecer más firmemente tanto flexibles como anclados en una visión y una praxis emancipadoras, sin volver a caer en esas nociones abismales y suposiciones neoliberales demasiado familiares en las que todos estamos, en un grado u otro, actualmente atrapados. En este sentido, la articulación de Paraskeva de un hábil currículo itinerante representa un medio formidable para la (re) formación de la conciencia social, ya que aleja nuestra conciencia de la lógica fallida del dualismo y, en cambio, hace visible la multiplicidad de la conciencia, así como su naturaleza cambiante y movible.

Para Paraskeva, la conciencia se entiende como un proceso humano en constante evolución, influenciado y experimentado a través de la perspectiva epistemológica que da lugar a nuestra denominación del mundo, como diría Freire, y lo inscribe con significado. Entonces, la conciencia humana se entiende aquí como un fenómeno inacabado, un campo cognitivo de posibilidad siempre creativo y dinámico, capaz de una regeneración y recreación continuas y del cual podemos extraer un profundo sentido de esperanza radical. Es, además, a través de los procesos epistemológicos colectivos del subalterno que también podemos llegar a reconocer que, inherente a la opresión que hemos sufrido, también existe una fuerza catalizadora oculta para nuestra liberación. Es decir, a través de nuestras luchas colectivas contra la opresión, los grilletes que una vez nos ataron pueden convertirse en el medio para nuestra liberación, en el sentido de que el poder colectivo de la conciencia –o la gracia política, como lo he denominado en otra parte (Darder, 2011)– liberado a través del amor y la solidaridad que genera nuestro trabajo dialógico se convierte en el catalizador de formas emancipadoras de conocimiento, previamente sofocadas por la fuerza de epistemicidios recalcitrantes. Por tanto, la conciencia puede entenderse como una fuerza mediadora a partir de la cual visualizamos nuevas posibilidades, mientras que las epistemologías de la liberación sirven como modos creativos de navegación cognitiva.

Este proceso político subalterno de regeneración colectiva es precisamente lo que puede impulsarnos hacia el Currículo Itinerante de Paraskeva, un currículo transmitido por su ruptura epistemológica con la colonialidad del poder y su desafiliación con el dogma hegemónico. A su vez, este proceso libera nuestro campo de conciencia, abriendo el camino a resurgimientos de perspectivas subalternas, nuevas expresiones de solidaridad, y a la poderosa regeneración de esa fuerza política necesaria para transformar las condiciones sociales y materiales de nuestra existencia actual, no sólo en la mente sino también en la carne. Y, por supuesto, todo objetivo está en el corazón mismo de la búsqueda académica de Parakeva, ya que reconoce plenamente que superar la derrota de los epistemicidios solo puede convertirse en una propuesta completamente prominente y creíble en la medida en que nuestros esfuerzos filosóficos y pedagógicos faciliten "los movimientos sociales y luchas que pelean contra el capitalismo y las múltiples metamorfosis del colonialismo" (Santos, 2012) y contrarrestan la *abismal división* que nos despoja de nuestra humanidad.

Por lo tanto, si queremos contrarrestar eficazmente la abismal división de la hegemonía de Occidente *y* también hacer que las diferencias humanas sean indisputables y sean explicadas en casa deben desarrollarse y reconstruirse consistentemente nuevas y regeneradoras epistemologías de liberación a través de nuestro persistente y despiadado interrogatorio. Por lo tanto, como sujetos críticos no estamos aquí para pedir permiso para lanzar nuestras críticas epistemológicas. Tampoco estamos aquí para tolerar lo intolerable. Y menos aún, estamos aquí para emitir una disculpa por las violaciones contrahegemónicas a los ideales emancipatorios. En cambio, estamos aquí para exponer, resistir y desmantelar sin piedad la destructividad de la colonialidad del poder y las brutalidades del capitalismo que persisten, para que realmente podamos crear un espacio en nuestras escuelas y nuestras comunidades, como le gustaba decir a Amílcar Cabral, para soñar y convertirnos en nuevas posibilidades y expresiones verdaderamente inclusivas de la conciencia universal, construidas dialécticamente sobre el terreno creativo entre las sabidurías subalternas (no fantaseadas) y la nueva dinámica y las posibilidades vibrantes, ancladas en el momento presente en el que vivimos.

No hay duda de que el terreno postabismal del currículo itinerante que propone Paraskeva constituye, de hecho, un proyecto político complejo y desafiante, ya que implica navegar dialécticamente el ámbito, a menudo turbio, de las relaciones de poder dominante/subordinado. Sin embargo, precisamente al atravesar constantemente la turbulencia de esta tensión dialéctica es que nos volvemos políticamente preparados para criticar despiadadamente la opresión de maneras que nos impiden colapsar inadvertidamente en contradicciones binarias opresivas, de las cuales nosotros mismos debemos luchar constantemente para emerger de nuevo. Y, además, sólo a través de un trabajo sostenido y un compromiso inquebrantable de denunciar el totalitarismo epistemológico de nuestro tiempo podemos reunir la indignación moral y la voluntad política para anunciar nuevas formas de conocer, amar y ser, más allá de la abismal división de los racistas recalcitrantes y la devastación neoliberal. Con este fin, *Epistemicidio curricular. Hacia una Teoría Curricular Itinerante* nos ofrece consuelo político, inspiración filosófica y alimento pedagógico en este largo y arduo viaje.

Referencias bibliográficas

CHOMSKY, N. (1996) Noam Chomsky on Anarchism, Marxism & Hope for the Future. En *Red and Black Revolution*, N. 2. Consultado en http://struggle.ws/rbr/noamrbr2.html.

DARDER, A. (2011) *A Dissident Voice: Essay on Culture, Pedagogy, and Power.* New York: Peter Lang.

DOUGLASS, F. (1852) *What to the Slave is the Fourth of July?* Rochester, New York. Consultado en http://en.wikisource.org/wiki/What_to_the_Slave_is_the_Fourth_of_July%3.

FREIRE, P. (1971) *Pedagogy of the Oppressed.* New York: Seabury Press.

MEMMI, A. (1965) *The Colonized and the Colonizer.* New York: Orion Press.

SANTOS, B. (1999) Porque é que é Tão Difícil Construir uma Teoria Crítica. En *Revista Crítica de Ciências Sociais*, 54, pp. 197-215.

SANTOS, B. (2007) Beyond Abyssal Thinking: From Global Lines to Ecologies of Knowledges. En *Review Fernand Braudel Center*, 30 (1), pp. 45-89.

SANTOS, B. (2009) If God Were a Human Rights Activist: Human Rights and the Challenges of Political Theologies. En *Law, Social Justice and Global Development Journal* (April 1). Consultado en http://www.highbeam.com/doc/1G1-207350769.html.

SANTOS, B. (2012) Public Sphere and Epistemologies of the South. En *Africa Development*, 37 (1), pp. 43-67.

Introducción

Teoría Curricular Itinerante

Para un crítico epistemológico impiedoso de cada epistemología existente.
João M. Paraskeva

Aquino de Bragança: creador de futuros, maestro de las heterodoxias, pionero de las epistemologías del Sur.
Sousa Santos (2012)

En *Si Dios fuese un activista de los derechos humanos: los derechos humanos y el desafío de las teologías políticas*, Boaventura de Sousa Santos (2009a) pone en primer plano un tema crucial en la lucha contra los epistemicidios por una sociedad más justa –y tan crucial para el campo del currículo– que es el estruendo entre religión(es) y la lucha histórica por la política de derechos humanos. Sousa Santos (2009a) frota las teologías políticas y las políticas de derechos humanos entre sí y, al hacerlo, expone las contradicciones dentro de tal estruendo, además de proponer formas contrahegemónicas de políticas de derechos humanos, un tema que debe ser también colocado en el corazón de los campos educativos y curriculares.

Este estruendo asume un nivel superior de complejidad con el fin irreversible de la hegemonía de la plataforma moderna eurocéntrica occidental (ver Dussel, 2000; Galeano, 1997; Mignolo, 2013) en la que el estallido de las autonomías individuales en una extravagante sociedad, consumista neoliberal y poco ética (ver Bauman, 1998), han puesto en tela de juicio la praxis del bien común. El existencialismo consumista, añade Žižek (2012), la sociedad fracturada "entre el placer y el goce, [es decir, mientras] el goce es un exceso mortal [colocado] más allá del principio del placer, el placer [es más] moderado, regulado por una medida adecuada" (pág. 47). Ese goce no es una entidad abstracta en nuestras vidas. No existe en un vacío social y puede establecerse por la fuerza si es necesario, la historia ha dado ejemplos dolorosos. El goce, tal como lo define Žižek (2012), atraviesa la vida cotidiana de nuestras escuelas, currículos y enseñanza tanto en su forma como en su contenido y, en tal contexto, interfiere en la definición de la actual filosofía global de la praxis y coloniza el terreno cognitivo.

El "goce", como muchos otros impulsos del capitalismo tardío, juega un papel clave en la actual crisis global *cuasi* irreversible, una que, como nos ayuda a entender el enfoque de Lazzarato (2011), ha sido enmarcada por una economía neoliberal descripta como proceso(s) de subjetivación. Es decir, la economía neoliberal, adelanta Lazzarato (2011, pág. 37), es una "economía subjetiva" atrapada dentro de la disputa entre "acreedor-deudor", una disputa que descansa en el núcleo mismo de las relaciones sociales tan enredadas dentro de los modos y condiciones de producción. Tal relación objetivamente, subjetiviza a "todos como deudores" (Lazzarato, 2011, pág. 37) dentro de una matriz financiera cada vez más dominada por el totalitarismo del "concubinato" de acreedor y deudor. Lazzarato (2011) afirma que

> Ver la deuda como el arquetipo de las relaciones sociales significa dos cosas. Por un lado, significa concebir la economía y la sociedad sobre la base de una asimetría de poder y no sobre la base de un intercambio comercial que implica y presupone la igualdad. Por otro lado, endeudarse significa hacer de inmediato subjetiva a la economía, ya que la deuda es una relación económica, que para existir implica el modelado y control de la subjetividad de tal manera que el esfuerzo se vuelve muy difícil de distinguir del trabajo en el ser. (pág. 33).

No hace falta decir que tal disputa entre "acreedor-deudor" es una relación de poder –o alimenta y está alimentada por relaciones de poder con el ritma marcado por "excesos mortales" (Žižek, 2012)– "dado que en sí misma es una relación de poder, una de las más importantes y universales del capitalismo moderno" (Lazzarato, 2011, pág. 30), "intensificando así los mecanismos de explotación y dominación en todos los niveles de la sociedad" (Lazzarato, 2011, pág. 7). En este sentido, la economía neoliberal no es una economía financiera, sino una economía de deuda. Para ser más precisos, dentro del complejo minotauro global neoliberal (Varoufakis, 2011), "lo que llamamos finanzas es indicativo de la fuerza creciente de la relación acreedor-deudor" (Lazzarato, 2011, pág. 22).

Esa subjetivación de la deuda se cultiva ideológicamente a diario (básicamente, no hay existencia fuera de "esta" deuda), y debe entenderse como parte integral de la colonialidad del poder [y del esfuerzo, el conocimiento y el ser] (Quijano, 2000a, 2000b) y bastante implicada en lo que cuenta o no como teológicamente válido, así como en la política de derechos humanos. Estas colonialidades surgieron hegemónicamente con la erupción del dominio occidental/eurocéntrico que enmarca un mecanismo colonial de poder y control.

Como un mecanismo (o debería decirse un mega-mecanismo) de la explotación y dominación del capitalismo contemporáneo carburado por las políticas neoliberales, los aparatos educativos y curriculares no pueden disociarse de la colonialidad del poder (Quijano, 2000a). Más concretamente, las políticas educativas y curriculares neoliberales deben ser entendidas dentro del contexto de la colonialidad del poder. Son producidas, y producen una trama colonial específica con la temeridad de definir existencias posibles e imposibles y lo que eugenésicamente se ha definido como "inexistente" (Sousa Santos, 2014).

Tal como examino con gran detalle en este volumen, la colonialidad del poder produce y reproduce la mente hegemónica de dominio y control eugenésico, un culto hegemónico anclado no necesariamente en la supuesta superioridad de la perspectiva epistemológica eurocéntrica moderna occidental sino sorprendentemente en la eugenésica afirmación de que tal perspectiva epistemológica es única y la única cognitivamente posible; un fascismo cognitivo que fertiliza las subjetividades. Es este fascismo epistemológico el que estructura lo que Lazzarato (2011) llama "economía subjetiva". Es dentro y contra esta "subjetividad" (aquella que define lo que cuenta como "válido" y como "un derecho"), siguiendo a Sousa Santos (2009a), que la batalla por las formas contrahegemónicas del activismo de los derechos humanos y los compromisos político-teológicos deben producirse. Las escuelas y los educadores deben intervenir en este desiderátum.

Esta "subjetividad" específica está completamente conectada con un marco epistemológico concreto que no solo legitima dicha economía como la única posible –en la que la acción es un vacío fuera de esa subjetividad– sino que también desencadena e institucionaliza un conjunto de "vínculos" y "desvinculaciones" de lo que se considera oficial y válido o no. Afirmar que tal "economía subjetiva" no juega ningún papel en la forma en que la modernidad eurocéntrica occidental ha podido imponer –incluso si se necesita una fuerza sanguinaria– una limpieza epistemológica concreta, así como una forma de vida racional (y en consecuencia irracional) y teológica con la connivencia de la educación y el currículo, es profundamente ingenuo. Y la ingenuidad nunca es inocente.

Sin embargo, nuestra afirmación es que el caos actual que enfrenta la modernidad eurocéntrica occidental no es solo una dinámica económica. Aunque la economía es una fuerza impulsora, la verdad del asunto es que uno no puede estar acorralado por un reduccionismo económico ignorando cómo la hegemonía retumba dentro de un terreno ideológico en el que la cultura y la política no pueden ser ignoradas para comprender con precisión los impulsos neoliberales (Darder, 2012a, 2012b). Esta crisis va más allá del funcionalismo económico dictado por la "mano invisible" de los mercados a lo largo de los siglos; es una crisis epistemológica, y por eso llega ahora a un punto casi irrecuperable. La colonialidad del poder y del ser surgió en el siglo XVI, fusionando cuatro campos principales, a saber,

> la lucha por el control económico orientado a producir mercancías para el mercado global; la lucha por el control de la autoridad; el control del género y la sexualidad, entre otras formas a través de la familia nuclear (cristiana o burguesa), y el refuerzo de la sexualidad normativa y la naturalización de los roles de género; el control del conocimiento y la subjetividad a través de la educación y la colonización de los saberes existentes, que es la esfera fundamental clave de control que hace posible la dominación. (Tlostanova y Mignolo, 2012, págs. 44-45).

Sin embargo, esta forma excéntrica "legítima" específica de "ser (es) y no ser (es)" (Baker, 2014) producida por tal colonialidad ayuda a crear, como diría acertadamente DeCerteau (1998), grietas en el sistema. Estas fisuras se han visto profundamente alimentadas por la forma en que las fuerzas dominantes eurocéntricas occidentales han sido capaces de imponer con arrogancia una dimensión neutral sobre lo que cuenta y no cuenta "como derechos humanos"; al hacerlo, y bajo la pura burbuja de neutralidad, una filosofía política tormentosa de la praxis de los derechos humanos se convirtió en dominante, excluyendo constantemente a la inmensa mayoría de las comunidades oprimidas (y, en algunos casos, casi exterminadas). Los ejemplos contemporáneos del genocidio en Ruanda, las leyes específicas de "cosificación" de las mujeres en Arabia Saudita y la escalada del conflicto actual en Ucrania hablan de la escala de mi afirmación.

Así como observo en este volumen, la plataforma eurocéntrica occidental está agotada, incapaz de resolver sus propios "excesos mortales" (Žižek, 2012) o sus propios problemas y, mucho menos, el resto. La persistencia en mantener políticas modernistas en un impulso político neoliberal habla de la escala de las contradicciones de la matriz colonial eurocéntrica occidental (Comaroff, 2005). Los impulsos totalitarios epistemológicos eurocéntricos occidentales han sabido resucitar viejas sagas que el mundo creía erradicadas. La actual crisis eurocéntrica occidental habla de la escala de la "agonía del capitalismo" (Berardi, 2012, pág. 51) que no muestra márgenes y/o flexibilidad. Una economía subjetiva neoliberal implica no solo subjetividades sin espacio; ella desancló el poder económico de los territorios fijos concretos. Berardi (2012) acuña un impulso como el "nihilismo capitalista" (pág. 51). Él afirma:

> El origen de este nihilismo capitalista se encuentra en el efecto de desterritorialización inherente al capitalismo financiero global. La relación entre capital y sociedad se desterritorializa, ya que un poder económico ya no se basa en la propiedad de las cosas físicas. La burguesía está muerta y la nueva clase financiera tiene existencia virtual; fragmentada, dispersa, impersonal. La burguesía, que una vez tuvo el control del escenario económico de la Europa moderna, era una clase fuertemente territorializada, vinculada a los bienes materiales; no podría sobrevivir sin relaciones con el territorio y la comunidad. (pág. 51).

Sin embargo, por un lado, el nihilismo capitalista pautado por una "emergencia económica permanente" (Žižek, 2010, pág. 85) llevó a las sociedades a una crisis mundial y desató una revuelta global en la que los levantamientos liderados por colectivos, de los cuales los "Movimientos Ocupa" son un ejemplo gráfico, tomaron fuerza. Por otro lado, también expone la fragilidad de la mayoría de las perspectivas contrahegemónicas eurocéntricas modernas occidentales. Žižek (2012) examina cómo "Ocupar Wall Street" terminó exponiendo un silencio violento sobre el nuevo comienzo. Si bien "Ocupar Wall Street" y la política de austeridad hicieron que la izquierda (y algunos liberales, por qué no) resituaran al capitalismo como "el problema", después de las purgas de clase, género y raza en su núcleo mismo, también el fenómeno muestra la necesidad de repensar muy cuidadosamente sobre la alternativa al sistema social neoliberal global en el que vivimos. Es decir, "ahora que se ha roto el tabú, que no vivimos en el mejor mundo posible, se nos permite, e incluso se nos obliga, a pensar en las alternativas" (Žižek, 2012, pág. 77). Rechazar esto es dar crédito a la declaración lacaniana producida durante la revuelta de París de 1968 y sacada a la luz de manera esclarecedora por Žižek (2012). Reaccionando a la revuelta de París de 1968, Žižek (2012) escribe que "Lacan dijo la famosa frase: Lo que ustedes aspiran, como revolucionarios, es un Nuevo Amo. Lo tendrán" (pág. 79).

La honestidad intelectual, no el coraje, diría Cabral, requiere que se preste atención a las contradicciones –algunas de ellas tan funcionalistas, como veremos en este volumen– de algunas plataformas contrahegemónicas eurocéntricas occidentales. Es en este contexto que hay que prestar atención a la profunda afirmación de Sousa Santos (1999).

¿Por qué es tan difícil construir una teoría crítica? Las dificultades no están más arriba o más allá del terreno crítico. Algunas de las dificultades más importantes existen en el corazón mismo de la plataforma crítica. Como él argumenta (1999), "en un mundo en el que hay tanto que criticar, ¿por qué se hizo tan difícil construir una teoría crítica?" (pág. 197). De hecho, como afirma, "parece que no faltan cuestiones que puedan promover la ira, el malestar y la indignación". Es decir, la realidad está inundada de ejemplos "que nos empujarían a cuestionarnos críticamente sobre la naturaleza y calidad moral de nuestras sociedades, y a buscar alternativas teóricas a partir de las respuestas que urgentemente necesitamos para enfrentarnos a tales sagas" (Sousa Santos, 1999, pág. 199). La modernidad eurocéntrica occidental en sus formas dominantes y contradominantes específicas es simplemente inconsecuente para abordar las necesidades globales y locales (Grosfoguel, 2011; Maldonado-Torres, 2003; Mignolo, 2008; Paraskeva, 2014; Walsh, 2012).

Dentro de esta etapa de colonialidad tardía marcada por la matriz de poder global neoliberal, es incuestionable el fracaso de los enfoques tradicionales de derechos humanos osificados para abordar lo que Sousa Santos (2009a) califica como "preguntas fuertes planteadas por nuestros tiempos". Vivimos tiempos contradictorios, en los que "las injusticias sociales más espantosas y los sufrimientos humanos injustos ya no parecen generar la indignación moral y la voluntad política para combatirlos eficazmente y crear una sociedad más justa y equitativa" (Sousa Santos, 2009a, pág. 27). Vivimos en una era moderna sin soluciones modernas (Sousa Santos, 1999). Él afirma,

> Es cada vez más obvio que nuestro tiempo no es uno de respuestas fuertes. Es más bien una época de preguntas fuertes y respuestas débiles. Esta discrepancia parece estar en todas partes. Las preguntas fuertes abordan no solo nuestras opciones específicas para la vida individual y colectiva, sino también el paradigma social y

epistemológico que ha dado forma al actual horizonte de posibilidades dentro del cual hacemos nuestras opciones. Las respuestas débiles son aquellas que no desafían el horizonte de posibilidades, el paradigma aún dominante; pero no todas las respuestas débiles son iguales. Hay respuestas tanto débiles-fuertes como débiles-débiles. Las respuestas débiles-fuertes representan el máximo posible de un pueblo determinado. Las respuestas débiles-débiles toman el paradigma actual o el horizonte de posibilidades como un hecho y se niegan a admitir sus objetivos históricos, políticos y culturales. (Sousa Santos, 2009a, pág. 3).

Huelga decir que tales disputas de "fuerte - débil - fuerte - débil - débil - débil" dentro del hilo normativo "religión-política de derechos humanos" necesitan ser percibidas dentro de las batallas hegemónicas, contrahegemónicas y no hegemónicas que enmarcan el impulso global actual en el que la religión, como siempre –o, debería decirse, las religiones– juega "un elemento constitutivo de la vida pública" (Sousa Santos, 2009a, pág. 6). Si bien los enfrentamientos religiosos siempre desempeñaron un papel en la historia de la humanidad: "el catolicismo en la expansión colonial europea y el islam[ismo] en la conquista de Persia (633-656)", el hecho es que "la resolución occidental moderna de la cuestión religiosa es un localismo globalizado, es decir, una solución local que, en virtud del poder económico, político y cultural de su patrocinador, acaba extendiendo su alcance a todo el planeta" (Sousa Santos, 2009a, pág. 6).

En este contexto, es crucial cuestionar, como plantea (Tlostanova & Mignolo, 2012), "¿quién habla por lo Humano en los Derechos Humanos?" (pág. 153). Es decir, no se puede ignorar que "conceptos como Hombre y Humanidad fueron invenciones de los humanistas europeos de los siglos XV y XVI, invención que les sirvió para varios propósitos". Al enmarcar la esfera social dentro de tal estruendo ontológico, la modernidad occidental despojó tal estruendo de una cordialidad sanguinaria en la que la clase, la raza y el género eran el "lema" de tal estruendo. Para ser más precisos, conceptos como "Hombre y Humano no son categorías de pensamiento incorporadas ontológicamente en entidades que han sido conceptualizadas como Hombre y Humano. Ambos conceptos son relacionales y las relaciones en cuestión se basan en jerarquías raciales" (Tlostanova & Mignolo, 2012, pág. 156), y se necesita agregar también clase y género. En este sentido, globalizar tal "forma de *beyng*" (Baker, 2014) es falsificar convenientemente la realidad, porque el Hombre y la Humanidad no tienen un lugar de enunciación sin espacio. En tal existencia, la realidad existe como un significante vacío (Laclau, 2011). La tendencia a universalizar es "una invención imperial que esconde su fundamento en una ontología relacional (es decir, racismo [y, hay que agregar, clase y género]) y afirma que se fundamenta en una ontología esencial (humanitas)" (Tlostanova & Mignolo, 2012, pág. 156).

Otra lucha alternativa por los derechos humanos no puede ignorar tales "cánones localizados". La idea misma de que el llamado Norte global es "el lugar donde habita la humanidad por excelencia" (Tlostanova & Mignolo, 2012, pág. 166) es insostenible hoy en día. El mismo terreno de la "humanidad" se enfrenta a un momento descolonial, uno que encontrará una respuesta o respuestas a preguntas cruciales como "¿qué tipo de organización social, legal y económica se requiere para 'asegurar' los derechos de los seres humanos?" (Tlostanova y Mignolo, 2012, pág. 171). No hace falta decir que estas concretas epistemes, debido a su propia naturaleza eugenésica, como investigo en este volumen, fertilizan las condiciones para el surgimiento, al ciento por ciento, de una epistemología y una filosofía de la liberación (Dussel, 2013) dentro de la plataforma no occidental, pero también alimenta fuertes revueltas dentro de su propio núcleo como "PODEMOS" en España, Syriza en Grecia y LIVRE en Portugal, que son ejemplos que lo corroboran ampliamente,

Aun admitiendo que la pregunta/respuesta *Si Dios fuera un activista de los derechos humanos* sea metafórica y solo pueda ser debatida en ese sentido, Sousa Santos (2009a), después de analizar minuciosamente la tipología de las teologías políticas (pluralista y revelaciónista, tradicionalista y progresista), abiertamente afirma que otro Dios no solo es posible; también es real, o mejor enmarcado, es la realidad. Su enfoque termina bastante fuertemente y merece ser extensamente citado:

> Por supuesto, Si Dios fuera un activista de los derechos humanos es una cuestión metafórica, que solo puede responderse metafóricamente. En la lógica de este artículo, si Dios fuera un activista de los derechos humanos, definitivamente estaría persiguiendo una concepción contrahegemónica de los derechos humanos y una práctica plenamente coherente con ella. Al hacerlo, este Dios, tarde o temprano, se enfrentaría al Dios invocado por los opresores y no encontraría ninguna afinidad con este otro Dios. En otras palabras,

llegaría a la conclusión de que el Dios de los subalternos no puede dejar de ser un Dios subalterno. La consecuencia lógica de tal conclusión sería bastante ilógica desde un punto de vista humano, al menos en lo que respecta a las religiones monoteístas que proporcionaron el antecedente de mi investigación: un Dios monoteísta que aboga por el politeísmo como la única solución, si la invocación de Dios en las luchas sociales y políticas por una transformación social progresista no conduce a resultados perversos. La idea del Dios subalterno sería que solo el politeísmo permite una respuesta inequívoca a la pregunta crucial: ¿de qué lado estás? Reconozco que un Dios monoteísta suplicando por un conjunto politeísta de dioses y, por lo tanto, por Su propio suicidio sacrificial por el bien de la humanidad es un completo absurdo. Pero me pregunto si el papel de la mayoría de las teologías no ha sido evitar que confrontemos este absurdo y saquemos conclusiones sobre la reforma. Como si el Logos de Dios hubiera sido todo el tiempo un ejercicio humano para evitar que Dios hablara de Su pluralidad. (Sousa Santos, 2009a, pág. 29).

Al aferrarse sin miedo a las estruendosas teologías políticas y las políticas de derechos humanos, Sousa Santos (2009a), no solo aborda una de sus críticas contra la intrascendencia de la teoría crítica –a saber, "no hay un solo principio de transformación social, la industrialización no es necesariamente el motor del progreso ni la maternidad del desarrollo y el hecho de que las promesas fallidas de la modernidad se convirtieron en un problema serio sin una solución [moderna]" (ver Sousa Santos, 1999, págs. 202-204)– sino que también se involucra en un posición no negociable que desafía la plataforma epistemológica occidental por encima y más allá de la razón. Y es en este mismo eje donde el enfoque de Sousa Santos (2009a) aborda algunas de las cuestiones planteadas por Karl Marx a mediados del siglo XIX. Según Marx (1843) estaba clara la necesidad de "un nuevo punto de reunión [que debe ser] pensado para las mentes realmente pensantes e independientes" (pág. 12). Ante la rareza a la que nos enfrentamos en esta tercera fase hegemónica del capitalismo (Arrighi, 2005) –y a pesar de lo tan obvio "las dificultades internas parecen ser casi mayores que los obstáculos externos" (Marx, 1843, pág. 13)– tal "punto ecológico", según el marco de Sousa Santos (2009a), debe construirse y mantenerse. Tal "punto", o el compromiso para lograrlo, no es dogmático, pero es utópico, como diría Galeano (1997). En esto, Sousa Santos (2009a) y muchos intelectuales decoloniales y Marx (1843) van de la mano, ya que no solo piden una nueva tendencia.

Exigen una nueva conciencia filosófica y epistemológica, una que entienda claramente que

> el diseño del futuro y la proclamación de soluciones prefabricadas de todos los tiempos no es [su] asunto [y por eso] la tarea es comprometer en una crítica implacable de todo lo existente e implacable en dos sentidos: La crítica no debe tener miedo de sus propias conclusiones ni del conflicto con las autoridades. (Marx, 1843, pág. 13).

Esto requiere de algo de lo que son plenamente conscientes, de que se debe prestar total atención a "la realidad de la verdadera esencia humana" (pág. 13). Es decir, hay que preocuparse enteramente por "la existencia teórica del hombre, es decir, hacer de la religión, la ciencia, etc., objetos de nuestra crítica" (pág. 13). Contrario a la teoría crítica moderna, "las teorías críticas posmodernas entienden que el conocimiento crítico comienza por la crítica del conocimiento" (Sousa Santos, 1999, pág. 205). Es decir,

> las teorías críticas posmodernas emergen dentro de las epistemologías marginadas y desacreditadas de la modernidad, el conocimiento emancipador "y no el" conocimiento regulatorio [y en tal plataforma epistemológica] la ignorancia es colonialismo, y el colonialismo es la concepción del otro como objeto y, en consecuencia, el no reconocimiento del otro como sujeto. (Sousa Santos, 1999, pág. 205).

Esta no es una tarea fácil sabiendo que "la razón ha existido siempre, pero no siempre en forma razonable" (Marx, 1843, pág. 14). La lucha por un nuevo punto ecológico epistemológico de reunión requiere, como enmarcaría Nkrumah (1964), un conciencismo filosófico alternativo. El mundo, como plantea Sousa Santos (2009a), necesita ser confrontado con un nuevo principio. Un principio que, como sostiene Marx,

> desarrollaremos nuevos principios para el mundo sobre la base de sus propios principios. No le decimos al mundo: "Termina con tus luchas, pues son inútiles; te daremos la verdadera consigna de lucha". Nos limitamos a mostrarle al mundo la verdadera consigna de la lucha, y la conciencia es algo que el mundo debe adquirir, quiera o no quiera. La reforma de la conciencia consiste únicamente en permitir que el mundo aclare su conciencia, en alejarlo de su sueño sobre sí mismo para explicarle el significado de sus propios significados. (Marx, 1843, págs. 12-13).

No estoy afirmando aquí que lo que enfrentamos sea un reinvento de las viejas plataformas marxistas. Es precisamente lo contrario. Como examinamos detenidamente en este libro, el marxismo mismo necesita ser descolonizado. wa Thiong'o (2012) afirma con precisión que, aunque "Marx tenía razón, necesita ser completado" (pág. 22). En un momento marcado por el culto al presentismo (Pinar, 2004), reformar la conciencia es un desafío difícil, pero está en el centro mismo del enfoque de Sousa Santos y constituye uno de los pilares de la lucha contra los epistemicidios. Es el ojo del epicentro del terremoto epistemológico que están creando Sousa Santos y otros: un desafío hercúleo y una amenaza seria e irreversible para los grupos dominantes y ciertos contradominantes dentro de la academia occidental, cada vez más de rodillas ante los deseos y necesidades del mercado (Giroux, 2011).

Epistemicidio curricular. Hacia una Teoría Curricular Itinerante está fuertemente influenciada por la importancia de los caminos epistemológicos no occidentales en la lucha por una educación y un currículo más relevantes y socialmente comprometidos. Este es un problema de derechos humanos. El volumen desafía las perspectivas eurocéntricas occidentales dominantes y contradominantes que han estado colonizando los campos de la educación y el currículo de una manera en la que ha tenido lugar una limpieza epistemológica. El volumen desafía a los educadores, activistas comunitarios y a la comunidad en general, a participar en una crítica despiadada de cada epistemología existente, cortando inmediatamente cualquier intento de una plataforma epistemológica única para afirmar no solo una posición hegemónica sino también totalitaria. *Epistemicidio curricular. Hacia una Teoría Curricular Itinerante* es un llamamiento a una Teoría Curricular Itinerante (ICT)[1] como un nuevo currículo caminando (Gros, 2014) y *"beyng"*[2] (Baker, 2014) un nuevo camino que es consciente del funcionalismo tanto de las posiciones eurocéntricas occidentales dominantes y contradominantes, de la riqueza de las plataformas epistemológicas no occidentales, de la falacia de la historia fabricada por las tradiciones dominantes eurocéntricas

---

1.   N. de las T.: en inglés, ICT según las siglas de *Itinerarant Curriculum Theory.*

2.   N. del autor: ["Ser" es la comprensión cartesiana del yo, versus *"Beyng"* como un yo reflexivo perpetuo —un yo no cartesiano— que desafía algunas falacias en el razonamiento sobre la mente y sugiere que un sesgo fundamental en la cognición social contribuye a tales falacias.]

occidentales y dominantes específicas, del fascismo de la colonialidad epistemológica eurocéntrica occidental que fracasó, y fracasó enormemente, no solo por sus crudas limitaciones y falacias, sino también por el inmenso poder de las formas epistemológicas no occidentales de leer y estar en el mundo que siempre desafían la posición dominante eurocéntrica occidental. La TIC es una forma poderosa de ganar la lucha contra los epistemicidios curriculares. La TIC nos permiten empezar desde el principio.

Las perspectivas dominantes y ciertas contradominantes deben aceptar este desafío. Podría decirse que uno de los desafíos más difíciles reside en el núcleo mismo del terreno contrahegemónico. Aunque es un desafío difícil, probablemente estemos en el momento perfecto para comenzar desde el principio (ver Žižek, 2009). Es decir, la pregunta concluyente *lenineana* planteada por Ginsberg (2011) –es decir, qué hay que hacer– merece otra respuesta, una respuesta *lenineana,* tan bien explicada por Žižek (2009). Realmente tenemos que empezar de nuevo. Žižek toma un sendero que marca el camino. Merece ser destacado.

Según Žižek (2009), "cuando los bolcheviques, después de ganar la Guerra Civil contra todo pronóstico, tuvieron que refugiarse en la Nueva Política Económica de permitir un alcance mucho más amplio a la economía de mercado y a la propiedad privada", Vladimir Ilyich Lenin "utiliza la analogía de un alpinista que debe retroceder desde su primer intento de alcanzar un nuevo pico de montaña para describir lo que significa la retirada en un proceso revolucionario y cómo se puede hacer sin traicionar oportunistamente la causa" (pág. 43). Según Lenin,

el escalador se ve obligado a retroceder, a descender, a buscar otro camino, quizá más largo, pero que le permita llegar a la cima. El descenso desde la altura que nadie antes que él ha alcanzado demuestra, quizá, ser más peligroso y difícil para nuestro viajero imaginario que el ascenso: es más fácil resbalar; no es tan fácil elegir un punto de apoyo; no está esa excitación que uno siente al ir hacia arriba, directo a la meta, etc. Hay que atarse una cuerda alrededor de uno mismo, pasar horas con un bastón de alpinista para escoger puntos de apoyo o un saliente al que se pueda atar firmemente la cuerda; hay que moverse a paso de tortuga e ir cuesta abajo, descender, alejarse de la meta; y no se sabe dónde terminará este descenso extremadamente peligroso y doloroso, o si hay un desvío bastante seguro mediante el cual se pueda ascender más audazmente, más rápidamente y más directamente a la cumbre. (Žižek, 2009, pág. 43).

Siguiendo a Lenin "comenzar desde el principio", Žižek (2009) agrega que uno tiene la clara sensación de que Lenin "no está hablando simplemente de ralentizar y fortalecer lo que ya se ha logrado, sino de descender al punto de partida: uno debe comenzar *desde el principio*, no desde el lugar al que se logró llegar en el esfuerzo anterior" (pág. 44). Además, según Žižek (2009), "este es Lenin en su mejor versión de Beckett, presagiando la línea de *Worstward Ho:* 'Prueba otra vez. Fracasa nuevamente. Fracasa mejor'" (pág. 44).

¿Quién negará el parecido entre el *beckettianismo* de Lenin y el estado de las instituciones públicas, como las escuelas, provocado por el capitalismo de amigos que fracasó miserablemente en su proyecto político y que persiste en utilizar las instituciones públicas de educación superior en la financiarización del capital (ver Foster, 2008)? Esta mentalidad de "empezar desde el principio" exige "una globalización contrahegemónica de la universidad como bien público" (Sousa Santos, 2008). Tal globalización contrahegemónica de la universidad desafiará el enfoque reactivo y defensivo que impregna hoy a las universidades, particularmente en sus respuestas a la crisis financiera. "Empezar desde el principio" implica "enfrentar lo nuevo con lo nuevo, luchar por una definición de crisis, luchar por una definición de Universidad, reconquistar la legitimidad" (Sousa Santos, 2008). El nuevo comienzo desafiará la globalización neoliberal devastando un ataque a la idea de un proyecto nacional, concebido como un gran obstáculo para la expansión del capitalismo global. Podría decirse que la ICT es una de las mejores formas de abordar esta preocupación.

La ICT también advierte sobre la necesidad de cuestionar cualquier forma de indigenitud o romantización de las culturas y saberes indígenas, y no se enmarca en ningún esqueleto dicótico de Occidente. De hecho, desafía tales formas funcionalistas. Su dinámica itinerante empuja al teórico a un camino pluri-direccional (no necesario).

La ICT es un llamado de atención para desafiar los epistemicidios curriculares al participar plenamente en la compleja lucha por la justicia social y cognitiva. Este es un asunto de justicia intergeneracional. Además, la ICT requiere una especie de *conscientização* descolonial freireana (1980) o el *consciencism* de Nkrumah (1964), asumiendo no solo que los enfoques tradicionales dominantes de los derechos humanos descuidaron sistemáticamente la vitalidad de las preguntas fuertes –o cuán fuertes son las preguntas fuertes– sino también que se abren nuevas posibilidades para un mutuo intercambio enriquecedor entre la política contrahegemónica de derechos humanos y las ideologías políticas progresistas.

Como examino en este volumen, esto requiere un llamado claro a una ecología de saberes (Sousa Santos, 2009a, 2014) y una teoría de la traducción (ver Sousa Santos, 1999), que es "un ejercicio de traducción intercultural y hermenéutica diatópica exhaustivo donde se pueden identificar las limitaciones recíprocas de concepciones alternativas de la dignidad humana abriendo así la posibilidad de nuevas relaciones y diálogos entre ellas" (Sousa Santos, 2009a, pág. 18; ver también 1999, 2014). La teoría de la traducción, afirma Sousa Santos (1999), es bastante estructural en el impulso posmoderno de la teoría crítica. Como él sostiene (1999),

> la emancipación del conocimiento no apunta a una gran teoría, apunta a una teoría de la traducción que funcione como soporte epistemológico de las prácticas emancipatorias, todas ellas finitas e incompletas y, por ello, solo sustentables una vez que están interconectadas como una red. (págs. 206-207).

Al debatir la teoría y la política del conocimiento, wa Thiong'o (2012) saca a la luz la noción de globaléctica "derivada de la forma del globo" (pág. 8). Es decir,

> no hay centro, cualquier punto es igualmente un centro; la globalectica combina lo global y lo dialéctico para describir un diálogo que los afecta mutuamente, o multílogo que abarca la totalidad, la interconexión, la igualdad de potencialidad de las partes, la tensión y el movimiento.

La globaléctica, sostiene wa Thiong'o (2012), "es una forma de pensar y de relacionarse con el mundo, particularmente en la era del globalismo y la globalización" (pág. 8).

La ICT es, sin duda, un llamado a un nuevo "punto epistemológico de reunión nunca estable". Si bien es tan evidente que la lucha contra el epistemicidio es una cuestión de derechos humanos, también está claro que no se puede combatir con armas viejas (Latour, 2005). Espero que este libro ayude a los educadores a arrojar luz sobre el epistemicidio que ocurre a diario en las escuelas y el peligro de perpetuar la invisibilización de los conocimientos no occidentales en las políticas y la praxis educativa y curricular. Hay que admitir que esta no es una tarea fácil. Como era de esperar, se ha levantado mucha resistencia en el corazón mismo de la perspectiva contradominante. Sin embargo, es posible. Aquino de Bragança estudiado por Sousa Santos (2012) nos muestra que un "caminar y un *beyng*" epistemológico diferente es real. Sousa Santos (2012) introduce la majestuosa filosofía de la praxis de Bragança, tanto en las plataformas dominantes como contradominantes eurocéntricas modernas occidentales. Si bien el primero reaccionará con miedo, no puedo imaginar por qué el segundo no lo aceptaría. Sin embargo, no me sorprendería que no lo hicieran. En un ensayo, *Aquino de Bragança Creador de futuros, maestro de las heterodoxias, pionero de las epistemologías del Sur*, Sousa Santos (2012) acuña a Aquino de Bragança como un político integral y un humanista incondicional, que entendió muy bien las contradicciones, debilidades y fortalezas comunes del movimiento contrahegemónico mundial, un intelectual orgánico cuya filosofía de la praxis articuló como nadie las disputas del antifascismo y el anticolonialismo. Según Sousa Santos (2012) en *Aquino de Bragança*, uno encontraría no sólo "los paralelos y vínculos comunes entre quienes en Portugal y Europa lucharon por la democracia, y quienes lucharon en colonias contra el colonialismo portugués y occidental [sino también] la tarea de forjar ciencias sociales en sociedades libres [como Mozambique]". Aquino de Bragança rechazó la noción de verdad basada solo en un grupo de intelectuales (Sousa Santos, 2012). Aquino de Bragança defendió el hecho de que las teorías sociales como el marxismo –tan crucial en las luchas anticoloniales– deberían ponerse en marcha dentro de la realidad africana, de lo contrario serían inútiles. En una nación que ganó la guerra contra 500 años de ocupación colonial, Aquino de Bragança creó el Centro de Estudios Africanos en Maputo para producir precisamente investigaciones sin costos. En lugar de contratar investigadores extranjeros, Aquino de Bragança creó un equipo de investigadores haciendo que investigaran personas que nunca habían investigado. Los empleados del gobierno, los miembros del ejército, los estudiantes y la comunidad comenzaron a estudiar a sus familias, sus historias. Todas sus energías terminaron siendo el motor de una nueva investigación en ciencias sociales, emergiendo en el nuevo Mozambique independiente. En este contexto, el centro elaboró estudios sobre los mineros mozambiqueños que trabajan en las minas de oro de Sudáfrica.

Sousa Santos (2012) enmarca a Aquino de Bragança como el demiurgo del terremoto epistemológico:

> Las posiciones políticas, teóricas y epistemológicas de Aquino de Bragança convergen hacia una actitud constante de diálogo –tender puentes, entablar lazos, buscar la complementariedad, dejarse sorprender por la realidad, rechazar dogmatismos políticos y teóricos– que está tratando de entender lo nuevo con nuevas ideas. Tal valorización de la diversidad de la experiencia social y el deseo de no socavarla, combinada con su preocupación por mostrar que las realidades de las naciones del Sur anti imperial han sido ocultadas, devaluadas o distorsionadas cuando se examinan a través de marcos teóricos desarrollados en las naciones del Norte imperial e incluso del Norte no imperial (como el marxismo), prefiguran una postura epistemológica muy cercana a lo que he sido demarcado por las epistemologías del Sur. (pág. 40).

La lucha contra los epistemicidios y los epistemicidios curriculares es difícil, pero es necesario hacerla, y que esa lucha sea imposible es una falacia fabricada. El "caminar y el *beyng*" de Bragança es una llamada de atención para todos los que estamos realmente comprometidos en la lucha contra los epistemicidios curriculares. Nos permite entender la ICT como una trama política que funciona dentro y más allá del sistema capitalista o, mejor dicho, en contra de la "teoría del sistema mundial". La ICT también es una cuestión de derechos humanos, un desafío a la dicotomía entre ética y caos, ya que es la ética del caos (necesario). La ICT elogia la coherencia de las inconsistencias y fomentar una filosofía temeraria de la praxis más allá del estruendo "ser-no-ser"; es un elogio del "*beyng*". La ICT es à la Martí, "un infinito trabajo de amor" que percibe que el acto de pensar no es solo teórico. La ICT funciona en una matriz interminable determinada y determina por sensaciones, fuerzas, flujos y "sucesos", todos los cuales se vinculan y reaccionan contra los modos y condiciones de producción del sistema capitalista.

El Capítulo 1 examina las disputas críticas dentro de los enfoques curriculares críticos. El capítulo analiza las contradicciones y limitaciones de los enfoques críticos contrahegemónicos. Al hacerlo, el capítulo analiza cómo las teorías críticas contra dominantes eran tan funcionalistas como el funcionalismo que criticaban. El capítulo también examina la forma en que pedagogos críticos específicos terminaron abordando tales limitaciones, desafiando los mecanismos oxidados de los modelos reproduccionistas. Con ello se pide a los intelectuales críticos radicales que desafíen y descolonicen el totalitarismo de la plataforma en la que operan la mayoría de ellos.

El Capítulo 2, "Epistemicidios y el yugo de la modernidad: Colonialidad de los conocimientos y de los seres", examina la colonialidad de los poderes y los seres y su importancia para el campo curricular en la lucha por la justicia social y cognitiva. El capítulo examina las dinámicas enfrentadas entre la modernidad y el sistema mundial colonial, diseccionando la geopolítica del conocimiento y el poder dentro de lo que Grosfoguel (2003) y Quijano (2008) denominan imaginario colonial / racista en el sistema mundial. A través de esto, se analiza cómo tales colonialidades ayudan a fomentar el privilegio epistémico y el racismo. En él destaco la importancia de conceptos como diferencia colonial y transmodernidad. Tal proceso descolonizador necesita desafiar los epistemicidios seculares occidentales, destruyendo la geopolítica del poder milenaria que produjo y reprodujo secularmente la colonialidad eugenésica del poder y el ser.

El Capítulo 3, "La idea de África o África como una idea", devela las tensiones entre el eurocentrismo y los marcos epistemológicos africanos. Examino no solo cómo los europeos occidentales vieron y marginaron arrogantemente las epistemologías africanas, sino también cómo el conocimiento colonial eugenésico se basó en formas de conocimiento precoloniales y en el saber para ayudar a sedimentar el proceso de dominio psicológico. En este capítulo desafío la visión reduccionista de desintelectualizar a los intelectuales africanos etiquetándolos como luchadores por la libertad. El capítulo reta al lector a releer África con una perspectiva africana y, al hacerlo, defiende que la episteme africana no es necesariamente solo la heredera de las epistemes europeas, sino que también existe un importante choque epistemológico dentro del terreno epistemológico africano que no puede ser condenado al ostracismo por Occidente. . Además, la cientificidad de tales epistemes fue secularmente dilapidada, alienada y usurpada por los poderes coloniales occidentales, reduciéndolas a la esfera del vudú y del subdesarrollo.

El Capítulo 4, "El dilema islámico...", intenta iluminar el impacto crucial del desarrollo cultural y económico asiático-árabe. Al hacerlo, expongo cómo las civilizaciones orientales mostraron una mayor etapa de desarrollo al mundo, en general, y a Occidente, en particular. Pongo en evidencia cómo los problemas sociales cruciales específicos de las sociedades contemporáneas ya eran lemas sociales en las civilizaciones embrionarias orientales, mucho antes de los enfrentamientos entre colonizadores y colonizados. Además, también develo cómo Occidente ha podido tejer una narratología particular que socava en su mejor momento y silencia en el peor un legado tan fenomenal. Afirmo que la lucha contra los epistemicidios curriculares debe desafiar la producción de conocimiento *oficial* occidental, que es una estrategia que refuerza el culto arrogante de una sociedad globalizada que puede tener la temeridad de perderse en su propia historia.

El Capítulo 5, "Oh, oh, ¿son él o ella europeos? Que cosa más extraordinaria", examina lo que se ha acuñado como el hurto de la historia. Allí también desafío la historiografía centrada en Occidente y la historia epistemológica "en la que se basa gran parte de la teoría clásica y social" (Frank, 1998, pág. 3). Ofrezco pruebas sustantivas no solo sobre los paralelismos entre el "Este y Oeste" –al menos hasta fines del siglo XIX– sino también sobre cómo los grupos dominantes occidentales fueron capaces de secuestrar y sofocar ciertas olas loables de desarrollo en las civilizaciones asiáticas-afro-árabes y, simultáneamente, enfatizan la supremacía gradual occidental basada exclusivamente en los méritos occidentales. También presto atención a la forma en que los sistemas escolares han producido, reproducido y legitimado esa historia oficial (aunque robada) desde al menos Von Humboldt –lo que Chomsky (1992) llama ingeniería histórica– y lo que yo llamo currículo.

El Capítulo 6, "Desterritorializar...", sugiere un reexamen y reiteración de la ICT que acuñé y conceptualicé en *Conflictos en la teoría curricular: desafiar las epistemologías hegemónicas*[3] (2011). Hago esta propuesta en respuesta a mi constante replanteamiento ideológico del proyecto, aunque respetuosamente consciente de las reacciones positivas a la ICT en anteriores reuniones de AAACS (Asociación Estadounidense para el Avance de los Estudios Curriculares) y AERA (Asociación Estadounidense de Investigación en Educación)[4], en Vancouver y San Francisco respectivamente, así como de colegas de todo el mundo, que fue una grata sorpresa. Al hacerlo, me han ayudado a reforzar la necesidad de fortalecer el compromiso del campo en la lucha descolonial contra los epistemicidios curriculares.

---

3. N. de las T.: el original en inglés, *Conflicts in Curriculum Theory: Challenging Hegemonic Epistemicides.*

4. N. de las T.: en inglés, AAACS (American Association for the Advancement of Curriculum Studies) y AERA (American Education Research Association).

La ICT, y creo que muchos estarían de acuerdo, de hecho, introdujo y fue pionera en la lucha contra los epistemicidios.

Finalmente, el Capítulo 7, "Hacia un pensamiento alternativo acerca de las alternativas", examina cómo el modelo de modernidad cartesiano occidental, un modelo hegemónico con su arrogante pretensión de abordar los problemas sociales globales, no está simplemente moribundo; está muerto. Afirmamos que la sentencia final de la modernidad estuvo determinada, en parte, por la modernidad misma y su culto verdaderamente totalitario, el napalm cultural y económico que pretendía borrar todas las demás manifestaciones epistemológicas que, paradójicamente, terminaron siendo reforzadas y fortalecidas sistemáticamente a partir de los enfrentamientos beligerantes con la modernidad. Sostengo que, si el colonialismo es un crimen contra l humanidad, y el colonialismo y el imperialismo no existían fuera de la modernidad, entonces la modernidad tampoco es inocente en tal crimen contra la humanidad. Sostengo la educación y el currículo como un componente integral de este tipo de delitos al promover lo que Sousa Santos llama pensamiento abismal. Desafiamos las posiciones dominantes y contradominantes del campo para abrazar la lucha contra los epistemicidios y pasar a una posición postabismal, que es una posición no abismal. Defendemos la necesidad de confrontar los enfoques contrahegemónicos eurocéntricos modernos específicos de Occidente, como el marxismo, con el giro descolonial, comprometiéndonos en una ICT, la que mejor nos equipa para ganar la lucha contra los epistemicidios. Este es un derecho humano inalienable, uno que no es posible permitirnos ignorar si todos estamos preocupados por una sociedad más justa. ¿Cómo puede ser eso sin una just filosofía de la praxis? Desafiemos, como afirma Giroux (2011), la institucionalización de "un suicidio colectivo cuyas víctimas incluirán no solo la educación, sino la democracia misma" (pág. 26).

Referencias bibliográficas

ARRIGHI, G. (2005) *The Long Twentieth Century. Money, Power and the Origins of Our Times.* London: Verso.

BAKER, B. (2014) *Braining the Mind or 'Purely Spiritual Causation'? A Historico Philosophical Analysis of Child Mind as a Scientific Object.* Keynote Address, Educational Leadership and Policy Studies Doctoral Program, Department of Educational Leadership, University of Massachusetts, Dartmouth.

BAUMAN, Z. (1998) *Globalization. The Human Consequences.* London: Blackwell Publishers.

BERARDI, F. B. (2012) *The Uprising. On Poetry and Finance*. London: Semitotext(e).

CHOMSKY, N. (1992) *Chronicles of Dissent: Interviews with David Barsamian*. Monroe, ME: Common Courage Press.

COMAROFF, J. (2005) The End of History, Again? Pursuing the Past in the Postcoloniality. En A. Loomba, S. Kaul, M. Bunzl, A. Burton & J. Esty (eds.) *Postcolonial Studies and Beyond*. Durham: Duke University Press, pp. 125-44.

DARDER, A. (2012a) *Culture and Power in the Classrooms. Educational Foundations for the Schooling of Bicultural Studies*. Boulder: Paradigm Publishers.

DARDER, A. (2012b) Dissident Voice for Democratic Schooling: Writer Gabriela Roman interviews Radical Educator Antonia Darder. *Truthout*, September 25.

DECERTEAU, M. (1998) *The Practice of Everyday Life*. Berkeley: University of California Press.

DUSSEL, E. (2000) *Europe, Modernity and Eurocentrism, Nepantla: Views from South*, 1 (3), pp. 465-78.

DUSSEL, E. (2013) *Ethics of Liberation. In the Age of Globalization and Exclusion*. Durham: Duke University Press.

FOSTER, J. B. (2008) The Financialization of capital and the crisis. *Monthly Review*, 59 (11).

FRANK, A. G. (1998) *Reorient. Global Economy in the Asian Age*. Berkely: University of California Press.

FREIRE, P. (1980) *Conscientização*. São Paulo: Moraes.

GALEANO, E. (1997) *Open Veins of Latin America. Five Centuries of Pillage of a Continent*. New York: Monthly Review Press.

GINSBERG, B. (2011) *The Fall of the Faculty. The Rise of the All Administrative University and Why It Matters*. Cambridge: Oxford University Press.

GIROUX, H. (2011) *Zombie Politics in the Age of Casino Capitalism*. New York: Peter Lang.

GROS, F. (2014) *A Philosophy of Walking*. London: Verso.

GROSFOGUEL, R. (2003) *Colonial Subjects. Puerto Ricans in a Global Perspective*. Berkely: University of California Press.

GROSFOGUEL, R. (2011) Decolonizing Post-Colonial Studies and Paradigms of Political Economy: Transmodernity, Decolonial Thinking, and Global Coloniality. *Transmodernity. Journal of Peripheral Cultural Production of the Luso-Hispanic World*, 1 (1), pp. 1-38.

LACLAU, E. (2011) *Emancipação e diferença*. Rio de Janeiro: UERJ.

LATOUR, B. (2005) *O Poder da Critica. Discursos*. Lisboa: Edicoes Pedago.

LAZZARATO, M. (2011) *The Making of the Indebt Man*. Amsterdam: Semitoext.

MALDONADO-TORRES, N. (2003) *Imperio y Colonialidad del Ser*. Paper presentado en el Annual Meeting of the Latin American Studies Association en Dallas, Texas, March 29, pp. 1-24.

MARX, K. (1978 [1843]) *For a Ruthless Critique of Everything Existing*. En R. Tucker (ed.) *The Marx Engels Reader*. New York: W.W. Norton, pp. 12-15.

MIGNOLO, W. (2008) The Geopolitics of Knowledge and Colonial Difference. En M. Morana, E. Dussel and C. Jauregui (eds.) *Coloniality at Large. Latin America and the Postcolonial Debate*. San Antonio: Duke University Press, pp. 225-58.

MIGNOLO, W. (2013) Introduction. Coloniality of Power and Decolonial Thinking. En W. Mignolo and A. Escobar (eds.) *Globalization and the Decolonial Turn*. New York: Routledge, pp. 1-21.

NKRUMAH, K. (1964) *Consciencism*. New York: Monthly Review Press.

PARASKEVA, J. (2014) *Conflicts in Curriculum Theory. Challenging Hegemonic Epistemologies.* New York· Palgrave. (Paper actualizado).

PINAR, W. (2004) *What Is Curriculum Theory?* Mahwah, NJ: Erlbaum.

QUIJANO, A. (2000a) Coloniality of Power, Eurocentrism and Latin America. *Neplanta, Views from the South*, 1 (3), pp. 533-80.

QUIJANO, A. (2000b) Colonialidad del poder y clasificación Social. *Journal of World Systems Research*, 6 (2), pp. 342-86.

QUIJANO, A. (2008) Coloniality of Power, Eurocentrism, and Latin America. En M. Morana, E. Dussel and C. Jauregui (eds.) *Coloniality at Large. Latin America and the Postcolonial Debate*. San Antonio: Duke University Press, pp. 181-224.

SOUSA SANTOS, B. (1999) Porque é que é Tão Difícil Construir uma Teoria Crítica. *Revista Crítica de Ciências Sociais*, 54, pp. 197-215.

SOUSA SANTOS, B. (2008) Globalizations. *Theory, Culture and Society*, 23, pp. 393-9.

SOUSA SANTOS, B. (2009) If God Were a Human Rights Activist: Human Rights and the Challenge of Political Theologies. Is Humanity Enough? The Secular Theology of Human Rights. *Law, Social Justice and Global Development*, 1. Consultado en www.go.warwick.ac.uk/elj/lgd/2009_l/santos.

SOUSA SANTOS, B. (2012) Aquino de Bragança: Criador de Futuros, Mestre de Heterodoxias, Pioneiro das Epistemologias do Sul. En T. Silva, J. Coelho and A. Souto (orgs.) *Como Fazer Ciencias Sociais e Humanas em Africa. Questoes Epistemologicas, Metodologicas, Teoricas e Politicas*. Dakar: CODESRIA/CLACSO, pp. 13-62.

SOUSA SANTOS, B. (2014) *Epistemologies of the South: Justice against Epistemicide*. Boulder: Paradigm.

TLOSTANOVA, M. and MIGNOLO, W. (2012) *Learning to Unlearn. Decolonial Reflections from Euroasia and the Americas*. Ohio: Ohio State University.

VAROUFAKIS, Y. (2011) *The Global Minotaur*. London: Zed Books.

WALSH, C. (2012) 'Other' Knowledges, 'Other' Critiques Reflections on the Politics and Practices of Philosophy and Decoloniality in the Other America. *Transmodernity. Journal of Peripheral Cultural Production of the Luso-Hispanic World*, 1 (3), pp. 11-27.

WA, THIONG'O, N. (2012) *Globalectics. Theory and the Politics of Knowing*. New York: Columbia University Press.

ŽIŽEK, S. (2009) How to Begin from the Beginning. *New Left Review*, 57, pp. 43-55.

ŽIŽEK, S. (2010) A Permanent Economic Emergency. *New Left Review*, 64 (July / Aug). Consultada en http://newleftreview.org/II/64/slavoj-zizek-a-permanent-economicemergency.

ŽIŽEK, S. (2012) *The Year of Dreaming Dangerously*. London: Verso.

1

El aluvión crítico
dentro de los enfoques críticos

Como pude examinar en *Conflicts in Curriculum Theory: Challenging hegemonic epistemiologies*[1], durante las décadas de 1970 y 1980, el campo del currículo se vio inundado por una pluralidad de estudiosos que exhibían una miríada de perspectivas epistemológicas distintas, fundamentalmente occidentales (algunas de ellas severas) con tremendas repercusiones en todo el mundo, especialmente en las naciones europeas y latinoamericanas. De hecho, este fue uno de los momentos dorados para un grupo particular de educadores y curriculistas progresistas críticos. Tanto en los Estados Unidos como en el Reino Unido, el campo se enfrentó a los poderosos enfoques de Apple (1990), Aronowitz (1989), Bernstein (1977), Giroux (1980, 1981a, 1983), Mann (1968), Pinar (1980), Pinar y Grumet (1976), Wexler (1976), Whitty (1985), Willis (1977) y Young (1971), entre muchos otros.

Fue, entre otras cosas, la sedimentación de un poderoso grupo no monolítico comprometido en una crítica del campo educativo y curricular. Algunos de ellos se basaban en los trabajos de Williams y Gramsci, entre otros, y aceleraban el enfoque neomarxista en la educación prestando especial atención a cuestiones como la ideología, el poder, la hegemonía, la identidad, el discurso; otros intentaban ir más allá de estas perspectivas; y otros reaccionaban contra tales plataformas, que consideraban atrapadas en peligrosos compromi-

---

1.   N. de las T.: en español, *Conflictos en la Teoría del Currículo: Desafiando las epistemologías hegemónicas.*

sos ideológicos y culturales e hipotecadas por intereses económicos eugenésicos. Tales enredos deben ponerse en perspectiva volviendo a las luchas generales que surgieron en el campo a principios del siglo XIX (Kliebard, 1995; Paraskeva, 2007a, 2011a, 2011b; Pinar, Reynolds, Slattery y Taubman, 1995; Schubert, 1980). Una cosa estaba muy clara: el campo ya no sería jamás el mismo.

Nadie puede minimizar la importancia de las fluctuaciones teóricas de un grupo particular no homogéneo de intelectuales críticos en el centro mismo de los debates políticos, ideológicos y culturales sobre el conocimiento escolar. Sus raíces multidireccionales se extienden desde principios del siglo XX hasta nuestros días. Para promover una mejor comprensión del trabajo de este grupo divergente de académicos críticos, conceptualicé, en *Conflictos en la teoría curricular* (2011a), un mapa para trazar sus contribuciones teóricas, lo que denominé el río crítico del currículo. Esta metáfora, que se basa en la novela *There Is a River*[2] de Vincent Harding, es una herramienta metodológica utilizada para revelar los diversos afluentes críticos que han llevado a los teóricos críticos del currículo en muchas direcciones diferentes. Si bien estos teóricos críticos provienen de varias tradiciones, la metáfora del río ayuda a demostrar cómo estas tradiciones fluyen tanto juntas como individualmente en la historia del campo curricular. Aunque este grupo de estudiosos nunca ha ocupado una posición dominante en el campo, es innegable cuánto han contribuido a la lucha por un currículo más justo. De hecho, sus plataformas de currículo crítico no solo han desafiado tanto a las posiciones dominantes como a las contradominantes, sino que también han edificado hábilmente una gran cantidad de análisis codificados políticamente en el campo.

Uno de los *leitmotivs* más poderosos de este río curricular crítico es la lucha por un currículo relevante y justo, que también pueda fomentar la igualdad, la democracia y la justicia social. Al frente de esta lucha están las valiosas contribuciones de intelectuales como Addams, Apple, Aronowitz, Bode, Counts, Davies, Dewey, Du Bois, Giroux, Greene, Hooks, Huebner, Macdonald, McLaren, Rugg, Washington y Wexler, entre otros. También, las obras de King Jr., Robeson, Parks, Horton a través del movimiento de derechos civiles y la *Highlander Folk School*, así como las obras de Kozol y de los llamados críticos románticos, han tenido un profundo impacto.

---

2. N. de las T.: en español, "Hay un río".

Basado en diferentes terrenos epistemológicos, cada uno de estos estudiosos y movimientos fue capaz de crear agudos desafíos a un sistema escolar funcionalista obsoleto y positivista, a pesar de recibir severas críticas de las perspectivas contradominantes. Este grupo de académicos dentro del río del currículo crítico se atrevió a mostrarles a todos que eran posibles otro currículo y otro sistema escolar. Cada uno tuvo, de hecho, bastante éxito en afirmar la necesidad de comprender las escuelas y el currículo dentro de la dinámica de la producción ideológica.

Partiendo de perspectivas comunes y poco comunes, pero fundamentalmente occidentales, estos académicos pudieron replantear los debates sobre educación y currículo al traer un nuevo lenguaje al campo, si no precisamente para introducir conceptos particulares. Este currículo progresista debe mucho a las obras de Huebner, Macdonald, Greene, Williams, Gramsci, Freire y, más tarde, de Foucault y otros. El campo ahora enfrentaba la necesidad de debatir y comprender conceptos como hegemonía, ideología, reproducción, resistencia, pedagogía transformadora, currículo oculto, conflicto versus consenso, identidad, poder y discurso. En una etapa posterior, cuando los teóricos críticos bombardearon el campo con este nuevo vocabulario codificado políticamente, la raza, el género y la sexualidad se entrelazaron con la clase y la identidad. En los Estados Unidos, tales conceptos prevalecieron bastante en las obras de Apple, Giroux, Wexler, Aronowitz, McLaren y muchos otros, quienes reivindicaron no necesariamente la dictadura de lo político, sino que asumieron lo político como "el pilar" para la interpretación del currículo y las escuelas. Afirmar que estamos ante un río curricular crítico no monolítico dentro de la tradición progresista que encarna un enfoque político hacia las escuelas y el currículo no solo parece inexacto y reductivo, sino que también minimiza los enfoques políticos importantes que podrían ser identificados en otras perspectivas progresistas. Ningún curriculista y/o currículo serio[3] negaría la politicidad y los enfoques avanzados presentados por Greene, Pinar y otros. Podría decirse que el trabajo posterior de Pinar está mucho más codificado políticamente (la palabra *políticamente* es fundamental aquí) que parte de su ma-

---

3. Hice una distinción entre "curriculistas" y "curricólogos". Véase João Paraskeva (2005) Dwayne Huebner: Mythography of Curriculum Approach— Acknowledgements and Challenges. Porto: Didáctica.

terial anterior[4]. Sin embargo, los enfoques de Apple, Giroux, Wexler, Aronowitz y McLaren fueron pioneros en conceptos gramscianos, como hegemonía, ideología, sentido común, cultura, el papel de los intelectuales (orgánicos), lo que también da credibilidad a nuestra afirmación (Gramsci, 1957, 1971; también Sassoon, 1982).

El apogeo del neogramscianismo

Al formar una armada equipada con esta nueva artillería semántica, estos eruditos "neogramscianos", especialmente Apple y Giroux, llevaron el campo del currículo crítico en una dirección diferente. Esta postura neogramsciana tenía varios elementos principales. El primero fue una comprensión básica de las relaciones individuales como algo orgánico en lugar de mecánico. El segundo era una visión de la cultura como fundamento de nuevos modos de trabajo, producción y distribución; de ahí la creencia de que la clase trabajadora debería tener acción tanto en el campo económico como en el político y que los elementos culturales específicos conducirán a la construcción de una civilización de la clase trabajadora. Por lo tanto, el objetivo de la clase trabajadora no es solo lograr el poder político y económico, sino también, y esto es importante, obtener poder intelectual, porque los caminos se basan en un complejo mosaico de cuestiones económicas, políticas y culturales.

El tercer elemento fue la necesidad de comprender conceptos, como hegemonía y sentido común, y cómo operan en la sociedad. La hegemonía se percibía como un equilibrio entre la coerción y el consentimiento, e implicaba un intrincado y complejo conjunto de compromisos que ocupaban un lugar clave dentro del marco del Estado. El último y cuarto elemento fue la imposibilidad de desconectar al *homo faber* (hombre trabajador) del *homo sapiens* (hombre sabio). Ésta es una de las principales preocupaciones expresadas por los académicos tanto dentro como fuera del llamado río curricular progresista crítico. En realidad, alimentó una fractura, desafortunadamente irreparable, dentro del campo, a pesar de los varios intentos de Pinar (1979) de invitar a los "marxistas desencantados a participar en el proceso de definición de la reconceptualización",

---

4. Aquí no estoy afirmando que el material anterior de Pinar no sea importante y valioso sino, precisamente, todo lo contrario.

   Epistemicidio curricular...

intentos que, probablemente, merecieron una reacción diferente de los estudiosos críticos. He examinado este tema en un volumen anterior (Paraskeva, 2011a).

Al expandir y complejizar simultáneamente la visión de cómo opera la hegemonía, los neogramscianos promovieron no solo una visión de que las creencias culturales, políticas, religiosas y económicas de cada individuo son tanto un punto de partida como de llegada para una articulación hegemónica específica, sino que también son una buena forma de buscar un nuevo sentido común (véase Eagleton, 1994, pág. 199). Además, esta perspectiva política chocaba irremediablemente con el dogma marxista reduccionista y atrofiado del modelo base / superestructura, algo que Gramsci (1971) veía "teóricamente como infantilismo primitivo" (pág. 43). Para los gramscianos) y neogramscianos, la educación fue un camino fundamental no para ayudar a las clases oprimidas a obtener más herramientas culturales, sino solo, y esto es importante, para construir una conciencia política y social más poderosa.

Como ya dije en otra parte (Paraskeva, 2004), no debemos ser ingenuos al pensar que la hermenéutica crítica de Apple –que se puede encontrar en obras como *Ideología y Curriculo* de Apple (la pieza imponente que acuñé como "Trilogía de Apple"; véase Paraskeva, 2004) e *Ideología, cultura y proceso de escolarización*– enfatiza un concepto, como la hegemonía, sin ninguna razón en particular. Al examinar "Sobre el análisis de la hegemonía", un capítulo de *Ideología y currículo*, uno no solo ve que Apple da un gran paso más allá de los problemas planteados en la investigación de McLure y Fisher (1969), sino que también obtiene una comprensión más clara para la que presenta una nueva clave para problemas sociales y educativos seculares. Al hacerlo, Apple presenta a los investigadores y académicos nuevas perspectivas, así como buenas oportunidades para examinar problemas sociales. Esta conexión de la hegemonía con la realidad secular también fue explorada en el material inicial de Giroux (1981a) en el que afirmaba que "la hegemonía tiene sus raíces tanto en los significados y símbolos que legitiman los intereses dominantes como en las prácticas que estructuran la experiencia diaria" (1981a, pág. 94; 1980). Además, afirma que se puede percibir perfectamente cómo funciona la hegemonía en el sistema escolar prestando atención a la selección de la cultura que se considera socialmente legítima; (2) las categorías que se utilizan para *clasificar* ciertos contenidos y formas culturales como superiores e inferiores; (3) la selección y legitimación de las relaciones entre la escuela y el aula; y (4) la distribución y el acceso a diferentes tipos de cultura y conocimiento. (Giroux, 1981a, pág. 94).

Por lo tanto, es fundamental entender que "como ideología dominante, la hegemonía funciona para definir el significado y los límites del sentido común, así como las formas y el contenido del discurso en la sociedad" (Giroux, 1981a, pág. 94). Las ideologías dominantes seculares, bastante estructurales dentro de la dinámica de producción ideológica de un sistema capitalista, crearon un enfoque práctico de ensamblaje de sentido común por el que, de alguna manera, la pobreza, la desigualdad, la clase, la raza, la etnia y la segregación de género son inmutables e inherentes y no una consecuencia de un sistema eugenésico de distribución de la riqueza y desigualdad de poder (Darder, 2012a) totalmente conectado con los modos y condiciones de producción en los que las escuelas y los currículos desempeñan un papel fundamental. Darder (2011), en su enfoque radical de la cultura, la pedagogía y el poder, subraya la importancia de la hegemonía como praxis dentro del proyecto múltiple de la teoría crítica y la pedagogía. La praxis de la hegemonía es crucial

> para desmitificar las relaciones asimétricas de poder y los acuerdos sociales que sustentan la cultura dominante. La hegemonía apunta a la poderosa conexión que existe entre la política, la cultura, la ideología y la pedagogía. Como tal, los maestros enfrentan el desafío de reconocer su responsabilidad de criticar y de intentar transformar las condiciones del aula ligadas a prácticas hegemónicas que perpetúan la opresión de los grupos subordinados. (Darder, 2011, pág. 208).

De una clara forma *gramsciana,* Darder (2012a) despoja las redes políticas y económicas –aunque la educación y el currículo no son inocentes– camufladas dentro de un terreno cultural fangoso tan conveniente para mostrar que "con el auge de la ciencia y la tecnología modernas se ha ejercido el control social menos mediante el uso de frenos físicos y cada vez más a través de la distribución de un sistema elaborado que controla las normas y los imperativos" (pág. 32).

La hegemonía también juega un papel importante en *Escolaridad como ejecución ritual* de McLaren (1986). Al tratar de entender la escolarización desde las perspectivas del desempeño cultural, McLaren se basa en el concepto de hegemonía y en cómo los rituales particulares "refuerzan o reproducen el dominio político y económico de una clase social sobre otra" (pág. 86) y, al hacerlo, trata de examinar "quién se beneficia más de las estructuras rituales hegemónicas y quién está marginado" (pág. 83). Como también afirmaría Wright (1994), los argumentos de Apple, Giroux, Aronowitz, Wexler, McLaren y muchos otros se basaban en la urgente necesidad de cambiar por completo el "tablero de juego" –es decir, la plataforma curricular– para transformar drásticamente la idea misma de escolaridad y currículo, y para iniciar una nueva plataforma para el campo de la teoría curricular que tendría el potencial de hacer que las escuelas sean más relevantes en esta sociedad autoproclamada democrática. Para lograr esto, es necesario analizar el papel de la ideología dentro de las escuelas y de la sociedad. Watkins (2001, 2010) afirma claramente que la ideología juega un papel clave en el nexo entre el orden educativo y el industrial porque es "la moneda de cambio de quienes dominan la cultura, [se] imparte sutilmente y ha hecho aparecer sus puntos de vista partidistas como si fueran parte del 'orden natural'. La ideología dominante es un producto del poder dominante" (pág. 9). Sin embargo, estos cambios y puntos de vista no fueron aceptados por todos los estudiosos.

Pinar et al. (1995) afirman que Wexler "surgió en los años setenta como el crítico más sofisticado a la izquierda de Apple y Giroux y, muy posiblemente, el teórico más sofisticado de la izquierda en el campo contemporáneo" (pág. 44). Sin embargo, es imposible ignorar el dominio de Apple y Giroux. Como Pinar et al. (1995) argumentaron,

> el esfuerzo por entender el currículum como un texto político pasó de un enfoque exclusivo sobre la reproducción del *statu quo* a la resistencia a él, luego nuevamente, a la resistencia / reproducción como un proceso dialéctico, luego nuevamente –a mediados de la década de 1980– a un enfoque en la práctica educativa diaria, especialmente en cuestiones pedagógicas y políticas de raza, clase y género. Los principales protagonistas de este esfuerzo continuaron siendo Apple y Giroux, Apple a través de sus importantísimos estudios y los de sus muchos estudiantes, y Giroux a través de su prodigiosa producción académica. (pág. 265).

Defendidas tanto por Apple como por Giroux, las turbulentas aguas del río crítico alcanzaron el apogeo del (neo) gramscianismo inundando el debate educativo y curricular con un nuevo lenguaje

–un giro lingüístico crítico– para comprender el fenómeno educativo. Sin embargo, tal cenit no durará. Los desafíos fueron devastados, especialmente desde dentro.

Una corriente crítica funcionalista contrafuncionalista

Un liderazgo tan prominente enfrentaría severas críticas, no solo de la tradición dominante, sino también del núcleo mismo de la tradición progresista. Por ejemplo, Liston y Zeichner (1987) expresaron la urgente necesidad de percibir con precisión el significado de la pedagogía radical o crítica dentro de la plataforma de la educación crítica. Wexler (1987) tampoco fue tímido al expresar sus frustraciones, no necesariamente con el enfoque político *per se,* sino con el camino que había tomado el enfoque. Al criticar sin piedad el énfasis en la reproducción y la resistencia, que hizo a "la nueva sociología de la educación históricamente retrógrada e ideológicamente reaccionaria" (pág. 127), Wexler afirmó que era necesario incorporar herramientas postestructurales y posmodernas para comprender mejor las escuelas y el currículo, una jugosa ruta epistemológica que los estudiosos, como Giroux y McLaren, no ignoraron. La afirmación de Wexler no debe verse como un desvío, sino como una mejora de lo político. Si bien advierte que el desafío de la neutralidad del conocimiento también ha sido defendido por intelectuales de derecha, Wexler (1976, pág. 50) no devalúa el conocimiento como una cuestión política *per se.* Wexler (1976) expresa claramente su espacio y lugar políticos argumentando que, durante la década de 1960, la pureza de la ciencia ha sido puesta en duda debido a su relación promiscua con la agenda militar (pág. 8). Naturalmente, no solo "la ciencia occidental ha comenzado a perder su significado [sino que también se ha presenciado] un cambio de la ciencia como el único estándar de conocimiento a favor de una pluralidad de formas válidas de igualdad del saber" (Wexler, 1976, pág. 8).

En resumen, Wexler (1976) no fue tímido al develar algunos de los confusos límites del marco teórico crítico. Sostuvo que se había puesto demasiado énfasis en los efectos sociales de la escolarización y no el suficiente en el estudio de la naturaleza del conocimiento escolar. Da la sensación de que para Wexler, el estudio del contenido o el conocimiento escolar era de alguna manera peligroso para los sociólogos. A pesar de que varios sociólogos han estudiado el conocimiento escolar, su enfoque, según Wexler, está limitado por imágenes sociales y paradigmas obsoletos. La falta de consenso sobre lo que debería enseñarse en las escuelas destaca la necesidad de un debate serio sobre el contenido del currículo.

Liston (1988) también es bastante claro sobre los silencios desconcertantes e inaceptables dentro del río del currículo crítico progresista. Argumentó que las obras de una particular tradición marxista radical dentro de este río (incluidas las obras de Apple y Wexler) exhiben un "enfoque funcionalista y han descuidado fundamentales investigaciones empíricas" (pág. 15). Esta crítica es innegablemente severa y probablemente merezca mucha más atención de la que la recibida desde el campo. Curiosamente, las afirmaciones de Liston de que determinados enfoques crítico-radicales marxistas criticaban las tradiciones funcionalistas dominantes y contradominantes se basabam precisamente en un enfoque funcionalista.

El impulso reaccionario de lo político (relacionado con el enfoque funcionalista) estaba, en cierto modo, implícito también en la interesante crítica de Ellsworth (1989). El fundamento de Ellsworth debe ser contextualizado. Antes de la erupción nacional de violencia racista, de 1987 a 1988, en las comunidades y en los campus, incluida la Universidad de Wisconsin (UW), Madison, Ellsworth aprovechó la oportunidad para discutir este tipo de confusión en el curso Currículo e Instrucción (C&I) 608: Medios y Pedagogías Antirracistas en UW. Según Ellsworth, conceptos particulares de la pedagogía crítica, como el empoderamiento, la voz del alumno, el diálogo e incluso el término "crítico", son mitos representativos que perpetúan las relaciones de dominación. Al reclamar la necesidad de luchar por una pedagogía de lo incognoscible, Ellsworth (1989) estaba reconociendo la prominencia de los enfoques postestructural y posmoderno. Ellsworth (1989) sostiene que, sobre la base de su interpretación de C&I 608, "supuestos clave, metas y prácticas pedagógicas fundamentales para la literatura sobre pedagogía crítica –a saber, 'empoderamiento', 'voz del estudiante', 'diálogo' e incluso el término 'crítico'– son mitos represivos que perpetúan las relaciones de dominación" (pág. 298). Además, ella afirma que

> nuestros esfuerzos por poner en práctica los discursos de la pedagogía crítica nos llevaron a reproducir relaciones de dominación en el aula [discursos que] estaban "trabajando a través de nosotros" de maneras represivas y se habían convertido en vehículos de represión. En

la medida en que nos separamos de esos aspectos y nos movimos en otra dirección, "trabajamos" a través y fuera del lenguaje altamente abstracto de la literatura ("mitos") de quiénes "deberíamos ser" y qué debería estar sucediendo en nuestra aula y en las prácticas del aula que eran específicas del contexto y parecían mucho más receptivas de nuestra propia comprensión de nuestras identidades y situaciones sociales. (pág. 298).

Los investigadores de la educación, agrega Ellsworth (1989),

que invocan conceptos de pedagogía crítica, privan constantemente de las discusiones de las prácticas en el aula de contexto histórico y oposición política. Lo que queda son definiciones [como "empoderamiento", "voz del estudiante", "diálogo", e incluso el término *crítico*] que operan a [un] alto nivel de abstracción. (pág. 300).

En su beligerante crítica sobre las deficiencias de la pedagogía crítica, Ellsworth (1989) sostiene que los defensores de la pedagogía crítica

no brindan una declaración clara de sus agendas políticas [y] el esfuerzo es ocultar el hecho de que, como pedagogos críticos, en realidad están buscando apropiarse de los recursos públicos (aulas, útiles escolares, salarios de maestros y profesores, requisitos académicos y títulos) para promover diversas agendas políticas "progresistas" que ellos creen que son para el bien público y, por lo tanto, merecen recursos públicos. (pág. 301).

Para Ellsworth (1989) era fundamental plantearse la pregunta: "¿Qué diversidad silenciamos en nombre de la pedagogía liberadora?" (pág. 299). Mientras, reconoce que la teoría y los teóricos de la educación radical

nunca escapan adecuadamente de una preocupación abiertamente ortodoxa por la relación entre la escolarización y la economía política y, como tal, se han negado a comprometerse con las tradiciones complejas y cambiantes que han informado las diversas formaciones y proyectos en los que se han desarrollado los estudios culturales. (Giroux, 1992, pág. 201).

Aronowitz y Giroux (1991) advierten sobre los peligros de entender el proyecto político de la pedagogía crítica como uniforme y desvinculado de las crudas realidades de la vida cotidiana. Giroux (1992) desafía el razonamiento de Ellsworth (1989) y defiende la importancia de los estudios culturales para los educadores críticos.

Según Giroux (1992), los estudios culturales son cruciales para los educadores, porque

> ofrece la base para la creación de nuevas formas de conocimiento, al hacer que el lenguaje sea constitutivo de las condiciones para producir el significado como parte de la relación conocimiento / poder; (2) define la cultura como un terreno en disputa, un lugar de lucha y transformación [que ofrece] la oportunidad de ir más allá de los análisis culturales que idealizan la vida cotidiana o toman la cultura como meramente el reflejo de la lógica de la dominación, [de hecho] un versión más crítica de los estudios culturales plantea interrogantes sobre los márgenes y el centro, especialmente en torno a las categorías de raza, clase y género; (3) ofrece la oportunidad de repensar la relación entre el tema de la diferencia tal como se constituye dentro de las subjetividades y entre los grupos sociales. Esto sugiere comprender más claramente cómo se pueden abordar las cuestiones de subjetividad, para no borrar la posibilidad de la acción individual y social; (4) proporciona la base para entender la pedagogía como una forma de producción cultural más que como la transmisión de una habilidad, un cúmulo de conocimientos o un conjunto de valores en particular. (págs. 201-202).

Giroux (1992) desafía abiertamente a los educadores radicales a "aprender de las deficiencias teóricas [y] comenzar a repensar la relación entre la diferencia, la voz y la política como una forma de fortalecer los pilares de una teoría liberadora de la Pedagogía Fronteriza", y nos pide prestar mucha atención a las políticas culturales del lenguaje, la diferencia y la identidad (pág. 209).

Además, Giroux (1992) sostiene que, aunque el lenguaje

> no puede abstraerse de las fuerzas y los conflictos de la historia social, [es decir] la historicidad de la relación entre las formas dominantes y subordinadas del lenguaje ofrece conocimientos para contrarrestar el supuesto de que el lenguaje dominante, en un momento dado, es simplemente el resultado de un proceso dado naturalmente más que el resultado de luchas y conflictos históricos específicos. (pág. 203).

Resistir la diferencia sintonizada con las políticas de identidad

> ofrecía un desafío poderoso a la noción hegemónica de que la cultura eurocéntrica es superior a otras culturas y tradiciones al ofrecer vocabularios políticos y culturales a grupos subordinados mediante los cuales podrían reconstruir sus propias historias y dar voz a sus identidades individuales y colectivas. (Giroux, 1992, pág. 208).

Tales afirmaciones y reconvenciones merecen un análisis debidamente profundo y detallado. Como algunos de nosotros estamos sosteniendo, tal vez un enfoque compuesto que incorpore perspectivas críticas y postestructurales o, como describo más adelante, un enfoque desterritorializado sea posible y deba hacerse en un futuro próximo. Estos estudiosos no solo mostraron cómo el campo mantuvo su tradición dentro de un lugar y tiempo de luchas intensas y conflictos acalorados, sino que también revelaron las tensiones, choques y rupturas dentro de un río curricular crítico específico, en el que nadan estudiosos particulares y cuya fuente, como pude examinar en otro lugar (Paraskeva, 2011a), necesitó ser contextualizada a principios del siglo XIX.

Abordar el contrafuncionalismo funcionalista desde dentro

A pesar de las severas críticas que enfrentan muchos teóricos críticos y la teoría crítica en sí, no se puede negar que, al comienzo de su desarrollo intelectual, muchos estudiosos críticos lucharon tanto con los límites como con las posibilidades de sus enfoques teóricos críticos como una manera de analizar las formaciones sociales. Esto es visible, por ejemplo, en el intelectualismo orgánico de Giroux y Apple. Sin embargo, la construcción de un enfoque crítico sólido para desafiar al bloque hegemónico educativo contemporáneo llevó a algunos de los elementos de un río tan crítico a darse cuenta de las limitaciones de sus enfoques. Es decir, al criticar el funcionalismo de las teorías educativas dominantes, terminan cayendo en una trampa funcionalista enmarcada por un enfoque contrafuncionalista, funcionalista como se señaló anteriormente en la crítica de Liston (1988).

Como afirmé en otra parte (Paraskeva, 2004), en su temprano crecimiento intelectual, Apple (1990) luchó con los límites y las posibilidades de los enfoques críticos. Aunque *Ideología y Currículo* mostró una profunda preocupación intelectual por el análisis de clase y simpatía por el enfoque reproductivo, no se puede ignorar el hecho de que el análisis de Apple es sumamente sensible al hecho de que la "reproducción" por sí sola no puede explicar la intrincada dinámica de la escolarización. De hecho, *Ideología y Currículo* abre la puerta tanto a *Educación y poder* (Apple, 1995) –sostiene que los dos libros podrían publicarse en un solo volumen– como a *Maestros y textos* (Apple, 1986)[5], así como al resto de su vasta obra intelectual. Entonces, para Apple, las herramientas teóricas críticas "tradicionales" eran claramente insuficientes para permitir una interpretación aguda de la formación social y su consecuente transformación. Más tarde, Apple, junto con Weis y McCarthy, afirma la necesidad de ir más allá de una plataforma reduccionista. Mientras que Apple y Weis (1983) abogaban por la necesidad de percibir la estructura de la formación ideológica de la escuela, argumentando así que la esfera cultural era relativamente autónoma, McCarthy y Apple (1988) introdujeron la posición paralela no sincrónica para promover una mejor comprensión de las cuestiones de raza, clase y género en la educación. A continuación, Apple y Weis (1983) agregaron que

> existe una fuerte relación entre la ideología y el conocimiento y las prácticas de la educación. La ideología tiene verdadero poder; se muestra tanto en lo que el material escolar incluye *como* en lo que excluye. Sitúa a las personas dentro de relaciones más amplias de dominación y explotación. Sin embargo, cuando es vivida, a menudo ella también tiene tanto elementos de "buen" sentido como de "mal" sentido. (pág. 23).

Al examinar la dinámica de la producción ideológica, Apple y Weis (1983) sostienen que

> más que una teoría unidimensional en la que la forma económica está determinada, la sociedad se concibe como compuesta por tres esferas interrelacionadas: la económica, la cultural / ideológica y la política; (2) debemos ser cautelosos al asumir que las ideologías son solo ideas que se tienen en la cabeza. Tampoco las ideologías son configuraciones lineales, procesos simples que necesariamente trabajan en la misma dirección o se refuerzan entre sí. En cambio, estos procesos a veces se superponen, se completan, se ahogan y chocan entre sí. (págs. 23-27).

Es decir, "las formas ideológicas no se reducen a clases" (Apple & Weis, 1983, pág. 24), y categorías como género, raza, edad y adicionalmente grupo étnico "entran directamente en el momento ideológico" (Apple & Weis , 1983, pág. 24). De hecho, es "fuera de la articulación con o las contradicciones entre y dentro de, por ejemplo, la clase, la raza y el sexo que las ideologías se viven en la vida coti-

---

5. Como examiné en otro lugar (2004), estos tres volúmenes estructuraron la primera parte de la trilogía de Apple, un concepto bastante crucial para entender la cartografía de Apple.

diana" (Apple y Weis, 1983, págs. 24-25). Cada categoría tiene "su propia historia interna en relación con las demás [y] es imposible comprender completamente las relaciones de clase en el capitalismo sin ver cómo el capital usó las relaciones sociales patriarcales dentro de las organizaciones" (Apple & Weis, 1983, pág. 25). La posición *lenta* pero poderosa de McCarthy ayudó a arremolinar las aguas entre y dentro de los terrenos críticos y los posteriores a ellos. Como él (1988a) argumenta,

> como escritor afrocaribeño, me encuentro, quizás, permanentemente, fuera de sintonía con los relatos de las ciencias sociales y raciales sobre la condición humana que margina a las personas del tercer mundo [es decir] simplemente estamos privados de posiciones estructurales para hablar dentro de las estrategias de la nueva ola de periodización asociadas con el posmodernismo y el postestructuralismo que ahora se ven forzados a marchar sobre el terreno. (pág. 8).

McCarthy (1988b) reaccionó con vehemencia contra los escollos de las perspectivas críticas con impulsos neomarxistas al ignorar el racismo como una realidad endémica en las sociedades pre y poscapitalistas, desafiando el reduccionismo de entender la raza (y se podría agregar el grupo étnico) como una mera adición de categoría. Si se quiere comprender la dinámica de producción ideológica que enmarcan las sociedades pre y poscapitalistas, en general, y la educación, en particular, las dinámicas de clase y género no pueden subalternizar la raza y viceversa (McCarthy, 1988b).

Más tarde, Apple y Carlson (1998) defendieron la necesidad de una plataforma combinada crítico-postestructural, agregando que

> el discurso gramsciano ha resaltado los roles que las fuerzas económicas y tecnológicas, así como las luchas ideológicas, jugaron en la remodelación paisaje de la cultura posfordista. El trabajo de Foucault centra nuestra atención en el papel del Estado y el conocimiento experto en la construcción de ciudadanos normalizados y subjetividad. (pág. 6).

Posteriormente, Hypolito (2001) complejizó el enfoque de McCarthy y Apple (1998) al pedir una posición espiral no paralela y no sincrónica para comprender mejor las cuestiones de clase, raza y género en la educación.

Giroux también fue receptivo a los silencios y posibilidades de la teoría crítica. En *Ideology, Culture and the Process of Schooling*[6],

---

6. N. de las T.: en español, "Ideología, Cultura y el proceso de escolarización".

Giroux (1981a) afirma que "la tarea de la teoría educativa radical es identificar e ir más allá de aquellas estructuras de aula que mantienen un currículo oculto opresivo" (pág. 82). De hecho, Giroux estaba levantando la bandera con respecto a la teoría del abismo de la realidad en demasiados enfoques críticos, subyugando así la realidad a un marco teórico particular completamente desvinculado de la vida cotidiana tangible, desordenada, espontánea y cacofónica en las aulas. Como él argumenta (1981a), "aunque muchos radicales han utilizado el término 'currículo oculto' para categorizar la distribución, no declarada pero efectiva, de normas, valores y actitudes hacia los estudiantes en las aulas, pocos han proporcionado más que un análisis unilateral de este importante fenómeno" (pág. 72). Sin embargo, para dar sentido al currículum oculto, Giroux (1981a) sostiene que

las escuelas deben ser analizadas como agentes de legitimación, organizadas para producir y reproducir las categorías dominantes, los valores y las relaciones sociales necesarias para el mantenimiento de la sociedad en general. Esto no debería sugerir que las escuelas simplemente reflejen los intereses y deseos de la clase dominante. Tampoco se debe negar que las escuelas tienen un inmenso poder para manipular la conciencia y las acciones de los estudiantes, y funcionan para transmitir aspectos seleccionados de la cultura dominante. El proceso de legitimación es claramente mucho más complejo de lo que han sugerido la mayoría de los educadores radicales. (pág. 72).

Giroux (1981) sostiene que el núcleo radical de cualquier pedagogía "no se encontrará en su insistencia en una verdad doctrinal sino en su capacidad para proporcionar las condiciones teóricas y estructurales necesarias para ayudar a los estudiantes a buscar y a actuar sobre la verdad" (pág. 86). Además, como examiné antes, Giroux era totalmente consciente de que

la percepción de la hegemonía redefine el dominio de clase y también revela una relación entre ideología y poder, que no se ve simplemente como una imposición, sino, como señala Foucault, una "red de relaciones, constantemente en tensión, en actividad, más que un privilegio que se pueda poseer... el poder se ejerce más que ser poseído". (pág. 25).

Más tarde, Giroux cristaliza la necesidad de prestar atención a las percepciones posmodernas y postestructurales y argumenta que la revitalización de la teoría crítica depende de ese paso. Por ejemplo, en

Towards a Postmodern Pedagogy[7] (Giroux, 1996), resume la necesidad de superar los imponentes vacíos dentro de los mismos tablones de la armada epistemológica crítica. Vale la pena citarlo en detalle:

> La teoría crítica necesita un lenguaje que permita la competencia de solidaridades y vocabularios políticos que no reduzcan los temas de poder, justicia, lucha y desigualdad a un solo guion, a una narrativa maestra que suprima lo contingente, lo histórico y lo cotidiano como un objeto serio de estudio. La pedagogía crítica necesita crear nuevas formas de conocimiento a través de su énfasis en colapsar los límites disciplinarios y crear nuevos espacios donde se pueda producir el conocimiento. No es una cuestión epistemológica, sino de poder, ética y política. La noción de razón de la Ilustración debe reformularse dentro de la pedagogía crítica. La pedagogía crítica necesita recuperar un sentido de alternativas combinando un lenguaje de crítica y posibilidad. El feminismo posmoderno ejemplifica esto tanto en su crítica del patriarcado como en su búsqueda por construir nuevas formas de identidad y de relaciones sociales. La pedagogía crítica necesita desarrollar una teoría de los maestros como intelectuales transformadores que ocupan determinadas ubicaciones políticas y sociales, en lugar de definir el trabajo del maestro a través del lenguaje estrecho del profesionalismo. El centro de la noción de pedagogía crítica es una política de la voz que combina una noción posmoderna de diferencia con un énfasis feminista en la primacía de lo político. (Giroux, 1996, págs. 691-695).

Giroux se está acercando perspicazmente a enfoques postestructurales, no negando lo político, sino precisamente para reforzar lo político y, al hacer eso, fortalecer la postura crítica. Como Giroux (1981a) sostiene insistentemente, la izquierda educativa estadounidense

> a menudo parece desconcertada ante la cuestión de qué es lo que constituye la teoría y la práctica educativas radicales. Por debajo de la plétora de enfoques pedagógicos, que van desde la desescolarización hasta las escuelas alternativas, se busca en vano una teoría crítica integral de la educación que salve la distancia entre la teoría educativa, por un lado, y la teoría política y social por el otro. (pág. 63).

La izquierda educativa estadounidense se fracturó, analíticamente hablando, en dos grupos principales: los radicales centrados en el contenido y los radicales basados en la estrategia, que experimen-

---

7.   N. de las T.: en español, "Hacia una pedagogía postmoderna".

taron graves inconsistencias en su lucha por un fenómeno educativo más politizado. Es decir, mientras que este último, sin embargo, reconoce "el poder del orden social dominante para manipular a los estudiantes y convertirlos en miembros dóciles y obedientes de la sociedad, [de hecho] hace poco para ayudarlos a ir más allá de la espontaneidad de la cereza" (Giroux, 1981a, pág. 66). En cambio, el primero "no va más allá de su noción estática de conocimiento como conjunto de ideas radicales a transmitir a los estudiantes" (Giroux, 1981a, pág. 68). La educación, como Freire (1990) sostiene notoriamente, es subversiva. Es decir, a pesar de su núcleo conservador enmarcado por un "sujeto narrador (profesor) y objetos de escucha paciente (los estudiantes)" (Freire, 1990, pág. 71), los teóricos y pedagogos críticos deben demostrar la capacidad de ir más allá de ese marco determinista sin caer en otro. El concepto bancario de educación –que, por extraño que parezca, sigue reinventándose no solo a nivel curricular sino también, actualmente más que nunca, a nivel de programas de formación docente– que convierte a los estudiantes en "contenedores, en receptáculos a ser llenados por el maestro" niega el hecho de que "el conocimiento surge solo a través de la invención y la reinvención, a través de la incansable, impaciente, continua y esperanzadora indagación que los seres humanos realizan en el mundo, con el mundo y entre sí" (Freire, 1990, pág. 72). En un sentido casi radical, Giroux (1981a) sostiene que

> el conocimiento debe verse como un proceso compartido, una mediación entre profesores y estudiantes, un intercambio político creativo que forja productos y el tipo de reflexión crítica que permite que todos sean vistos como profesores y principiantes. En tales circunstancias, el conocimiento no es tratado simplemente como problemático, sino que *se convierte* en el vehículo para que profesores y estudiantes *discutan* su fundamento y significado problemáticos. En este caso, el conocimiento se sitúa en las opciones ideológicas y políticas; en otras palabras, el conocimiento se des-cosifica tanto en términos de su contenido como del contexto social en el que está mediado. (pág. 66).

Muy consciente de los específicos defectos naturales de los intelectuales liberales y radicales, Giroux (2001, pág. 4) vuelve a enfatizar su desafío a la trampa dogmática en la que cayó el crudo intelectualismo radical. Giroux (2001) afirma que, aunque algunos intelectuales y educadores radicales "hacen de las relaciones entre escuelas, poder y sociedad un objeto de análisis crítico, lo hacen a expensas de caer en: un idealismo unilateral o un estructuralismo igualmente unilateral" (pág. 4). Es decir,

> hay educadores radicales que colapsan la acción humana y luchan contra una celebración de la voluntad humana, la experiencia cultural o la construcción de relaciones sociales felices en el aula, [así como] visiones radicales de la pedagogía que se aferran a las nociones de estructura y dominación. (Giroux, 2001, pág. 4).

Un gran ejemplo de cómo la hegemonía y la ideología operan en la vida diaria de las escuelas y de la sociedad son los recientes bochornos estatales, nacionales e internacionales creados con la terminación de *La Raza Studies* en el estado de Arizona y el nuevo retroceso –por decir lo mínimo– en la evaluación de profesores.

En 2010, se aprobaron los estatutos revisados de Arizona § 15-112 y se utilizaron para prohibir los estudios mexicoamericanos (MAS)[8] en el Distrito Escolar Unificado de Tucson[9] (TUSD)[10]. Tom Horne, superintendente de instrucción pública de ese momento, declaró que TUSD violaba el estatuto, y el cargo fue apoyado por su predecesor, John Huppenthal. El programa MAS, o *La Raza Studies*, está minado por la filosofía de un conocido comunista brasileño Paulo Freire, quien escribió *Pedagogía de los oprimidos*, en la que, dice Horne, uno realmente comprende las influencias en Freire de comunistas

---

8. N. de las T.: MAS por las siglas en inglés de *Mexican American Studies*.

9. N. de las T.: TUSD por las siglas en inglés de *Tucson Unified School District*.

10. Aunque TUSD tiene otros tres cursos de estudios étnicos además de MAS, que violan al menos la Sección 3 del estatuto, no se les acusa de haberlos violado, ni se les ha dicho que deben ser terminados. El superintendente Horne recibió quejas solo por MAS, "por lo tanto, este hallazgo se refiere únicamente a ese programa" (pág. 2). Además del testimonio de Huppenthal y Horne parece faltar la evidencia para sustentar esto. Incluso el lenguaje del informe de Horne es discriminatorio o prejuicioso al escribir sobre un maestro en el programa de estudios étnicos "El maestro de TUSD llamado John Ward, a pesar de su nombre, es hispano" (Horne, 2010, pág. 4). El lenguaje del Sr. Horne está asociando que hay ciertos marcadores lingüísticos a través de los nombres que nos permiten etiquetar a las personas como "hispanas", que el término hispano en sí mismo denota el poder colonial / opresión de las Américas. Sin embargo, a Horne no parece importarle porque también dijo: "Dividen a los niños por razas, tienen estudios de La Raza para los niños latinos, estudios afroamericanos para los niños afroamericanos, estudios indios para los niños indios, estudios asiáticos para los niños asiáticos, es como el viejo sur [sic] y tienen a todos divididos por razas" (énfasis agregado, KVOA). No comprende las historias de estas etnias, que afirma ayudar a educar. Horne aclara sus declaraciones diciendo: "Creo que está atrasado, el Departamento de Educación ahora tendrá la autoridad para detener las prácticas extremadamente disfuncionales en el Distrito Escolar Unificado de Tucson" (KVOA). (N. de las T.: KVOA es una estación de televisión de Tucson).

como Marx, Che, Engels, Lenin y que, en lugar de enseñar a las minorías que Estados Unidos es un país lleno de oportunidades para todos, les enseñamos que están oprimidos y que Estados Unidos es un país racista.

Según Horne (quien en ese momento se postulaba y fue elegido fiscal general de Arizona), los estudios étnicos son revolucionarios y los estudiantes solo se dan cuenta de que están oprimidos en tales cursos, y todo esto es puro abuso del dinero de los contribuyentes. En los anales de la historia de Estados Unidos está la aplicación de la ley que evita que las personas sean violentas, agresivas y, de alguna manera, tolerantes porque un día leyeron un libro [entre muchos] y se dieron cuenta de que están oprimidos (Horne, 2010). Sin embargo, la tragedia no se detiene aquí.

Por si esto fuera poco, el estado de Arizona apuntará al acento de su cuerpo docente. Los profesores que muestren un acento pronunciado en inglés (cuyo inglés, de todos modos, se podría discutir) serán sancionados y apartados de la enseñanza de la "lengua materna" e incluso podrían ser despedidos (Jordan, 2010). Horne asegura que los estudios étnicos (es decir, *La Raza Studies*), "van en contra del ideal de Martin Luther King Jr., quien, en su famosa marcha sobre Washington, desafió a la nación a juzgar a las personas por su naturaleza y no por el color de piel". Horne desafió a la nación a seguir el ejemplo de King porque, dice, "nosotros no somos la persona que revela el color de la piel". Para colmo, una parte sustancial de la población cree que Horne tiene razón. Básicamente, el gobernador del estado de Arizona y Horne se limitaron a ayudar al "pensamiento de oprimir a los oprimidos". En medio de un genocidio certificado, se dice que no todos los estudios étnicos están prohibidos. Lo que estaba prohibido no era necesariamente la enseñanza de la herencia del conocimiento de un grupo étnico particular, sino precisamente lo que se llamaba "conocimiento peligroso" silenciado sistemáticamente por las tradiciones curriculares dominantes debido a sus venas críticas y habilidad transformadora. Ciertamente, Freire nunca pudo imaginar escribir una obra tan perfecta y, ciertamente, Martin Luther King Jr. no podría haber tenido la más remota idea de que todo su ideal de justicia social, que ayudó a liberar a millones de personas de la opresión y el racismo, se usaría durante años para legitimar políticas contra las cuales luchó y fue asesinado el líder de los derechos civiles. Al anclar su política en un discurso racista que tiene un origen y un contexto precisamente opuestos, Horne no hace más que actuar al nivel del sentido común (en el que opera la hegemonía) domesticando, desideologizando y naturalizando más que un concepto, un ideal que conmovió al mundo; al hacerlo, Horne logró neutralizar la historicidad del concepto o, mejor, dándole, en el acto, otro proceso histórico. Afortunadamente, la historia no es de quien la escribe.

De hecho, todo este proceso de domesticación y ahistorización, que es básicamente un intento de ideologización, es la columna vertebral de la estrategia de los movimientos centristas neorradicales hegemónicos para controlar el sentido común. Esta batalla tiene mucho que ver con lo que sucede en las aulas (forma y contenido), y no es solo una batalla cultural (Hall, 1998). También es económica y, lamentablemente, durante mucho tiempo, la mayoría de los teóricos críticos minimizó la importancia que tiene la financiarización del capital en el contexto de las políticas educativas y curriculares (Foster, 2008). Tampoco es una coincidencia que hoy estemos presenciando el resurgimiento de la investigación en el campo de la "política económica y la educación", un área de investigación muy ignorada en el campo curricular (Huebner, 1977). Enguita (2008) "nos" desafía a repensar qué entendemos por "economía", no a aclarar su grado de inmadurez con respecto a categorías como la cultura, sino a su relativa autonomía a las diversas dinámicas sociales, económicas, políticas y culturales dentro de la dinámica de la producción ideológica (Apple y Weis, 1983; McCarthy y Apple, 1988). Especialmente en una época en la que la educación se coloca en el eje "rentabilidad de los costos" como una forma de combatir el derroche socioeconómico, la dimensión económica en las políticas educativas, los currículos y la preparación de los docentes no puede ser minimizados.

La nueva evaluación de los maestros da credibilidad a nuestra preocupación. Si se considera la evaluación del nuevo maestro y su solicitud de que los maestros proporcionen evidencia de sensibilidad cultural y respeto por las diferencias, se comprende abiertamente cuán borrosa es dicha evaluación. ¿Cómo se puede documentar la "sensibilidad cultural"? Incluso en la redacción de los nuevos "Estándares de evaluación de educadores e indicadores de práctica de enseñanza eficaz" de Massachusetts, se puede ver que "consistentemente utiliza estrategias y prácticas que probablemente permitan a los estudiantes demostrar respeto y afirmar sus propios diferencias y las de los otros relacionadas con antecedentes, identidad, idioma, fortalezas y desafíos", ¿cómo puede un maestro materializar una dinámica líquida tan compleja para producir una evaluación "honesta"? ¿Puede esa dinámica reducirse a una carpeta de piezas de evidencia pedagógica? ¿Qué prueba esto? Giroux (2001) se suma a estas preguntas, porque lo problemático es que "tales visiones no solo sostienen que la historia se hace a espaldas de los seres humanos, sino que también implican que dentro de tal contexto de dominación la acción humana virtualmente desaparece" (pág. 4). Tal plataforma teórica de correspondencia reproductiva se derrumba en un funcionalismo tenue.

Giroux (2001) realiza una autocrítica consciente de las vulnerabilidades de algunas herramientas teóricas radicales. En su examen (2001) de *Reproducción, resistencia y acomodación en el proceso de escolarización*, Giroux (2001) y otros (véase Young y Whitty, 1977) argumentan que las teorías de la reproducción han exhibido un "determinismo unilateral [una] visión simplista de la reproducción social y cultural, y su modo muchas veces ahistórico de teorizar" (pág 77). También agrega que los intelectuales radicales fallaron en "abstraer y desarrollar elementos parcialmente articulados y potencialmente valiosos dentro de las teorías de reproducción existentes" (Giroux, 2001, pág. 77). Según Giroux, la correspondencia y la reproducción agotaron las narrativas, retratando un peligroso culto determinista que muestra un

> modelo de causalidad abiertamente determinado, su visión pasiva de los seres humanos, su pesimismo político y su incapacidad para resaltar las contradicciones y tensiones que caracterizan el lugar de trabajo y la escuela [así como] hacen poco para proporcionar un nivel de análisis cualitativamente diferente con respecto a la relación entre las escuelas, el lugar de trabajo y el papel dialéctico que estas dos instituciones tienen con otras acciones de reproducción social y cultural. (1981a, págs. 93-94).

La insuficiencia de ciertas herramientas críticas es muy clara en el razonamiento de Giroux (1981a, 2001).

Sin embargo, las teorías de la resistencia (a) "no han conceptualizado adecuadamente la génesis de las condiciones que promueven y refuerzan modos contradictorios de resistencia y lucha" (Giroux, 2001, pág. 102); (b) mostraron una insuficiencia suprema "para tener en cuenta las cuestiones de género y raza" (Giroux, 2001, pág. 104); (c) minimizaron la importancia de situar "la noción de resistencia dentro de movimientos específicamente políticos, movimientos que manifiestan resistencia en las artes y/o en la acción política concreta" (Giroux, 2001, pág. 105); (d) "subteorizaron el punto de que las escuelas no solo reprimen las subjetividades sino que también participan activamente en su producción" (Giroux, 2001, pág. 105); y (e) "no han prestado suficiente atención al tema de cómo la dominación llega a la estructura de la propia personalidad" (Giroux, 2001, pág. 106). Además de estas teorías de resistencia, Giroux (2001) persiste en valorar una "pedagogía informada por un proyecto político que habla no solo de los intereses de la libertad individual y la reconstrucción social, sino que también tiene relevancia inmediata para los educadores como modo de praxis viable" (pág. 77). En una oración, la teoría crítica realmente necesita una teoría más completa de la hegemonía cultural. En este contexto, argumenta que necesitamos una nueva dirección para la praxis educativa radical que está implícita en el trabajo de un número creciente de teóricos de la educación que han ayudado a despojar al principio de correspondencia de sus atavíos reaccionarios mientras preservan su núcleo radical. Tanto teórica como empíricamente han intentado mostrar cómo la organización, distribución y evaluación de aspectos seleccionados de la cultura funcionan como mecanismos reproductivos dentro de las escuelas. Además, al examinar la estratificación del conocimiento y su relación con la estratificación social, han comenzado a iluminar las conexiones políticas, a menudo sutiles, entre el poder económico y el control ideológico (Giroux, 1981a, pág. 71). Huelga decir que para Giroux (1981b, 2001) se trata de una batalla ideológica. Sin embargo, Giroux (2001) señala los peligros de un marco ideológico reducido a una herramienta analítica (pág. 142). Es decir, si bien "las escuelas son aparatos culturales involucrados en la producción y transmisión del conocimiento" (Giroux, 2001, pág. 142), no se puede andar con rodeos en la "distinción entre lucha ideológica y lucha material" (Giroux, 2001, pág. 72) . En otras palabras, no se puede confundir "a nivel ideológico de los significados, el discurso y la representación de la lucha, con las luchas por la apropiación y el control concreto del capital, el territorio y otras fuentes similares" (Giroux, 2001, pág. 142). Como él argumenta,

> una cosa es hablar de la escuela como un lugar donde se pelea por ideologías en conflicto, y otra cuestión es ver las escuelas como instituciones políticas y económicas, como encarnaciones materiales de la experiencia vivida y de las relaciones antagónicas históricamente

sedimentadas que necesitan ser tomadas y controladas por grupos subordinados para sus propios fines. (Giroux, 2001, pág. 142).

Freire, en una de sus obras maestras, *Pedagogía del oprimido*, planteó su preocupación acerca del sectarismo peligroso y desconcertante en el centro mismo de los enfoques pedagógicos críticos. Freire (1985, 1990) vio eso como una clara y directa incapacidad de algunos estudiosos críticos para comprender la importancia tanto de los elementos del buen sentido como del mal sentido en la plataforma conservadora, cosa que, en su opinión, era un obstáculo para el proyecto de emancipación. Claramente, la respuesta para la desigualdad y la injusticia social no podría lograrse simplemente mirando el ombligo de la pedagogía crítica y excluyendo otras plataformas epistemológicas.

El verdadero problema es evitar que la teoría crítica, en su lucha contra el reduccionismo funcionalista que cayó, se deslice hacia una posición obsoleta. Para evitar esto, el contrafuncionalismo funcionalista debe combatirse sin descanso sin poner en riesgo el compromiso de deconstruir la teoría eugenésica de la hegemonía cultural. De hecho, esa es una batalla ideológica, con dos objetivos claros. Por un lado, es contra los funcionalistas en los que cayeron las doctrinas contrahegemónicas que, paradójicamente, dedicaron el combate contra las teorías hegemónicas del funcionalismo; por el otro, está en contra de las teorías dominantes del funcionalismo mismo. De alguna manera, fuimos testigos de un *mea culpa* encomiable y, en cierto modo, de un intento claramente neogramsciano de comenzar desde el principio, no porque la teoría crítica fracasara en gran medida, como tan bien explica Žižek (2009), sino porque es urgente abordar nuevas cuestiones de viejos problemas sociales con nuevas herramientas. En efecto, como se verá a lo largo de este libro, comenzar desde el principio implica totalitarismo aún para confrontar el modelo cartesiano de la modernidad. De hecho, este es el gran desafío. Volveré a esta cuestión, en el siguiente capítulo.

La tarea consiste en examinar ideológicamente la ideología luchando "no solo con la pregunta de qué es sino también con la pregunta de qué no es" (Giroux, 2001, pág. 142). Apple (1990) también era consciente de la importancia de comprender ideológicamente la ideología. Él define la ideología tanto como una forma de falsa conciencia que distorsiona la propia imagen de la realidad social y sirve a los intereses de las clases dominantes en la sociedad; racionalizaciones o justificaciones científicas de las actividades de grupos específicos e identificables; programas políticos y movimientos sociales más amplios; y visiones globales del mundo, perspectivas o lo que Berger y Luckmann han llamado universos simbólicos. (Apple, 1990, pág. 20).

Anteriormente examiné en otra parte (Paraskeva, 2004) que, al definir tanto la ideología por lo que es como por lo que hace, Apple (1990) subraya el hecho de que deberíamos adoptar un análisis que aborde el problema de la ideología de acuerdo con tres criterios específicos, a saber,

(1) legitimación (la justificación de la acción grupal y su aceptación social), (2) conflicto de poder (la ideología está vinculada a conflictos entre personas que buscan o detentan el poder) y (3) estilo de argumentación (una retórica especial y un afecto intensificado, marcan la argumentación que tiene lugar en el ámbito de la ideología). (pág. 21).

Como menciona Apple (1990), las categorías como la legitimación, el conflicto de poder y el estilo de argumentación pueden enseñarnos mucho, no solo sobre las tradiciones educativas liberales dominantes, sino también sobre la educación misma como forma hegemónica, porque existe una estrecha conexión entre cómo se presentan el lenguaje y la ciencia y la acción individual "abstracta". De hecho, según Apple (1990), la ideología no existe en un vacío social, algo que se puede exhibir como un producto en las estanterías de un supermercado, que la gente puede seleccionar según su conveniencia.

Por el contrario, destaca la necesidad de aprehender su alcance y su función; es decir, hay que ser consciente de que la ideología territorializa un conjunto de significados, profundamente sustentados en su artillería retórica que apunta a los recursos y cuestiones de poder. Además, para Apple (1990), la forma más precisa de pensar la ideología es prestar mucha atención al concepto mismo de hegemonía. Conceptualizando este enfoque del campo curricular, Apple (1990), basado en Wexler, sostiene que un análisis veraz de la noción de hegemonía no solo nos permite

tejer análisis curriculares, sociopolíticos, económicos y éticos de manera que muestren las sutiles conexiones que existen entre la actividad educativa y los intereses específicos sino también revela cómo las personas pueden emplear marcos que tanto les ayuden a organizar su mundo como les permitan creer que son participantes neutrales en la instrumentación neutral de escolarización. (pág. 22).

En cierto modo, a medida que la desigualdad y la pobreza se multiplican astronómicamente, tales conexiones se vuelven menos sutiles, especialmente para estudiantes y maestros. Por ejemplo, Massachusetts ha comenzado el nuevo sistema de evaluación de maestros en el que los estudiantes ven al director circulando con un iPad y todos los dispositivos tecnológicos de vanguardia para monitorear y evaluar a los maestros, pero tienen que leer libros que no tienen cubiertas. y a los que les faltan páginas (imagínese estudiar de un libro al que le faltan 20 páginas); en consecuencia, tales conexiones no son tan *sutiles*. O, imagínese, durante la administración de un examen de alto nivel requerido para graduarse en Massachusetts, los maestros ni siquiera podían darles a los niños diccionarios completos, por lo que si un niño necesitaba buscar palabras en particular, el maestro necesitaba encontrar el diccionario que las tenía porque a los diccionarios mismos les faltaban palabras. Estas crudas heridas se vuelven más feas con el culto actual del *Common Core*[11], que presenta la falacia de un currículo universal e igualitario basado en la neutralidad.

Como subrayan Darder, Baltodano y Torres (2002) en la introducción de su *Lector de Pedagogía Crítica*, "se atribuye al trabajo de Giroux el reposicionamiento de los debates educativos de la 'Nueva Izquierda' más allá de los límites de las teorías de la reproducción y el currículo oculto" (pág. 24). En cierto modo, las posiciones de Apple y Giroux demuestran un control de credibilidad de la exactitud de algunas de las críticas lanzadas a la teoría crítica. Sin embargo, parece que Giroux estaba más dispuesto que Apple a comprometerse plenamente con una vasta y compleja literatura posmoderna y postestructural. A pesar de esta diferencia, tanto Apple como Giroux permiten rastrear una serie de discontinuidades en su recorrido intelectual; es decir, su viaje no quedó fijo en el enfoque reproductivo hacia el proceso educativo. En cambio, el enfoque reproductivo sirvió como un punto de partida que les permitió ir más allá de la reproducción. Podría decirse que son más neogramscianos que neomarxistas, y su trabajo sobre ideología, hegemonía y lenguaje reveló y creó nuevas corrientes dentro del río crítico.

---

11. N. de las T.: en español, núcleo común.

En pocas palabras, la teoría crítica enfrenta severos desafíos desde lo más profundo de sus filas. No hay duda de que la revitalización de la teoría crítica depende de su capacidad para ir más allá de sus propios silencios, aunque no es una tarea fácil. Obras contemporáneas, de Andreotti (2013), Au (2012), Baker (2009), Cho (2013), Gore (1993), Lopes (2007), Macedo y Frangella (2007), Paraskeva (2006a, 2006b, 2007a, 2007b), Pedroni (2002), Quantz (2011), Watkins (1993) y otros, reafirman el esfuerzo. Estos trabajos plantean la necesidad de superar algunos de los cabos sueltos de la plataforma teórica crítica mediante el avance de un enfoque inclusivo que incorpore dinámicas críticas y postestructurales. Pedroni (2002), en un análisis más profundo y detallado, reveló no solo la necesidad de abordar algunos bloqueos desconcertantes dentro de la teoría crítica, sino también las posibilidades de un marco colaborativo, al tiempo que señaló la importancia de prestar atención a los elementos positivos de ambos espacios epistemológicos. Argumentó que no sólo "el neomarxismo necesitaba una reelaboración postestructural [sino también que] la investigación educativa postestructural también se beneficiaría de una reelaboración neomarxista" (pág. 26). La tarea no era simplista en ningún sentido de la palabra. Apoyándose en Fraser y Fiske, Pedroni (2002) argumentó que la tarea en cuestión no era una función de yuxtaponer lo crítico con lo postestructural ni un esfuerzo por "gramscianizar a Foucault mientras se foucaultianiza a Gramsci", sino, más bien, precisamente y "simultáneamente gramscianizar y foucaultianizar nuestros propios análisis" (pág. 7). La tarea, afirma con precisión Baker (2007), es dominar una nueva ola de investigación, haciendo visibles así los silencios elocuentes que fueron petrificados (y en ocasiones osificados) por las oclusiones seculares.

En *Struggle for Pedagogies*, Gore (1993)[12] niega cualquier intento de formular "una guía prescriptiva". Según Gore, la mejor manera de lidiar con los debates en curso dentro de las pedagogías radicales (específicamente entre las teorías críticas y feministas) es evitar cualquier intento de trazar un mapa de todo el campo de la pedagogía radical, ya que "tales objetivos serían poco prácticos" (pág. xiii). En cambio, deberíamos "capturar los peligros y las brechas en las luchas en curso por las pedagogías radicales" (pág. xiii). Un intento de hacer precisamente esto aparece en algunas plataformas de inves-

---

12. N. de las T.: publicado en 1996 en español, *Controversias entre las pedagogías.*

tigación curricular interesantes y poderosas que están surgiendo en Brasil (Alves, Sgarbi, Passos & Caputo, 2007; Amorim, 2007; Bellini & Anastásio, 2007; Eyng & Chiquito, 2007; Ferraço, 2007; García y Cinelli, 2007; Lopes, 2007; Macedo y Frangella, 2007; Pessanha y Silva, 2007; Rosa, 2007; Veiga Neto et al., 2007; Vieira et al., 2007). Estos estudiosos argumentan que, claramente, el problema no es reclamar una postura crítica o postestructural fija particular o asumir una especie de posición mixta, sino de pasar de la perspectiva crítica a la poscrítica o postestructural. La nueva plataforma de investigación curricular o pedagogía radical se desvía de esas plataformas sin negarlas, deslizándose constantemente dentro de esos enfoques en medio de un amistoso fuego cruzado. En cierto modo, va más allá de un enfoque compuesto. Es inestable en esa misma posición, y asume una idiosincrasia sensible a la intrincada dinámica de cuestiones como la hegemonía, la articulación, la emancipación, la identidad, la imagen, los sonidos, *sin* espacio, *sin* tiempo y la (multiplicidad del) yo biosocial (multitud). De hecho, se trata de ser consciente de asumir cualquier posición que sea más compleja que una posición híbrida, una que no pueda ser atrofiada por ningún reclamo de hibridación. No es una posición híbrida. Bhabha (1995) ayuda mucho aquí:

> La hibridación es el signo de la productividad del poder colonial, sus fuerzas cambiantes y sus fijezas; es el nombre de la inversión estratégica del proceso de dominación a través de la negación (es decir, la producción de identidades discriminatorias que aseguran la identidad y autoridad "puras" y originales). La hibridación es la revalorización del supuesto de la identidad colonial a través de la lectura de efectos de identidad discriminatorios. Muestra la deformación y el desplazamiento necesarios de todos los sitios de discriminación y dominación. Desestabiliza las demandas miméticas o narcisistas del poder colonial, pero reimplica sus identificaciones en estrategias de subversión que vuelven la mirada de los discriminados retrospectivamente al ojo del poder. (págs. 38-39).

Se trata de asumir una postura que se desliza constantemente entre varios marcos epistemológicos, brindando así mejores herramientas para entender a las escuelas como formaciones sociales. Tal postura itinerante teórica podría ser llamada un dispositivo "desterritorializado" en lugar de un dispositivo compuesto, como expongo en *Conflictos en la teoría curricular* (Paraskeva, 2011a), donde defendí la necesidad de una Teoría Curricular Itinerante

(ICT), un marco que también examino. Conceptualizar el campo de esta manera puede ayudarnos profundamente a comprender más plenamente conceptos como hegemonía, ideología, emancipación social y poder. Ante la pesadilla del presente, como dice Pinar (2004), asumir esta postura es bastante valioso y necesario.

Adoptar esta postura es una manera poderosa no solo de desafiar la forma hegemónica de pensar que le dio a la palabra inglesa una posición privilegiada en escritura científica (Alves et al., 2007) sino también –y esto es fundamental– para desafiar y superar lo que Gore (1993) denuncia con precisión como discursos centrados en Estados Unidos o, como lo expresó Autio (2007) añ denominarlos como "superdiscursos curriculares". Este es el caso de políticas como el Programa de Líderes Internacionales en Educación (ILEP)[13], un programa de la Oficina de Asuntos Educativos y Culturales del Departamento de Estado de EE. UU. ILEP está afiliada a la Sociedad Civil y Desarrollo de los Medios de comunicación (IREX) que tiene su propia lista interesante de patrocinadores, incluida la Fundación Bill y Melinda Gates.

Popkewitz (2001) no minimizó las estrategias utilizadas en la producción de la razón y el progreso social, afirmando que "los métodos empíricos modernos en las ciencias sociales y de la educación se basan en gran medida en que el *ojo* da la verdad" (pág. 245). Sostuvo que

> los estudios cualitativos también hacen de la disciplina del ojo un depósito central de la verdad. Las discusiones metodológicas en educación, por ejemplo, a menudo discuten las etnografías como estudios "naturalistas". Tales discusiones plantean la observación de eventos "naturales" como directamente visibles a través del ojo y, por lo tanto, más veraces que los métodos indirectos de encuestas. (pág. 245).

> [Además, Gore (1993) argumenta que] dado que Estados Unidos es la ubicación de gran parte de los discursos pedagógicos críticos y feministas, es necesario preguntarse si eso refleja un etnocentrismo o un centrismo estadounidense que ignora el importante trabajo pedagógico que se está llevando a cabo en otros lugares. (pág. 45).

Recientemente, el razonamiento crítico de Au (2012) refuerza la carta ideológica dentro de lo que él llama "vuelta crítica de los estudios curriculares" (pág. 98). Consciente de los atajos de las formas contrahegemónicas tradicionales, Au (2012, pág. 9) desafía el

---

13. N. de las T.: ILEP según las siglas en inglés de *International Leaders in Education Program*.

llamado a la práctica sin anteojeras ideológicas de Wraga y Hlebowitsh (2003). Si bien expresa serias reservas sobre el barro que rodea a las teorías críticas y postestructuralistas, Au (2012) sostiene que la revitalización del campo no puede dar la espalda a las prácticas que "existen en el contexto de las complejas relaciones sociales, políticas y culturales del mundo material", en suma, dentro de la dinámica de producción ideológica (pág. 9).

Otra gran contribución para abordar las deficiencias del terreno crítico fue hecha por un destacado estudioso del currículo contemporáneo que desafió la vergüenza sin raza del campo, William Watkins. Watkins (1993) no solo defendió la raza como la carta sustantiva para entender un currículo capitalista (bastante crucial en la metamorfosis social de la financiarización y culturalización del capital), sino que también revela las idiosincrasias no monolíticas del currículo negro. Tales no-monolitismos fueron bien apoyados en sus seis orientaciones sobre el currículo negro: funcionalismo ("fundamentalmente básico, oral con un énfasis sustantivo en el folclore" [pág. 324]); acomodacionismo ("un currículo [codificado] más políticamente [para] una nación industrial segregada racialmente" [pág. 324]); liberalismo ("diseñado para desarrollar las facultades analíticas y críticas de los estudiantes, y para ayudarlos a volverse cosmopolitas, tolerantes y capaces de una participación social significativa" [pág. 328]); reconstruccionismo (con el ritmo marcado por el compromiso con "una sociedad colectivista, igualitaria y reformada" [pág. 333]); Afrocentrismo (desafiando epistemes totalitarios eurocéntricos) y nacionalismo/ separatismo negro (una posición radical que desafía las deficiencias de la orientación liberal al defender la necesidad de volver a la fuente, la patria y a una revolución cultural que conducirá al cambio). Admitiendo el currículum como "currere", Taliaferro Baszile (2010) sin ningún eufemismo, argumentó a favor de la autobiografía como una contrahistoria, o historia propia, reclamando un currere racial crítico, así, McCarthy (1998a), Ladson, Billings y Tate (2005), entre otros, haciéndose eco, desafían la condición de la raza dentro del campo.

La historia de la educación y su teoría y desarrollo curricular desde su aparición en Occidente, en general, y en los Estados Unidos, en particular, es también la historia del sistema capitalista, es decir, una historia eugenésica en el núcleo mismo del capitalismo y crucial para la consolidación y desarrollo de lo que Arrighi (2005) denomina los tres períodos hegemónicos del capitalismo, el último marcado por el diluvio neoliberal actual. Así, la dinámica de raza y etnia no puede ser marginada, aplicada al fenómeno curricular, ya sea como campo de estudio o como práctica que llena el aula.

Influenciado por el clásico *La escolaridad como ejecución ritual* (1986) de McLaren, Quantz (2011) desarrolla lo que él llama crítica ritual, "alejándose de los supuestos de las ciencias sociales introducidas en la etnografía"; al hacerlo, muestra su deuda tanto con las humanidades como con las ciencias sociales "reconociendo que detallar y explorar el ritual tiene tanto que ver con la lectura de textos como con el descubrimiento de los patrones de la cultura vivida" (pág. 16). Tal crítica ritual, enfatiza, tiene el potencial de "encontrar e iluminar el camino en que el poder material se institucionaliza en las prácticas no racionales de nuestras escuelas y nos lleva a reemplazarlas con nuevas prácticas diseñadas para celebrar la democracia y la justicia" (pág. 19). Así, la crítica ritual es un conjunto de una posición política que "puede descubrir los procesos encubiertos que construyen y distorsionan el sentido común" (pág. 19). Quantz (2011) saca a la luz una compleja mezcla de rituales –rituales de transición, rituales de identidad, rituales de solidaridad, rituales de deferencia, rituales de respeto– para revelar cómo aquellos a menudo ignorados interfieren con la dinámica de la producción ideológica en las escuelas. Según Quantz (2011),

> el mayor obstáculo para reconocer la importancia del ritual surge de un problema mayor: la suposición de que la parte más importante de la escolarización se encuentra en las intenciones racionales inscriptas en el currículo y la pedagogía. Nunca se ha acentuado más la racionalidad que bajo las políticas de Que ningún niño se quede atrás, que enfatizan los resultados explícitos, los números precisos y la instrucción basada en la investigación. La suposición de que los seres humanos actúan racionalmente es uno de los primeros y más fundamentales defectos de gran parte de la política educativa. (pág. 5).

Si bien actualmente el énfasis se ha puesto en las políticas de Carrera a la cima (RTTT)[14], sería fácil admitir que RTTT es simplemente Que ningún niño se quede atrás con esteroides. Antes de pasar a examinar el razonamiento de Quantz, sería prudente contextualizar la nueva evaluación de los maestros dentro de la política cultural de

---

14. N. de las T.: RTTT según las siglas en inglés de *Race to the top.*

los rituales. Los maestros necesitan pruebas, con trozos de papel y fotografías, de que "ciertas cosas realmente suceden". Por lo tanto, por ridículo que sea, los maestros, por ejemplo, toman una fotografía de los niños haciendo su Juramento a la Bandera para que pueda usarse como evidencia de ciertos requisitos en la Evaluación del Desempeño del Maestro para los nuevos maestros. Reflexionar sobre esto a la luz de la cuestión de la (ir)racionalidad planteada tan elocuentemente por Quantz, obviamente, plantea una miríada de preguntas, a saber, ¿cómo definimos lo racional y quién lo hace o no? Por ejemplo, ¿es racional esperar que un niño que solo ha estado aprendiendo inglés durante dos años se desempeñe al mismo nivel en una prueba estandarizada que un niño que ha estado hablando inglés durante 16 años? ¿O que un niño que pasa hambre y no sabe si su padre lo va a golpear cuando llegue a casa tenga una actuación equivalente a la de un niño que tiene un hogar seguro y cálido al que regresar todas las noches? Estas son las realidades que se han racionalizado y normalizado en las escuelas de hoy. Lo irracional se disfraza con un manto de racionalidad. Lo que quiere la tradición pedagógica hegemónica dominante es un entorno pedagógico sencillo, mezquino y empaquetable, no algo que preste mucha atención a lo que es naturalmente complicado, espontáneo, impredecible y no técnico.

Como una forma de desafiar las tradiciones dominantes y buscar "un enfoque alternativo a los problemas de la teoría crítica que brindara los beneficios del postestructuralismo sin sus trampas" (pág. ix), Quantz y O'Connor (2011) se basan en gran medida en el legado conceptual de Mikhail Bakhtin (1973), y el llamado Círculo de Bakhtin, para evitar las formas que las tradiciones dominantes y contradominantes específicas tergiversan cuán fundamentales son los rituales para comprender la dinámica de la producción ideológica representada en las escuelas y el currículo (Apple, 1979; Giroux, 1981a, 1992) y para comprender las dimensiones multifacéticas de la vida cultural en las instituciones sociales, como las escuelas. Quantz y O'Connor (2011) argumentan que los conceptos de Bakhtin de heteroglosia, diálogo, multiplicidad de voces y carnaval son cruciales para tejer un cobertor tan teórico. Siguiendo la lógica de los intelectuales de estudios culturales de la Universidad de Miami, la noción de heteroglosia de Bakhtin reconoce e implica que la cultura, la sociedad y los individuos están constituidos por una multiplicidad de voces. En otras palabras, el concepto de heteroglosia implica no solo "múltiples dimensiones de la vida cultural [sino también concomitantemente] legitima la diferencia de opinión y restaura la voz del individuo en la creación de sus patrones culturales" (pág. 46). Es en este contexto que uno necesita entender la disputa de Bakhtin entre el *lenguaje y la expresión,* una lucha teórica que reconoce al lenguaje como "un proceso social en lugar de un objeto individual" (pág. 49). Quantz y O'Connor (2011) sostienen además que "dado que el significado solo puede construirse en el enunciado concreto, el lenguaje solo tiene sentido como concepto social" (pág. 49). Afirman que ese enunciado humano no sólo "se forma dentro de las limitaciones históricas", sino que también exhibe simultáneamente "una conciencia dialógica que está ubicada social e ideológicamente dentro de ámbitos materiales y simbólicos específicos" (pág. 49). Si bien el concepto de diálogo ayuda a comprender los choques entre y dentro de las "voces legítimas y no legítimas" (pág. 50), Quantz y O'Connor (2011) enfatizan que el concepto de multitud de voces ayuda a comprender con precisión la "complejidad y las contradicciones que marcan la vida de los miembros de grupos minoritarios [y] prohíbe un individuo unificado o una sociedad consensuada" (pág. 51). De hecho, como afirma Bakhtin (1973), el ser humano siempre tiene "algo que solo [él o ella] puede revelar en un acto libre de consciencia y discurso" (pág. 58). El "algo" particular de Bakhtin no puede ser (des)cubierto por una "definición exteriorizada de segunda mano" (pág. 58).

Es en este contexto que Quantz y O'Connor (2011) destacan el uso que hace Bakhtin (1973) del carnaval para comprender las dinámicas menos visibles que sustentan a los oprimidos. Ellos argumentan que,

> el estudio del carnaval medieval puede proporcionar un ejemplo de un sitio donde la voz no legitimada puede encontrar expresión comunitaria y establecer el potencial de legitimación y eventual acción colectiva y sugerir posibilidades carnavalescas para nuestra época contemporánea. El carnaval es una ocasión pública marcada por la fiesta, la risa, el libertinaje, elexceso y lo grotesco. (págs. 52-53).

De hecho, Quantz y O'Connor (2011) señalan que "el carnaval actúa para liberar tensiones sociales y permitir la formación de una contrahegemonía naciente [que] contiene las condiciones necesarias para la creación de la consciencia de clase, es decir, la legitimación social de las voces silenciadas" (pág. 53). Al respecto, tanto Quantz como O'Connor (2011) ven el carnaval como una práctica transformadora

   EPISTEMICIDIO CURRICULAR...

y revolucionaria, una victoria de la risa sobre el miedo, una abierta derrota del poder a través del "humor grotesco, su énfasis en el festín, la defecación, el destripamiento, el coito, y otras acciones relacionadas con el cuerpo" (pág. 53). Es un conjunto de acciones democráticas, espontáneas, creativas y no repetidas. Esta multitud de conceptos y prácticas son profundamente importantes, Quantz y O'Connor (2011) argumentan, de manera bakhtiniana, lo que ellos llaman un "etnógrafo polifónico" (pág. 62), o alguien que entiende el diálogo como ideológico y "escucha atentamente la evidencia de la multitud de voces que caracteriza la consciencia de sus informantes" (pág. 63). Ellos (2011) argumentan además que la etnografía polifónica es crucial cuando

> escuchar a los desamparados, [porque se] debe escuchar atentamente las múltiples voces con las que hablan. Esto es especialmente cierto para aquellos etnógrafos interesados en descubrir cómo las culturas dominantes han penetrado en la consciencia de los desamparados y les han dado una voz que los lleva a participar de su propia opresión. (pág. 63).

En términos de carnaval, afirman Quantz y O'Connor (2011), el etnógrafo polifónico necesita comprender cómo los individuos mantienen la ambivalencia "en sus comunidades ideológicas" y cómo, al ser consciente de las contradicciones entre los discursos internos y externos, el investigador polifónico "revelará que el alto estatus del payaso de la clase, las obscenidades que se encuentran al poner en ridículo a un maestro, lo decididamente festivo del ambiente de las cafeterías escolares sirven como momentos carnavalescos" (pág. 65). Dicen que el etnógrafo necesita revelar dónde se ubica la consciencia no oficial del carnaval en la política y el liderazgo educativos y dónde se ubica el carnaval medieval en el campo de los estudios educativos y curriculares.

En su análisis sistémico sobre la pedagogía crítica, Cho (2013) también devela algunas preocupaciones relacionadas con la educación crítica. Cho (2013) revela lo siguiente: primero, "necesitamos aclarar qué es la pedagogía crítica, particularmente porque hay una versión / visión despolitizada de ella" (pág. 156); en segundo lugar, ideas como el cambio social, la transformación social, la emancipación, la liberación, la democracia, la igualdad, la diversidad y la justicia social, "han sido tan contaminadas por el derecho y comercializadas por una economía de mercado que es difícil darles un valor nominal" (pág. 157); tercero, "los temas centrales de la educación se entienden y definen como problemas morales/éticos. La pedagogía crítica se ha convertido, esencialmente, en un proyecto moralizador o, más específicamente, en moralizar a los individuos" (pág. 157); cuarto, el problema real de la pedagogía crítica no es "demasiada cultura y posmodernismo, sino su incomprensión y mal uso" (pág. 158); quinto, el enfoque en el nivel micro "pierde la huella del premio y el premio es el cambio social" (pág. 159); sexto, la pedagogía crítica "tiende a sustentarse en políticas localistas/particularistas" (pág. 159); finalmente, la "tendencia del idealismo es bastante problemática [; es decir,] cuando la pedagogía crítica se concentra en ideales sin presentar proyectos pragmáticos concretos, puede volverse idealista, incluso especulativa" (pág. 159).

Como muestro en el Capítulo 7, el pensamiento crítico y las pedagogías desde una perspectiva marxista / neomarxista, a pesar de un notorio desafío contra las tradiciones hegemónicas dominantes, se enfrentan a un desafío importante, incluso inevitable: la necesidad de descolonizar.

Para empezar desde el principio: el giro decolonial

Como mencioné anteriormente, la afirmación de "empezar de nuevo" (Darder, 2011, pág. 188) no se debe a que la teoría y la pedagogía críticas hayan tenido un gran fracaso (véase Žižek, 2009), aunque en muchas áreas lo hicieron, sino porque es urgente abordar nuevas cuestiones de viejos problemas sociales con nuevas herramientas. De manera muy freireana, Darder (2011) desafía a los intelectuales radicales a asumir conscientemente la necesidad de comenzar de nuevo como un prerrequisito para estar en una posición de sujeto perpetuamente transformadora y revolucionaria, una posición que permita una capacidad permanente de reinvención interminable de sí mismo. La tarea, afirmo, no es comenzar desde el principio, sino comenzar desde un nuevo inicio, uno diferente.

La *Actionable Postcolonial Theory in Education* de Andreotti, que ganó el premio al libro de la División B de la AERA[15] (Asociación Estadounidense de Investigación en Educación) en 2012, desafía tales

---

15.   N. de las T.: AERA según las siglas en inglés de *American Education Research Association.*

crisis al poner en primer plano la necesidad de profundizar dentro y más allá dos corrientes teóricas poscoloniales: una abiertamente marxista y la otra con impulsos postestructurales. A partir de Young (2001) y Spikav (1990), el marco poscolonial de Andreotti (2011) hace una distinción entre estas dos vertientes

> Una inclinándose hacia el historicismo marxista (y hacia metanarrativas de progreso y emancipación), centrándose principalmente en las cambiantes circunstancias materiales de explotación estructuradas por supuestos de supremacía cultural y en las luchas por la liberación de los pueblos subyugados; y la otra una orientación discursiva, inclinada hacia el postestructuralismo, centrada en la contestación y complicidad en las relaciones entre colonizadores y colonizados, y en la posibilidad de imaginar relaciones más allá de la coerción, el sometimiento y la violencia epistémica. (pág. 17).

No hace falta decir que Andreotti no pretende una lectura dicotomista de lo poscolonial. Como ella argumenta, el aspecto poscolonial "más explícitamente informado por el postestructuralismo [está situado] en un espacio conflictivo ambivalente entre el marxismo, el posmodernismo y la lucha por la identidad" (pág. 18).

Con una matriz occidental de teorías postestructuralistas, posmodernistas y marxistas, Andreotti vuelve a enfatizar loablemente el carácter "indispensable e inadecuado" del marxismo y el postestructuralismo, como Chakrabarty (2000) expresó con tanta claridad anteriormente. Es innegable que tales aspectos coexisten, pero también determinan tensiones internas y contradicciones intrínsecas al bloque hegemónico etnocéntrico occidental (Paraskeva, 2011a, 2011b).

Como afirmé en *Conflictos en la teoría curricular* (2011a) y como he examinado en este volumen con mayor extensión, el río curricular progresista crítico debe ser receptivo, pero debe ir más allá de los choques, vacíos, silencios aulladores y debates cacofónicos dentro y entre las plataformas críticas y postestructurales. La tarea es luchar por la diversidad cognitiva y la justicia. Sin lugar a dudas, el conocimiento del currículo fue (y sigue siendo) una de las principales preocupaciones no sólo para los proyectos políticos de Apple y Giroux, sino también de Bernstein (1977); Bourdieu (1971); Carnoy (1972); Dale, Esland y MacDonald (1982); Whitty (1985); Young (1971); y Young y Whitty (1977). Sin embargo, también es innegable que se prestó poca atención a lo que Wexler (1976) acuñó como "pluralismo cognitivo" (pág. 50), que es la noción de que "la diversidad epistemológica del mundo es [innegablemente] potencialmente infinita" (Sousa Santos, 2005, pág. xix). En consecuencia, nos enfrentamos a una tarea enorme. Como sostiene Pinar (2004), "*Aquello* que enseñamos es al menos tan importante, si no más importante, que *cómo* enseñamos" (pág. 175). El punto es ir más allá de las preguntas, como "qué/de quién es más valioso el conocimiento", a pesar de no haber descubierto una respuesta correcta, y luchar por otro conocimiento fuera del albergue epistemológico occidental. Por lo tanto, debemos involucrarnos en la lucha contra los epistemicidios curriculares.

Primero es necesario asumir conscientemente que otro conocimiento es posible y luego extenderse más allá de la plataforma epistemológica occidental, prestando atención a otras formas de conocimiento y respetando el conocimiento indígena dentro y más allá del espacio occidental. No hace falta decir que esta lucha solo es posible precisamente debido a los avances, desarrollos adelantos y frustraciones experimentadas por los enfoques críticos particulares enseñados por Apple, Giroux y muchos otros, tanto dentro como fuera del río del currículo progresista crítico, aunque dentro de la compleja tradición progresista. De hecho, la lucha por otro conocimiento debe contextualizarse en la lucha por la pertinencia del currículo. Esta es la próxima gran lucha, que, en realidad, es una lucha por la justicia social y cognitiva. Es juiciosamente crucial enfatizar aquí que la relevancia del currículo se convirtió en una de esas áreas en ciencias sociales sin límite de latitud y con dinámica de longitud corta. La lucha por la relevancia del currículo que es una lucha.

Por la justicia social y cognitiva no es una batalla por la "preparación para la carrera universitaria" como lo propugnan actualmente los *Common Core* y los movimientos de reforma. La sociedad humana no puede ser tan abiertamente animal como para seguir alimentando tal (ir)racionalidad. Es un compromiso deconstruir la sociedad segregada actual y reconstruir un nuevo marco social basado en el bien común con todos. Es críticamente transformador.

Como Gore (1993), no queremos "reivindicar o implicar un monopolio del discurso pedagógico para el campo disciplinar de la educación. Ha habido cierta fertilización cruzada de ideas sobre pedagogía entre disciplinas, especialmente entre los estudios de la mujer, los estudios literarios y la educación" (págs. xiii-xiv). De hecho, los días del monopolio epistemológico de la educación deberían terminar. Como se verá, sin exponer ninguna prescripción, el futuro de la pedagogía crítica se basa en este supuesto. Cualquier estrategia exitosa debe verse como una posible solución a los diálogos de sordos, que son alimentados por egos que han estado impregnando el campo y forzándolo a lo que podría llamarse su segunda etapa moribunda.

El último volumen de Pinar (2012) nos alerta claramente sobre lo que uno llamaría la espiral inestable destrozada de metamorfosis teóricas, que involucra a los sectores principales de la erudición en el campo estadounidense, a saber, el poder, la identidad y el discurso (pág. 7). Es decir, agrega Pinar (2012), "el poder, la identidad y el discurso ya no son innovaciones o provocaciones conceptuales precisamente por el hecho de ser dados por sentado" (pág. 7). Pinar (2012) reconoce un proceso de agotamiento conceptual y "surgen nuevos conceptos en respuesta a problemas inmediatos a veces novedosos, pero a menudo recurrentes, misterios perdurables, pero quizás ahora fascinantes, y hechos inesperados posiblemente contraintuitivos" (pág. 7). Reconozco los límites difusos entre estos tres, así como entre otras fuentes y provocaciones de conceptos". Por lo tanto, descolonizar es imprescindible, afirma Darder (2011), ya que

> los investigadores de las ciencias sociales deben reconocer el impacto colonizador del lenguaje y la metodología de investigación de las ciencias sociales tradicionales, que a menudo han perpetuado nociones elitistas, autoritarias, fragmentadas y, por lo tanto, desempoderadoras de la pobreza. (pág. 273).

Hasta el momento, he expuesto algunos de los principales argumentos diseñados por un grupo de intelectuales comprometidos en lo que he llamado río curricular progresista crítico (Paraskeva, 2011a, 2011b). He notado cómo este grupo de intelectuales que trabaja en el río crítico introdujo en el campo conceptos importantes, tales como hegemonía, ideología, sentido común, reproducción, resistencia, currículum oculto y conflicto versus consenso, como una forma de desafiar lo reductivo determinista y la naturaleza funcionalista de la tradición curricular dominante. Sin embargo, he sostenido que las tensiones dentro de este río se deben al reduccionismo de sus argumentos teóricos incapaces de un análisis crítico y comprensivo del complejo fenómeno educativo y social. He comentado que, en la lucha contra el funcionalismo reduccionista del poder dominante, el llamado río del currículo crítico progresista se inundó de un funcionalismo atroz, convirtiéndose en una especie de funcionalista contrafuncionalista y sin resolver los reduccionismos y determinismos teóricos explícitos. Sin embargo, también destacamos cómo ciertos intelectuales dentro de un río tan crítico de manera explícita y consciente asumió la ineficacia del modelo crítico tradicional y buscó nuevos enfoques para fortalecer el análisis político del campo, aunque solo dentro de la plataforma eurocéntrica.

A pesar de ser funcionalista contrafuncionalista, no se puede negar la enorme y fundamental contribución hecha por un río curricular de intelectuales tan crítico en la lucha por la relevancia curricular hacia una sociedad más justa y democrática. Pero es irrefutable que la lucha por la relevancia del currículo y la justicia social debe llevarse a un nivel diferente; es decir, debe ser una lucha por la justicia social y cognitiva, por lo tanto, incluyendo epistemes no occidentales, una lucha descolonial. Afirmamos que la lucha por el significado y la relevancia del currículum –uno de los argumentos centrales de este río crítico del currículo progresista– termina siendo una crítica eurocéntrica anti-eurocéntrica, que no solo deja de prestar atención al colosal tesauro epistémico más allá de la cultura de Europa occidental, cristiana, blanca, de ojos azules, heterosexual, terreno cultural machista sino también mostrando otras epistemologías como inexistentes (véase Sousa Santos, 2014). Esta cruda realidad fue abierta y revelada sin rodeos por algunos intelectuales clave dentro de las mismas orillas del río progresista crítico. Nuevamente, Ellsworth (1989) es decisivo aquí:

> Cuando los participantes de nuestra clase intentaron poner en práctica las prescripciones ofrecidas en la literatura sobre el "empoderamiento", la "voz del estudiante" y el "diálogo", obtuvimos resultados que no solo fueron inútiles, sino que en realidad exacerbaron las mismas condiciones en contra de las que estamos tratando de trabajar, incluido el eurocentrismo, el racismo, el sexismo, el clasismo y la "educación bancaria". (pág. 298).

Además, aunque la teoría crítica y los teóricos analizan la falta de voces de los estudiantes en las prácticas y estructuras, también deben valorar (o utilizar) las voces de los estudiantes en su investigación y no solo hablar en nombre de los estudiantes a través de sus "observaciones". Ellsworth (1989) sostiene que ciertas esferas epistemológicas occidentales, como la crítica literaria, los estudios culturales, el postestructuralismo, los estudios feministas y los estudios de los medios, se comprometieron en una lucha por una persona racional ideal, que "ha sido opresiva para quienes no son europeos, blancos, hombres, clase media, cristianos, no discapacitados, delgados y heterosexuales" (pág. 304).

Una condición eurocéntrica tan endémica no solo termina glorificando una franca mentira: la idea de una episteme monolítica occidental, que surgió de la nada, en algún lugar estratosférico, y capaz de describir el pasado y predecir el futuro imponiendo un presente eugenésico. Sin embargo, también se involucra en un espantoso epistemicidio al masacrar otras formas de conocimiento que son, sorprendentemente y sin saberlo, los pilares del camino epistemológico occidental. El camino presente-futuro de la teoría curricular no puede evitar un movimiento descolonial, un proceso que está abiertamente anticipado y defendido por estudiosos, como Darder (2012a, 2012b). En un ataque frontal al multiculturalismo festivo, Darder (2012a, 2012b) reclama explícitamente que una "teoría descolonizadora del biculturalismo y la democracia cultural" destruya el impacto de los nefastos procesos colonizadores al "colocar las voces de los estudiantes de color privados de sus derechos y sus comunidades en el centro del discurso" (pág. 2). En un artículo reciente, en coautoría con Yiamouyiannis, Darder sostiene que el desastre económico actual y sus consecuencias letales para millones de seres humanos hacen de la "descolonización" la contraseña en la lucha por la justicia social y cognitiva (Darder & Yiamouyiannis, 2011).

A continuación, examino la precocidad de la fuerza epistemológica africana y árabe, su abrumadora influencia e impacto en la cartografía epistemológica occidental, así como cómo Occidente fabricó una visión particular de la historia, no sólo glorificando a Occidente como una cultura superior sino también como la única. No hace falta decir que las escuelas y el currículo no son dispositivos inocentes en tales epistemicidios. Ellsworth (1989) agrega a esto, citando a Walkerdine:

> Las escuelas han participado en la producción de individuos "autorregulados" desarrollando en los estudiantes habilidades para participar en argumentos racionales. El argumento racional ha operado de maneras que han colocado como su opuesto a un Otro irracional que, históricamente, se ha entendido como el territorio de las mujeres y Otros exóticos. (pág. 301).

En una era plagada de fundamentalismos de internacionalización y globalización, Baker (2009) astutamente nos desafía a ir más allá de las narrativas enmarcadas que han sido impulsadas por "la historia del currículo y la investigación como un asunto nacional de sentido común" y, junto con Munslow (1997), nos advierte que la cuestionabilidad de la historia o la Historia no se puede comprometer (pág. 29). Baker (2009, pág. xiii) saca a relucir el concepto de bifocalidad colonial que permite cuestionar "si ese amor o significado atribuido a la Historia o a la historia es una mentira que los 'modernos' han vendido implícitamente de modo que algunas formas de subjetividad y pertenencia se puedan falsificar, y a otras se pueda renunciar o bloquearlas".

En el próximo capítulo, examino cómo el legado epistemológico occidental está profundamente conectado en lo que algunos estudiosos llaman la colonialidad de poderes y seres, que es esencial para comprender lo que llamamos epistemicidios curriculares. Bienvenidos al momento decolonial.

Referencias bibliográficas

ALVES, N. Sgarbi, PASSOS, M. e CAPUTO, S. (2007) Nos e Nossas Historias em Imagens e Sons Uma Historia em Imagens. Associação Nacional de Pós-Graduação e Pesquisa em Educação. Grupo de Trabalho Curriculo. Trabalho Encomendado. Caxambu: Brasil.

AMORIM, A. C. (2007) *Escritas curriculo, Representacao e Diferenças.* Associação Nacional de Pós-Graduação e Pesquisa em Educação. Grupo de Trabalho Curriculo. Trabalho Encomendado. Caxambu: Brasil.

ANDREOTTI, V. (2011) *Actionable Postcolonial Theory in Education.* New York: Palgrave.

ANDREOTTI, V. (2013) Renegotiating Epistemic Privilege and Enchantments with Modernity: The Gain in the Loss of the Entitlement to Control and Defi ne Everything. *Social Policy, Education and Curriculum Research Unit.* North Dartmouth: Centre for Policy Analyses/ UMass Dartmouth, pp. b-s.

APPLE, M. (1979) *Ideology and Curriculum.* New York: Routledge & Kegan Paul.

APPLE, M. (1986) *Teachers and Texts. A Political Economy of Class and Gender Relations in Education.* New York: Routledge.

APPLE, M. (1990) *Ideology and Curriculum.* New York: Routledge.

APPLE, M. (1995) *Education and Power.* New York: Routledge.

APPLE, M. (2000) *Official Knowledge.* New York: Routledge.

APPLE, M. and CARLSON, D. (1998) Introduction. Critical Educational Theory in Unsettling Times. En D. Carlson & M. Apple (eds.) *Power, Knowledge, Pedagogy. The Meaning of Democratic education in Unsetling Times.* Boulder: Westview Press, pp. 1-40.

APPLE, M. and WEIS, L. (eds.) (1983) *Ideology and the Practice of Schooling.* Philadelphia: Temple University Press.

Aronowitz, S. (1989) Working-Class Identity and Celluloid Fantasy. En H. Giroux and R. Simon (eds.) *Popular Culture. Schooling and Everyday Life*. Granby, MA: Bergin & Garvey, pp. 197-218.

Aronowitz, S. & Giroux, H. (1991) *Postmodern Education Politics, Culture and Social Criticism*. Minneapolis, MN: University of Minnesota Press.

Arrighi, G. (2005) *The Long Twentieth Century. Money, Power and the Origins of Our Times*. London: Verso.

Au, W. (2012) *Critical Curriculum Studies. Education, Consciousness the Politics of Knowing*. New York: Routledge.

Autio, T. (2007) Towards European Curriculum Studies: Reconsidering Some Basic Tenets of Building and Didaktik. *Journal of the American Association for the Advancement of Curriculum Studies*, Volume 3, February.

Baker, B. (2007) Animal Magnetism and Curriculum History. *Curriculum Inquiry*, 37 (2), pp. 123-58.

Baker, B. (2009) Borders, Belonging, Beyond: New Curriculum History. En Bernadette-Baker (ed.) *New Curriculum History*. Rotterdam: Sense, pp. ix–xxxv.

Bakhtin, M. (1973) *Problems of Dostoevsky's Poetics*. Ann Arbor, MI: Ardis.

Bellini, M. & Anastácio, M. (2007) *Em tempos Pos-Modernos*. Associação Nacional de Pós-Graduação e Pesquisa em Educação. Grupo de Trabalho Curriculo. Trabalho Encomendado. Caxambu: Brasil.

Bernstein, B. (1977) *Class, Codes and Control*, vol. 3. London: Routledge and Kegan Paul.

Bhabha, H. (1995) Signs Taken for Wonders. En B. Ashcroft, G. Griffiths and H. Tiffin (eds.) *The Post Colonial Reader*. London: Routledge, pp. 38-43.

Bourdieu, P. (1971) Systems of Education and Systems of Thought. En M. F. D. Young (ed.) *Knowledge and Control: New Directions for the Sociology of Knowledge*. London: Collier Macmillan, pp. 189-208.

Carnoy, M. (1974) *Education as Cultural Imperialism*. New York: McKay.

Chakrabarty, D. (2000) *Provincializing Europe. Postcolonial Thought and Historical Difference*. Princeton: Princeton University Press.

Cho, S. (2013) *Critical Pedagogy and Social Change. Critical Analysis on the Language of Possibility*. New York: Routledge.

Dale, R., Esland, G. and MacDonald, M. (1982) *Schooling and Capitalism*. London: Routledge and Kegan Paul.

Darder, A. (2011) *A Dissident Voice. Essays on Culture, Pedagogy and Power*. New York: Peter Lang.

Darder, A. (2012a) *Culture and Power in the Classrooms. Educational Foundations for the Schooling of Bicultural Studies*. Boulder: Paradigm Publishers.

Darder, A. (2012b) Dissident Voice for Democratic Schooling: Writer Gabriel San Roman interviews Radical Educator Antonia Darder. *Truthout*, September 25.

Darder, A., Baltodano, M. and Torres, R. (2002) Introduction. En A. Darder, R. Torres and M. Baltodano (eds.) *The Critical Pedagogy Reader*. New York: Routledge, pp. 24-26.

Darder, A. and Yiamouyiannis, Z. (2011) Political Grace and the Struggle to Decolonize Community Practice. En A. Darder (eds.) *A Dissident Voice. Essays on Culture, Pedagogy and Power*. New York: Peter Lang, pp. 421-40.

Eagleton, T. (1994) Ideology and its Vicissitudes in Western Marxism. En S. Zizek (ed.) *Mapping Ideology*. London: Verso, pp. 179-226.

ELLSWORTH, E. (1989) Why Doesn't This Feel Empowering? Working Through the Repressive Myths of Critical Pedagogy. *Harvard Educational Review*, 59 (3), pp. 297-324.

ENGUITA, M. (2008) *Marxism and Education. Public Education Debate*. Braga: University of Minho.

EYNG, A. and CHIQUITO, R. (2007) *Politicas Curriculares: As Respresentacoes dos Profissionais da Educacao a Luz da Teorização Pos-Critica do Currículo*. Associação Nacional de Pós-Graduação e Pesquisa em Educação. Grupo de Trabalho Curriculo. Trabalho Encomendado. Caxambu: Brasil.

FERRAÇO, C. (2007) *Currículo e Pesquisa com o Cotidiano: Sobre Usos, Traduçoes, Negociaçoes e Hibridismos da Cultura como Enunciaçao*. Associação Nacional de Pós-Graduação e Pesquisa em Educação. Grupo de Trabalho Curriculo. Trabalho Encomendado. Caxambu: Brasil.

FOSTER (2008) The Financialization of Capital and the Crisis. *Monthly Review*, 59, 11. Consultado en http://monthlyreview. org/2008/04/01/the-financialization-of-capital-and-the-crisis/.

FREIRE, P. (1985) *The Politics of Education Culture, Power and Liberation*. Westport: Bergin and Garvey.

FREIRE, P. (1990) *Pedagogy of the Oppressed*. New York: Continuum.

GARCIA, A. & CINELLI, M. (2007) Os estudos do cotidiano ajudam a desinvisibilizar as práticas educativas emancipatórias? Associação Nacional de Pós-Graduação e Pesquisa em Educação. Grupo de Trabalho Curriculo. Trabalho Encomendado. Caxambu: Brasil.

GIROUX, H. (1980) Beyond the Correspondence Theory: Notes on the Dynamics of Educational Reproduction and Transformation. *Curriculum Inquiry*, 10 (3), pp. 225-47.

GIROUX, H. (1981a) *Ideology, Culture & the Process of Schooling*. Philadelphia: Temple University Press.

GIROUX, H. (1981b) Toward a New Sociology of Curriculum. En H. Giroux, A. Penna and W. Pinar (eds.) *Curriculum and Instruction*. Berkeley: Cutchan Publishing Corporation, pp. 98-108.

GIROUX, H. (1983) *Theory and Resistance in Education. Towards a Pedagogy for the Opposition*. New York: Bergin and Garvey.

GIROUX, H. (1992) Resisting Difference: Cultural Studies and the Discourse of Critical Pedagogy. En L. Grossberg, G. Nelson and P. Treichler (eds.) *Cultural Studies*. New York: Routledge, pp. 199-212.

GIROUX, H. (1996) Towards a Postmodern Pedagogy. En L. Cahoone (ed.) *From Modernism to Postmodernism. An Anthology*. Oxford: Blackwell Publishers, pp. 687-97.

GIROUX, H. (2001) *Theory and Resistance in Education. Towards a Pedagogy for the Opposition*. Wsetport: Bergin & Garvey.

GORE, J. (1993) *The Struggle for Pedagogies. Critical and Feminist Discourses as Regimes of Truth*. New York: Routledge.

GRAMSCI, A. (1957) *The Open Marxism of Antonio Gramsci*. Traducido y comentado por C. Manzani. New York: Cameron Associates, INC.

GRAMSCI, A. (1971) *Antonio Gramsci: Selections from the Prison Notebooks*. Editado por Q. Hoare and G. Smith. New York: International Publishers.

HALL, S. (1998) Introduction. Who Needs Identity? En S. Hall & P. DuGay (eds.) *Cultural Identity*. London: SAGE, pp. 1-17.

HORNE, T. (2010) Arizona Bill Targeting Ethnic Studies Signed into Law. *Los*

Angeles Times, May 20, http://articles. latimes.com/2010/may/12/nation/la- na-ethnicstudies-20100512.

HUEBNER, D. (1977) *Dialectical Materialism as a Method of Doing Education.* (Mimeografiado).

HYPOLITO, A. (2001) *Class, Race and Gender in Education. Towards a Spiral NonParallelist Non-Synchronous Position.* Trabajo presentado en el Friday Seminar, University of Wisconsin, Madison.

JORDAN, M. (2010) Arizona Grades Teachers on Fluency. *The Wall Street Journal*, April 30.

KLIEBARD, H. (1995) *The Struggle for the American Curriculum*: 1893-1958. New York: Routledge.

KVOA (2010, May 2) *Bill Passed That Would Ban Ethnic Studies for TUSD.* Consultado en http://www.kvoa.com/.

LADSON BILLINGS, G. and TATE, W. (2005) Toward a Theory of Critical Race Theory in Education. *Teachers College Record,* 97, pp. 47-68.

LISTON, D. (1988) *Capitalist Schools. Explanation and Ethics in Radical Studies of Schooling.* New York: Routledge.

LISTON, D. and ZEICHNER, K. (1987) Critical Pedagogy and Teacher Education. *Journal of Education,* 169, pp. 117-37.

LOPES, A. (2007) *Currículo no debate modernidade, pós-modernidade.* Associação Nacional de Pós-Graduação e Pesquisa em Educação. Grupo de Trabalho Curriculo. Trabalho Encomendado. Caxambu, Brasil.

MACEDO, E. and FRANGELLA, R. (2007) *Currículo e Cultura: deslizamentos e hibridizações.* Associação Nacional de Pós-Graduação e Pesquisa em Educação. Grupo de Trabalho Curriculo. Trabalho Encomendado. Caxambu, Brasil.

MANN, J. (1968) *Toward a Discipline of Curriculum Theory.* Baltimore: The John Hopkins University, The Center for the Study of Social Organization of Schools. (Mimeografiado).

MCCARTHY, C. (1988a) Slowly, Slowly, Slowly, the Dumb Speaks. Third World Popular Culture and the Sociology for the Third World. *Journal of Curriculum Theorizing,* 8 (2), pp. 7-21.

MCCARTHY, C. (1988b) Rethinking Liberal and Racial Perspectives on Racial Inequality in Schooling: Making the Case for non-synchrony. *Harvard Educational Review,* 58 (3), pp. 265-79.

MCCARTHY, C. (1998) *The Uses of Culture. Education and the Limits of Ethnic Affiliation.* New York: Routledge.

MCCARTHY, C. and APPLE, M. (1988) Race, Class, and Gender in American Education. Towards a Nonsynchronous Parallelist Position. En L. Weis (ed.) *Class, Race, and Gender in American Education.* Albany: State University of New York Press, pp. 3-39.

MCLAREN, P. (1986) *Schooling as a Ritual Performance.* New York: Routledge.

MCLURE, H. & FISHER, G. (1969) *Ideology and Opinion Making, General Problems of Analysis.* Bureau of Applied Social Research, Columbia University. (Poligraphed).

MUNSLOW, A. (1997) *Deconstructing History.* New York: Routledge.

PARASKEVA, J. (2004) *Here I Stand. A Long (R)evolution. Michael Apple and Critical Progressive Tradition.* Minho: University of Braga.

PARASKEVA, J. (2005) *Dwayne Huebner. Mitografi as da Abordagem Curricular.* Lisboa: Editora Platano.

PARASKEVA, J. (2006a) Desterritorializar a Teoria Curricular. *Papeles de Trabajo sobre Cultura, Educación y Desarrollo Humano, 2* (1). Consultado en http://www.doaj.org/doaj.

PARASKEVA, J. (2006b) Desterritorializar a Teoria Curricular. En J. Paraskeva (org.) *Currículo e Multiculturalismo.* Lisboa: Edicoes Pedago, pp. 169-204.

PARASKEVA, J. (2007a) *Ideologia, Cultura e Curriculo.* Lisboa: Didatica Editora.

PARASKEVA, J. (2007b) *Continuidades e Descontinuidades e Silêncios. Por uma Desterritorialização da Teoria Curricular.* Associação Nacional de Pós-Graduação e Pesquisa em Educação (ANPEd), Caxambu, Brasil.

PARASKEVA, J. (2011a) *Conflicts in Curriculum Theory. Challenging Hegemonic Epistemologies.* New York: Palgrave.

PARASKEVA, J. (2011b) *Nova Teoria Curricular.* Lisboa: Ediçoes Pedago.

PEDRONI, T. (2002) *Can Post Structuralism and Neo-Marxist Approaches be Joined? Building Compositive Approaches in Critical Educational Theory and Research.* Trabajo inédito, pp. 2 and 6.

PESSANHA, E. e SILVA, F. (2007) *Observatório da Cultura Escolar: Ênfases e Tratamentos Metodológicos de Pesquisa sobre Currículo.* Associação Nacional de PósGraduação e Pesquisa em Educação. Grupo de Trabalho Curriculo. Trabalho Encomendado. Caxambu, Brasil.

PINAR, W. (1979) What Is Reconceptualization? *Journal of Curriculum Theorizing,* 1 (1), pp. 93-104.

PINAR, W. (1980) Life History and Education Experience. JCT, 2 (2), pp. 159-212.

PINAR, W. (1980) Life History and Educational Experience. *Journal of Curriculum Theorizing,* 2 (2), pp. 159-212.

PINAR, W. (2004) *What Is Curriculum Theory?* Mahwah, NJ: Erlbaum.

PINAR, W. (2012) *Curriculum Studies in the United States.* New York: Palgrave.

PINAR, W. and GRUMMET, M. (1976) *Toward a Poor Curriculum.* Dubuque: Kendall/Hunt.

PINAR, W., REYNOLDS, W., SLATTERY, P. and TAUBMAN, P. (1995) *Understanding Curriculum.* New York: Peter Lang.

POPKEWITZ, Th. (2001) A Changing Terrain of Knowledge and Power: A Social Epistemology of Educational Research. En R. G. McINNIS (ed.) *Discourse Synthesis. Studies in Historical and Contemporary Social Epistemology.* WestPort: Praeger, pp. 241-66.

QUANTZ, R. (2011) *Rituals and Students Identity in Education: Ritual Critique for a New Pedagogy.* New York: Palgrave.

QUANTZ, R. and O'CONNOR, T. (2011) From Ethnography to Ritual Critique. The Evolution of a Method. En R. Quantz (ed.) *Rituals and Student Identity in Education.* New York: Palgrave, pp. 45-71.

ROSA, M. *et al.* (2007) *Narrar Currículos: Inventando Tessituras Metodológicas.* Associação Nacional de Pós-Graduação e Pesquisa em Educação. Grupo de Trabalho Curriculo. Trabalho Encomendado. Caxambu, Brasil.

SASSOON, A. (1982) *Approaches to Gramsci.* London: Writers and Readers.

SCHUBERT, W. (1980) *Curriculum Books; The First Eighty Years.* Landham: University Press of America.

SOUSA SANTOS, B. (2005) *Democratizing Democracy. Beyond the Liberal Democratic Cannon.* London: Verso.

SOUSA SANTOS, B. (2014) *Epistemologies of the South: Justice against Epistemicide.* Boulder: Paradigm.

SPIKAV, G. (1990) Question of Multiculturalism. En S. Harasayam (ed.) *The Post-Colonial Critic: Interviews, Strategies, Dialogues*. New York: Routledge, pp. 59-60.

TALIAFERRO-BASZILE, D. (2010) In Ellison Eyes, What Is Curriculum Theory? En E. Malewsky (ed.) *Curriculum Studies Handbook*. New York: Routledge, pp. 483-95.

VEIGA NETO, A. *et al.* (2007) *Grupo de Estudos e Pesquisas em Curriculo e Pos-Modernidade*. Universidade Luterana do Brasil (ULBRA) e à Universidade Federal do Rio Grande do Sul (UFRGS). Associação Nacional de Pós-Graduação e Pesquisa em Educação. Grupo de Trabalho Curriculo. Trabalho Encomendado. Caxambu, Brasil.

VIEIRA, J., HYPOLITO, A., KLEIN, M. and GARCIA, M. (2007) *Percurso Teorico Metodologico das Pesquisas sobre Currículo*. Associação Nacional de Pós-Graduação e Pesquisa em Educação. Grupo de Trabalho Curriculo. Trabalho Encomendado. Caxambu, Brasil.

WATKINS, W. (1993) Black Curriculum Orientations. *Harvard Educational Review*, 63 (3), pp. 321-38.

WATKINS, W. (2001) *The White Architects of Black Education*. New York: Teachers College Press.

WATKINS, W. (2010) Response to Ann G. Winfield. The Visceral and the Intellectual in Curriculum Past and Present. En E. Malewski (ed.) *Curriculum Studies Handbook*. The Next Momentum. New York: Routledge, pp. 158-67.

WEXLER, Ph. (1976) *The Sociology of Education: Beyond Inequality*. Indianapolis: The Bobbs-Merrill.

WEXLER, Ph. (1987) *Social Analysis of Culture. After the New Sociology*. Boston: Routledge & Kegan and Paul.

WHITTY, G. (1985) *Sociology and School Knowledge*. London: Methuen.

WILLIS, P. (1977) *Learning to Labour*. Farnborough: Saxon House.

WRAGA, W. and HLEBOWITSH, P. (2003) Toward a Renaissance in Curriculum Theory and Development in the USA. *Journal of Curriculum Studies*, 35 (4), pp. 425-38.

WRIGHT, E. (1994) *Interrogating Inequality. Essays on Class Analysis, Socialism, and Marxism*. London: Verso.

YOUNG, M. F. (ed.) (1971) *Knowledge and Control. New Directions for the Sociology of Education*. London: Collier-MacMillan.

YOUNG, M. F. and WHITTY, G. (1977) *Society, State and Schooling*. London: The Falmer Press.

YOUNG, R. (2001) *Postcolonialism. A Historic Introduction*. Oxford: Blackwell.

Žižek, S. (2009) How to Begin from the Beginning. *New Left Review*, 57, pp. 43-55.

2

Epistemicidios y el yugo de la modernidad: Colonialidad de los conocimientos y de los seres

Este capítulo intenta ofrecer un examen de la colonialidad de los poderes y los seres y su importancia para el campo curricular en la lucha por la justicia social y cognitiva. Examino la dinámica de choque entre la modernidad y el sistema mundial colonial y, al hacerlo, analizo cómo es crucial comprender la geopolítica del conocimiento y el poder dentro de lo que Grosfoguel (2003) y Quijano (2000a) denominan imaginario colonial/racista en el sistema mundial. A través de esto, examino cómo tales colonialidades ayudan a fomentar el privilegio epistémico y el racismo. También destaco la importancia de conceptos como diferencia colonial y transmodernidad. Sostengo que otro conocimiento es posible, y enfatizo la necesidad de descolonizar las ciencias sociales. Tal proceso de descolonización, como sostenemos, no puede y no vendrá solo de "las filosofías y las culturas de los estudiosos existentes" (Mignolo, 2008, pág. 232). Necesita desafiar los epistemicidios seculares occidentales, destruyendo geopolíticas de poder milenarias que produjeron y reprodujeron secularmente la colonialidad eugenésica del poder y el ser, que retrata la "epistemología como algo ahistórico" (Mignolo, 2008, pág. 234). En un momento en que nuestro campo está expresando loablemente la necesidad de internacionalización y globalización, este es, como nunca antes, un desafío necesario.

El patrimonio de colonialidad eugenésica

En *Europa, modernidad y eurocentrismo*, Enrique Dussel (2000) nos alerta sobre lo que él llama "el cambio en el significado del concepto de Europa un deslizamiento semántico que, generalmente, se ha pasado por alto" (pág. 465). Allí él explica:

En primer lugar, la Europa mitológica era hija de un rey fenicio y, por tanto, era semita... Lo que se convirtió en la Europa moderna estaba más allá del horizonte de Grecia y, por lo tanto, no podía coincidir en modo alguno con la Grecia originaria... [Hay una] diacronía unilineal Grecia-Roma Europa [que] es un constructo ideológico que se remonta al romanticismo alemán de finales del siglo XVIII... De hecho, la línea única de desarrollo Grecia-Roma-Europa es un subproducto conceptual del modelo eurocéntrico. En segundo lugar, Occidente estaba formado por los territorios del Imperio Romano, que hablaban latín y esto incluía el norte de África. Occidente se oponía a Oriente, el Imperio griego, que hablaba griego; en ese momento, no existía un concepto relevante de lo que luego se consideraría Europa. En tercer lugar, a partir del siglo XVII, Constantinopla (el Imperio Romano de Oriente) se enfrentó al mundo árabe musulmán que estaba en constante crecimiento. Aquí, no hay que olvidar que a partir de ese momento el mundo griego clásico, el tradicionalmente asociado con Aristóteles, fue tanto musulmán árabe como cristiano bizantino. Cuarto, el mundo medieval latinoeuropeo se enfrentó al mundo musulmán turco. Una vez más, Aristóteles fue un filósofo considerado perteneciente al mundo árabe más que al cristia-no... Los escritos de Aristóteles sobre metafísica y lógica se estudiaron en Bagdad mucho antes de que fueran traducidos al latín en la España musulmana; luego, desde Toledo, llegaron a París a finales del siglo XII. Así, la "universalidad" musulmana se extendió desde el Atlántico hasta el Pacífico. La Europa latina era una cultura secundaria y periférica y hasta ese momento nunca había sido el "centro" de la historia. Esto también se aplicó al Imperio Romano que, dada su ubicación occidental extrema, nunca se convirtió en el centro de la historia del continente euro-afro-asiático... En quinto lugar, durante el Renacimiento italiano tuvo lugar una novela que conjuga procesos culturales hasta ahora independientes; el mundo latino occidental se unió al mundo griego oriental y, posteriormente, se enfrentaron al mundo turco. A su vez, los turcos olvidaron el origen helenístico-bizantino del mundo musulmán y así dejaron surgir la falsa ecuación occidental = helenístico + romano + cristiano. (Dussel, 2000, págs. 465-467).

Europa no tiene nada que ver con la diva mitológica creada y diseminada por los circuitos occidentales de producción cultural. Básicamente, Europa tal como está, tal como se la ha creado, "es indefendible" (Cesaire, 2000, pág. 32). Tal pastoral continuó con el "descubrimiento" tan "curricularizado" de las Indias; Maldonado-Torres (2012) afirma que, representó el verdadero surgimiento de un "nuevo mundo" que desafió el sentido, entonces existente, del tiempo, del espacio, de las leyes, del conocimiento, y de la organización social, y que abrió nuevos caminos del poder, del conocimiento y del ser no solo de Europa sino, paulatinamente, para la mayor parte de la humanidad. (pág. 1).

En ese contexto, Dussel (2000) destaca que se produjo el surgimiento de "la ideología eurocéntrica del romanticismo alemán" (pág. 466). Una falacia tan lineal, simplista y diacrónica –un tema que examino en el capítulo 5– es la narrativa oficial occidental milenaria. Es decir, algunos consideran que dicha narrativa es "una invención ideológica que primero secuestró la cultura griega como exclusivamente occidental y europea y luego colocó a las culturas griega y romana en el centro de la historia mundial" (Dussel, 2000, pág. 468). Dussel (2000) elabora dos conceptos de modernidad; uno es verdaderamente eurocéntrico, "provincial y regional" (pág. 469). La modernidad, desde esta perspectiva, es "una emancipación, [una] salida de la inmadurez por medio de la razón, entendida como un proceso crítico que ofrece a la humanidad la posibilidad de un nuevo desarrollo" (pág. 469). Sin embargo, Dussel (2000) señala que esta primera visión de la modernidad es eurocéntrica, porque reivindica un "fenómeno intraeuropeo como punto de partida de la modernidad y explica su posterior desarrollo sin recurrir a nada fuera de Europa" (pág. 469). El otro concepto lleva la modernidad a un nivel diferente. La modernidad es y actúa como una perspectiva mundial, lo que sugiere "ser el centro de la historia mundial como un rasgo esencial del mundo moderno. Esta centralidad se logra desde varias perspectivas: estatal, militar, económica y filosófica" (Dussel, 2000, pág. 469).

Siguiendo el razonamiento de Dussel (2000), "no había [sólo] una historia del mundo en un sentido empírico antes de 1492", sino que también es crucial examinar diferentes etapas y metamorfosis en lo que comúnmente, aunque erróneamente, se acepta como una época monolítica. Por ejemplo, esas metamorfosis inicialmente bajo el liderazgo de España y Portugal que luego fueron reemplazadas por Inglaterra y Francia, intentaron representar "un nuevo paradigma de la vida cotidiana y de comprensión histórica, religiosa y científica [para justificar] la praxis irracional de la violencia" (Dussel, 2000, pág. 472). Para superar una narrativa tan vil es necesario "negar la negación del mito de la modernidad desde una ética de la responsabilidad" (pág. 473). Él se explaya diciendo:

El otro lado negado y victimizado de la modernidad debe primero ser desvelado como "inocente": son las "víctimas inocentes" del sacrificio ritual las que, en la autorrealización de su inocencia, proyectan a la modernidad como culpable de una violencia sacrificial y conquistadora. Es decir, de una violencia constitutiva, originaria, esencial. Negando la inocencia de la modernidad y afirmando la alteridad del otro (antes negada) es posible "descubrir" por primera vez el "otro lado" oculto de la modernidad: el mundo colonial periférico, los pueblos indígenas sacrificados, el negro esclavizado, la mujer oprimida, la alienación de los infantes, la cultura popular enajenada: víctimas de la modernidad, todas víctimas de un acto irracional que contradice el ideal de racionalidad de la modernidad. (Dussel, 2000, pág. 473).

Como examino más adelante, esta ética de la responsabilidad debe problematizarse dentro de lo que Walker (2011) clasifica como la disputa de la ética de lo correcto y la ética de la opacidad. Es decir, la epistemología y las batallas epistemológicas, como proyecto emancipatorio, deben darse sin sacrificar la cuestión de la ética. (Walker, 2011).

Walter Mignolo (2008) en su *Geopolítica del conocimiento y diferencia colonial* se explaya sobre la disputa del sistema mundial colonial moderno.

La modernidad, atestigua Mignolo (2008), no es un fenómeno estrictamente europeo sino planetario, "al que han contribuido los 'bárbaros excluidos', aunque su contribución no ha sido reconocida" (págs. 225-226). Mignolo (2008) expone las distinciones entre modernidad y sistemas mundiales:

Primero, la modernidad está asociada con la literatura, la filosofía y la historia de las ideas, mientras que el sistema del mundo moderno está asociado con el vocabulario de las ciencias sociales. En segundo lugar, esta primera caracterización es importante si recordamos que desde 1970 ambos conceptos han ocupado espacios definidos en los discursos tanto académicos como públicos. En tercer lugar, la modernidad (y, obviamente, la posmodernidad) mantuvo el imaginario de la civilización occidental como un desarrollo prístino desde la antigua Grecia hasta la Europa del siglo XVIII, donde se establecieron las bases de la modernidad. Por el contrario, la conceptualización del sistema mundial moderno no sitúa su inicio en Grecia. Es la base de una articulación especial de poder más que de una sucesión lineal de eventos. (pág. 228).

La modernidad, sostiene Dussel (2013, pág. 32), es "fruto de la gestión de la centralidad del primer sistema mundial". Como muestro en los capítulos 4 y 5, la idea de la antigua Grecia como civilización primitiva es problemática. Volviendo al desarrollo de Mignolo (2008), el surgimiento de un circuito comercial en el Atlántico en el siglo XVI produjo articulaciones especiales de poder. A tales articulaciones, el intelectual peruano Anibal Quijano (1991) las denomina "colonialidad del poder". La colonialidad del poder, defiende Grosfoguel (2003), ayuda a replantear el sistema mundial moderno con la plataforma "colonial/racial" (pág. 3). Para analizar las relaciones de poder dentro de la colonialidad global y las ideologías globales, se debe entender que la colonialidad es distinta del colonialismo. Grosfoguel (2003) explica:

> La colonialidad explica las relaciones entrelazadas, heterogéneas y mutuamente constitutivas entre la división internacional del trabajo, la jerarquía racial/étnica global y las epistemologías eurocéntricas hegemónicas en el sistema mundial moderno/colonial/capitalista. La colonialidad a escala mundial, con los Estados Unidos como hegemonía indiscutible sobre los pueblos no europeos, caracteriza, hoy en día, la globalización de la economía capitalista mundial: las viejas jerarquías coloniales de Occidente/no Occidente permanecen en su lugar y se entrelazan con la nueva, llamada división del trabajo. En esto radica la relevancia de la distinción entre colonialismo y colonialidad. La colonialidad se refiere a la continuidad de las formas coloniales de dominación después del fin de las administraciones coloniales producidas por las culturas y estructuras coloniales en el sistema mundial moderno/colonial/capitalista. (pág. 4).

El colonialismo y la colonialidad son de hecho dos caras de la misma moneda: el epistemicidio. El debate de la colonialidad no anula ni cierra el debate colonial; no disuelve los debates en torno al colonialismo y el poscolonialismo. Todo lo contrario. Hace que estos análisis sean aún más potentes y completos. La presencia de la colonialidad es la puntada que transforma los tejidos anteriores de conocimiento, poder y lenguaje en el tapiz del imperio neoliberal, mientras que el colonialismo aún corta y agrega nuevas piezas o corta lo viejo para reformar y recrear (Janson, 2014).

Castro-Gómez (2008) agrega, de manera conmovedora, que "el colonialismo no es simplemente un fenómeno económico o político. Posee una dimensión epistemológica relacionada con el surgimiento de las ciencias humanas tanto en el centro como en la periferia" (pág. 264). Como afirma Maldonado-Torres (2007),

> el colonialismo denota una relación política y económica en la que la soberanía de una nación o un pueblo descansa sobre el poder de otra nación, lo que convierte a esa nación en un imperio. La colonialidad, en cambio, se refiere a patrones de poder de larga data que surgieron como resultado del colonialismo, pero que definen la cultura, el trabajo, las relaciones intersubjetivas y la producción de conocimiento mucho más allá de los límites estrictos de las administraciones coloniales. Por tanto, la colonialidad sobrevive al colonialismo. Se mantiene viva en los libros, en los criterios de desempeño académico, en los patrones culturales, en el sentido común, en la autoimagen de los pueblos, en las aspiraciones de los sujetos y en tantos otros aspectos de nuestra experiencia moderna. (pág. 243).

La colonialidad es la memoria, el legado del colonialismo, pero sigue renaciendo a través de la hegemonía neoliberal como un poder colonial penetrante que tiene fuertes lazos epistemológicos. Tanto es así que no podemos percibir su poder; en su lugar, vemos nuestra posición como sin acción, sin darnos cuenta de cuánto no entendemos del mundo porque carecemos del lenguaje y el conocimiento (Janson, 2014).

Colonialidad, construcción de jerarquías de raza, y poder

Grosfoguel (2003), adelanta un análisis de la red de una nueva división global del trabajo de las relaciones núcleo-periferia en la que

> una jerarquía racial/étnica global de personas occidentales y no occidentales, se formó durante siglos de expansión colonial europea, y no se transformó significativamente con el fin del colonialismo y la formación de estados-nación en la periferia. La transición del colonialismo global a la colonialidad global transformó las formas globales de dominación. (pág. 6).

Además, Quijano (2008) sostiene que una de las características clave de este nuevo poder global con un rostro capitalista eurocentrado colonial/moderno

> es la clasificación social de la población mundial en torno a la idea de raza, un constructo mental que expresa la experiencia básica de la dominación colonial e impregna las dimensiones más importantes del poder global, incluida su racionalidad específica: el eurocentrismo. (pág. 181).

La raza es de hecho un constructo mental de la modernidad (Quijano, 2008). Siguiendo a Quijano (2008), no hay paralelo de la idea de raza en la historia anterior a la colonización de América, posición que suscita muchas preocupaciones dentro del campo de los estudios de género. Las relaciones sociales, enfatiza Quijano (2008),

> fundadas en la categoría de raza produjeron nuevas identidades históricas de otros en América –indios, negros y mestizos– y redefinieron otras. Términos, como español y portugués, y mucho más tarde europeo, que hasta entonces sólo indicaban origen geográfico, adquirieron a partir de entonces una connotación racial en referencia a nuevas identidades. (pág. 182).

> [Además] en tanto que las relaciones sociales que se configuraban eran relaciones de dominación, dichas identidades eran consideradas como constitutivas de las jerarquías, lugares y roles sociales correspondientes y, en consecuencia, del modelo de dominación colonial que se estaba imponiendo. Es decir, la raza y la identidad racial se establecieron como instrumentos de construcción social básica. (Quijano, 2008, pág. 182).

Es innecesario mencionar cómo estas relaciones sociales ayudan a producir, reproducir y solidificar una perspectiva occidental particular del conocimiento. Continuando con su análisis, explica que

> después de la colonización de América y la expansión del colonialismo europeo al resto del mundo, la posterior constitución de Europa como una nueva identidad requirió la elaboración de una perspectiva eurocéntrica del conocimiento, una perspectiva teórica sobre la idea de la raza como naturalización de las relaciones coloniales entre europeos y no europeos. Históricamente, esto significó una nueva forma de legitimar las ya viejas ideas y prácticas de relaciones de superioridad e inferioridad entre dominantes y dominados. (Quijano, 2008, pág. 183).

De hecho, Quijano (2008) enfatiza que "este principio racial ha demostrado ser el instrumento más eficaz y duradero de dominación social universal desde que el principio mucho más antiguo, la dominación de género o intersexual, fue traspasado por clasificaciones raciales inferiores-superiores" (pág. 183). Es en el contexto de

> la expansión mundial de la dominación colonial por parte de la misma raza dominante que se impusieron los mismos criterios de clasificación social a toda la población mundial [y como resultado] se produjeron

nuevas identidades históricas y sociales: se añadieron amarillos y aceitunados a blancos, indios, negros y mestizos. (pág. 185).

Esta estratificación racial dominante no sólo estructuró relaciones sociales segregadas y una nueva división del trabajo, sino que también contaminó deliberadamente la estructura de producción, reproducción y legitimación del conocimiento. La invención de tales identidades sociales es una prueba contundente de lo que Grosfoguel (2010) llama "privilegio epistémico":

> El privilegio epistémico de Occidente fue consagrado y normalizado a través de la destrucción de Al-Andalus por la monarquía católica española.
> y la expresión colonial europea desde finales del siglo XV. De cambiar el nombre del mundo con cosmología cristiana (Europa, África, Asia y más tarde América) y caracterizar todo el conocimiento no cristiano como producto de fuerzas paganas y diabólicas hasta asumir en su propio provincialismo eurocéntrico que está solo dentro de la tradición grecorromana, pasando por el Renacimiento, la Ilustración y las ciencias occidentales en que se logra la "verdad" y la "universalidad", el privilegio epistémico de la "política de identidad" occidental, eurocéntrica y machista se normalizó hasta el punto de la invisibilidad como una "política de identidad" hegemónica. Se convirtió en el conocimiento universal normalizado. De esta manera, todas las "otras" tradiciones de pensamiento fueron consideradas inferiores (caracterizadas en el siglo XVI como "bárbaras", en el siglo XIX como "primitivas", en el siglo XX como "subdesarrolladas" y, a principios del siglo XXI, como "antidemocráticas"). (pág. 30).

El privilegio epistémico implica innegablemente una forma de epistemicidio con la ayuda de la escuela y los currículos que retrata una imagen distorsionada de las geografías e historias no occidentales, un currículo falsificado que ofrece una realidad homogeneizada, una carta de triunfo ideológica bastante imponente dentro del actual movimiento *Common Core*.

Al usar la raza como el dispositivo de soldadura de las relaciones sociales, el sistema mundial de la colonialidad moderna fabricó un tesauro epistemológico racial que envuelve a los dominantes y dominados dentro de un conocimiento oficial que actúa como si fuera el único que ha existido. Tal eugenicismo epistemológico ni siquiera se considera a sí mismo un terreno epistemológico *primus inter pares*. No hay *pares*. Es el *único* que ha existido, que surgió milagrosamente

   EPISTEMICIDIO CURRICULAR...

de las fuerzas centrípetas occidentales/europeas. La forma en que el currículo ha sido conceptualizado, implementado y evaluado da credibilidad a tal argumento. Como forma de producción cultural e ideológica, el currículo moderno occidental (y su nuevo *Common Core*) está implicado en la difusión y legitimación de una visión totalitaria eugenésica.

Este modelo racial de poder mundial "supo imponer su dominio colonial sobre todas las regiones y poblaciones del planeta, incorporándolas a su sistema mundial y su modelo específico de poder" (Quijano, 2008, pág. 188). Al hacerlo, Europa Occidental, como epicentro de este modelo, incorporó y fusionó con arrogancia "historias culturales tan diversas y heterogéneas en un solo mundo dominado por Europa" (Quijano, 2008, pág. 188). Este proceso de incorporación, lo que Quijano (2008) denomina "configuración intersubjetiva intelectual" (pág. 188) permitió que "todas las experiencias, historias, recursos y producciones culturales [terminaran] en un orden cultural global que gira en torno a la hegemonía occidental europea" (pág. 189). Siguiendo la lógica descolonizada transmoderna de Quijano (2008), "la hegemonía de Europa sobre el nuevo modelo de poder global concentró todas las formas de control de la subjetividad, la cultura y, especialmente, el conocimiento y la producción de conocimiento bajo su hegemonía" (pág. 189)

Este nuevo espacio y tiempo de interacciones intersubjetivas de supremacía entre Europa y el resto del planeta mostró una miríada de estrategias compuestas. Como afirma Quijano (2008),

> en primer lugar, expropiaron los descubrimientos culturales de los pueblos colonizados que eran más aptos para desarrollar el capitalismo en beneficio del centro europeo. En segundo lugar, reprimieron, en la medida de lo posible, las formas colonizadas de producción de conocimiento, los modelos de producción de sentido, el universo simbólico y los modelos de expresión, objetivación y subjetividad. En tercer lugar, de diferentes formas en cada caso, los europeos obligaron a los colonizados a aprender la cultura dominante de cualquier forma que fuera útil para la reproducción de la dominación, ya sea en el campo de la tecnología y la actividad material o de la subjetividad, especialmente la religiosidad judeocristiana. (pág. 189).

Al mismo tiempo, es fundamental destacar que Europa no se puede ver como una identidad monolítica. El otro dentro de Occidente y su conocimiento fue (y es) también reprimido y deslegitimado.

Huelga decir que, y Quijano (2008) también es esclarecedor al respecto, la represión del conocimiento "fue la más violenta, profunda y duradera entre los indígenas de Iberoamérica, que fueron condenados a ser una subcultura campesina, analfabeta, despojada de su legado intelectual objetificado" (pág. 189). Lo mismo ocurrió en África y en muchos otros lugares. Europa Occidental pudo establecer una "supresión epistémica" bien orquestada (Quijano, 2008, pág. 189), utilizando todos los mecanismos "disponibles", incluido el genocidio. Este nuevo universo de interacciones intersubjetivas de opresión fue codificado como racial y profundamente cultural. Como denunciaron Quijano (2008) y otros, se trató de una "colonización de la cultura" (pág. 189); sin embargo, no debemos ignorar que "la raza fue la categoría básica" (pág. 190) en la fermentación de la colonialidad del poder.

La colonialidad del poder dependía de la colonialidad del ser(es). La colonialidad del ser(es), señala Maldonado-Torres (2008b),

> se refiere al proceso donde el sentido común y la tradición están marcados por dinámicas de poder de carácter preferencial: discriminan a las personas y a las comunidades objetivo. El carácter preferencial de la violencia puede expresarse en la colonialidad del poder, que vincula el racismo, la explotación capitalista, el control del sexo y el monopolio del conocimiento y los relaciona con la historia colonial moderna. (pág. 220).

A medida que examinamos los aspectos involucrados en la producción y reproducción de la colonialidad del poder, es importante escudriñar cómo tal colonialidad (tal vez colonialidades) estaba produciendo y reproduciendo (y resistiendo) sistemáticamente sobre la base de una constante erradicación y exterminio de otras formas del conocimiento más allá del marco epistemológico occidental / europeo, o la usurpación de las voces, visiones y sentimientos que no eran convenientes para los procesos de desarrollo capitalistas occidentales. Tales constructos históricos están profundamente comprometidos con la creación de una versión idílica de las civilizaciones de Europa occidental, sin dudar en suscribir las prácticas genocidas; estas prácticas fueron adornadas y enmascaradas como triunfos naturales de la civilización occidental en la mayoría de los currículos y libros de texto escolares occidentales. Detengámonos un poco aquí y examinemos cómo el currículo de las escuelas occidentales compromete el curso de la historia para mantener y transformar las relaciones de poder.

Una buena forma de comenzar a investigar es considerar los análisis críticos de Zinn (1999, 2001), Chomsky (1992, 2002), Todorov (1984) y Hooks (1994) sobre la forma en que se presenta a Colón en las escuelas. También invito a Fray Bartolomé de Las Casas (1536-1537, 1552/2008) al debate como una forma de mostrar que Colón ya estaba enfrentando muchas críticas durante su "época dorada". Además, me baso en los análisis de James Loewen (1995), Jean Anyon (1983) y Patrick Brindle y Madelaine Arnot (1999). Cierro este argumento comparando la visión de Apple con el enfoque de Bruno Latour (1999). Al hacerlo, puedo rastrear e identificar similitudes incuestionables con la forma en que se ha descripto la historia de la colonización capitalista, por ejemplo, en los libros de texto de historia portugueses.

Durante siglos, Colón ha sido retratado como "el" descubridor, un verdadero héroe para la civilización occidental, y este es el mensaje que domina los libros de texto estadounidenses. Sin embargo, como subrayan Howard Zinn, Noam Chomsky, Tzvetan Todorov y Bell Hooks, este mensaje es una falacia. En *Legitimidad en la historia*, Noam Chomsky (2002) refuta el concepto de héroe de Colón, argumentando que el continente americano fue realmente un escenario para el genocidio. Como afirma el intelectual radical del Instituto Tecnológico de Massachusetts (2002),

> acá en los Estados Unidos, acabamos de cometer un genocidio. ¡Y punto! Genocidio puro. Actualmente se estima que, en el momento en que desembarcó Colón al norte de Río Grande, había entre doce y quince millones de nativos americanos; [sin embargo,] cuando los europeos llegaron a las fronteras continentales de los Estados Unidos, había alrededor de 200.000 [lo que significa] genocidio en masa. (pág. 135).

La impactante realidad que revela Chomsky (2002) es "que a lo largo de la historia de América Latina este genocidio ha sido aceptado y tiene perfecta legitimidad", sin perjuicio de que Colón "fue un asesino de masas" (pág. 136). Es precisamente este desafío crítico de la legitimidad de la historia lo que se puede rastrear en las perspectivas tanto de Zinn como de Hooks. Sin embargo, mientras que para Chomsky (1992) constituye un proceso de ingeniería histórica, para Zinn (1999) y Hooks (1994, pág. 197), estamos inmersos en un proceso de aniquilación y un proceso que tiende a perpetuar el "patriarcado capitalista supremacista blanco". Zinn (1999) ve el pasado estadounidense como una historia de género, una historia en su mayoría "hecha" por hombres blancos ricos. Como él sostiene, la historia de los Estados Unidos es un proceso de "algo así como dejar fuera", un proceso insidioso de aniquilación en el que las escuelas no son inocentes (Zinn, 1999, págs. 47-75). Como destaca Zinn (1999), se puede notar este proceso de aniquilación en la forma en que los libros de texto han descrito la guerra de Vietnam. Para Zinn (1999), este es un "evento central para nuestra generación en los Estados Unidos [porque] como he comentado a menudo, solo arrojamos siete millones de toneladas de bombas sobre 35 millones de personas" (pág. 3), y solo tenemos dos párrafos insípidos en los libros de texto sobre la guerra de Vietnam. Es este proceso de aniquilación lo que Zinn identifica en la forma en que se ha reproducido el legado de Colón, no solo en la sociedad en general, sino también en la escuela.

Como destaca Zinn (2001), la historia de Colón es una historia de "conquista masculina" (pág. 102). A pesar de que el pueblo indígena dio la bienvenida a Colón y a su armada de manera amistosa, como se puede comprobar en los escritos de Colón:

> son las mejores personas del mundo y, sobre todo, los más amables, sin conocimiento de lo que es malo, ni asesinan ni roban, aman a sus vecinos como a sí mismos y tienen la conversación más dulce del mundo; siempre están riendo, son muy sencillos y honestos y sumamente liberales con todo lo que tienen, ninguno de ellos niega nada de lo que puede poseer cuando se le pide. (Citado en Zinn, 2001, pág. 99).

Esta actitud fue pervertida, porque Colón veía a los indios "no como anfitriones hospitalarios, sino como sirvientes a quienes se podía subyugar [y] hacer que hicieran lo que quisiéramos" (Zinn, 2001, pág. 99). Los nativos americanos no pudieron escapar del cruel proceso de genocidio, asesinato, violación de las mujeres y niños que fueron "arrojados a los perros para que los devoraran" (Las Casas, citado en Zinn, 2001, pág. 101). Como se puede deducir de las palabras de Zinn, glorificar a Colón es una tontería, porque el legado de Colón es el de conquistar y subyugar a los nativos. De hecho, la idea misma de conquistar y subyugar sugiere un supuesto de inferioridad de los indígenas.

Sin embargo, es de suma importancia resaltar aquí que incluso durante la llamada época de los descubrimientos, Colón enfrentó una gran cantidad de resistencia y críticas. De hecho, el derramamiento de sangre del ministerio colonial efectuado por Colón fue denunciado durante "su propia era majestuosa" por demasiadas personas. En la primera línea de críticas tan profundas y poderosas, se puede señalar a Fray Bartolomé de Las Casas. Las Casas fue un gran obstáculo y uno de los grandes defensores de la población indígena. Nacido en 1484 en Sevilla, Fray de Las Casas se opuso con vehemencia a la carnicería de la población indígena ante las armadas de Colón. A pesar de que Las Casas conocía la necesidad e importancia de evangelizar a la población indígena, lo cierto es que estaba totalmente en contra del genocidio perpetrado por Colón y su ejército. Las Casas "luchó" por un enfoque pacífico para marginar a la población indígena. En uno de sus tratados cruciales *De unico professionis modo omnium gentium ad veram religionem,* escrito en Guatemala, 1536-1537, Las Casas argumentó sobre la necesidad de un enfoque no violento de las poblaciones indígenas, un enfoque que respetara su libertad. Las Casas creía que la mejor manera de convertirse era por "persuasión" y no por la fuerza de un arma, o por la violencia. De hecho, para Las Casas sería imposible evangelizar a nadie con una estrategia basada en el miedo, la injusticia y la tiranía. Las Casas estaba tan angustiado por las políticas de matanza de Colón en las llamadas Américas que sintió la necesidad de escribir otro tratado, *Brevísima relación de la destrucción de las Indias*, publicado en 1552. Según Las Casas (1552/2008), la forma en que se retrató la "admirable historia de los descubrimientos de América" ocultó y silenció las matanzas indiscriminadas de poblaciones, provincias y reinados inocentes e indefendibles. Las descripciones de Las Casas (1552/2008) sobre las prácticas cotidianas de la armada de Colón son bastante deplorables. Según él (1552), los cristianos, armados hasta los dientes, masacraron y asesinaron a la población nativa; invadieron las aldeas indias, matando a mujeres y a sus niños pequeños, mujeres embarazadas y personas mayores. Además, organizaron apuestas sobre cuál era capaz de destripar a un indio "de una vez"; cubrieron a los indios con aceite y los quemaron; desataron el hambre y a los perros salvajes para despedazar y devorar a los indios como cerdos. Como se pregunta Las Casas (1536-1537), ¿qué placer tienen estos hombres miserables al asesinar a millones de seres humanos? ¿Qué sentido tiene violar a mujeres indias y matar a sus hijos? Según Las Casas (1536-1537), los que están detrás de escena, los que estaban asesorando sobre la necesidad de tales prácticas genocidas, los que envían una armada colonial a conquistar, son mucho más culpables que los demás. A partir de una descripción tan despreciable y vergonzosa, uno podría pensar honestamente que es realmente un insulto, no solo seguir sosteniendo a Colón como un héroe, sino también ocultando tales "sucesos" en el contenido escolar. Indiscutiblemente, la posición explícita de Las Casas sobre la carnicería y el espíritu empresarial colonial de Colón permite percibir y comprender que tanto la época de los descubrimientos como la plataforma política que alimentó tal época no eran monolíticas. Las Casas (2008, pág. 42) argumenta que los

> atropellos cometidos [en nombre del Rey de España] llenarían todo un volumen, y cuando este se completara estaría tan abarrotado de matanzas, heridos, carnicerías e inhumanas desolaciones, tan horribles y detestables que sacudiría de terror tanto el presente como las edades futuras.

Los textos de Las Casas son una evidencia crítica de las estrategias militaristas y capitalistas, sin embargo, los libros de texto escolares y los programas curriculares siguen ocultando tensiones tan intrincadas y poderosas. La historia de Colón se basa en un razonamiento racista y de género que perpetró un genocidio masivo. Además, y basándose en el análisis de Todorov (1984), Colón demostró arrogancia eugenésica en su contacto con los indios. Según Tzvetan Todorov (1984, pág. 35), quien basó su análisis en un estudio realizado por Bernáldez de las cartas de Colón, los indios fueron retratados por Colón como "aunque físicamente desnudos [están] más cerca de los hombres que de los animales", no se debería minimizar aquí el significado ideológico de la palabra "*aunque*". Curiosamente, Colón fue incapaz de reconocer una nueva diversidad de idiomas expresados por los indios y de aceptarlos como idiomas reales (obviamente muy diferentes del latín, el español o el portugués). Así, "ya privados del lenguaje [según Colón, también están] privados de toda propiedad cultural [por] la ausencia de vestimentas, ritos, religión" (Bernáldez, citado en Todorov, 1984, págs. 34-35). Esta particular visión razagénero del legado de Colón también se hace explícita en el enfoque de Bell Hooks (1994).

Según Hooks (1994), "la negativa colectiva de la nación a reconocer la supremacía blanca institucionalizada se expresa intensa y profundamente en el ardor contemporáneo por reclamar el mito de Cristóbal Colón como icono patriótico" (pág. 198). Como ella (1994) comenta sin rodeos, arraigada en la insistencia de la nación de que sus ciudadanos celebren el "descubrimiento" de América por Colón hay un desafío oculto, un llamado a los patriotas, entre nosotros, para reafirmar un compromiso nacional con el imperialismo y la supremacía blanca. (pág. 198).

Según Hooks (1994), este mensaje falaz se implanta en el aula. La visión crítica radical de su pensamiento (1994) merece ser citada extensamente:

Cuando recuerdo haber aprendido sobre Colón desde la escuela primaria, lo que se destaca es la forma en que nos enseñaron a creer que la voluntad de dominar y conquistar a las personas que son diferentes a nosotros es natural, no culturalmente específica. Nos enseñaron que los indios habrían conquistado y dominado a los exploradores blancos si hubieran podido, pero simplemente no eran lo suficientemente fuertes o inteligentes. Insertada en todas estas enseñanzas estaba la suposición de que fue la blancura de estos exploradores en el "Nuevo Mundo" lo que les dio mayor poder. La palabra "blancura" nunca se usó. La palabra clave, la que era sinónimo de blancura, era "civilización". Por lo tanto, se nos hizo comprender a una edad temprana que cualquier crueldad que se haya hecho a los pueblos indígenas, los "indios", era necesaria para traer el gran regalo de la civilización. La dominación, quedó claro en nuestras mentes jóvenes, era fundamental para el proyecto de civilización. Y si la civilización era buena y necesaria a pesar de los costos, eso tenía que significar que la dominación era igualmente buena. (pág. 199).

Como argumenta Hooks (1994), la historia de Colón es una historia de asesinatos, atrocidades humanas, violación de mujeres indígenas y es, precisamente, este horror lo que uno no se debe olvidar y que se "debe evocar nuevamente mientras [nosotros] interrogamos críticamente el pasado y repensamos el significado de Colón" (pág. 202). Hooks (1994) continúa argumentando que

en nuestro recuento cultural de la historia debemos conectar el legado de Colón con la institucionalización del patriarcado y la cultura de la masculinidad sexista que sostiene la dominación masculina sobre las mujeres en la vida diaria; [es decir] la idealización cultural del legado imperialista de Colón incluye una idealización de la violación. (pág. 203).

De hecho, como ella (1994) afirma sin rodeos, "los colonizadores blancos que violaron y brutalizaron físicamente a las mujeres nativas, pero que registraron estos actos como las ventajas de la victoria, actuaron como si las mujeres de color fueran objetos, no sujetos de la historia" (pág. 203). En este contexto, Hooks (1994) nos recuerda que

> cualquier interrogatorio crítico del legado de Colón que no llame la atención sobre la mentalidad patriarcal supremacista blanca que condonó la violación y brutalización de las mujeres nativas es solo un análisis parcial [porque] subsume la violación y explotación de las mujeres nativas al ubicar tales actos únicamente en el marco de la conquista militar, el botín de guerra. (pág. 203).

Ya sea que se trate de "ingeniería histórica", un "proceso de aniquilación" o un proceso que valora el "patriarcado capitalista supremacista blanco", el hecho es que Noam Chomsky, Howard Zinn y Bell Hooks están cuestionando precisamente el tipo de conocimiento que se ha convertido en legítimo. Al hacerlo, en realidad están desafiando la legitimidad social y política de segmentos particulares de la historia. De hecho, sostiene Chomsky (2002), "no puede haber nada más ilegítimo; [es decir] toda la historia de este país es ilegítima" (pág. 136). Una vez más, el pensamiento de Chomsky (2002) merece ser citado extensamente,

> Hace algún tiempo, un Día de Acción de Gracias, di un paseo con algunos amigos y familiares por un Parque Nacional, y nos encontramos con una lápida que acababa de ser colocada en el camino. Decía: "Aquí yace una mujer india, una wampanoag, cuya familia y tribu dieron lo mejor de sí mismos y de su tierra para que esta gran nación pudiera nacer y crecer". De acuerdo, "dieron lo mejor de sí mismos y de su tierra"; de hecho, fueron asesinados, esparcidos, dispersados, y les robamos su tierra, eso es en lo que estamos sentados. Nuestros antepasados robaron alrededor de un tercio de México en una guerra en la que aseguraron que México nos atacó, pero si miramos hacia atrás, resulta que ese "ataque" tuvo lugar dentro del territorio mexicano. Y esto sigue y sigue. Entonces, ¿sabemos qué puede ser legítimo? (pág. 136).

Noam Chomsky, Howard Zinn, Tzvetan Todorov y Bell Hooks afirman que existe una falacia intencional basada en la descripción errónea de Colón como un héroe. Al hacerlo, básicamente, afirman que la sociedad estadounidense se basa en una mentira secular que se ha reproducido en el currículo escolar, a través de sus libros de texto, como se puede comprobar en el libro de James Loewen (1995) *Patrañas que me contó mi profe: En qué se equivocan los libros de historia de los Estados Unidos.* De hecho, Loewen, un sociólogo que pasó dos años en el Instituto Smithsonian examinando doce importantes libros de texto para la escuela secundaria sobre la historia de los Estados Unidos, también desafía la forma en que Colón ha sido presentado en los libros de texto escolares. Como documenta (1995), 1492 es una fecha incluida en los doce libros de texto relevados. Sin embargo, él (1995) señala que "omiten prácticamente todo lo que es importante saber sobre Colón y la exploración europea de los estadounidenses" (pág. 29). Loewen (1995) enfatiza que el legado de Colón es tan amplio y fundamental que los historiadores de la corriente principal lo utilizan para dividir el pasado en épocas, convirtiendo en "precolombina" a la América anterior a 1492. A pesar de la insidiosa motivación de Colón, el hecho es que los libros de texto minimizan la búsqueda de riqueza como motivo para venir a las Américas (Loewen, 1995, pág. 30). Siguiendo la misma línea de pensamiento retratada por Noam Chomsky, Howard Zinn y Bell Hooks, Loewen (1995) argumenta que "la forma en que los libros de texto de historia estadounidense tratan a Colón refuerza la tendencia a no pensar en el proceso de dominación [cuando en realidad] la tradicional imagen de Colón desembarcando en la costa americana lo muestra dominando de inmediato" (pág. 35). En realidad, como destaca Loewen (1995), "Colón reclamó enseguida todo lo que vio desde el barco" (pág. 35). Sin embargo, "cuando los libros de texto celebran este proceso, implican que tomar la tierra y dominar a los indígenas era inevitable, si no natural" (Loewen, 1995, pág. 35). El hecho es que

> Colón introdujo dos fenómenos que revolucionaron las relaciones raciales y transformaron el mundo moderno [a través de] la toma de tierras, riquezas y trabajo de los pueblos indígenas, lo que llevó a su casi exterminio, y a la trata transatlántica de esclavos, que creó una subclase. (Loewen, 1995, pág. 50).

Dussel (1995, pág. 9) describe cómo la conquista occidental

> asesinó a los amerindios [y si] quedaba alguno con vida, lo degradó, oprimiéndolo con la servidumbre. Hicieron que las mujeres vivieran en concubinato (dominación sexual) y que los niños se educaran en la cultura europea (dominación pedagógica). Y así, en nombre del nuevo dios (oro, plata, dinero, libras esterlinas o dólar) se los inmoló al dios del mercantilismo naciente, al dios del imperialismo económico y al imperialismo contemporáneo de las corporaciones multinacionales, millones más de seres humanos de la periferia que los que los aztecas inmolaron a su dios Huitzilopochtli, al horror de los europeos civilizados y de mentalidad religiosa.

La marca de Colón en las Américas es, en esencia, una de asesinato, explotación y violación; en una palabra, de genocidio. Paradójicamente, la conquista de Europa occidental no solo "fabricó" un nuevo dios y, al hacerlo, inauguró el principio del fin de Europa porque "se deificó a sí misma" (Dussel, 1995, pág. 8), sino que también alimentó las condiciones para la emergencia de una "filosofía de la liberación" (Dussel, 1995, pág. 9), cuya vitalidad dependía de la capacidad de los oprimidos para "volver a la fuente", como diría Cabral (1973, pág. 63), como un modo de vida.

Como nos recuerda Torres Santomé (1996), la cultura oficial en la gran mayoría de los países occidentales, que se perpetúa a través de un currículo común, valida conocimientos específicos retratados por un mundo masculino. Como destaca Torres Santomé (1996), una mirada a los libros de texto permite percibir la desfiguración, el silencio y el ocultamiento de la clase trabajadora. Jurjo Torres Santomé, como Bell Hooks, sostiene que los libros de texto promulgaron una visión sesgada de la sociedad que valora a un varón rubio heterosexual blanco de clase media. En este contexto, tanto *Workers, Labor and Economic History*[1], y *Textbook Content* de Jean Anyon (1983) como *England Expects Every Man to Do His Duty*[2]*: The Gendering of the Citizenship Textbook*, 1940-1996 de Patrick Brindle y Madeleine Arnot (1999) muestran su pertinencia. En un estudio empírico de diecisiete libros de texto de historia de los EE. UU. aprobados para su uso en las escuelas secundarias, Anyon (1983) argumenta que el contenido expresado en los libros de texto "a pesar de la pretensión de objetividad sirve a los intereses de algunos grupos en la sociedad sobre los demás" (pág. 37). Como subraya el autor (1983), una marca de los libros de texto estadounidenses son sus "omisiones, estereotipos y distorsiones" con respecto a los nativos americanos, los negros y las mujeres, "que reflejan la relativa impotencia de estos grupos" (pág. 49). Así, como sostiene Jean Anyon (1983), "el currículo escolar ha contribuido a la formación de actitudes que facilitan la gestión y el control de la sociedad a aquellos grupos poderosos cuyo conocimiento es legitimado por los estudios escolares" (pág. 49). Es decir, "los libros de texto no solo expresan las ideologías del grupo dominante, sino que también ayudan a formar actitudes en apoyo

----

1.   N. de las T.: En español *Trabajadores, historia laboral y económica.*

2.   N. de las T.: En español *Inglaterra espera que cada hombre cumpla con su deber.*

de su posición social" (Anyon, 1983, pág. 49). En la misma línea de análisis, aunque más centrados en las cuestiones de género, Patrick Brindle y Madeleine Arnot (1999) identificaron tres estructuras de libros de texto; estas incluyen "compromiso excluyente, inclusivo y crítico" (pág. 108). Los autores (1999) afirman que el enfoque excluyente es el más común y "excluye tanto al ámbito privado como a la mujer de su construcción del dominio político" (pág. 108). En este conjunto de libros de texto, hay claramente "desatención generalizada y desinterés por la posición de la mujer; [en realidad] no es raro que las mujeres no reciban atención alguna" (Brindle & Arnot, 1999, pág. 110). Un grupo muy reducido de libros de texto "buscó incluir a las mujeres y la esfera privada de diversas formas" (Brindle & Arnot, 1999, pág. 108). Es decir, una pequeña minoría de textos buscaba incluir representaciones de mujeres como ciudadanas; sin embargo (con una excepción), ninguno de ellos retrató a las mujeres "como [agentes] activas del sistema político" (Brindle & Arnot, 1999, pág. 112). En este tipo de libros de texto, las mujeres se presentan como meros "complementos". Y finalmente, hay libros de texto con un enfoque de participación crítica en los que las mujeres destacadas se encuentran tanto en la esfera privada como en la pública.

Este rompecabezas histórico es profundamente importante. En un momento en que los campos educativo y curricular enarbolan la bandera de la internacionalización, debemos preguntarnos, entre otras cuestiones: "¿Cuál es el color de la bandera?", "¿A quién pertenece el color?", o mejor aún, "¿Cuál es la ideología de ese color?" y "¿Cómo se resuelven estas ecuaciones históricas?". Volveré sobre estos temas más adelante en este capítulo. Incontrovertiblemente, la colonialidad del poder está implicada en el privilegio epistémico y la opresión que es una forma de epistemicidio bendecido a través del currículo promulgado en las escuelas.

A continuación, vuelvo a enfatizar cómo la colonialidad del conocimiento promueve la elaboración del eurocentrismo como una perspectiva hegemónica del conocimiento basada en el racismo epistémico. Apelo y suscribo a la necesidad de la descolonización intelectual porque los modelos de la crítica eurocéntrica del eurocentrismo no solo no dejan de ser eurocéntricos, sino que, aunque importantes, tampoco son suficientes para describir las realidades más allá del marco occidental. Termino afirmando que otro conocimiento es posible.

Corriente hegemónica de racismo y sexismo epistémicos

De acuerdo con Grosfoguel (2010) y Maldonado-Torres (2008a), el racismo epistémico y el sexismo epistémico

> son las formas más ocultas de racismo y sexismo en el sistema global que todos habitamos, el "sistema mundial occidentalizado/cristianizado moderno/colonial capitalista/patriarcal". Los racismos y sexismos sociales, políticos y económicos son mucho más visibles y reconocidos hoy que el racismo/sexismo epistemológico. (Grosfoguel, 2010, pág. 29).

> [Sin embargo,] el racismo epistémico es la forma fundamental y la versión más antigua del racismo en el sentido de que la inferioridad de los pueblos "no occidentales" por debajo de los humanos (no humanos o subhumanos) se define en su cercanía a la animalidad y esta última se define sobre la base de su inteligencia inferior y, por lo tanto, de su falta de racionalidad. El racismo epistémico opera privilegiando una política esencialista (de "identidad") de las élites masculinas "occidentales", es decir, la tradición hegemónica de pensamiento de la filosofía y la teoría social occidentales que casi nunca incluye a las mujeres "occidentales" y nunca incluye a los filósofos/filosofías y científicos sociales "no-occidentales". En esta tradición, se considera que "Occidente" es la única tradición legítima de pensamiento capaz de producir conocimiento y la única con acceso a la "universalidad", la "racionalidad" y la "verdad". El racismo epistémico considera que el conocimiento "no occidental" es inferior al conocimiento "occidental". Dado que el racismo epistémico está enredado con el sexismo epistémico, la ciencia social centrada en Occidente es una forma de racismo/sexismo epistémico que privilegia el conocimiento masculino "occidental" como el conocimiento superior en el mundo actual. (Grosfoguel, 2010, págs. 29-30).

El racismo epistémico retratado por la modernidad occidental está en el centro mismo de lo que Mills (1997, pág. 11) califica como "el contrato racial". Es decir, aunque político y moral, el contrato racial es también epistemológico, "prescribe normas de cognición a las que sus signatarios deben adherirse [y] todos los blancos son beneficiarios del contrato, aunque algunos blancos no son signatarios del mismo" (Mills, 1997, pág. 11). El contrato

> prescribe para sus signatarios una epistemología invertida, una epistemología de la ignorancia, un patrón particular de disfunciones

cognitivas localizadas y globales (que son psicológica y socialmente funcionales), produciendo el resultado irónico de que los blancos, en general, serán incapaces de comprender el mundo que ellos mismos han hecho. (Mills, 1997, pág. 18).

Si se presta especial atención al canon de los estudiosos preferidos y relevantes dentro de las disciplinas académicas occidentales, Grosfoguel (2010) agrega "podemos observar que sin excepción privilegian a los pensadores y teorías masculinas 'occidentales', sobre todo a los de Europa y a los hombres euro-norteamericanos" (pág. 30). Es decir,

> esta "política de identidad" esencialista hegemónica es tan poderosa y tan normalizada –a través del discurso de "objetividad" y "neutralidad" de la "ego-política del conocimiento" cartesiana en las ciencias sociales– que oculta quién habla y desde qué lugar de poder habla, de modo que cuando pensamos en "políticas de identidad" asumimos inmediatamente, como por "sentido común", que estamos hablando de minorías racializadas. (Grosfoguel, 2010, pág. 30).

> [De hecho, el] mito subyacente de la academia occidentalizada sigue siendo el discurso cientificista de "objetividad" y "neutralidad" que esconde el "locus de enunciación" del hablante, es decir, quién habla y desde qué cuerpo-político epistémico del conocimiento y geopolíticas del conocimiento en las relaciones de poder existentes a escala mundial. (Grosfoguel, 2010, pág. 20).

Dentro del campo de la educación, en general, y del currículo, en particular, la lucha contra el culto al positivismo defendida profundamente por los intelectuales públicos, como Giroux (1981), debe ser llevada a otro nivel, uno que desafíe precisamente la atadura de la plataforma epistemológica occidental:

> A través del mito de la "ego-política del conocimiento" (que en realidad siempre habla a través de un cuerpo masculino "occidental" y una geopolítica eurocéntrica del conocimiento) son negadas y descartadas como particularistas las voces críticas provenientes de individuos y grupos inferiorizados y subalternizados por este racismo epistémico hegemónico y sexismo epistémico. Si la epistemología tiene color, como muy bien señala el filósofo africano Emmanuel Chukwudi Eze (1998), y tiene género/color, como ha argumentado la socióloga afroamericana Patricia Hills Collins (2000), entonces la epistemología eurocéntrica que domina las ciencias sociales tiene tanto color como género. (Grosfoguel, 2010, pág. 30).

Sin lugar a dudas, plantea Mills (1997, pág. 93), el racismo y la segregación racial, "no han sido desviaciones de la norma; han sido la norma no sólo en el sentido de patrones de distribución estadística *de facto*, sino en el sentido de estar formalmente codificados, escritos y proclamados como tales". Naturalmente, los blancos existen "en formas raciales mientras piensan que actúan moralmente [es decir] experimentan genuinas dificultades cognitivas para reconocer ciertos patrones de comportamiento como racistas" (Mills, 1997, pág. 93).

Tal episteme eugenésica "se convirtió en el conocimiento universal normalizado" (Grosfoguel, 2010, pág. 30). Por extraño que parezca, el racismo y el sexismo epistémicos no solo son el origen y el núcleo mismo de las ciencias occidentales, sino que también lo son las ciencias que, reductivamente,

> se basan en la experiencia de 5 países (Francia, Inglaterra, Alemania, Italia y Estados Unidos); eso representa solo menos del 12 por ciento de la población mundial. El provincialismo de la teoría de la ciencia social occidental con falsas afirmaciones de universalidad pretende dar cuenta de la experiencia social del otro 88 por ciento de la población mundial. (Grosfoguel, 2010, pág. 31).

El eurocentrismo, sostiene Grosfoguel (2010), "con su racismo/sexismo epistémico es una forma de provincianismo que se reproduce hoy dentro de las ciencias sociales" (pág. 31). Walsh (2012) afirma que hablar de la geopolítica del conocimiento y las localizaciones geopolíticas del pensamiento crítico

> es reconocer que, en la mayoría de los lugares del mundo, lo que sigue predominando son los modos de pensar eurocéntricos. Para Frantz Fanon y Fausto Reinaga, los intelectuales cuyo pensamiento encontró su base y razón en las luchas negras en el Caribe y África y las luchas indígenas en América, la hegemonía, la "universalidad" y la violencia de tal pensamiento deben ser confrontadas y debe construirse y posicionarse un pensamiento diferente a partir de las historias y subjetividades de los pueblos. (pág. 12).

Existe una teoría de los vasos comunicantes, una simbiosis entre la colonialidad del poder y el ser y el eurocentrismo. Siguiendo a Quijano (2008), el éxito de Europa Occidental al convertirse en el centro del sistema mundial moderno "desarrolló entre los europeos un rasgo común a todos los dominadores e imperialistas coloniales: el etnocentrismo" (pág. 189). La falacia de que los europeos occidentales son naturalmente superiores debe verse como "una operación mental de importancia fundamental para todo el modelo de poder global, pero sobre todo respecto a las relaciones intersubjetivas que eran hegemónicas, entre otras razones, por la producción de conocimiento" (Quijano, 2008, pág. 190). Es más,

> los europeos generaron una nueva perspectiva temporal de la historia y reubicaron poblaciones colonizadas, junto con sus respectivas historias.
>
> y culturas, en el pasado de una trayectoria histórica cuya culminación fue Europa. [Así,] las relaciones intersubjetivas y culturales entre Europa Occidental y el resto del mundo fueron codificadas en un fuerte juego de nuevas categorías: Este/Oeste, primitivo-civilizado, mágico/mítico científico, irracional-racional, tradicional-moderno, Europa-no-Europa.
>
> Aun así, la única categoría con el honor de ser reconocida como la otra de Europa y Occidente como "Oriente", ni los indios de América ni los negros de África, que eran "simplemente" primitivos. (Quijano, 2008, pág. 190).

En tal modernidad y racionalidad imaginadas, como he mencionado antes, la raza era "el" pilar de toda la epistemología que estaba a punto de surgir; tal epistemología se produjo como limpia, pura, incolora, inmaculada, superior, natural, en una palabra, única. Sin reconocer esto, es imposible, como subraya Quijano (2008), "explicar la elaboración del eurocentrismo como la perspectiva hegemónica del conocimiento de otra manera" (pág. 190). El eurocentrismo se basa en dos mitos:

> [Primero] la idea de la historia de la civilización humana como una trayectoria que partió de un estado de naturaleza y culminó en Europa; en segundo lugar, una visión de las diferencias entre Europa y no Europa como diferencias naturales (raciales) y no como consecuencias de una historia de poder. Ambos mitos pueden reconocerse inequívocamente en la base del evolucionismo y el dualismo, dos de los elementos nucleares del eurocentrismo. (Quijano, 2008, pág. 190).

Enmarcado y alimentado por diferentes discursos que tienen su origen en la creación de la pureza y el ingenio de la filosofía y la cultura griega antigua, ese mito está envuelto y embellecido por el eurocentrismo como un cuasi acto de fe, una devoción a la búsqueda.

Aunque examino este tema con mayor detalle más adelante, es apropiado señalar aquí que el mito de la cultura griega antigua, como señala Amin (2009), "desempeña una función esencial tanto en el constructo eurocéntrico como en la ideología moderna" (pág. 166). De hecho, la ideología moderna "no se construyó en el éter abstracto y el modo de producción capitalista puro" (pág. 165). Continuando con su análisis, Amin (2009) articula que

> la conciencia de la naturaleza capitalista del mundo moderno llegó relativamente tarde, como resultado de los movimientos obreros y socialistas y su crítica de la organización social del siglo XIX, que culminó en el marxismo. En el momento en que surgió esta conciencia, la ideología moderna ya tenía tres siglos de historia a sus espaldas, desde el Renacimiento hasta la Ilustración. Por lo tanto, se había expresado como una ideología particularmente europea, racionalista y laica, al tiempo que reclamaba un alcance mundial. (pág. 165).

Además, Mignolo (2008), siguiendo la lógica postulada por Braudel, Wallerstein y Arrighi, sostiene que "la historia de la epistemología occidental tal como se ha construido desde el Renacimiento europeo marcha a la par de ella y se complementan mutuamente" (pág. 226).

> [Es decir, la] expansión del capitalismo occidental implicó la expansión de la epistemología occidental en todas sus ramificaciones, desde la razón instrumental que acompañó al capitalismo y la revolución industrial, a las teorías del Estado, a la crítica tanto del capitalismo como de la revolución industrial y el Estado. (Mignolo, 2008, pág. 227).

En efecto, hay semejanza entre la episteme renacentista y el marco de la episteme defendido tenazmente por los llamados humanistas curriculares y sociales melioristas en los Estados Unidos a principios del siglo XX, que pude analizar minuciosamente en mi volumen anterior, *Conflictos en la teoría curricular: desafiar los epistemicidios hegemónicos* (Paraskeva, 2011a).

Culturalismo eurocéntrico

La cartografía del conocimiento que surgió "de la epistemología del Renacimiento se basó en el *trivium* y *quadrivium* y fue fuertemente dominada por la retórica y las humanidades" (Mignolo, 2008, pág. 227). Mignolo (2008) añade que "Bacon sustituyó la retórica por la filosofía, y la figura del humanista del Renacimiento comenzó a ser superada por la figura del filósofo y el científico que contribuyó y expandió aún más desde la Ilustración europea" (pág. 227). Bacon enfatizó la Historia, la Poesía y la Filosofía como las categorías destacadas de la racionalidad humana: "la historia hace referencia a la Memoria, la Poesía a la imaginación y la Filosofía a la razón" (Mignolo, 2008, pág. 227). Como examiné en *Conflictos en la teoría curricular* (Paraskeva, 2011a), a principios del siglo XX, el campo del currículo veía la disciplina mental, así como las cinco ventanas o provincias profesadas del alma, como la narrativa pedagógica dominante. Tales ventanas defendidas por William Harris (1889, págs. 96-7), a saber, aritmética, geografía, gramática, historia y literatura, eran cinco provincias que seguirían siendo el medio por el cual la cultura se propagaría y perpetuaría para la mayoría de los ciudadanos (Paraskeva, 2011a, pág. 31; véase también Kliebard, 1995).

Luego, como también examiné en mi volumen anterior, a comienzos del siglo XIX, se promovió un plan de estudios amplio y uniforme, en el que se ejercitarían debidamente todas las facultades mentales, especialmente porque la perfección (total) de la mente dependía del ejercicio incesante de sus diversos poderes (Paraskeva, 2011a, pág. 24; véase también Muelder, 1984; Tyack, 1974). Por lo tanto, la "disciplina mental mediante la cual la mente como músculo podría fortalecerse" (Beyer & Liston, 1996, pág. 3) no dependería realmente del estudio aislado de las matemáticas, o de un estudio aislado de las lenguas clásicas, pero en una perfecta simbiosis entre "las distintas ramas de la literatura y la ciencia, para formar en el alumno un adecuado equilibrio de carácter" (Silliman, 1829, pág. 301). En realidad, "el éxito de cada uno es fundamental para la prosperidad del otro" (Silliman, 1829, pág. 323). Las raíces del disciplinarismo mental, la doctrina más famosa de finales del siglo XIX (Kliebard, 1995; Paraskeva, 2007a, 2011a, 2011b), "podrían remontarse en algunos aspectos a la universidad clásica de la Edad Media" (Beyer & Liston, 1996, pág. 3), con su énfasis en las *artes liberales* y *sermonicales* (Paraskeva, 2001). El *Informe de la Facultad de Yale*, por ejemplo, defendía las lenguas clásicas como garantes del ejercicio mental, dictando rigor y disciplina mediante la recitación y la memorización. La historia intelectual del siglo XIX está

> marcada sobre todo por [tal] disciplinarización y [consecuentemente] profesionalización del conocimiento, es decir, por la creación de estructuras institucionales permanentes diseñadas tanto para producir nuevos conocimientos como para reproducir a los productores del conocimiento. (Wallerstein et al., 1996, pág. 7).

Además, esta disciplinarización del conocimiento no sólo está relacionada con la división del trabajo en una sociedad capitalista segregada, sino que también debe verse como "un intento de asegurar y promover el conocimiento 'objetivo' sobre la 'realidad' sobre la base de descubrimientos empíricos (en contraposición a la especulación). La intención era 'aprender' la verdad, no inventarla o intuirla" (Wallerstein et al., 1996, pág. 13).

La secta o culto renacentista de *artes liberales* y *artes sermonicales* (véase Paraskeva, 2001, 2011a, 2011b) que impregna los aparatos educativos occidentales es una parte integral de lo que Amin (2009) llama "culturalismo eurocéntrico" (pág. 156). A su vez, si el nuevo mundo es capitalista (y de hecho lo es) y está basado en rasgos particulares de su modo de producción, todos los aparatos sociales están conectados dinámicamente en esta red. Es mejor decir que su existencia sólo es posible mientras estos aparatos sociales trabajen para sostener tal modo de producción y reproducción, afirmándose como un "sistema fundado en verdades eternas con vocación trans-histórica" (Amin, 2009, pág. 155). En este contexto, la ideología dominante del nuevo mundo cumple tres funciones principales, a saber:

> (a) oscurece la naturaleza esencial del modo de producción capitalista, (b) deforma la visión de la génesis histórica del capitalismo, al negarse a considerar esta génesis desde la perspectiva de una búsqueda de leyes generales de evolución de la sociedad humana. En cambio, reemplaza esta búsqueda con una construcción mítica doble, (c) se niega a vincular las características fundamentales del capitalismo realmente existente, es decir, la polarización centro/periferia, inseparable del sistema mismo, con el proceso de reproducción mundial del capitalismo. (Amin, 2009, pág. 155).

Como se muestra más adelante, tal narrativa (en la que el *humboldtianismo* no es inocente) reunió y dirigió una versión particular de la historia, adorando y deificando a Occidente, no solo silenciando y domesticando genocidios, sino anulando una amplia evidencia de que, como mínimo, cuestiona severamente a la antigua Grecia como un *ars magistra* blanca. Vuelvo a este tema más adelante cuando examino la pérdida de la historia.

Tal marco epistemológico, bastante encumbrado en la cartografía epistemológica occidental y, actualmente, mayormente hegemónico a nivel mundial, se impuso como una episteme metodológica global única, bajo la peligrosa falacia científica de que no existen otras dinámicas epistemológicas que sean científicamente aceptables. La geografía de la epistemología mundial se reduce al espacio y el tiempo blanco occidental, que es básicamente el 20% del planeta. Cuando el capitalismo, afirma Mignolo (2008),

> comenzó a desplazarse del Mediterráneo al Atlántico Norte (Holanda, Gran Bretaña), la organización del conocimiento se estableció en su ámbito universal. "No puede haber otros" inscribió una conceptualización del conocimiento en un espacio geopolítico (Europa Occidental) y borró la posibilidad incluso de pensar en una conceptualización y distribución del conocimiento "emanado" de otras historias locales (China, India, Islam, etc.). (pág. 227).

Esto es profundamente fundamental de entender para lo que llamé Teoría Curricular Itinerante (TCI) (Paraskeva, 2011a, 2011b) y su papel en la lucha por la justicia social y cognitiva, un tema que examino en el Capítulo 6. Dentro de este contexto, Mignolo (2008) esclarecedoramente

> se refiere a las caras cambiantes de las diferencias coloniales a lo largo de la historia del sistema-mundo moderno/colonial y trae a primer plano la dimensión planetaria de la historia humana silenciada por discursos centrados en la modernidad, la posmodernidad y Civilización occidental. (pág. 229).

Por su parte, Grosfoguel (2003) sostiene que "la diferencia colonial es fundamental para ubicarse geopolíticamente dentro de las formas de pensamiento y cosmologías producidas por sujetos subalternos en contraposición a diseños globales hegemónicos" (pág. 10). Siguiendo a Mignolo y otros, se podría afirmar que es indiscutible la metamorfosis umbilical entre la colonialidad del poder y la diferencia colonial. Es decir, tanto la colonialidad del poder como las diferencias coloniales forman un conjunto complejo de espacios y *cronos* no monolíticos, que se rozan y se legitiman entre sí. Estos actos se convierten en un *punctus* (para usar el concepto de Barthes de *Cámara Lúcida*), donde las epistemologías oprimidas y las historias locales son alienadas, ignoradas, producidas como inexistentes. Este choque –militarista si es necesario– entre la colonialidad del poder y las epistemes locales impone una geografía oficial del conocimiento.

Este no es un problema menor. La defensa y promoción de un saber dominante, que, por un lado, tienen una base racial y promueven el culto a la superioridad de la raza blanca y, por el otro, se basan en falsos pilares y se presentan como el saber único, constituyen deshonestidad intelectual. Es una mentira que impregna incansablemente no sólo la estructura social occidental sino también los aparatos educativos. De hecho, son los aparatos escolares occidentales, como he argumentado repetidamente en otros contextos (2007a, 2007b, 2011a, 2011b, 2012) y continúo demostrando, los que han sido tanto la fábrica como la locomotora de una mentira secular masiva, una mentira que tiene por lo menos 500 años, una mentira que yace en cada pupitre de cada aula, una mentira basada en una defensa y promoción eugenésica de las formas de conocimiento occidentales dominantes. Así, estas preguntas quedan legitimadas: ¿Cuántas generaciones fueron evaluadas en base a esta mentira? ¿Cuántos niños fueron severamente penalizados por no saber "el" quién o "el" qué de "la mentira"? ¿Lo que sí se ve es la capacidad de fabricar las condiciones sociales que imponen naturalmente lo que constituye la verdad como fuente de poder y control por parte de las escuelas occidentales, silenciando los ríos no occidentales, en los que se basan estas "mentiras verdaderas"? Es decir, la supresión de otras formas de conocimiento es una forma clara y objetiva de socialfascismo. Tal argumento es crucial, especialmente hoy en día, cuando el marco de culto de los objetivos y evaluaciones del *Common Core* ha abrumado a los profesores sobre cómo se puede ver la influencia occidental en la literatura oriental, sin prestar atención a considerar cómo la literatura occidental ha sido influenciada por Oriente. Por ejemplo, aquellos que enseñan el alma universal como parte del trascendentalismo, necesariamente nunca reconocerían ni se darían cuenta de las conexiones con la filosofía oriental que estudiaron los trascendentalistas.

Maldonado-Torres (2012) destaca cómo este sistema eugenésico y visión del mundo expresa tareas fundamentales,

> [como] la expansión colonial, la reconceptualización de la geografía física y humana, la recreación, intensificación y naturalización de las jerarquías del ser que dividen a unos humanos de otros, y la subordinación de los pueblos y la naturaleza a las demandas de producción y acumulación. (pág. 2).

De hecho, "esto no es solo el colonialismo, entendido como condición política o cultural, sino la colonialidad concebida como una matriz de conocimiento, poder y ser" (Maldonado-Torres, 2012, pág. 2). Tal matriz podría denominarse "modernidad/colonialidad" (Maldonado-Torres, 2012, pág. 2).

Desafiar la modernidad y la colonialidad

Ante una matriz tan intrincada, nuestra tarea es involucrarnos sistemáticamente en los procesos de descolonización, para interrumpir esa modernidad/colonialidad y crear una epistemología justa *de facto*. Grosfoguel (2011) plantea desafíos profundos a este respecto:

> ¿Podemos producir una política antisistémica radical más allá de la política de identidad? ¿Es posible articular un cosmopolitismo crítico más allá del nacionalismo y el colonialismo? ¿Podemos producir conocimiento más allá de los fundamentalismos eurocéntricos y del Tercer Mundo? ¿Podemos superar la dicotomía tradicional entre economía política y estudios culturales? ¿Podemos ir más allá del reduccionismo económico y el culturalismo? ¿Cómo podemos superar la modernidad eurocéntrica sin desperdiciar lo mejor de la modernidad como hacen muchos fundamentalistas del Tercer Mundo? (pág. 1).

Grosfoguel (2011) explica mejor los enfrentamientos dentro del Grupo de Estudios Subalternos de América Latina, que ocurrieron en un "diálogo" entre el Grupo de Estudios Subalternos del Sudeste Asiático y el Grupo de Estudios Subalternos de América Latina en octubre de 1998. Según él (2011) los miembros de este grupo de estudio, que eran principalmente académicos latinoamericanos de los Estados Unidos,

> a pesar de su intento de producir un conocimiento radical y alternativo, reprodujeron el esquema epistémico de los Estudios de Área en los Estados Unidos. Con algunas excepciones, produjeron estudios *sobre* lo subalterno, en lugar de estudios *con* y *desde* una perspectiva subalterna. Al igual que la epistemología imperial de los Estudios de Área, la teoría todavía se ubicaba en el Norte mientras que los temas a estudiar se ubicaban en el Sur. (pág. 3).

Grosfoguel (2011) destaca sus frustraciones y decepción (y obviamente las de otros) con una reproducción contundente de una colonialidad epistémica al hacer una crítica de la colonialidad. Las consecuencias epistémicas del conocimiento producido por este grupo latinoamericanista fueron muy graves, pues "subestimaron en su trabajo las perspectivas étnico/raciales provenientes de la región, privilegiando predominantemente a los pensadores occidentales" (Grosfoguel, 2011, pág. 3). Junto con Mallon (1994), Grosfoguel (2011) agrega que esta crítica [da] privilegio epistémico a lo que ellos llamaron los "cuatro caballos del apocalipsis" [es decir] Foucault, Derrida, Gramsci y Guha. Entre los cuatro pensadores principales a los que privilegian, tres son pensadores eurocéntricos, mientras que dos de ellos (Derrida y Foucault) forman parte del canon postestructuralista/posmoderno occidental. Solo uno, Ranajit Guha, es un pensador que piensa desde el Sur. (pág. 3).

Una presencia tan abrumadora de pensadores occidentales (hombres blancos) incapaces de pensar fuera del marco de referencia occidental o incluso de invitar a voces más allá de su lógica fija, no solo "traicionó" la misión fundamental del grupo de estudio, sino que también fue una regresión en la lucha por la justicia epistémica, un retroceso que necesita ser abordado (véase también Mallon, 2012). Grosfoguel (2011) examina este tipo de retroceso:

Entre las muchas razones de la división del Grupo de Estudios Subalternos de América Latina, una de ellas se produjo entre quienes leen la subalternidad como una crítica posmoderna (que representa una crítica eurocéntrica del eurocentrismo) y quienes leen la subalternidad como una crítica descolonial (que representa una crítica del eurocentrismo desde conocimientos subalternizados y silenciados) [Mignolo, 2000, págs. 183-186; 213-214]. Para quienes nos pusimos del lado de la crítica decolonial, el diálogo con el Grupo de Estudios Subalternos Latinoamericanos puso en evidencia la necesidad de trascender epistemológicamente, es decir, descolonizar el canon y la epistemología occidentales. (pág. 3).

La afirmación de Grosfoguel (2011) debe tomarse en serio. El valor de la teoría crítica reside en su capacidad para descolonizar. Tal proceso requiere complicadas fuerzas itinerantes endógenas y exógenas trabajando (espontáneamente, ¿por qué no?) consciente y simultáneamente.

Estas tensiones también fueron explícitas dentro del Grupo de Estudios Subalternos del Sudeste Asiático, que plantea principalmente, según Grosfoguel (2011), "una crítica a la historiografía colonial europea occidental sobre la India y a la historiografía india nacionalista eurocéntrica de la India" (pág. 3). Sin embargo,

al utilizar una epistemología occidental y privilegiar a Gramsci y Foucault, restringieron y limitaron el radicalismo de su crítica al eurocentrismo. Aunque representan diferentes proyectos epistémicos, el privilegio de la Escuela Subalterna del Sudeste Asiático del canon epistémico occidental se superpuso con el sector del Grupo de Estudios Subalternos de América Latina que se alineó con la posmodernidad. (Grosfoguel, 2011, pág. 3).

A pesar de las tensiones y paradojas (no ser no eurocentristas, al menos, y producir una crítica eurocéntrica anti-eurocéntrica), estos grupos de estudio representan una gran contribución al campo; crean una comprensión clara para los militantes de la crítica decolonial sobre la necesidad de descolonizar no solo los estudios subalternos sino también los estudios poscoloniales, que fue un tema examinado por Grosfoguel (2006a, 2006b) también en contextos anteriores.

Tal llamado decolonial no es una postura esencialista. No es una crítica antieuropea fundamentalista funcionalista. Es una suposición que incluso las teorías críticas, posmodernas y postestructuralistas, como se muestra en el Capítulo 1, aunque fuertes y loables no son suficientes para romper la colonialidad del poder y el ser, ya que son básicamente una crítica anti-eurocéntrica / occidental desde una posición fundamentalista eurocéntrica/ occidental. Tal compromiso decolonial es, en palabras de Grosfoguel (2011), un compromiso con el pensamiento fronterizo:

Es una perspectiva crítica tanto de los fundamentalismos eurocéntricos como del Tercer Mundo, el colonialismo y el nacionalismo. El pensamiento fronterizo es precisamente una respuesta crítica a los fundamentalismos hegemónicos y marginales. Lo que comparten todos los fundamentalismos (incluido el eurocéntrico) es la premisa de que sólo hay una única tradición epistémica a partir de la cual alcanzar la Verdad y Universalidad. Sin embargo, mis puntos principales aquí son tres: 1) que una perspectiva epistémica decolonial requiere un canon de pensamiento más amplio y no simplemente el canon occidental (incluido el canon occidental de izquierda); 2) que una perspectiva decolonial verdaderamente universal no puede basarse en una universal abstracta (una particular que se plantea como diseño global universal), sino que tendría que ser el resultado del diálogo crítico entre diversos proyectos críticos epistémicos/ éticos/ políticos hacia un mundo pluriversal como opuesto a uno universal; 3) que la descoloración del conocimiento requeriría tomar en serio la perspectiva/cosmologías/visiones epistémicas de los pensadores críticos del Sur Global que piensan desde y con espacios y cuerpos raciales/étnicos/sexuales subalternizados. El posmodernismo y el postestructuralismo como proyectos epistemológicos están atrapados dentro del canon occidental reproduciendo dentro de sus dominios de pensamiento y práctica una particular forma de colonialidad de poder/conocimiento. (pág. 4).

En este contexto, la crítica de Grosfoguel (2011) y de otros al modelo totalitario epistemológico occidental/euurocéntrico (incluido el canon de la izquierda occidental) se superpone a las cuestiones que planteé en el capítulo anterior no solo sobre el potencial sino también sobre los límites, desafíos, y vicisitudes de los modelos críticos y postestructurales en el campo del currículo. Es decir, teniendo en cuenta los méritos de las teorías críticas y postestructurales, así como los de la 'economía política y los estudios culturales', es importante también darse cuenta de cómo esos marcos teóricos han sido y siguen siendo pasos hacia un proceso de descolonización debido a que tales marcos teóricos, aunque contrahegemónicos, nunca dejaron de ser eurocéntricos en su crítica anti-eurocéntrica. Esto, como examino con gran detalle en el Capítulo 6, es un camino futuro para el campo del currículo, y está en el núcleo de lo que yo llamo TCI: *Teoría Curricular Itinerante* (Paraskeva, 2011a).

Pensamiento decolonial: compromiso de desprendimiento

En una pieza reveladora, *Desobediencia epistémica y la opción decolonial: Un manifiesto*, Walter Mignolo (2011) explica que algunos de los interesantes resultados provienen de dos reuniones fundamentales. La primera fue en mayo de 2004 con Arturo Escobar y *el coletivo* del proyecto de modernidad / colonialidad de la Universidad de Duke y la Universidad de Carolina del Norte en Chapel Hill. Se reunieron para examinar cuestiones relacionadas con la *Teoría crítica y la descolonización*. Siguiendo a Mignolo (2011), *el coletivo* fue impulsado por cuestiones imperativas, como

> ¿Qué debería aspirar a ser la «teoría crítica» cuando entran en escena los *damnés de la terre*, junto a los proletarios de Horkheimer o la versión actual del proletariado, como las multitudes? ¿Cómo se puede subsumir la "teoría crítica" en el proyecto de modernidad / colonialidad y descolonización? ¿O tal vez esta subsunción sugeriría la necesidad de abandonar las formulaciones del siglo XX de un proyecto de teoría crítica? ¿O sugeriría el agotamiento del proyecto de modernidad? (pág. 43).

La segunda, *El mapeo del giro decolonial*, fue organizada por Nelson Maldonado-Torres y se llevó a cabo en Berkeley en abril de 2005, involucrando al proyecto de modernidad/colonialidad *el coletivo* y miembros del proyecto de la Asociación Filosófica del Caribe titulado *Cambiando la geografía de la razón* y con un grupo de filósofos y críticos culturales latinos. Según Mignolo (2011), a pesar de las tensiones y consecuencias, tales encuentros dejaron claro que

> si bien modernidad/colonialidad son categorías analíticas de la matriz colonial de poder, la categoría de decolonialidad amplió el marco y los objetivos del proyecto, la misma conceptualización de la colonialidad constitutiva de la modernidad es ya un pensamiento descolonial en marcha. (pág. 44).

Mignolo (2011) resalta la importancia de la génesis del pensamiento decolonial que fue un concepto propuesto por Anibal Quijano (1991), en su obra *Colonialidad y Modernidad/racionalidad*, donde defiende la necesidad de construir límites analíticos a la plataforma hegemónica eurocéntrica (pág. 44).

El pensamiento descolonial, afirma Mignolo (2011), implica un *desprendimento* (*total,* hay que enfatizarlo) no negociable, un vínculo descolonial (pág. 3). Siguiendo el análisis de Mignolo (2011) sobre el razonamiento de Quijano, *desprendimento* o *desprenderse* (es decir, desvinculación) implica

> desprendimiento epistémico o, en otras palabras, desobediencia epistémica. La desobediencia epistémica nos lleva a las opciones decoloniales como un conjunto de proyectos que tienen en común los efectos vividos por todos los habitantes del globo que se encontraban en el extremo receptor de los diseños globales para colonizar la economía (apropiación de tierras y recursos naturales), la autoridad (gestión por parte del monarca, el Estado o la Iglesia), y la aplicación policial y militar (colonialidad del poder), para colonizar conocimientos (lenguajes, categorías de pensamientos, sistemas de creencias, etc.) y seres (subjetividad). El "desprendimiento" es entonces necesario porque no hay forma de salir de la colonialidad del poder desde dentro de las categorías de pensamiento occidentales (griegas y latinas). (pág. 45).

> Quijano afirmó, "desprenderse de las vinculaciones de la racionalidad-modernidad con la colonialidad, en primer término, y en definitiva con todo poder no constituido en la decisión libre de gentes libres". (Quijano, 1991, pág. 19 en Mignolo, 2011, pág. 45).

> [Así, desvincular] implica la desobediencia epistémica más que la búsqueda constante de "novedad" [y] nos lleva a un lugar diferente,

a un "comienzo" diferente (no en Grecia, sino en las respuestas a la "conquista y colonización" de América y al comercio masivo de africanos esclavizados), a sitios espaciales de luchas y construcción en lugar de una nueva temporalidad dentro del mismo espacio (de Grecia a Roma, a París, a Londres, a Washington, DC). (Mignolo, 2011, pág. 45).

En este sentido, la decolonialidad es "la energía que no permite el funcionamiento de la lógica de la colonialidad ni cree los cuentos de hadas de la retórica de la modernidad" (Mignolo, 2011, pág. 46). La decolonialidad, abiertamente, no es solo un llamado a interrumpir el modelo cartesiano de la modernidad. Ofrece una solución de otra palabra, otro mundo. El pensamiento decolonial no se trata solo de la posibilidad de otra epistemología. Se trata de la existencia real de un río epistemológico no occidental. Mignolo (2011) choca con puntos de vista críticos específicos que desafiaron con vehemencia la modernidad, aunque de manera reductiva. Es decir, la noción de desprendimiento de Mignolo (2011) no está atrapada en el pantano de la economía política, como defiende Amin en su *La desconexión: hacia un sistema mundial policéntric.* El llamado decolonial de Mignolo (2011) a desvincularse reacciona contra los niveles totalitarios (pos) modernos de pensamiento que, paradójicamente, ignoran la esfera epistémica. En este contexto, Mignolo (2011) desafía a destacados postestructuralistas como Foucault, Said y Spivak, entre otros, porque construyeron una crítica confinada a los marcos occidentales, ignorando la palabra y el mundo de cruciales intelectuales no occidentales. El llamado de Mignolo (2011) es un llamado al desprendimiento de la decolonialidad, un desprendimiento radical, que explota e implosiona los pilares racionales de la posmodernidad y la neocolonialidad.

En el consulado decolonial de Mignolo (2011),

el pensamiento decolonial surgió en la base misma de la modernidad/colonialidad, ya que su contrapunto [y] se diferencia de la teoría poscolonial o de los estudios poscoloniales en que la genealogía de estos se ubica en el postestructuralismo francés más que en la densa historia del pensamiento decolonial planetario. (pág. 46).

Es decir, más que anticapitalista y anticolonialista, las raíces mismas de lo decolonial son precisamente antecapitalista y antecolonialista, sin dejar de ser anticolonial y anticapitalista.

Madina Tlostanova y Walter Mignolo (2012) desarrollan las diferencias y los paralelismos entre el pensamiento poscolonial y decolonial. Como ellos argumentan (2012) al abordar los límites de la poscolonialidad, el pensamiento decolonial no está en contra del poscolonialismo (pág. 31). Precisamente al contrario, el pensamiento decolonial "adelanta otra opción". Después de todo, tanto la poscolonialidad como la decolonialidad son "dos respuestas diferentes a los quinientos años de consolidación occidental y expansión imperial, [respuestas] que fueron [y están] construidas sobre diferentes experiencias históricas, lenguajes, memorias y genealogías del pensamiento" (Tlostanova & Mignolo, 2012, pág. 32).

Ellos (2012) afirman que los estudios poscoloniales

> surgieron principalmente en los EE.UU. [preocupados y enfocados] con la política del cuerpo del conocimiento [comenzando] a partir de la versión de la historia que coloca al Imperio Británico (o a veces al Imperio Francés) en el centro de la historia colonial moderna [y en todos los estudios poscoloniales] y las teorías están conectadas con los esplendores y miserias del postestructuralismo francés a través del cual se filtraron las experiencias coloniales en Gran Bretaña y la India. (págs. 32-33).

Sin embargo, con el pensamiento decolonial, el foco o la contraseña es *desprendimento total,* es decir,

> desvincularse de los principios y estructuras que sustentan el sistema existente de conocimiento y humanidades; [el pensamiento decolonial] cuestiona la retórica que justifica el papel de las ciencias sociales y las humanidades, así como su metodología. [El pensamiento decolonial] cuestiona la legitimidad disciplinaria del conocimiento y la descalificación del conocimiento que no obedece a las reglas disciplinarias existentes. (Tlostanova & Mignolo, 2012, pág. 32).

Es decir, el pensamiento decolonial es un compromiso de "aprender a desaprender para volver a aprender" (Tlostanova & Mignolo, 2012, pág. 32), o, para complejizar el concepto de desobediencia disciplinaria de Linda Smith (1999), es un llamado a la desobediencia disciplinaria, es un llamado a un desprendimiento disciplinario. En suma,

> la poscolonialidad presupone la posmodernidad, mientras que el pensamiento y la opción decoloniales siempre están desvinculados de la modernidad y la posmodernidad. Trae al primer plano una genealogía de pensamiento silenciada y diferente. La opción decolonial no se originó en Europa, sino en el Tercer Mundo, como consecuencia de las luchas por la descolonización política. Y surgió entre las "minorías"

en el corazón de los EE. UU. como consecuencia del movimiento de derechos civiles y su impacto en la descolonización del conocimiento y el ser a través de los estudios étnicos y de género. (Tlostanova y Mignolo, 2012, pág. 33).

Como analicé antes, el pensamiento decolonial es un compromiso innegociable, una forma de vida enmarcada en una lectura diferente de la palabra y el mundo. No es una solución diseñada para un futuro irremediable, interminablemente aplazado. Es concreto y resurge desde dentro de los enfrentamientos beligerantes entre colonizadores y colonizados. Una utopía del pasado materializada en el presente.

La desobediencia epistémica, sostiene Mignolo (2011), no es solo un tema contemporáneo, aunque corre paralelo con la modernidad; surgió inmediatamente con la institucionalización de la colonialidad (pág. 45). Es decir,

> si la colonialidad es constitutiva de la modernidad dado que la retórica salvacionista de la modernidad presupone la lógica opresiva y condenatoria de la colonialidad (de ahí vienen los *damnés* de Fanon), entonces esta lógica opresiva produce una energía de descontento, de desconfianza, de liberación dentro de aquellos que reaccionan contra la violencia imperial. (Mignolo, 2011, págs. 45-46).

Tlostanova y Mignolo (2012) afirman que el pensamiento decolonial proviene del "siglo dieciséis y toma el atajo del siglo dieciocho hacia el veinte" (pág. 31). Mignolo (2011) devela las primeras manifestaciones del giro decolonial representadas por Waman Puma de Ayala y Ottobbah Cugoano, quienes publicaron, respectivamente, *Nueva Crónica y Buen Gobierno* hacia 1616 y *Sentiments on the Evil of Slavery*[3] en 1787 (pág. 47). Mignolo (2011) agrega que estas obras son

> tratados políticos decoloniales que, gracias a la colonialidad del conocimiento, no pudieron compartir la mesa de discusión con gente como Maquiavelo, Hobbes y Locke. Reinscribirlos hoy en la genealogía del pensamiento decolonial es un proyecto urgente. Sin esta genealogía, el pensamiento decolonial no sería más que un gesto cuya lógica dependería de algunas de las diversas genealogías fundadas por Grecia y Roma, y sería reinscripto en la modernidad imperial europea después del Renacimiento, en algunas de las seis lenguas imperiales ya mencionado: italiano, castellano y portugués durante el Renacimiento; francés, inglés, alemán durante la Ilustra-

---

3.   N. de las T.: En español *Sentimientos sobre lo malo de la esclavitud.*

ción. Waman Puma y Cugoano pensaron y abrieron un espacio a lo impensable en la genealogía imperial de la modernidad, tanto en sus vertientes derechistas como en sus vertientes izquierdistas. (pág. 47).

Mignolo (2011) sostiene que "Waman Puma y Cugoano *abrieron las puertas a otro pensamiento*, a un pensamiento fronterizo, a través de la experiencia y la memoria del Tawantinsuyu en el primero; y de la experiencia y recuerdo de la brutal esclavitud africana del Atlántico en el último" (pág. 48). El decolonial es un compromiso de desprendimiento y apertura; sus focos no son

las puertas que conducen hacia *la verdad (aletheia)*, sino a otros lugares; a los lugares de la memoria colonial; a las huellas de la herida colonial desde donde se teje el pensamiento decolonial; [es decir,] puertas que conducen a otro tipo de verdades cuyo fundamento no es el ser sino la colonialidad del ser, la herida colonial. El pensamiento decolonial presupone, siempre, la diferencia colonial. (Mignolo, 2011, pág. 48).

El pensamiento decolonial desafía la "presunta totalidad de la gnosis de Occidente" (Mignolo, 2011, pág. 48). Mignolo (2011) afirma que

un giro decolonial es la apertura y la libertad del pensamiento y las formas de vida (economías-otras, teorías políticas-otras), la limpieza de la colonialidad del ser y del conocimiento; el desprendimiento del encantamiento de la retórica de la modernidad, de su imaginario imperial articulado en la retórica de la democracia. (pág. 48).

Es interesante notar cómo tanto para Waman Puma de Ayala como para Ottobbah Cugoano, el pensamiento decolonial se basó en el cristianismo. Pero fue una lectura del cristianismo como equivalente a la democracia de la pluma y la palabra de los zapatistas; [es decir,] la democracia no es una propiedad privada del pensamiento y la teoría política occidentales, sino más bien uno de los principios de la convivencia, del buen vivir. Tal concepto de democracia choca frontalmente con el concepto y la forma de democracia en los Estados Unidos, contexto que parece casi una antítesis de la coexistencia. Como se muestra en los capítulos siguientes, "la genealogía del pensamiento decolonial es desconocida en la genealogía del pensamiento europeo occidental" (Mignolo, 2011, pág. 59).

Tal pensamiento fronterizo rendirá el debido respeto a otras formas epistemológicas más allá del pensamiento totalitario eurocéntrico occidental, que, como he estado investigando, durante el último milenio se ha producido y reproducido. Tal pensamiento fronterizo es un compromiso con la justicia epistémica y la justicia social y cognitiva.

Como revela el informe preparado para el Grupo de Trabajo Nacional sobre Educación y el Ministerio de Asuntos Indígenas y del Norte, Ottawa, Canadá, "haya sido reconocido o no por la corriente eurocéntrica, el conocimiento indígena siempre ha existido" (Battiste, 2002, pág. 4). La tarea de los estudiosos indígenas ha sido

> afirmar y activar el paradigma holístico de los conocimientos indígenas para revelar la abundancia y la riqueza de las lenguas, visiones del mundo, enseñanzas y experiencias indígenas, todas las cuales han sido sistemáticamente excluidas de las instituciones educativas contemporáneas y de los sistemas de conocimiento eurocéntricos. A través de este acto de autodeterminación intelectual, los estudiosos indígenas están desarrollando nuevos análisis y metodologías para descolonizarse a sí mismos, a sus comunidades y a sus instituciones. (pág. 4).

En los siguientes capítulos examino cómo "el pensamiento eurocéntrico afirma que solo los europeos pueden progresar y que los pueblos indígenas están congelados en el tiempo, guiados por sistemas de conocimiento que refuerzan el pasado y no miran hacia el futuro" (Battiste, 2002, pág. 4). Además, como se verá más adelante, la idea o el culto "de que la gente no pueda arreglárselas sin los logros teóricos o culturales de Europa es uno de los principios más definitivos de la modernidad. Esta lógica se ha aplicado durante siglos al mundo colonial" (Maldonado-Torres, 2003, pág. 5). Tal culto ideológico está anclado en una miríada de estrategias que

> se han utilizado para reforzar el mito de que las regiones fuera de Europa no contribuyen en nada al desarrollo del conocimiento, las humanidades, las artes, la ciencia y la tecnología. Estas estrategias incluyen la confianza ciega y la cita de referencias grecorromanas a pesar de que el alfabeto griego es en gran parte de origen sirio/ libanés. La manipulación de fechas y la degradación en importancia de conocimientos no europeos como los números mayas, hindúes y arábigos, el concepto de cero y notaciones algebraicas, el uso de decimales y la solución de ecuaciones complejas; la europeización de los nombres de científicos destacados y sus dispositivos, documentos científicos y procesos para socavar la evaluación equitativa y justa de la historia global del conocimiento (por ejemplo, un cometa identificado por los chinos hace 2.500 años se atribuye a Haley); y

la clasificación y trivialización de las innovaciones e invenciones científicas y tecnológicas no europeas como "arte". (pág. 227).

Hasta ahora, he examinado el nexo entre la colonialidad del poder y el ser, así como el eurocentrismo. Al hacerlo, he podido analizar cómo la colonialidad enmarcada como una "matriz" de conocimiento, poder y ser ha sido capaz de diseñar e implementar un tapiz epistémico racial-eugenésico, con el objetivo de perpetuar un modelo social capitalista totalitario. No hace falta mencionar cómo el sistema educativo, en general, y el currículo, en particular, están ambos profundamente implicados en tal epistemicidio.

Como hemos informado en detalle en otra parte (véase Paraskeva, 2010), la mejor manera de que las escuelas luchen por una sociedad justa e igualitaria –especialmente cuando enfrentan el impacto de las políticas y estrategias centristas neorradicales– es participar en una lucha por lo que Sousa Santos, Nunes y Meneses (2007) denominan diversidad epistemológica. Argumentan que no existe la "justicia social global sin justicia cognitiva" (pág. ix). De hecho, al identificar formas específicas de conocimiento como "oficiales", la escolarización participa en lo que Sousa Santos (1997) llamó epistemicidios, una herramienta letal que fomenta el compromiso con el imperialismo y la supremacía blanca (Hooks, 1994).

Sousa Santos y col. (2007) afirman agudamente que la "supresión del conocimiento [de los pueblos indígenas de las Américas y de los esclavos africanos] fue la otra cara del genocidio" (pág. ix). Vale la pena citar extensamente su argumento aquí:

> Muchas poblaciones no occidentales (indígenas, rurales, etc.) del mundo conciben que la comunidad y la relación con la naturaleza, el conocimiento, la experiencia histórica, la memoria, el tiempo y el espacio como configurando formas de vida no pueden reducirse a concepciones y culturas eurocéntricas... La adopción de normas jurídicas eurocéntricas, supuestamente válidas, universales y modelos políticos, como el orden económico neoliberal, la democracia representativa, el individualismo o la ecuación entre Estado y derecho, a menudo descansa... sobre las formas de dominación basadas en diferencias de clase, étnicas, territoriales, raciales o sexuales y sobre la negación de identidades y derechos colectivos considerados incompatibles con las definiciones eurocéntricas del orden social moderno. (págs. xx-xxi).

Así, no se puede negar que "existe un fundamento epistemológico en el orden capitalista e imperial que el Norte global viene imponiendo al

Sur global" (pág. ix). Lo que necesitamos, sostiene Sousa Santos (2004), es entablar una batalla contra "el monocultivo del conocimiento científico [y luchar por una] ecología de los conocimientos" (pág. xx), que es

> una invitación a la promoción de diálogos no relativistas entre saberes, otorgando igualdad de oportunidades a los distintos saberes comprometidos en una disputa epistemológica cada vez más amplia, dirigida tanto a maximizar sus respectivas contribuciones para construir una sociedad más democrática y justa como a descolonizar el conocimiento y el poder. (pág. xx).

Por tanto, la lucha debe ser contra la colonialidad del poder y el conocimiento. Al pelear esta batalla, uno terminará desafiando nociones, prácticas y conceptos relativos al multiculturalismo que son profundamente

> eurocéntricos, [que] crean y describen la diversidad cultural dentro del marco de los estados-nación del hemisferio norte... la primera expresión de la lógica cultural del capitalismo multinacional o global, el capitalismo sin patria por fin, y una nueva forma de racismo que tiende a ser bastante descriptiva y apolítica suprimiendo así el problema de las relaciones de poder, la explotación, la desigualdad y la exclusión. (págs. xx-xxi).

De hecho, necesitamos un enfoque multicultural que adopte un contenido y una dirección emancipadores dirigidos principalmente a las múltiples articulaciones de la diferencia. Así, estaremos permitiendo las condiciones fructíferas de lo que Sousa Santos (2004) llama la sociología de las ausencias. En otras palabras, lo que tenemos es un llamado a la democratización de los saberes que es un compromiso con una ecología de conocimientos emancipadora, no relativista y cosmopolita,

> reuniendo y escenificando diálogos y alianzas entre diversas formas de conocimiento, culturas y cosmologías en respuesta a diferentes formas de opresión que promulgan la colonialidad del conocimiento y el poder. [Necesitamos] aprender del Sur (ya que) el objetivo de reinventar la emancipación social va más allá de la teoría crítica producida en el Norte y de la praxis social y política a la que se ha adherido. (Sousa Santos et al., 2007, pág. xiv).

De hecho, sería un error disociar las epistemologías hegemónicas occidentales de las plataformas ideológicas imperialistas y colonialistas deshumanizadoras. Como señala Smith (1999), el imperialismo y el colonialismo son las formaciones específicas a través de las cuales Occidente llegó a "ver", "nombrar" y "conocer" a las comunidades indígenas. El archivo cultural con sus sistemas de representación, códigos para desbloquear sistemas de clasificación y artefactos fragmentados del conocimiento permitieron a los viajeros y observadores dar sentido a lo que veían y representar su conocimiento recién descubierto, de regreso a Occidente, a través de la autoría y la autoridad. de sus representaciones. (pág. 60).

En resumen, la fabricación de la modernidad y su subsiguiente lógica

produjo una perspectiva del conocimiento y el modo de producir conocimiento que da una descripción muy ajustada del carácter del modelo global de poder: colonial/moderno/capitalista/eurocentrado. Esta perspectiva y modo concreto de producir conocimiento es el eurocentrismo. (Quijano, 2008, pág. 197).

[El eurocentrismo es] el nombre de una perspectiva del conocimiento cuya formación sistemática se inició en Europa Occidental antes de mediados del siglo XVII, aunque algunas de sus raíces son, sin duda, mucho más antiguas. En los siglos siguientes, esta perspectiva se hizo globalmente hegemónica, siguiendo el mismo curso que el dominio de la clase burguesa europea. Su constitución se asoció con una secularización burguesa específica del pensamiento europeo y con las experiencias y necesidades del modelo global de poder capitalista (colonial / moderno) y eurocentrado establecido desde la colonización de América. No involucra todos los conocimientos de la historia de toda Europa o de Europa Occidental en particular. No se refiere a todos los modos de conocimiento de todos los europeos y de todas las épocas. En cambio, se trata de una racionalidad o perspectiva específica del conocimiento que se hizo globalmente hegemónico, colonizando y superando otras formaciones conceptuales anteriores o diferentes y sus respectivos saberes concretos, tanto en Europa como en el resto del mundo. (Quijano, 2000b, pág. 549).

Siguiendo las notas de Amin (2009), el eurocentrismo es mucho más que una visión de la ignorancia y el miedo, e "implica una teoría de la historia mundial y, a partir de ella, un proyecto político global" (pág. 154). Tal proyecto político ideológico global "legitima, al mismo tiempo, la existencia del capitalismo como sistema social y la desigualdad mundial que lo acompaña" (Amin, 2009, pág. 156). El eurocentrismo es un "mito cristianófilo" y un constructo racista antitético del orientalismo que

(1) aleja a la Antigua Grecia del mismo medio en el que se desplegó y desarrolló –el Oriente– para anexar arbitrariamente el helenismo a Europa, (2) conserva la marca del racismo, la base fundamental sobre la que se construyó la unidad cultural europea, (3) interpreta el cristianismo también anexado arbitrariamente a Europa, como el aspecto principal en el mantenimiento de la unidad cultural europea, conforme a una visión no científica de los fenómenos religiosos y (4) construye al mismo tiempo la visión de un Oriente cercano y de los Orientes más distantes sobre el mismo fundamento racista, empleando de nuevo una visión inmutable de la religión. (Amin, 2009, pág. 166).

El eurocentrismo es el *epistemicidum.* El orientalismo, argumenta Amin (2009), es una "construcción ideológica de un Oriente mítico cuyas características son tratadas como rasgos inmutables definidos en simple oposición a las características del mundo occidental. La imagen de este opuesto es un elemento esencial del eurocentrismo" (pág. 175). El eurocentrismo no es en realidad una teoría social, afirma Amin (2009). Se trata, efectivamente, de "un prejuicio que distorsiona las teorías sociales" (Amin, 2009, pág. 166) del pensamiento. A continuación, examino cómo la modernidad ha sido capaz de tejer una visión particular de la historia que no solo silencia loablemente las formas epistemológicas no occidentales, sino que también elimina cualquier fertilizante epistemológico no occidental en el núcleo mismo de la plataforma epistemológica occidental. El siguiente capítulo ilustra cómo la matriz epistemológica de Europa occidental ha sido desafiada con vehemencia por los intelectuales africanos. Dentro de la lucha contra lo que representa la modernidad y la posmodernidad y sus propios reduccionismos e insuficiencias para examinar y representar con precisión la realidad social, surgió el concepto de transmodernidad, que es "un verdadero cambio de paradigma que pretende esclarecer las relaciones gnoseológicas, sociológicas, éticas y estéticas" (Rodríguez Magda, 2011, pág. 1). Rodríguez Magda (2011) agrega que

la transmodernidad buscaría una síntesis entre la posición premoderna y la moderna, constituyendo un modelo que acepte la coexistencia de ambas, con el fin de conciliar la noción de progreso con el respeto por las diferencias culturales y religiosas, tratando de frenar el rechazo, principalmente de los países islámicos, a la visión occidental de la modernidad. (pág. 2).

Como he mencionado, ante la actual fiebre de globalización e internacionalización que inunda nuestro campo, la lucha por un currículo relevante y justo debe ser una lucha por la justicia social y cognitiva. Más que el próximo impulso de tal río curricular crítico, este es el impulso, un compromiso con el pensamiento descolonial que producirá no solo una autocrítica precisa y productiva de las insuficiencias del modelo crítico radical de la (pos) modernidad, sino que también prestará atención, simultáneamente, a la importancia de desafiar la matriz de poder colonial que, a través de la educación y el currículo, fermenta y fomenta los epistemicidios. Tal río crítico necesita ser consciente de los mundos detrás y más allá de la plataforma epistemológica occidental, los mundos que no son monolíticos. Como he examinado en otra parte (Paraskeva, 2011a, 2011b) y también se mostrará más adelante, una forma poderosa de hacer esto es asumir un compromiso con una postura itinerante y participar en lo que he denominado TCI. Volveré a este tema más adelante.

A continuación, exploro brevemente algunas de las tensiones más destacadas dentro de la médula misma de una veta epistemológica africana en particular. Examino el error atroz del paradigma epistemológico occidental al minimizar, silenciar e ignorar estos choques epistemológicos.

Referencias bibliográficas

Amin, S. (2009) *Eurocentrism*. New York: Monthly Review Press.

Anyon, J. (1983) Workers, Labor and Economic History, and Textbook Content. En Michael Apple and Lois Weis (eds.) *Ideology and Practice in Schooling*. Philadelphia: Temple University Press, pp. 37-60.

Battiste, M. (2002) *Indigenous Knowledge and Pedagogy in the First Nations Education. A Literature Review with Recommendations.* Indian and Northern Affairs, Ottawa, Canada.

Beyer, L. y Liston, D. (1996) *Curriculum in Conflict: Social Visions, Educational Agendas and Progressive School Reform*. New York: Teachers College.

Brindle, P. y Arnot, M. (1999) England Expects Every Man to Do his Duty: The Gendering of the Citizenship Textbook 1940–1996. *Oxford Review of Education,* 25 (1, 2), pp. 103-23.

Cabral, A. (1973) *Return to the Source. Selected Speeches of Amilcar Cabral.* New York: Monthly Review Press.

Castro-Gómez, S. (2008) (Post)colonialities for Dummies: Latin American Perspectives on Modernity, Coloniality and the Geopolitics of Knowledge. En M. Mabel, E. Dussel and C. Jauregui (eds.) *Coloniality at Large: Latin America and the Postcolonial Debate*. Durham: Duke University Press, pp. 259-86.

Cesaire, A. (2000) *Discourse on Colonialism*. New York: Monthly Review Press.

CHOMSKY, N. (1992) *Chronicles of Dissent: Interviews with David Barsamian*. Monroe, ME: Common Courage Press.

DUSSEL, E. (1995) *Philosophy of Liberation*. Oregon: Wipf & Stock.

DUSSEL, E. (2000) *Europe, Modernity and Eurocentrism, Nepantla: Views from South*, 1 (3), pp. 465-78.

DUSSEL, E. (2013) *Ethics of Liberation. In the Age of Globalization and Exclusion*. Durham: Duke University Press.

EZE, E. (1998) Modern Western Philosophy and African Colonialism. En E. Eze (ed.) *African Philosophy. An Anthology*. Oxford: Blackwell Publishers, pp. 213-221.

GIROUX, H. (1981) *Ideology, Culture & the Process of Schooling*. Philadelphia: Temple University Press.

GROSFOGUEL, R. (2003) *Colonial Subjects. Puerto Ricans in a Global Perspective*. Berkeley: University of California Press.

GROSFOGUEL, R. (2006a) From Postcolonial Studies to Decolonial Studies: Decolonizing Postcolonial Studies: A Preface. *Review*, 29 (2), pp. 141-43.

GROSFOGUEL, R. (2006b) World-System Analysis in the Context of Transmodernity, Border Thinking and Global Coloniality. *Review*, 29 (2), pp. 167-88.

GROSFOGUEL, R. (2010) Epistemic Islamophobia. Colonial Social Sciences. *Human Architecture: Journal of the Sociology of Self-Knowledge*, 8 (2), pp. 29-39.

GROSFOGUEL, R. (2011) Decolonizing Post-Colonial Studies and Paradigms of Political Economy: Transmodernity, Decolonial Thinking, and Global Coloniality. *Transmodernity. Journal of Peripheral Cultural Production of the Luso-Hispanic World*, 1 (1), pp. 1-38.

HARRIS, W. (1889) The Intellectual Value of Tool-Work. *Journal of Proceedings and Addresses* (National Education Association), pp. 92-98.

HILL COLLINS, P. (2000) *Black Feminist Thought. Consciousness and the Politics of Empowerment*. New York: Routledge.

HOOKS, B. (1994) *Teaching to Transgress. Education as a Practice of Freedom*. New York: Routledge.

JANSON, E. (2014) *Where the Sidewalk Ends, the Air Begins: Colonialism and Coloniality in the Age of Liquid Modernity*. Paper presentado al Programa Doctoral del Liderazgo Educacional y Estudios Políticos, University of Massachusetts, Dartmouth.

KLIEBARD, H. (1995) *The Struggle for the American Curriculum: 1893–1958*. New York: Routledge.

LAS CASAS, F. B. (2008) *A Brief Account of the Destruction of the Indies*. USA: BN Publishing.

LATOUR, B. (1999) *Pandora's Hope. Essays on the Reality of Science Studies*. London: Harvard University Press.

LOEWEN, J. (1995) *Lies My Teacher Told Me: Everything Your High School History Textbook Got Wrong*. New York: New Press.

MALDONADO-TORRES, N. (2003) *Imperio y Colonialidad del Ser*. Paper presentado en la Reunión Anual de la Asociación de Estudios Latinoamericanos realizada en Dallas, Texas, Marzo 29, pp. 1-24.

MALDONADO-TORRES, N. (2007) On the Coloniality of Being. Contributions to the Development of a Concept. *Cultural Studies*, 21 (2, 3), pp. 240-70.

MALDONADO-TORRES, N. (2008a) *Against War. Views from the Underside of Modernity*. Durham: Duke University Press.

MALDONADO-TORRES, N. (2008b) Religion, Conquête et Race dans les Foundation du Monde Modern/Colonial. En M. Mestri, R. Grosfoguel and E. Y. Soum (eds.)

Islamophobie dand les Monde Moderne. Paris: IIIT France, pp. 205-38.

MALDONADO-TORRES, N. (2012) Decoloniality at Large: Towards a Trans-Americas and Global Transmodern Paradigm (Introducción a la Segunda Edición Especial de "Thinking through the Decolonial Turn"). *Transmodernity. Journal of Peripheral Cultural Production of the Luso-Hispanic World*, 1 (3), pp. 1-10.

MALLON, F. (1994) The Promise and Dilemma of Subaltern Studies: Perspectives from Latin American History. *American Historical Review*, 99, pp. 1491-515.

MALLON, F. (2012) *Decolonizing Native Histories.* Durham: Duke University Press.

MIGNOLO, W. (2000) *Local Histories/Global Designs: Essays on the Coloniality of Power, Subaltern Knowledges and Border Thinking.* Princeton: Princeton University Press.

MIGNOLO, W. (2008) The Geopolitics of Knowledge and Colonial Difference. En M. Morana, E. Dussel and C. Jauregui (eds.) *Coloniality at Large. Latin America and the Postcolonial Debate.* San Antonio: Duke University Press, pp. 225-58.

MIGNOLO, W. (2011) Epistemic Disobedience and the Decolonial Option: A Manifesto. *Transmodernity. Journal of Peripheral Cultural Production of the Luso-Hispanic World*, 1, (2), pp. 44-66.

MIGNOLO, W. (2012) *Local Histories / Global Designs. Coloniality, Subaltern Knowledges and Border Thinking.* Princeton: Princeton University Press.

MILLS, C. (1997) *The Racial Contract.* Ithaca: Cornell University Press.

MUELDER, H. (1984) *Missionaries and Muckrakers: the First Hundred Years of Knox College.* Urbana: University of Illinois Press.

PARASKEVA, J. (2001) *As Dinamicas dos Confl itos Ideologicos e Culturais na Fundamentacao do Curriculo.* Porto: ASA.

PARASKEVA, J. (2007a) *Ideologia, Cultura e Curriculo.* Lisboa: Didatica Editora.

PARASKEVA, J. (2007b) Continuidades e Descontinuidades e Silêncios. Por uma Desterritorialização da Teoria Curricular. *Associação Nacional de Pós-Graduação e Pesquisa em Educação*, (ANPEd), Caxambu, Brasil.

PARASKEVA, J. (2010) Hijacking Public Schooling: The Epicenter of Neo Radical Centrism. En S. Macrine, P. McLaren and D. Hill (eds.) *Revolutionizing Pedagogy: Educating for Social Justice within and Beyond Neo-liberalism.* New York: Palgrave, pp. 167-186.

PARASKEVA, J. (2011a) *Conflicts in Curriculum Theory. Challenging Hegemonic Epistemologies.* New York: Palgrave.

PARASKEVA, J. (2011b) *Nova Teoria Curricular.* Lisboa: Ediçoes Pedago.

QUIJANO, A. (1991) Colonialidad y Modernidad/Racionalidad. *Perú Indígena*, 29 (1), 11-21.

QUIJANO, A. (2000a) Coloniality of Power, Eurocentrism and Latin America, *Neplanta, Views from the South*, 1, 3, pp. 533-580.

QUIJANO, A. (2000b) Colonialidad del poder y clasificación Social. *Journal of World Systems Research*, 6 (2), pp. 342-386.

QUIJANO, A. (2008) Coloniality of Power, Eurocentrism, and Latin America. En M. Morana, E. Dussel and C. Jauregui (eds.) *Colonialiy at Large. Latin America and the Postcolonial Debate.* San Antonio: Duke University Press, pp. 181-224.

RODRÍGUEZ MAGDA, R. M. (2011) Transmodernidad: un Nuevo Paradigma. *Transmodernity* 1.1, pp. 1-13.

SILLIMAN, B. (1829) Original Papers in Relation to a Course of Liberal Education. *The American Journal of Science and Arts*, XV, pp. 297-351.

SMITH, L. (1999) *Decolonizing Methodologies: Research and Indigenous Peoples.* London: Zed Books.

SOUSA SANTOS, B. (1997) *Um Discurso sobre as Ciencias.* Porto: Afrontamento.

SOUSA SANTOS, B. (2004) *A Gramatica do Tempo.* Porto: Afrontamento.

SOUSA SANTOS, B., NUNES, J. y MENESES, M. (2007) Open Up the Cannon of Knowledge and Recognition of Difference. En B. SOUSA SANTOS (ed.) *Another Knowledge Is Possible.* London: Verso, pp. ix-lxii.

TLOSTANOVA, M. and MIGNOLO, W. (2012) *Learning to Unlearn. Decolonial Reflections from Euroasia and the Americas.* Ohio: Ohio State University.

TODOROVA, M. (1997) *Imagining the Balkans.* Oxford: Oxford University Press.

TODOROV, T. (1984) *The Conquest of America. The Question of the Other.* Norman: University of California Press.

TORRES SANTOMÉ, J. (1996) The Presence of Different Cultures in Schools: Possibilities of Dialogue and Action. *Curriculum Studies,* 4 (1), pp. 25-41.

TYACK, D. (1974) *The One Best System. A History of American Urban Education.* Cambridge: Harvard University Press.

WALKER, C. (2011) How Does It Feel to Be a Problem. (Local) Knowledge, Human Interests and the Ethics of Opacity. *Transmodernity. Journal of Peripheral Cultural Production of the Luso-Hispanic World,* 1 (2), pp. 104-119.

WALLERSTEIN, I. et al. (1996) *Open the Social Sciences. Report of the Gulbenkian Commission on the Restructuring of the Social Sciences.* Mestizo Spaces/ Espaces Metisses. Stanford: Stanford University Press.

WALSH, C. (2012) 'Other' Knowledges, 'Other' Critiques Reflections on the Politics and Practices of Philosophy and Decoloniality in the Other America. *Transmodernity. Journal of Peripheral Cultural Production of the Luso-Hispanic World,* 1 (3), pp. 11-27.

ZINN, H. (1999) *The Future of History.* Monroe: Common Courage Press.

ZINN, H. (2001) *On History.* New York: Seven Stories Press.

3

La idea de África o África como una idea

El enfoque de Connell (2007) es un buen comienzo para examinar la preponderancia de las formas de conocimiento no occidentales. Al afirmar que la sociología occidental es una ciencia clasificada, racial y de género de la nueva sociedad industrial (Smith, 1999), Connell enfatizó la necesidad de prestar mucha atención a las formas indígenas de conocimiento desarrolladas en África y dentro de la esfera árabe/ del Medio Oriente. Según Connell (2007), "la sociología se desarrolló en un lugar social específico: entre los hombres de la burguesía liberal metropolitana. Quienes escribieron sociología eran una mezcla de ingenieros y médicos, académicos, periodistas, clérigos y unos pocos podrían vivir de su capital familiar" (pág. 14). Ella continúa:

> En ese mismo momento, Durkheim y sus colegas estaban cons-truyendo la mirada imperial hacia su sociología, otros científicos sociales franceses involucraron a intelectuales del mundo islámico en un diálogo sobre la modernidad, el colonialismo y la cultura. En la misma generación, Du Bois pasó de un enfoque en las relaciones raciales dentro de los Estados Unidos a una perspectiva fuertemente internacionalista, con especial atención a África. En la primera mitad del siglo XX, intelectuales africanos negros como Sol Plaatje y Jomo Kenyatta dialogaron con la metrópoli a través de las ciencias sociales y la lucha política. La corriente principal de la sociología metropolitana hizo poco uso de tales contactos, pero esta otra historia también es real y, hoy, necesitamos basarnos en ella. (pág. 25).

Cabe destacar también que, mientras en Rusia, los bolcheviques lideraban una revolución que transformó el mundo, en el sur de África, el mítico Partido Comunista de Sudáfrica estaba desafiando ferozmente la esclavitud con un llamamiento a la raza bantú. Un llamado a despertar y a ganar la batalla contra el colonialismo y el imperialismo:

> ¡Trabajadores de raza bantú! ¿Por qué vosotros vivís en esclavitud? ¿Por qué no sois libres como lo son otros hombres? ¿Por qué sois pateados y escupidos por vuestros amos? ¿Por qué debéis llevar un pase antes de poder trasladarse a cualquier parte? Y si os encuentran sin uno, ¿por qué sois encarcelados? ¿Por qué os esforzáis por poco dinero? Y si os negáis a trabajar, otra vez encarcelados. ¿Por qué sois arreados como ganado hacia las instalaciones? ¿por qué? Porque sois los trabajadores infatigables de la tierra. Porque los amos quieren que trabajéis para su beneficio. Porque le pagan al gobierno y a la policía para que sigáis como esclavos así trabajáis para ellos. Si no fuera por el dinero que ellos ganan con vuestro trabajo, vosotros no estaríais oprimidos. ¡Pero fijaos! Sois los pilares del país. Vosotros hacéis todo el trabajo, vosotros sois el medio de vida de ellos. Es por eso que os roban los frutos de vuestro trabajo y también os roban vuestra libertad. Solo hay una forma de liberación para vosotros, trabajadores bantúes. ¡Uníos como se unen los trabajadores! Olvidaos de las cosas que os dividen. Que no se hable más de Basuto, Zulu o Shangaan. Todos vosotros sois trabajadores. Dejad que el trabajo sea su vínculo común. ¡Despertad! Y abrid los oídos. Ha salido el sol, amanece. Habéis estado dormidos mucho tiempo cuando el gran molino del hombre rico molía y provocaba el sudor de vuestro trabajo para nada. Se os insta encarecidamente a asistir a la reunión de los trabajadores y a luchar por vuestros derechos. Venid a escuchar la buena noticia y libraos de las cadenas del capitalista. La Unión hace la fuerza. La lucha es grande contra las muchas leyes aprobadas que os persiguen, los bajos salarios y la miseria de la existencia. Trabajadores de todas las tierras, uníos. No tenéis nada que perder excepto las cadenas. Tenéis un mundo que ganar. (Documentos del Partido Comunista de Sudáfrica, 1918, pág. 2).

En este capítulo, intento develar brevemente las tensiones entre el eurocentrismo y los marcos epistemológicos africanos. Al hacerlo, examino no solo cómo los europeos occidentales vieron y marginaron con arrogancia las epistemologías africanas, sino también cómo el conocimiento colonial eugenésico se basó en formas precoloniales de conocimiento y saberes para ayudar a sedimentar el proceso de dominio psicológico. Además, examino las tensiones cruciales dentro del marco epistemológico africano. Desafío la visión reduccionista de la desintelectualización de los intelectuales africanos etiquetándolos como luchadores por la libertad. A través de esto, analizo que la lucha por la libertad contra el colonialismo y el imperialismo no fue necesariamente apoyada conceptualmente por marcos y movimientos sociales particulares de Europa occidental, como el marxismo. En una frase, este capítulo y este libro intentan ir más allá de las preguntas planteadas por Wallerstein et al. (1996): "¿África tiene historia? ¿O solo las 'naciones históricas' tienen historia?" (pág. 40). La respuesta propone que releamos África con perspectivas africanas y, al hacerlo, defendamos que una episteme africana no es necesariamente solo la heredera de las epistemes europeas, sino que también hay un choque epistemológico importante dentro del terreno epistemológico africano que no puede ser condenado al ostracismo. por Occidente. Además, la cientificidad de tales epistemes fue secularmente dilapidada, alienada y usurpada por las potencias coloniales occidentales, reduciéndolas a la esfera del vudú y el subdesarrollo.

Para releer África –o para algunos leer África por primera vez– no debemos restringirnos a los métodos tradicionales occidentales, sino considerar el rico lenguaje y las historias que existen más allá de la palabra escrita, como diría Freire, sin correr el riesgo de mitificar y romantizar tales mundos africanos (véase Fanon, 1963).

La oralidad como fuente comunitaria de conocimiento

En sus *Contributions to the Sociology of Knowledge from African Oral Poetry*[1], Akiwowo (1986) enfatizó la necesidad de entender la poesía oral como una fuente importante de conocimiento en las creaciones socioculturales africanas. Las epistemologías occidentales descuidaron arrogantemente la importancia de la sociología indígena bien establecida, edificada por intelectuales africanos y no occidentales, como Akiwowo que, persistentemente, intentaron "reorientar la disciplina hacia la realidad africana a través de un sistema integrado de esquemas conceptuales, teorías y técnicas metodológicas elaboradas en relación con los modos de pensar y las prácticas sociales tanto africanas como europeas" (Connell, 2007, pág. 90; Akiwowo, 1980). Teniendo la poesía oral ritual de la comunidad y las complejidades conectadas

---

1.   N. de las T.: En español: *Contribuciones a la sociología del conocimiento de la poesía oral africana.*

con las formas orales del lenguaje como una fuente importante de conocimiento, Akiwowo luchó por la necesidad de desarrollar una plataforma sociológica africana profundamente basada en conceptos africanos e importar esos conceptos a Europa en lugar de someter la sociología africana a la colonización de conceptos occidentales, que quedarían completamente desvinculados de las realidades *sui generis* africanas. Además, las epistemologías metropolitanas del Atlántico Norte minimizaron y silenciaron las importantes luchas, debates, tensiones y choques dentro de la médula misma de las epistemologías africanas. En realidad, la ciencia hegemónica ha mostrado "una incapacidad pasiva o una hostilidad activa para reconocer el trabajo científico producido de forma autónoma" (Sousa Santos, 2005, pág. xxiii) por países no occidentales. Sin lugar a dudas, la discusión entre los conocimientos occidentales y no occidentales –que no pueden entenderse como binarios– plantea problemas ontológicos que deben abordarse. Por ejemplo, como afirman Wallerstein y sus colegas (1996), "¿eran las dos [zonas epistemológicas] ontológicamente idénticas o diferentes?" (págs. 39-40).

Akiwowo apunta al principio africano *Asuwada* –muy relacionado con la oratoria como forma de conocimiento– como la manera de construir significados y comprender a la persona y la realidad. El principio *Asuwada* está bien resumido aquí por Connell (2007):

> La unidad de la vida social es la vida, el ser, la existencia o el carácter del individuo; esencialmente, el individuo corpóreo no puede seguir siendo sin comunidad; dado que la vida social de un grupo de seres individuales se sustenta en un espíritu de cofradía, cualquier forma de autoalienación con el propósito de perseguir un objetivo puramente egoísta es, moralmente hablando, un error o pecado, y un ser social genuino es uno que trabaja diariamente y sacrifica voluntariamente, de diversas formas, su amada libertad y adquisiciones materiales para la autosuperación como para el bien común. Porque sin uno, el otro no se puede lograr. (pág. 91).

Esto fue intensamente desafiado por Lawuyi y Taiwo (1990), quienes argumentaron que Akiwowo estaba tratando de basar la sociología africana en conceptos anglo-norteamericanos y no estaba desarrollando ningún tipo de teoría sociológica en palabras de los *yorubas,* lo cual no es un tema menor (citado en Connell, 2007, pág. 91). Si consideramos el argumento de Gyekye (1987) de que "el lenguaje, como vehículo de conceptos, no solo encarna un punto de vista filosófico, sino que también influye en el pensamiento filosófico" (pág. 29), de hecho, el lenguaje "no sólo sugiere, pero también puede encarnar perspectivas filosóficas, todo lenguaje implica o sugiere una visión del mundo" (pág. 31).

Al examinar una serie de fuentes científicas fundamentales que apuntan a construir temas e inquietudes vitales que involucran los argumentos que sustentan la *Caliban´s Reason*, Henry (2000) enfatiza claramente cómo en la tradición Yoruba "un [hombre] sabio que conoce los proverbios puede reconciliar las dificultades" (pág. 23). Es decir, afirma Henry (2000), más que la disputa entre una posición discursiva absoluta versus una pura dentro de las filosofías africanas, uno necesita percibir cómo las filosofías tradicionales africanas dependen de una base religiosa sin negar la importancia de las "narrativas de origen [que] no son relatos arbitrarios ni superfluos" (Henry, 2000, pág. 23). Exactamente lo contrario, es cierto.

A partir de la postura intelectual de Syklvi Wynter, Henry (2000) señala a "las narrativas de origen [como] particularmente importantes para la mitopoética de la autoformación humana" (pág. 24). Lo que también es interesante es cómo durante la década de 1960, Macdonald declaró "la (s) mitopoética (s) como base fundamental para comprender y hacer y deshacer el currículo". Aunque las posibilidades de que Wynter, Henry y Macdonald tuvieran alguna forma de interacción son casi nulas, no sorprende que todos compartieran la creencia de que "las necesidades ontogénicas del ego son tales que su desarrollo requiere un mapeo mitopoético de estructura de oposición binaria de su lenguaje sobre diferencias significativas en su entorno" (Henry, 2000, pág. 24). Es decir, las narrativas originales son de hecho una "parte vital de la infraestructura lingüística /discursiva que complementa nuestra biología y hace posible la regulación cultural del comportamiento que es exclusivo de los órdenes de existencia humanos" (Henry, 2000, pág. 23). Por lo tanto, las narrativas de origen africano deben verse como "narrativas sobre la acción creativa de [un] mundo espiritual no manifiesto". A pesar de dimensiones tan poderosas, "una nube de invisibilidad colonial había descendido sobre la filosofía africana" (Henry, 2000, pág. 21). La filosofía *yoruba* es una mezcla orgánica de individualidad, comunidad, carácter moral y orden social (Gbadegesin, 1998). Al explicar los procesos de socialización de un nuevo ser, Gbadegesin (1998) devela cómo un bebé está expuesto a las experiencias de una gran comunidad ("coesposas, madre del marido, madrastra, muchos otros, incluidas hermanas mayores, sobrinas, y primos") y "la nueva madre no puede tocar al niño excepto para amamantarlo" (Gbadegesin, 1998, pág. 130). Es decir, la noción "soy porque somos nosotros; yo existo porque la comunidad existe" es fundamental para la filosofía de los *yorubas*.

La homogeneidad como una forma de epistemicidio

Tempels se quejó de que los colonizadores europeos nunca prestaron atención al hecho de que los africanos tenían una filosofía bien fundamentada "que equipara el ser con una fuerza vital de la vida" (Connell, 2007, pág. 98; Tempels, 1945). Esta idea de una filosofía africana bien establecida la aclara Hountondji (1976).

> Cuando hablo de filosofía africana, me refiero a la literatura, y trato de comprender por qué hasta ahora se ha esforzado tanto por esconderse detrás de la pantalla, tanto más opaca por ser imaginaria, de una "filosofía" implícita concebida como un sistema de pensamiento irreflexivo, colectivo, espontáneo, común a todos los africanos o, al menos, a todos los miembros, pasados, presentes y futuros, de tal o cual grupo étnico africano. (pág. 55).

Sin embargo, es crucial notar que los colonizadores europeos veían al mundo africano como inequívocamente inferior. Ali Abdi (2011, pág. 131), basándose en los conceptos de P'Bitek (1972) y Cesaire (2000) de "deshistorización del continente" y "capitanes destructivos de la industria colonial", respectivamente, argumenta que algunos de los más importantes intelectuales europeos construyeron y suscribieron a África como una idea inferior. Algunos de los pensadores y filósofos europeos más importantes de la historia, la sociedad y el conocimiento, como Hegel, Kant, Hobbes, Hume, Voltaire, Montesquieu y otros, vieron a África y a los africanos como una realidad bárbara. En su examen sobre "Raza y modernidad", West (1999, pág. 83) denuncia cómo los intelectuales importantes de la modernidad occidental, como Voltaire, Hume y Kant, trabajaron sobre una lógica eugenésica. Según estos intelectuales, la "raza negra" no sólo era diferente; también era una raza inferior. Desde el punto de vista de estos individuos, "África no era [sólo] interesante desde el punto de vista de su propia historia [sino que también África] estaba en un estado [perpetuo] de barbarie y salvajismo que le impedía ser una parte integral de la civilización [europea]" (Abdi, 2011, pág. 13). Por el contrario, para aquellos (es decir, los europeos) que eran más "de mente abierta [y] promotores de la libertad y la libertad [la] mayor parte de la gente en la costa de África [eran] salvajes y bárbaros" (Abdi, 2011, pág. 13). Tal razonamiento eugenésico también es denunciado por Ngara (2012), quien afirma que "África fue considerada como 'salvaje pura', que luego fue moderada a 'salvaje noble' como se satiriza en las primeras novelas populares occidentales como *Las minas del rey Salomón*" (pág. 130). De hecho, el "salvaje noble", agrega Ngara (2012), describió despectivamente la tendencia natural de los nativos a la bondad simplista (no instruidos) (pág. 130).

Desafiando los enfoques etnofilosóficos, Hountondji (1976) sostiene que la idea de la filosofía africana se basa en costumbres, cánticos y mitos. Nuevamente, aquí tenemos un problema candente. Gyekye (1987) afirma que "no se puede negar que la filosofía es un producto de la cultura" (pág. 25) y que "los africanos el pensamiento filosófico se expresa tanto en la literatura oral como en los pensamientos y acciones de las personas" (pág. 13). Hamminga (2005) denuncia abiertamente el mismo tipo de declaración:

En la cultura africana clásica, el conocimiento no es producido, sino que llega, nos lo dan la tradición, los antepasados, como herencia. De modo que la adquisición de conocimiento es puramente una cuestión social, una cuestión de enseñanza, de ser enseñado, "enviado" (por poderes espirituales vivos o muertos) únicamente. Como el idioma griego, el conocimiento no tiene nada que ver con el sudor o el trabajar. (pág. 76).

Como argumenta Onyewuenyi (1991), "para el africano el conocimiento y la sabiduría consisten en cuán profundamente comprende la naturaleza de las fuerzas y su interacción" (pág. 41). Además,

el pensamiento africano sostiene que los seres creados conservan un vínculo entre ellos, una íntima relación ontológica. Existe la interacción del ser con el ser, es decir, de la fuerza con la fuerza. Esto es más cierto entre los seres racionales conocidos como *Muntu*, un término que incluye a los vivos y los muertos, a Orishas y a Dios. (pág. 41).

En África indígena, avanza Ngara (2012), "la gente conocía cierta información a través de la tradición oral, tabúes, ritos de iniciación y aprendizajes" (pág. 130). Es decir, las formas africanas de conocimiento (WOK), según Ngara (2012, págs. 139-143), describen cuatro fenómenos complejos principales, a saber, conocer a través de tabúes, conocer a través de la sabiduría y la experiencia colectiva, conocer a través de la fe y conocer a través de la comunicación y la sabiduría espiritual. Existen diferencias entre los terrenos epistemológicos africanos y occidentales. Como se muestra más adelante, en el caso de *Ubuntu* y *Ujamaa* en Sudáfrica y Tanzania, respectivamente, el WOK africano

> tienden a ser representados y conceptualizados como circulares, orgánicos y colectivistas, en lugar de lineales, unificados, materialistas e individualistas, como se atribuye a las perspectivas occidentales. Se dice que el pensamiento africano tradicional, en sus diversas formas representadas busca la interpretación, la expresión, la comprensión y la armonía moral y social, en lugar de preocuparse por la verificación, el racionalismo, la predicción y el control como se materializa a través de las normas científicas occidentales. (Swanson, 2012, pág. 37).

De hecho, nuestras escuelas se ajustan a las normas científicas "oficiales" e ignoran los beneficios que podría tener el pensamiento africano. Esto exhibe una diferencia dramática dentro de los aparatos educativos occidentales que oficialmente ignoran los beneficios sociales de tal pedagogía circular, orgánica y colectivista. Por lo tanto, lo que tenemos es una "filosofía y una forma de ser más comunalista /comunitaria [una] cosmovisión y una forma de ser africanas" en un choque abierto con una forma occidental inflexible de lectura del mundo. Puede que no sea una afirmación escandalosa "afirmar que algunos estudiosos en África y en el extranjero solo han publicado derechos de autor de fenómenos ya conocidos en la sabiduría cultural indígena sin realmente avanzar las fronteras del conocimiento" (Ngara, 2012, pág. 139). Es notable el sentido de colectivismo y comunalismo:

> Afortunada o lamentablemente, el conocimiento cultural indígena es de propiedad colectiva y no pertenece a nadie en particular. Nadie puede reclamar derechos exclusivos sobre él, ya que se desconocen las identidades de los sabios pensadores originales del pasado. Por lo tanto, nadie puede desafiar a nadie por plagiar ideas bien conocidas del patrimonio cultural indígena. (Ngara, 2012, pág. 139).

Kaphagawani (1998) afirma que el pueblo Chewa tiene una concepción del conocimiento que está profundamente inundada de proverbios, como *Akuluakulu ndi m'dambo mozimila moto* ("Los ancianos son ríos donde se apaga el fuego", que es un mensaje bastante opuesto a la cultura occidental, en la que ser anciano es una etapa pasiva, casi objetivada y casi una vergüenza social, totalmente anticuada, si no vacía de cualquier conocimiento o sabiduría válida); tales mensajes parten del concepto cultural de que "los ancianos tienen la mayoría, si no todas, de las soluciones a cualquier tipo de problema; son enciclopedias vivientes a las que se puede hacer referencia para responder a preguntas problemáticas" (pág. 241). Tal colectivismo es abiertamente claro en el análisis de Ngara (2012) de la civilización africana. Al describir el tejido social de Zimbabwe, Ngara (2012) argumenta que "los abuelos no fueron relegados a casas de retiro debido a su avanzada edad, a la espera de la muerte, sino que permanecieron con la familia, impartiendo la sabiduría adquirida y las ideas espirituales y filosóficas de su comunidad" (pág. 132). En las sociedades Shona, Ngara (2012) señala, "los niños se congregaban en la casa de un conocido narrador cuyos servicios compensaban llevando leña" (pág. 132). Machel (1985), el líder de la independencia intelectual de Mozambique, asume conscientemente algunas preocupaciones sobre esa perspectiva sin, ciertamente, minimizar su importancia. Sostiene que

> debemos ser conscientes de que las nuevas generaciones están creciendo en contacto con las viejas generaciones que están transmitiendo los vicios del pasado. Nuestra experiencia práctica muestra cómo los niños y jóvenes de nuestros propios centros pueden contaminarse con ideas, hábitos y gustos decadentes. (pág. 28).

Machel (1985) continúa:

> Ningún libro de Marx llegó nunca a mi ciudad natal, ni ningún otro libro que hablara contra el colonialismo. Nuestros libros eran estos ancianos. Fueron ellos quienes nos enseñaron qué es el colonialismo, los males del colonialismo y lo que hicieron los colonialistas cuando llegaron aquí. Fueron nuestra fuente de inspiración. (pág. x).

La notable *Razón de Calibán* de Paget Henry nos ayuda a comprender las diferencias entre las formas de pensamiento occidental y africana. Henry (2000) devela las diferencias entre Habermas (o el habermasianismo) y la filosofía Africana, argumentando que el primero se basa en "la única dimensión de la razón tecnocrática, y que los principios explicativos son principalmente socioepistémicos" (pág. 178); es decir, esta unilateralidad es el resultado de la incorporación de las ciencias a la vida cotidiana y la absolutización de su mirada epistémica. En cambio, "dentro de la tradición Africana, esta unidimensionalidad excluyente se ha explicado en términos más socioexistenciales" (pág. 178). Lo que vemos tanto en la exégesis de Machel como en la de Henry es que en realidad nos encontramos ante dos formas filosóficas bien fundamentadas de analizar el mundo, una magnánimamente comprometida y anclada en "el pensamiento y la filosofía africanos consistentemente ajenos" (Henry , 2000, pág. 179).

Volvamos al razonamiento de Hountondji (1976), y él contrargumenta con precisión, tales enfoques etnofilosóficos asumen que la forma africana de pensamiento es algo estático, inmune al cambio y a la transformación, y algo que es inaceptable para realizar y liderar cambios sociales. Concluye que la etnofilosofía es fundamentalmente una pastoral conservadora.

El rechazo de Hountondji a los argumentos de Tempel y Mbiti se basaba en su creencia de que era un profundo error científico construir algún tipo de homogeneidad en el pensamiento africano. En este contexto, el concepto mismo de filosofía africana es un oxímoron. Aunque Mbiti (1969), en *Religiones y filosofía africanas,* criticó la Filosofía Bantú de Tempel (1945) por generalizar la forma africana de lectura del mundo (como diría Freire), el hecho es que cae en la misma trampa conceptual. Es imposible, argumenta Hountondji (1976), reclamar algún tipo de uniformidad en la lógica y percepción de los africanos. Appiah (1992) también cuestiona cualquier intento de reclamar la homogeneidad filosófica africana. Como él sostiene (1992), es la cultura, no solo la raza, la que da forma y trabaja en las identidades de los pueblos. Esencialmente, cualquier homogeneidad propuesta debe verse como una forma de política cultural perpetrada por el dominio occidental. Refleja los puntos de vista discursivos dominantes occidentales de la ciencia. La homogeneidad es una forma de epistemicidio.

Claramente, para Hountondji (1976), Mudimbe (1988), Gyekye (1987) y otros, el pensamiento filosófico africano necesita ser visto en una secuencia con fracturas severas. Por un lado, están los que cedieron su pensamiento filosófico a los marcos epistemológicos occidentales (aunque no monolíticos) y, por el otro, están los que lucharon por edificar el pensamiento filosófico no monolítico basado en conceptos africanos y múltiples formas de leer el mundo. Este continuo está lleno de otros debates acalorados entre intelectuales africanos como la tensión de diferenciar entre lo individual y lo personal. Appiah (1992) es uno de los intelectuales africanos que luchan por aclarar tales tensiones. Mientras, en una planta occidental,

> cincuenta máquinas individuales idénticas [son] operadas por 50 trabajadores individuales; desde el punto de vista de la gestión, ninguna es tratada como personal, en África incluso las máquinas adquieren rápidamente sus propias características personales, ya que las reparaciones generalmente no se hacen de manera estándar. En África, una máquina (automóvil, autobús, etc.) generalmente solo puede ser operada por personas que conocen personalmente esta máquina en particular. (Hamminga, 2005, pág. 79; Appiah, 1992).

Como articula Appiah (1992), la tensión entre las creencias de que "todo es individual versus cada fuerza es personal" es un tema crucial que conecta los aparatos epistemológicos dentro de la vida diaria africana.

El dominio hegemónico epistemológico occidental ha jugado un papel significativo en la construcción de una cultura global metropolitana anglo-norteamericana. Esto silencia intencionalmente la existencia de una vena epistemológica africana sólida secular, que se originó con los movimientos intelectuales Panafricanismo y Negritud, y continuó a través del renacimiento africano del contemporáneo Mbeki, que se basó en el "cambio cultural, la emancipación de la mujer africana, la movilización de la juventud, la promoción de la democracia y el desarrollo económico sostenible" (Connell, 2007, pág. 106). El renacimiento africano de Mbeki, como veremos más adelante, intenta "reincorporar y fortalecer las epistemologías africanas y Ubuntu dentro de una era africana post/colonial/post-apartheid" (Swanson, 2012, pág. 38). Este renacimiento en particular ha sido profundamente dañado por los eventos genocidas en Ruanda, Congo y, recientemente, en Zimbabwe. Como sostiene Kebede (2004), "los gobernantes nativos que comienzan a pensar y actuar como antiguos colonizadores constituyen la sustancia del elitismo africano" (pág. 157).

Una filosofía ideológica nacionalista en la raíz del renacimiento africano

Sin embargo, este renacimiento africano está profundamente relacionado con la lucha contra lo que Connell (2007) llamó felizmente "privación epistemológica del derecho al voto" (pág. 109).

Es un punto de partida para la desracialización de la producción intelectual, un grito cultural del "pueblo de nada" (Aidoo, 1997). La deshumanización ha llegado a un punto en el que el pueblo africano "ha optado por vivir cerca de los muros reconstruidos de [su] memoria" (Senghor, 1998, pág. 3). Con la marginación de las filosofías y epistemologías africanas, sostiene Abdi (2012), "no fue un accidente que los sistemas de aprendizaje africanos precoloniales también fueran representados como esencialmente inútiles para contribuir al desarrollo de las comunidades locales" (pág. 12) . Los sistemas africanos (informales) de educación fueron profundamente importantes para que los colonizadores mantuvieran su colonización cultural y social. La consecuencia de tal colonización cultural es abiertamente visible en naciones como Kenia. En Kenia, sostiene Odiembo (2012), las desigualdades son la herida abierta que deja el colonialismo y el neocolonialismo. Odiembo (2012) afirma que se necesita un enfoque en la equidad para lograr el aprendizaje para todos: los géneros y las víctimas de la guerra merecen más atención. Como él sostiene firmemente (2012), los kenianos otorgan un valor extraordinario a la educación, que se considera la clave del éxito personal y comunitario. Los aldeanos, a menudo, contribuyen con fondos a través de un sistema de autoayuda conocido como Harambee (que significa "unámonos").

De hecho, aunque la mayoría de los programas educativos africanos eran bastante informales,

> también había programas de aprendizaje formal selectivo que deberían haberse formulado como cualquier otra opción. Estos programas de educación se utilizaron y representaron contextos avanzados de logros sociales y científicos y estuvieron operativos muchos años antes de que África fuera invadida y dividida ampliamente por las potencias europeas. (Abdi, 2012, pág. 15).

Como afirma sagazmente Abdi (2012), "uno de los principales primeros proyectos del colonialismo fue relegar los sistemas de educación y los paradigmas de desarrollo social africanos existentes al basurero de la *historia*" (pág. 15). Así, el colonialismo, no solo en el contexto africano, como se verá en los próximos capítulos, "fue exclusivamente psicosocial, cultural, educativo, y solo después, político y económico [una batalla ideológica] para establecer de una vez por todas una ventaja psicocultural concretizable para los europeos, sus historias y sus logros" (Abdi, 2012, pág. 15).

Para estar plenamente al tanto de la sociología y la filosofía africanas bien desarrolladas, se debe prestar atención no solo a Kenyatta, Nyerere, Senghor y Cesaire, sino también a Cabral, Andrade, Mondlane y otros. Como señalan Oruka (1975) y Hallen (2002), Cabral, junto con Mondlane, Machel, Kaunda, Nyerere, Sekou Toure, Nkrumah, Senghor, Rodney, Cesaire, Amin y muchos otros, representan las principales figuras de lo que podría llamarse la filosofía ideológica nacionalista. Algunos de ellos trabajan claramente dentro de una ideología marxista, que, como sostiene Mudimbe (1994), "parece ser el arma y la idea ejemplares para ir más allá de lo que el colonialismo encarnó y decretó en nombre del capital" (pág. 42). Como Braganca y Wallerstein (1982, pág. iii) afirman "los movimientos de liberación nacional no surgen un buen día de la mente de un superhombre o de la instigación de alguna potencia extranjera. Nacen del descontento popular". Las contradicciones "de la economía mundial capitalista han llevado al surgimiento de una red de movimientos antisistémicos" (Braganca y Wallerstein, 1982, pág. v).

Cabral (1980), el intelectual más destacado de Guinea Bissau, a quien Freire (2009) personificó como un pedagogo de la revolución, sostiene que los africanos "creen que la riqueza material y humana de sus países es parte del patrimonio de la humanidad y debe servir al progreso y la felicidad de sus propios pueblos en todos los países" (pág. 27). Además, argumenta Cabral (1980), la liberación nacional es un acto de cultura:

> Un pueblo que se libera de la dominación extranjera no será culturalmente libre a menos que, sin subestimar la importancia de las contribuciones positivas del opresor y de otras culturas, regrese a los caminos ascendentes de su propia cultura. Estos últimos se nutren de la realidad viva del entorno y rechazan las influencias nocivas tanto como cualquier tipo de sujeción a culturas extranjeras. Vemos, por lo tanto, que, si la dominación imperialista tiene la necesidad vital de practicar la opresión cultural, la liberación nacional es necesariamente un *acto* de cultura. (pág. 143).

En *El arma de la teoría*, Cabral (1969) se atreve a responder a la pregunta: "¿La historia comienza sólo con el desarrollo del fenómeno de 'clase' y, consecuentemente, de la lucha de clases?" (pág. 95). Cabral sostiene que responder "sí" sería considerar que varios grupos de África, Asia y América Latina "vivían sin historia, o fuera de la historia, en el momento en que estaban sujetos al yugo del imperialismo, algo a lo que nos negamos aceptar" (pág. 95). Además, afirma Cabral, la batalla más dura fue "contra nuestra propia debilidad" (pág. 91). Cabral (1980) estaba de hecho en primera línea, luchando por lo que él llamó independencia de pensamiento y acción:

Aunque la independencia siempre es relativa… siempre hemos actuado sobre la base de la independencia de pensamiento y acción. Hemos sido capaces, y debemos serlo cada vez más, de pensar profundamente en nuestros problemas para poder actuar correctamente, actuar fuertemente para poder pensar más correctamente. Debemos ser capaces de unir estos dos elementos básicos: pensamiento y acción, y acción y pensamiento. Esta independencia en nuestro pensamiento es relativa. Es relativa porque en nuestro pensamiento también estamos influenciados por el pensamiento de los demás. (pág. 80).

Freire (2009) devela lo que él llama la praxis de Cabral basada en la sustantividad democrática (pág. 172). Cabral luchó por una "comprensión científica, pero nunca cientificista, de la realidad" (Freire, 2009, pág. 184). Tal distinción es bastante importante en nuestro campo, donde la tradición dominante ha sido capaz de construir secularmente un culto hegemónico al positivismo basado en una perspectiva segregada de lo que cuenta como ciencia.

Aunque Freire (2009) no redujo a Cabral a una sola categoría unificada, argumentó que Cabral fue un gran intelectual antipositivista y marxista, "que realizó una lectura africana de Marx, no una lectura alemana de Marx, ni una lectura del siglo XIX de Marx. Se dedicó a una lectura del África marxista del siglo XX" (pág. 184). Además, Freire (2009) agrega que Gramsci y Cabral deben ser estudiados juntos. Freire (2009) sostiene: "No sé si Cabral estudió a Gramsci. Nunca menciona o hace referencia a Gramsci, pero no por negligencia. Realmente, él no leyó a Gramsci [sin embargo] representan [ambos] una cultura movida, pero, no obstante, ni uno ni otro han hiperbolizado la cultura" (pág. 185).

Lumumba (1963), el líder independentista congoleño, adopta la misma línea de argumento político: "Los africanos son… simplemente africanos, y nuestra política es el neutralismo positivo". La perspicacia de su africanización radical merece ser citada extensamente:

La historia nunca da un paso atrás. No somos comunistas y nunca lo seremos, a pesar de la campaña de destrucción y de obstrucción que los enemigos de nuestra independencia han librado en todo el país. Somos simplemente africanos. No queremos someternos a ninguna influencia extranjera. No queremos tener nada que ver con doctrinas importadas, ya sea de Occidente, de Rusia o de Estados Unidos. El Congo sigue siendo el Congo. Somos africanos. Queremos hacer del Congo una gran nación libre. No queremos escapar de una dictadura solo para caer bajo otra. No somos lo que la gente cree que somos, porque somos un pueblo decente… África no se opone a Occidente, ni a Estados Unidos, ni a la Unión Soviética, ni a ninguna otra nación, África sólo ha pedido una cosa, ser liberada por completo para que podamos colaborar con Occidente en total libertad. Voy a ser aún más específico sobre mi intención en este sentido porque se habla mucho de dos bloques (Occidente y Oriente). Tampoco nos interesa la cuestión de estos dos bloques. Lo que nos interesa es el elemento humano; somos africanos y seguiremos siendo africanos. Tenemos nuestra filosofía y nuestro código ético y estamos orgullosos de ellos. África le dirá a Occidente que quiere la rehabilitación de África ahora, un regreso a las fuentes, la restauración de los valores morales; la personalidad africana debe expresarse; eso es lo que significa nuestra política de neutralismo positivo. África no se dividirá en bloques, como lo ha estado Europa, al contrario, habrá una activa solidaridad africana. Vamos a realizar una descolonización psicológica porque la gente ha estado sujeta a un adoctrinamiento falso durante ochenta años. Se han metido ideas falsas en la cabeza de la gente; Se les ha dicho que, para tener dinero, para tener suficiente para comer, tienen que trabajar para los europeos. Vamos a decirle a la gente que esto no es cierto, que para vivir una vida feliz deben ponerse manos a la obra y arar la tierra. Así son las cosas realmente. Somos conscientes de los hechos. Vamos a desarrollar el país nosotros mismos, no tenemos habilidades técnicas, vamos a desarrollar el Congo con nuestros cerebros, con nuestras manos. (págs. 283-325).

El compromiso inequívoco de combatir el colonialismo con bases epistemológicas africanas surge no como una utopía a la modernidad cartesiana sino como una praxis, vivencias reales y cotidianas sin las cuales sería imposible detener la hemorragia psicológica promovida por las prácticas genocidas coloniales y, por ende, derrotar al colonialismo. Sin embargo, es innegable que, durante la década de 1960, como sostiene Mudimbe (1994),

el vocabulario de la crítica de la ratio colonial era marxista, el de las independencias africanas, así como el de los programas de no alineación eran marxistas. Los regímenes, los movimientos progresistas y sus líderes eran marxistas. De manera similar, los *interlocuteurs valuables* ("representantes autorizados") en África eran marxistas o, al menos, hacían uso de una sintaxis que tenía un aspecto marxista; los africanistas que fueron respetados y aceptados, tanto por África como por Occidente, eran, en la mayoría de los casos, marxistas o, al menos, simpatizantes de los marxistas. La disciplina del futuro que atrajo o aterrorizó a la economía política fue marxista. (pág. 44).

Mudimbe (1994) también afirma que las notables metáforas marxistas de

una sociedad igualitaria organizada sobre la base de registros económicos al servicio del mejoramiento de las personas, de todas las personas, (aunque) formalmente brillantes, a lo largo de los años se revelaron como no siendo otra cosa que las desviaciones de los proyectos marxistas que pretendían establecer. (págs. 42-43).

Obviamente, agrega Mudimbe, tales fallas "contrariamente al clamor racista, no parecen ser únicamente una falla de la inteligencia africana; de hecho, se pueden vincular estos fracasos con el del africanismo marxista y sus incoherencias epistemológicas" (págs. 42-43). Como pude analizar en detalle en otra parte (Paraskeva, 2004), tales fallas, si se presta atención al dilema colonial y anticolonial de Mozambique y el sur de África, también se debieron a condiciones exógenas, a saber, políticas exteriores depredadoras particulares instituidas por naciones occidentales.

Como se muestra en el Capítulo 7, reducir la lucha anticolonial existente en demasiados movimientos anticoloniales africanos a una orientación de base marxista solo porque el marxismo habla mucho sobre el genocidio imperial eurocéntrico occidental secular es intelectualmente imprudente y una exageración insostenible.

La lucha contra los epistemicidios obliga a prestar atención, no solo a las múltiples plataformas epistemológicas antiguas en África, Asia y América Latina, sino también para comprender los desafíos planteados por algunos intelectuales no occidentales a los marcos epistemológicos occidentales. Este es el caso no solo de Amo[2], un filósofo ghanés que, en su segunda tesis doctoral, hizo una severa crítica del filósofo francés moderno Descartes (Hallen, 2002), pero también de Khoza (1994), quien desafió el concepto occidental formulado por Protágoras de que el hombre es la medida de todas las cosas. Admitiendo la validez de tal afirmación, argumenta Khoza

____

2. Anton Wilhelm Amo (1703-1765).

(1994; Prinsloo, 1994), que omite la posibilidad de lo sobrenatural en la codeterminación de los eventos sociales como algo pacífico y también silencia tragedias como la esclavitud, los holocaustos, el racismo, así como las guerras nucleares y biológicas. Quizá no sea necesario mencionar que los filósofos africanos (y, en cierto modo, la filosofía) fueron profundamente importantes durante el período grecorromano, un período en el que no solo los filósofos africanos masculinos fueron importantes sino también las filósofas femeninas cuyo conocimiento fue utilizado, borrado y, concomitantemente, sus identidades. Al igual que Plotino, Orígenes y Tertuliano, Hipatia fue una filósofa, pero una de las más tempranas filósofas occidentales de la que se tiene registro, tal como señala Masolo (2004, pág. 51)[3].

La lucha contra los epistemicidios es también una lucha contra la forma en que el conocimiento no occidental ha sido ideológicamente descartado. Sin embargo, el marco "occidental"-"no occidental" no debe marginar los sistemas de poder que legitimaron las formas dominantes de conocimiento como puede verse en las ciencias. Esta estrategia ideológica no se limitó a África. De hecho, como se verá más adelante, la lucha contra los epistemicidios nos permitirá resaltar y aprender cómo la ciencia fue poderosa en lo que se considera la India precolonial. Como documenta Baber (1995) –y a diferencia de las pastorales de historiadores hegemónicos– la medicina, la tecnología y las matemáticas se desarrollaron mucho en la India precolonial y se basaron, en gran medida, en la forma india de leer la palabra y el mundo. En los capítulos 4 y 5, y siguiendo el razonamiento de Bernal (1987, 2001) y otros, examino una clara imposición de las culturas semítica y egipcia sobre la griega (una cuestión convenientemente descuidada por el discurso académico dominante), planteando así la cuestión de quién puede escribir la historia griega con mayor legitimidad. De hecho, la cuestión de quién escribe la historia es un tema clave con la dinámica epistemológica africana en relación con el poder y la colonialidad.

Estas dinámicas están llenas de luchas en las que las epistemologías pueden sucumbir al control occidental. Como declara Smith (1999), algunos "eruditos han argumentado que los principios clave de lo que ahora se ve como civilización occidental se basan en experiencias negras

---

3. Origen (a.C. 184-253), Tertullian (ca. 155-c. 240), Plotonius (a.C. 204-70), and Hypatia (ca. 370-415).

y tradiciones negras y, simplemente, han sido apropiados por la filosofía occidental y redefinidos como epistemología occidental" (pág. 44). Por extraño que parezca,

> las formas de conocimiento, los sistemas de clasificación, las tecnologías y los códigos de vida social autóctonos de Asia, América, el Pacífico y África, que comenzaron a registrarse con cierto detalle en el siglo XVII, se consideraron como "nuevos descubrimientos" de la ciencia occidental. (pág. 61).

El hecho es que, como señala Sousa Santos (2005), "en nombre de la ciencia moderna, se han destruido muchos conocimientos y ciencias alternativos, y los grupos sociales que utilizaron estos sistemas para sustentar sus propios caminos de desarrollo han sido humillados" (pág. xviii). En resumen, en nombre de la ciencia, "se han cometido epistemicidios y las potencias imperiales han recurrido a ellos para desarmar cualquier resistencia de los pueblos y grupos sociales conquistados" (pág. xviii). Diop (1987, pág. 130) sostiene que incluso económicamente África fue descrita negativamente por los "especialistas". Es decir,

> el individuo, virtualmente aplastado por la fuerza de la naturaleza, fue capaz de producir sólo lo que necesitaba absolutamente para sobrevivir [es decir] ninguna creación, ninguna actividad que reflejara una sociedad libre de limitaciones materiales podría encontrarse en África.

Diop (1987, pág. 130) agrega que, a los ojos blancos occidentales y las afirmaciones científicas, "las nociones de dinero, crédito, bolsa, ahorro o acumulación de riqueza por parte de los individuos pertenecen a un tipo de comercio conectado con una organización económica superior: no se podrían haber encontrado en el supuesto nivel de la economía africana". No hace falta decir cuán eugenésica es la lectura occidental del África precolonial porque la evidencia muestra una alta dinámica de la vida intelectual durante ese tiempo. Es decir, es curioso suscribir que una sociedad (o sociedades) comprometida con el "estudio de la lógica en 973" estuviera privada de cualquier superestructura económica e ideológica colectiva (Diop, 1987, pág. 178). Las sociedades no occidentales, a los ojos de la sociología occidental, "aparecen económica, política y culturalmente incompletas" (Boatca, Costa y Rodríguez, 2010, pág. 1). Además, como afirma Atieno-Odhiambo (en Boatca, Costa y Rodríguez, 2010, pág. 16), el post impulso reforzó una era en la que se puso de moda pensar en continentes, comunidades, identidades, pertenencia, tradición, herencia y hogar como se imagina, comunidades inventadas o creadas. La idea de África ha sido tentadora para Occidente, ya que Homero imaginó la huida de los dioses griegos desde el monte Olimpo a África, para festejar allí con los impecables etíopes.

Los intelectuales y el intelectualismo africanos fueron sistemáticamente descartados como tales, y a los escritores indígenas "se les dijo que... antes de escribir sobre un problema, [ellos] deben verificar si también lo tienen en Nueva York, Londres y París" (Achebe, 1989, pág. 96). Por extraño que parezca, los aparatos occidentales de producción y reproducción de la ciencia han podido retratar la ciencia occidental como un terreno objetivo monolítico (una realidad que impregna las aulas de tantas naciones del mundo), una afirmación directa y llana denunciada por Bleichmar, De Vos, Huffine y Sheehan (2009). En *Science in the Spanish and Portuguese Empires, 1500-1800*[4], Bleichmar y sus colegas exponen abiertamente no solo los conflictos beligerantes entre científicos y religiosos (es decir, católicos) sino también las disputas entre los pioneros del colonialismo y sus imperios rivales en la lucha por la hegemonía científica.

Mills (1997, pág. 44) contextualiza dicho rechazo, dentro de la compleja dimensión epistemológica que es el "corolario de la restricción preventiva del conocimiento a los conocedores europeos que implica que en ciertos espacios el conocimiento real (conocimiento de la ciencia, universales) no es posible". Sin embargo, existe validez científica en otras esferas cognitivas distintas de Occidente. Como subraya Hallen (2002),

> varios filósofos en África y de África sostienen que hay elementos de la cognición africana que son lo suficientemente únicos o distintivos como para diferenciarla de alguna manera. Sus principales quejas contra los llamados universalistas son que, al poner un énfasis indebido en los elementos supuestamente comunes o universales de la cognición africana, estas características poco comunes son subestimadas y no reciben el reconocimiento que merecen y la credibilidad de la que son dignas como vías alternativas de comprensión. (pág. 35).

Además, como sostiene Mudimbe (1988), es bastante problemático enmarcar la gnosis africana en una estructura semántica occidental. Cabe preguntarse si "la realidad africana no se distorsiona en la ex-

---

4. N. de las T.: En español: *Ciencia en los imperios español y portugués 1500-1800*.

presión de las modalidades africanas en lenguas no africanas" y si la realidad africana no ha sido "invertida y modificada por categorías antropológicas y filosóficas utilizadas por los especialistas de los discursos dominantes" (pág. 186). Es hora, sostiene Mudimbe sin rodeos, de cuestionarnos si no necesitamos un "cambio epistemológico" (pág. 186). Además, podría ser posible "considerar este cambio fuera del propio campo epistemológico que hace posible y pensable la pregunta [de Mudimbe]" (pág. 186). Como sostiene Appiah (1992), la cognición africana tradicional refleja claramente el intelecto indígena africano crítico, reflexivo y racional. Como en cualquier otra esfera filosófica, subraya Oruka (1990), en África está bien desarrollada una sagacidad filosófica, una sagacidad que produce una particular idiosincrasia.

Según Oruka (1990), se pueden identificar cuatro corrientes en la filosofía africana: (1) etnofilosofía, el trabajo que intenta describir la cosmovisión de una comunidad africana específica en su conjunto; (2) la sagacidad filosófica, el pensamiento –y la acción– de rigurosos pensadores indígenas (sabios) que no fueron beneficiados con la educación moderna; (3) la filosofía ideológica-nacionalista, los intelectuales africanos que intentan crear un nuevo orden socialista *sui generis*; y (4) la filosofía profesional desarrollada y dirigida por eruditos filosóficos africanos. Dicho esto, ahora podemos reconocer la posición de Oseghare (1990) sobre lo que es y no es la filosofía africana. Explica que la filosofía africana no está constituida por "los escritos de algunos americanos negros; la literatura del movimiento negritud, y obras etnológicas y antropológicas" (pág. 252).

Los sistemas africanos de conocimiento, afirma Abdi (2012), exponen una filosofía particular de la educación, una sagacidad que "era menos doctrinaria que, por ejemplo, las categorías especializadas de la filosofía de la educación (Idealismo, realismo, analítica o conductista), pero que estaba basada en función de las necesidades identificadas para esa situación determinada" (pág. 12). Es decir, "las filosofías africanas precoloniales de la educación se centraban en la vida real de los africanos y no estaban atentas [a] las elaboraciones problemáticas del eurocentrismo y la forzosa periferización del resto del mundo" (Abdi, 2012, pág. 12). La irrelevancia y la insuficiencia son cuestiones importantes aquí. Como afirma Abdi (2012), "una educación que no es relevante para las culturas y necesidades de los pueblos es una educación inadecuada" (pág. 19). El colonialismo, que "está en el corazón del ascenso de Europa" (Mills, 1997, pág. 35), succionó todo lo que pudo de este sistema humanista y lo desmanteló, haciéndolo irrelevante. Con la llegada del colonialismo vino

> la destrucción de los sistemas educativos africanos y la distorsión de los esquemas de desarrollo social en el espacio africano. Los programas coloniales de educación se diseñaron y se pusieron en marcha para maximizar todos los retornos posibles al colonialismo, los historiadores y filósofos de la educación europeos emprendieron unas muy débiles, de hecho, insostenibles significativamente, digresiones teorizantes que intentaron fundamentar oficialmente la degradación de las epistemologías y filosofías africanas de la educación. De hecho, la educación colonial nunca tuvo en mente, en diseño o implementación, los intereses de los colonizados e incluso pocos de los nativos supuestamente fueron educados, el objetivo era, al menos desde el punto de vista filosófico, crear un cuerpo de locales que sólo fueron entrenados para servir como amortiguadores mediadores, los llamados intérpretes, entre los intereses de la metrópoli y los millones de colonizados "analfabetos"/"incultos". (Abdi, 2012, pág. 17-19).

La epistemología africana, señala Swanson (2012),

> ha sido entendida, contemplada, extraída, apropiada, colonizada y mercantilizada de diversas formas y desde diferentes puntos de vista ideológicos y críticos, y es una tarea difícil proporcionar autenticidad historiográfica y afirmación ideológica sin que los esencialismos, los instrumentalismos y los universalismos se conviertan en los modos de producción del discurso. (pág. 34).

En una obra notable que examina la episteme Africana, Henry (2000) sostiene que, desde un enfoque afro-caribeño,

> la filosofía es una práctica discursiva incrustada en la intertextualidad y no aislada o absolutamente autónoma. A menudo se hace referencia implícitamente o se involucra en la producción de respuestas a preguntas y problemas cotidianos que se enmarcan en discursos no filosóficos. (págs. 2-3).

Es decir, siguiendo una perspectiva afro-caribeña, "la filosofía no es un discurso absoluto ni puro. Es una práctica internamente diferenciada y discursivamente arraigada" (Henry, 2000, pág. 4). Siguiendo a Appiah (1992, pág. 92)

> si el argumento a favor de una filosofía africana no ha de ser racista, entonces se debe fundamentar alguna afirmación en el sentido de que existen importantes problemas de moral o epistemología u ontología que son comunes en la situación de los del continente africano.

Ubuntu y ujamaa: lo espiritual y el regreso a las aldeas

La lucha contra los epistemicidios curriculares abrirá varios caminos para captar otros conocimientos; dominar, por ejemplo, cuán fundamental es la filosofía africana *Ubuntu* en términos de una "visión africana de la vida y del mundo, una conciencia colectiva de los africanos profundamente arraigada en las propias religiones de los africanos, los propios puntos de vista éticos de los africanos, las propias ideologías políticas de los africanos" (Prinsloo, 1998, pág. 41). Más que un marco teórico, Ubuntu es una forma de vida, y "se toma en serio la visión de que el hombre es básicamente un ser social" (pág. 41). Desde una plataforma *ubuntuana*, "una persona es una persona a través de otras personas" (Prinsloo, 1998, pág. 43; Maphisa, 1994). A diferencia del humanismo occidental, que es intelectual, individualista y estético, Ubuntu es religioso, expansivo, trascendental, centrífugo, dinámico y holístico (Prinsloo, 1998, pág. 46). Swanson (2012) sostiene que Ubuntu es la abreviatura de un "proverbio isiXhosa[5] en el sur de África. Viene de *Umuntu ngumuntu ngbantu*, [es decir,] una persona es una persona a través de su relación con los demás" (pág. 35). Agrega que

> Ubuntu es reconocida como la epistemología africana del humanismo, que une al individuo con lo colectivo a través de la "hermandad". Hace una contribución fundamental a las "formas de conocer y de ser" indígenas. Con un énfasis histórico diferenciado y una (re)contextualización a lo largo del tiempo y el lugar, se considera una forma espiritual de estar en el contexto sociopolítico más amplio del sur de África. Este enfoque no es solo una expresión de la filosofía espiritual en su sentido teológico y teórico, sino también una expresión de la vida diaria. (Swanson, 2012, pág. 36).

Swanson (2012) reivindica que Ubuntu "es un hilo filosófico en las epistemologías africanas enfocadas en las relaciones humanas atendiendo a la conciencia moral y espiritual de lo que significa ser humano y estar en relación con el Otro" (pág. 36). De hecho, Ubuntu "nace de la filosofía de que la *fuerza comunitaria* proviene del *apoyo de la comunidad*, y que la dignidad y la identidad se logran a través del mutualismo, la empatía, la generosidad y el compromiso

---

5. N. de las T.: Nombre oficial de la lengua Xhosa, de pueblos pertenecientes al grupo bantú de la familia Níger-Congo.

comunitario" (Swanson, 2012, pág. 36). Swanson (2012) explica en la *Comisión para la Verdad y la Reconciliación (CVR)* de Sudáfrica postapartheid que se utilizó Ubuntu, y no ninguna otra herramienta epistemológica occidental, para abordar esta época de apartheid y genocidio. Ubuntu, profundamente destacado y defendido por el obispo sudafricano Tutu, es "el reconocimiento de que las preocupaciones sociales, políticas y ecológicas están interrelacionadas" (Swanson, 2012, pág. 40). Centrándose en Ubuntu en los procesos de civilización de Sudáfrica, Tutu aboga por un sistema educativo que fomente "mentes críticas e inquisitivas siempre listas para hacer preguntas incómodas, conociendo la diferencia entre 'acreditado' y 'autoritario'"[6] (Swanson, 2012, pág. 40). Sin embargo, hay que tener cuidado y evitar cualquier romanticismo del pasado. Swanson (2012, págs. 40-41) revela cómo Ubuntu, especialmente la forma en que se usó dentro de la CVR de Sudáfrica posterior al apartheid, terminó promoviendo una ideología nacionalista peligrosa.

Apoyándose en el análisis de Marx (2002), Swanson (2012) denuncia cómo

> a) "Ubuntu fue reconstruido inadvertidamente como Ubuntu solo para los sudafricanos"; b) "trasladar el problema de las raíces y causas del apartheid a la ética"; (c) "fue la violencia en sus silencios cotidianos y formas de vida, no solo las graves violaciones de los derechos humanos y las atrocidades macabras que se convirtieron en forraje para las audiencias consuntivas, lo que no fue completamente abordado por la CVR bajo el mantra de Ubuntu". (pág. 41).

Marx (2002), citado por Swanson (2012), sostiene que Ubuntu –o como yo diría el *ubuntunismo*–

> se ve cada vez más a través de una mirada nacionalista [es decir] el africanismo y Ubuntu se están implementando como una retórica cultural nacionalista para sostener un *status quo* neoliberal, una burocracia en sintonía con los valores nacionales conformistas exentos de crítica. (pág. 42).

A pesar de tensiones tan importantes, está claro no solo cuán poderoso es Ubuntu como fenómeno epistemológico africano, sino también cómo las civilizaciones africanas se basan en plataformas epistemológicas africanas para abordar realidades crudas, que, por

---

6.   N. de las T.: En inglés "authoritative" y "authoritarian".

extraño que parezca, fueron edificadas por el colonialismo. A pesar de serias reservas, "muchos creen que fue [el] proceso guiado por Ubuntu el que [permitió] el éxito de la CVR, diferenciándose del tono del juicio de Nuremberg y otros tribunales de posguerra" (Swanson, 2012, pág. 42). De hecho, uno de los mayores errores perpetrados por ciertos movimientos de liberación africanos en el llamado período poscolonial no fue la romantización de un pasado fantaseado, sino precisamente la adulación sumisa de las formas epistemológicas coloniales dentro de un impulso poscolonial: una receta para el desastre social. Si bien ese enfoque fue básicamente la regla, que fue denunciada por muchos intelectuales occidentales y africanos, téngase en cuenta el artículo que Paulo Freire (2009) escribió sobre Amílcar Cabral; también el artículo de João Rosa (2010) sobre los enfrentamientos por el idioma "oficial" en Cabo Verde: no se puede negar que ocurren algunas excepciones y prueban no solo las profundas consecuencias de ignorar los terrenos epistemológicos africanos para liderar el proceso descolonizador, sino también cómo coloniales o neocoloniales han sido poscoloniales al depender no solo de las formas epistemológicas coloniales, sino también de las formas que realmente contribuyeron y fomentaron el poder y el ser colonial. Mignolo (2011a, 2011b, pág. 51) nos ayuda mucho a repensar la posición a la que "fueron reducidos los movimientos independentistas descolonizadores":

> Fueron interpretados como procesos de liberación imperial: en el siglo XIX, Inglaterra y Francia apoyaron la descolonización de las colonias españolas y portuguesas; en el siglo XX, Estados Unidos apoyó la descolonización de las colonias francesas e inglesas. En realidad, fue una liberación de un imperio para caer en manos de otro y fue apoyada por movimientos independentistas en nombre de la libertad. La posibilidad del pensamiento descolonial fue silenciada por las interpretaciones oficiales. Los reclamos de Amílcar Cabral, de Aimé Césaire, de Frantz Fanon, fueron admirados para ser descalificados; así como se celebraron los logros de Patrice Lumumba después de cortar su cuerpo en pedazos. Repensar los movimientos independentistas descolonizadores en sus dos momentos históricos –en América y en Asia-África–, significa pensarlos como momentos de desvinculación y apertura dentro de los procesos de descolonización del saber y del ser; momentos que fueron velados por el mecanismo interpretativo de la retórica de la modernidad, el encubrimiento de la colonialidad y, en consecuencia, la invisibilización de la semilla

del pensamiento descolonial. En otras palabras, los movimientos independentistas descolonizadores fueron interpretados dentro de la misma lógica "revolucionaria" de la modernidad, según el modelo de la Revolución Gloriosa en Inglaterra, la Revolución Francesa y la Revolución Bolchevique en Rusia. Repensar significa desvincular la lógica de los movimientos independentistas descolonizadores de las revoluciones burguesas y socialistas. (Mignolo, 2011b, pág. 51).

Los programas educativos *Ujamaa* de Nyerere en Tanzania –algo que la República Popular de Mozambique no siguió después de la independencia– fueron una clara evidencia de un movimiento poscolonial diferente, mostrando un líder y una cadena social para regresar a la naturaleza colectiva de la civilización africana, "cambiando los objetivos y resultados de la educación al alentar a los líderes de las escuelas secundarias a regresar a la aldea y participar en los programas rurales y agrícolas relacionados con el desarrollo comunitario" (Abdi, 2012, pág. 18). Aunque los programas educativos Ujamaa de Nyerere enfrentaron graves desafíos, a saber, los focos en una sociedad colectiva agraria dentro de un mundo capitalista masivo, es innegable que se alcanzaron algunos logros. Por ejemplo, la Tanzania de Nyerere, posiblemente, juega *el* papel en el proceso de independencia de Mozambique al apoyar los sistemas del FRELIMO (Frente de Liberación de Mozambique), entre ellos, las escuelas del FRELIMO no solo en Tanzania, sino también en las zonas de libertad en el norte y centro de Mozambique. Aunque Nyerere –también llamado Mwalimu (es decir, maestro en swahili)– "no escribió formalmente sobre educación, sino que habló sobre el papel de la educación –y la educación superior en particular– en muchos discursos públicos" (Hatcher y Eras mus, 2008, pág. 52), estaba bastante claro que para Mwalimu, no solo se trataba de la educación sino que Ujamaa también ubica una responsabilidad muy personal y colectiva "sobre los educados para asegurar el bienestar de otros miembros de la comunidad" (Hatcher & Erasmus, 2008, pág. 53). La filosofía educativa de Mwalimu, argumentan Hatcher y Erasmus (2008), buscaba "(a) aumentar el deseo de cambio; (b) aumentar la comprensión de que el cambio es posible; (c) preparar a las personas para que tomen decisiones que mejoren su sociedad" (pág. 52). Basándose también en el razonamiento de Nkulu (2005), Hatcher y Erasmus (2008, pág. 52) documentaron las innegables similitudes entre Julius Nyerere y John Dewey:

Ambos reiteran cómo el desarrollo de las capacidades personales puede garantizar el avance de la sociedad. Ambos valoran la importancia de la experiencia personal como base para un mayor desarrollo de habilidades, consideran el conocimiento como un bien común que se utilizará para realizar mejoras en la vida diaria y exigen que la responsabilidad social sea una consecuencia de la educación. Aunque vivieron en dos épocas diferentes y en dos continentes diferentes, Dewey y Nyerere articulan el valor de la educación en la transformación social y democrática. (Hatcher y Erasmus, 2008, pág. 53).

Con respecto a la vida en Tanzania y Estados Unidos, Dewey y Nyerere fueron bastante "claros sobre el rol social de la educación y pidieron que la educación desarrolle a individuos y profesionales con mentalidad cívica [un] rol que es igualmente relevante en tiempos de transformación social y estabilidad social" (Hatcher & Erasmus, 2008, pág. 53). Por lo tanto, no es de extrañar que en un momento en que el compromiso de la comunidad se convierta en la expresión en boga para la educación superior en Occidente, en general, y en los Estados Unidos en particular, "que la visión de Nyerere de la educación superior para el siglo XXI también pueda ser considerada como relevante para Occidente" (Hatcher & Erasmus, 2008, pág. 53). Nkulu (2005) comprende bien la visión educativa de Nyerere:

Una aldea rural vio agotados sus suministros de alimentos y su gente comenzó a morir de hambre. Los aldeanos acordaron compartir sus escasos recursos y seleccionar algunos individuos capaces para enviarlos como mensajeros a una aldea distante para comprar más suministros. Nyerere quería que los tanzanos educados desarrollaran habilidades similares a las de los mensajeros de la aldea: una conciencia de las condiciones de la vida cotidiana en su sociedad y la capacidad de reflexionar críticamente y actuar sobre tales condiciones para el bienestar de muchos, si no de todos. (págs. 82–83, citado en Hatcher & Erasmus, 2008, pág. 53).

Los paralelos (no sumisión o alienación) entre los intelectuales y el intelectualismo occidentales y africanos también son bastante visibles en los puntos en común entre Antonio Gramsci y Amílcar Cabral. En una obra que cotraduje con Sheila Macrine y Fernando Naiditch, Freire (2009) afirma:

No sé si Amílcar estudió a Gramsci. Nunca menciona ni hace referencia a Gramsci y no es porque estuviera actuando de forma incorrecta. Realmente, no leyó a Gramsci. Las obras de Gramsci empezaron a traducirse cuando Cabral luchaba, y ya desde los bosques. Estaba en el exilio cuando salieron los primeros libros de Gramsci que fueron traducidos al español. Nadie puede ver cómo tanto Gramsci como Cabral tuvieron análisis muy sensibles hacia la cultura, sin hiperdenigrar la cultura. Ambos escribieron sobre cultura. Uno lo hizo detenido en la cárcel y pensando mucho. Otro escribe desde la jungla en el monte. No tengo ninguna duda de que la obra de Amílcar, sin algunas excepciones, (sus escritos de la juventud) se escribió en la selva, se escribió esforzándose y luchando y allí fue mucho más poeta. (pág. 185).

Freire (2009) defendió que "una persona como Amílcar Cabral debe ser estudiada junto con una persona como Antonio Gramsci" (pág. 185). La diferencia entre ellos, agrega Freire (2010), es que Amílcar murió posiblemente a una edad mayor que Gramsci, y tuvo lo que Gramsci no tuvo; es decir, Amílcar tuvo incontables años de guerra en el monte dentro de la selva. Por el contrario, Gramsci estaba en la cárcel. Freire (2009) nos anima a todos a leer simultáneamente a Gramsci y Cabral, un estudio que tiene una enorme importancia y que debe ser realizado por educadores. De hecho, Freire (2009) señala que una de las cosas que les falta ahora a los educadores es exactamente una comprensión de la "politicidad" tanto de la educación como de la pedagogía, algo que está muy claro en Cabral y Gramsci.

No hace falta decir cómo, dentro del complejo terreno de las epistemologías africanas, Ubuntu y, como se muestra más adelante, *Ujamaa* deben entenderse como partes integrales de un modelo colectivista de enseñanza y aprendizaje social. Es bastante claro, subraya Ngara (2012), que tenemos un complejo y dominante "paradigma africano del conocimiento en el contexto en el que informa la pedagogía desde una perspectiva africana" (pág. 130). En otras palabras, las formas africanas de conocer, no solo reflejan las visiones africanas del mundo, sino que definen *Ubuntu* (Zulu / Ndebele), *unhu* (Shona), *utu* (Swahili) "(Ngara, 2012, pág. 42). Esta forma colectiva de aprendizaje (una especie de cognitivismo colectivo) hace que el individuo sea menos individual; es decir, "las estructuras básicas de conocimiento que el niño africano típico trae a la escuela han sido construidas y transmitidas colectivamente a través de un modelo de aprendizaje participativo y colectivista con enfoque comunitario" (Ngara, 2012, pág. 131). Dentro de ese comunalismo, "existe una variedad de juegos, rompecabezas y acertijos culturales indígenas únicos e interesantes que están disponibles para compartir en todo el continente para desarrollar el lenguaje, el contenido y las habilidades matemáticas de los niños" (Ngara, 2012, pág. 132). Tal comunalismo muestra un marcado contraste con la sociedad occidental. A pesar de que la pastoral occidental con sentido común defiende que los padres tienen la responsabilidad de socializar a sus hijos, las escuelas acaban asumiendo esa tarea social –con razón, hay que decirlo– por la incapacidad de la mayoría de los padres para realizarla. Sin embargo, con el enfoque cada vez más en dispositivos sociales irrelevantes, como los exámenes de alto nivel, las escuelas han sido incapaces de abordar su responsabilidad en la socialización y educación de los jóvenes para el bien común. La educación occidental ya no se trata de educación. Se trata de capacitar a los organismos para vivir en una sociedad, cada vez más canibalizada, impulsada por el mercado.

Sin embargo, en África, la educación de un niño fue una responsabilidad social colectiva y no solo la responsabilidad de los padres biológicos (Ngara, 2012). Ujamaa fue "aldeización"[7]. Tanto *Ubuntu* como *Ujamaa* debían verse como una nueva ética de participación en la sociedad y en las escuelas, y dentro de un sistema social de este tipo, la influencia está en la sociedad y no en el culto a la "abstracción" de las disciplinas. No hace falta decir que estas maneras indígenas de conocimiento "dan forma a las estructuras cognitivas de fondo, los conocimientos y las creencias que un niño africano típico trae a la escuela" (Ngara, 2012, pág. 133).

Los educadores militantes

Por lo tanto, no es necesario mencionar el papel que juega la educación en esta forma de vida. Como hemos mencionado antes, la educación fue un ámbito social bastante enfatizado por los intelectuales no occidentales, precisamente en medio de la lucha contra el colonialismo. Cabral estuvo atento a la importancia de la educación en el surgimiento y consolidación del pensamiento africano. De hecho, la creación de escuelas fue uno de los primeros pasos que dieron los movimientos independentistas, como el PAIGC (*Partido Africano para la Independencia de Guinea y Cabo Verde*) en Guinea Bissau y Cabo

---

7. N. de las T.: La *aldeización* es el reasentamiento de personas en aldeas designadas por autoridades gubernamentales o militares.

    Epistemicidio curricular...

Verde (más tarde PAICV, *Partido Africano para la Independencia de Cabo Verde*) y FRELIMO en Mozambique, creado en áreas liberadas. Más que un espacio para mejorar el conocimiento, las escuelas se vieron como una base para que las masas tomaran el poder, y los maestros y estudiantes eran militantes (Machel, 1979). Además, el conocimiento era la base del compañerismo (Machel, 1979). La importancia de las escuelas es bastante clara en el argumento de Cabral (1980):

> Establecer escuelas y desarrollar la enseñanza en todas las áreas liberadas. Fortalecer constantemente la formación política de los docentes. Persuadir a los padres de la absoluta necesidad de que sus hijos e hijas asistan a la escuela, pero organizar la actividad para los alumnos de tal manera que también puedan ser útiles en casa para ayudar a su familia. Organizar cursos para enseñar a los adultos a leer y escribir. Combatir entre la juventud, especialmente entre los más maduros, la obsesión de salir del país para ir a estudiar, la ciega ambición de ser *doctor*, el complejo de inferioridad y la noción errónea de que quienes hagan los cursos tendrán privilegios mañana en nuestro país. Proteger y desarrollar manifestaciones de la cultura de nuestro pueblo, respetar y velar por los usos, costumbres y tradiciones de nuestra tierra. Combatir todos los particularismos perjudiciales para la unidad del pueblo. Enseñarnos a nosotros mismos y enseñar a otros a combatir el miedo y la ignorancia. Aprender de la vida, aprender con nuestra gente, aprender en los libros y de la experiencia de los demás. Aprender constantemente. (págs. 242-243).

Mondlane (1978) enmarcó la necesidad de una nueva educación con la necesidad de producir y transformar el papel de los intelectuales. Es decir, "a los ojos del pueblo, educación significa progreso", progreso que se necesitaba lograr dominando la "brujería del hombre blanco para poder utilizar ese progreso para liberar al pueblo de la opresión" (Mondlane, 1978, pág. 64) y, al mismo tiempo, proteger y desarrollar la lucha por la libertad "que era la mejor escuela del mundo" (Mondlane, 1978, pág. 68). A ojos de Mondlane (1978, pág. 63), "los intelectuales fueron una creación de la sociedad capitalista" y, aunque son importantes en la lucha por la liberación, necesitan asumirse como líderes revolucionarios y defender conscientemente que "pueden conseguir más una educación en la revolución que es una universidad". Sin lugar a dudas, argumenta Cabral (1973, pág. 51), "la subestimación de los valores culturales del pueblo africano, basada en sentimientos racistas y en la intención de perpetuar la explotación extranjera de los africanos, ha hecho mucho daño a África". En este contexto, Cabral (1973, pág. 63) afirmó que la victoria contra el colonialismo solo era posible con el regreso a la fuente, que era mucho más complejo que una lucha contra la dominación extranjera. Él afirma:

> El retorno a la fuente no es, por lo tanto, un paso voluntario, sino la única respuesta posible a la demanda de una necesidad concreta, históricamente determinada y reforzada por la ineludible contradicción entre la sociedad colonizada y el poder colonial, la masa del pueblo explotado y la clase explotadora extranjera, una contradicción a la luz de la cual cada estrato o clase indígena debe definir su posición. Cuando el retorno a la fuente va más allá del individuo y se expresa a través de grupos o movimientos, la contradicción se transforma en lucha (secreta o abierta) y es preludio del movimiento anterior a la independencia o de la lucha por la liberación del yugo extranjero. (Cabral, 1973, pág. 63).

El regreso a la fuente convirtió a Cabral y al cabralismo en un serio desafío a la teoría crítica tradicional, no solo por la compleja metamorfosis inherente de dicho proceso, sino también "en el sentido de que su teoría crítica no está en cuarentena para los mundos de la vida y las luchas de la vida de los trabajadores blancos en las sociedades capitalistas" (Rabaka, 2014, pág. 152). Es decir, en el centro de la teoría crítica de Cabral, afirma Rabaka (2014), se apoyó una lectura consciente de que el dominio y la opresión estaban más allá del sistema capitalista y estaban determinados por un sistema mundial que necesita una teoría y una praxis de liberación comunes. respetuosa de la idiosincrasia de los oprimidos. Daves (2013) destacó cómo Cabral "nos urge a desarrollar nuestras teorías y estrategias comprometiéndonos directamente con las localizaciones económicas, políticas y culturales específicas de nuestras luchas" (pág. 466).

En una de sus obras maestras y su filosofía educativa, *Fazer da Escola uma base para o Povo Tomar o Poder,* recién traducido al inglés por mi colega Joào Rosa (*Making School A Base For The Masses To Take Power*), Machel aboga por un sistema educativo que fomente la democracia, el colectivismo y la responsabilidad social y que vea a los profesores y estudiantes como militantes. No hace falta decir que los militantes no tienen una base negativa. Todo lo contrario. En términos de Machel, estudiantes y profesores como militantes definen los sujetos reales del sistema educativo comprometido, omitidos para la construcción del bien común. Él argumenta que

> ser militante como ser maestro, no consiste únicamente en preparar correctamente las lecciones, explicar claramente el material y corregir con justicia los ejercicios. Es evidente que esto es parte del deber del maestro, pero no es suficiente. Esto también lo hacen los profesores burgueses animados por una conciencia profesional. En su esencia, el maestro militante es aquel que, a través de su ejemplo y enseñanza, contribuye a la formación de una nueva mentalidad en el alumno. El maestro militante es para todo un punto de referencia, una ilustración permanente de la conducta correcta. El docente militante aprende del alumno y sabe orientarlo en la síntesis de la experiencia y la liberación de la iniciativa. El maestro militante es un elemento activo en la práctica del trabajo productivo que moviliza los recursos naturales y aporta nuevas ideas al hombre. El maestro militante es consciente de sus limitaciones y se abre a la autocrítica y a la crítica; incluida la de los estudiantes. El maestro militante posee, en el más alto grado, la conciencia de pertenencia a la clase obrera. El maestro militante es combatiente por la victoria de nuestros valores, un engranaje en la liberación de la iniciativa creativa de los estudiantes. La definición del estudiante como militante también se manifiesta como necesaria. Aunque la tarea central del estudiante es estudiar, esto en sí mismo no lo distingue de un estudiante burgués. La caracterización del estudiante militante se sitúa al nivel de los objetivos y métodos de su estudio. El estudiante militante, al estudiar, cumple con un deber que le encomendaron las masas para servirlo. En él no puede existir la obsesión mítica del diploma, la esperanza de altos salarios y privilegios, la noción de que forma parte de una élite de futuros gobernantes.

Si bien las escuelas fueron cruciales, sostiene Machel (1976), "necesitan enseñar a los nativos el camino hacia la dignidad humana y la grandeza de la nación que los protege" (pág. 10). Es decir, afirma (1976), que la educación implicaba claramente desafiar la producción y la preparación de los oprimidos como esclavos mentales sumisos del capitalismo (pág. 10). Machel (de próxima publicación) afirma que

> los profesores deberían aprender entre ellos. Los estudiantes deberían aprender entre ellos. Los profesores y los estudiantes deberían aprender unos de otros. Esto significa un intercambio constante de experiencias a todos los niveles, y esfuerzos en cada nivel para sintetizar las experiencias. (pág. 23).

Además, "el trabajo colectivo, el intercambio de experiencias, la crítica y la autocrítica se extiende [alumnos y profesores] a la totalidad del centro y a la vida de cada uno" (Machel, de próxima publicación, pág. 24). De hecho, es "a través de este proceso que podremos obtener un verdadero entendimiento mutuo, un entendimiento basado en un esfuerzo común, en la demostración de la práctica de los valores y limitaciones de cada uno" (Machel, de próxima publicación). La educación democrática que implica "la democratización de los métodos de trabajo, fundamentados en la colectividad de nuestras vidas, en este dominio se convierte en una fuente inagotable para la renovación cotidiana de nuestra unidad, de nuestros lazos fraternos de camaradería" (Machel, de próxima publicación). La filosofía educativa de Machel consideraba el conocimiento como la base de la camaradería de las sociedades y defendía un modelo colectivo de liderazgo. El liderazgo, argumenta Machel (de próxima publicación),

> no es ni puede ser el monopolio de un grupo, que decide e impone orientaciones. Así como el árbol más alto echa raíces en el suelo y siempre crece de abajo hacia arriba, las orientaciones deben surgir del sentimiento y la conciencia de la base, la vanguardia actuando como fertilizante, que fortalece y acelera el proceso de afirmación de la conciencia.

En *Producers and Students*, Machel (1982) conecta la producción como una escuela "porque es una de las fuentes de nuestro conocimiento y es a través de la producción que corregimos nuestros errores" (pág. 116), además, afirma (1982) que "la práctica no es suficiente, también hay que saber, estudiar. Sin práctica, sin ser combinada con la fuerza, la inteligencia permanece estéril. Sin inteligencia sin conocimiento la fuerza permanece ciega, una fuerza bruta" (pág. 117). Los estudios científicos eran imposibles desvinculados de las comunidades y, si no, enraizados en la lucha por la producción. "Producir [es] aprender" (Machel, 1982, pág. 118), que también permite poder interrumpir y destruir la historiografía colonial, la "que produjo su propio conocimiento de África a partir de la premisa de la superioridad europea y el carácter civilizador de su misión" (Boatca, Costa y Rodríguez, 2010, pág. 16).

En África, Nkrumah (2006) sostiene que, bajo el colonialismo, "el desarrollo capitalista condujo al declive del feudalismo y al surgimiento de nuevas estructuras de clases" (pág. 55) y su consecuente nueva división del trabajo. Tal estratificación del trabajo determinada y determinante tanto en la producción como en los modos de producción –y relacionada con el valor y los usos del valor de las mercancías en un sentido marxista– "permite [a los seres humanos] producir más de lo que [ellos] necesitan para su mera supervivencia. La producción generó un excedente" (Machel, 1976, pág. 5) crucial en la ecuación del proyecto imperial colonial. Como argumenta Cabral (1969), la definición

> de clases dentro de uno o de varios grupos humanos es una consecuencia fundamental del desarrollo progresivo de las fuerzas productivas y de las características de la distribución de la riqueza producida por el grupo o usurpada a otros. Es decir, el fenómeno "clase" socioeconómica se crea y se desarrolla en función de, al menos, dos variables esenciales e interdependientes: el nivel de las fuerzas productivas y el patrón de propiedad de los medios de producción. Este desarrollo se produce de forma lenta, gradual y desigual, por variaciones cuantitativas y generalmente imperceptibles en los componentes fundamentales; una vez que se alcanza un cierto grado de acumulación, este proceso conduce a un *salto cualitativo*, caracterizado por la aparición de clases y el conflicto entre ellas. (pág. 3).

Sería ingenuo inferir que no hubo divisiones de clases en el período precolonial. Como revela Nkrumah (2006), las divisiones de clases eran bastante claras antes de la ocupación colonial y del genocidio. Lo nuevo fue que, con el advenimiento del colonialismo, esos rompecabezas de clase precoloniales, dirigidos por los jefes tribales locales, no solo se reforzaron y fortalecieron, sino que también se llevaron a un nivel diferente con el surgimiento total de una pequeña burguesía. Mientras que los primeros "se convirtieron en [importantes] agentes locales del colonialismo" (Nkrumah, 2006, pág. 55), esta última estaba muy conectada con las complejidades de las finanzas y bastante crucial en la sostenibilidad del siguiente impulso del colonialismo: el neocolonialismo. Cabral (1969) también es valioso en este sentido. Al cuestionar la supremacía de la división de clases como clave para entender la fórmula colonial, Cabral (1969) plantea la siguiente pregunta: "¿La historia comienza sólo con el desarrollo del fenómeno de 'clase' y, en consecuencia, de la lucha de clases?" (pág. 4):

> Responder afirmativamente sería situar fuera de la historia todo el período de vida de los grupos humanos desde el descubrimiento de

la caza y, más tarde, de la agricultura nómada y sedentaria, hasta la organización de los rebaños y la apropiación privada de la tierra. También sería considerar –y nos negamos a aceptar esto– que varios grupos humanos de África, Asia y América Latina vivían sin historia, o fuera de la historia, en el momento en que estaban sometidos al yugo del imperialismo. Sería considerar que los pueblos de nuestros países, como los balantas de Guinea, los coaniamas de Angola y los makondes de Mozambique, aún viven hoy –si abstraemos la leve influencia del colonialismo al que han sido sometidos– fuera de la historia, o que no tienen historia. Nuestro rechazo, que está basado en el conocimiento concreto de la realidad socioeconómica de nuestros países y en el análisis del proceso de desarrollo del fenómeno "clase", como hemos visto anteriormente, nos lleva a concluir que, si la lucha de clases es la fuerza motriz de la historia, sólo lo es en un período histórico específico. Esto quiere decir que *antes* de la lucha de clases –y necesariamente *después* de ella, ya que en este mundo no hay un antes sin un después– uno o varios factores fueron y serán la fuerza motriz de la historia. No es difícil ver que este factor en la historia de cada grupo humano es el *modo de producción* –el nivel de fuerzas productivas y el patrón de propiedad– característico de ese grupo. Además, como hemos visto, las clases mismas, la lucha de clases y su posterior definición son el resultado del desarrollo de las fuerzas productivas junto con el patrón de propiedad de los medios de producción. Por lo tanto, parece correcto concluir que el nivel de las fuerzas productivas, elemento determinante esencial en el contenido y la forma de la lucha de clases, es la verdadera y permanente fuerza motriz de la historia.

Es decir, el colonialismo salvaje aniquiló brutalmente el tejido social del comunalismo africano, en el que "toda la tierra y los medios de producción pertenecen a la comunidad, eran propiedad del pueblo [y] el trabajo era la necesidad y el hábito de todos" (Nkrumah, 2006, pág.13). Con el surgimiento del colonialismo

los patrones socioeconómicos comunalistas comenzaron a colapsar como resultado de la introducción de cultivos de exportación como el cacao y el café. Las economías de las colonias se interconectaron con los mercados capitalistas mundiales. Crecieron el capitalismo, el individualismo y las tendencias a la propiedad privada [y], gradualmente, se desintegró el comunalismo primitivo y declinó el espíritu colectivo. (Nkrumah, 2006, pág. 13).

Claramente, la dinámica de segregación de clases asumió un papel primordial en la lucha contra el colonialismo porque el colonialismo

> aumentó [el] nivel de las fuerzas productivas [que llevaron] a la apropiación privada de los medios de producción, complicando progresivamente el modo de producción, provocando conflictos de intereses dentro del conjunto socioeconómico en movimiento, [haciendo así posible] la aparición de los fenómenos de "clase" y, por ende, de la lucha de clases, la expresión social de la contradicción en el campo económico entre el modo de producción y la apropiación privada de los medios de producción. (Cabral, 1969, pág. 5).

El colonialismo claramente creó una sociedad dicotómica fracturada entre los opresores y los oprimidos, una dicotomía explosiva alimentada por los modos de producción del capitalismo, pilar de la dinámica del poder colonial. Tal marco es visible en la crítica de Machel (1976) cuando sostiene que "la existencia de clases explotadoras, blancas o negras o de cualquier otro color, crea una forma explotadora de poder y Estado" (pág. 16).

Sin embargo, aunque la clase era una categoría vital con las complejidades del poder del Estado colonial, no era la única. Como afirma Nkrumah (1964), "los estrechos vínculos entre clase y raza se desarrollaron en África junto con la explotación capitalista" (pág. 27). Es imposible desvincular una de la otra:

> La esclavitud, la relación amo-sirviente y la mano de obra barata eran fundamentales. El ejemplo clásico es Sudáfrica, donde los africanos experimentan una doble explotación, tanto por motivos de color como de clase. Condiciones similares existen en los Estados Unidos, el Caribe, América Latina y otras partes del mundo donde la naturaleza del desarrollo de las fuerzas productivas ha resultado en una estructura de clases racista. Porque la raza está indisolublemente ligada a la explotación de clases, en una estructura de poder capitalista racista, la explotación capitalista y la opresión racial son complementarias; la eliminación de una asegura la eliminación de la otra. (Nkrumah, 1964, pág. 27).

El "vínculo" opresor-oprimido solo puede terminar drásticamente. Como argumenta C. L. James (1963), los esclavos "como los campesinos revolucionarios en todas partes, apuntaban al exterminio de sus opresores" (pág. 85). El poder colonial vio y fabricó un contexto socio-psicológico que naturalizó y legitimó una falacia eugenésica basada en la noción de que los africanos son "una raza inferior y atrasada con costumbres primitivas, y pueblos ignorantes que deben ser educados por la raza superior y avanzada con todos sus bienes, costumbres y conocimientos" (Machel, 1976, pág. 10). Naturalmente, "la lucha racial pasó a formar parte de la lucha de clases [ya que] dondequiera que haya un problema racial se lo ha vinculado con la lucha de clases" (Nkrumah, 2006, pág. 27). Los problemas de raza y de clase no se limitaron solo al colonialismo. Fueron explosivos dentro del impulso neocolonial, así como con el ascenso de una burguesía indígena "que aspiraba al estatus de clase dominante copiando la [forma] de vida de la exclase dominante [que] en realidad eran una imitación de una raza y no de una clase" (Nkrumah, 2006, pág. 25). Machel (1976) también señaló la misma dura crítica. Según Machel (1976), la lucha contra el colonialismo fue también una lucha basada en un nuevo concepto y práctica del poder. Tal lucha no fue para cambiar el "poder negro establecido en lugar del poder blanco" (Machel, 1976, pág. 16). Como él sostiene, el objetivo de la lucha contra el colonialismo no es acabar con la explotación africana. La lucha, sostiene Machel (1976), es entre "el poder de los explotadores y el poder del pueblo" (pág. 16), y "no se puede servir a las masas gobernando con poderes estatales diseñados para oprimir a las masas [es decir] africanizar el poder colonialista y capitalista sería negar el sentido de nuestra lucha" (pág. 17). En resumen, tanto en el colonialismo como en el neocolonialismo, "la cuestión es de poder [y] un Estado en las garras del neocolonialismo no es dueño de su propio destino. Es este factor el que hace del neocolonialismo una amenaza tan grave para la paz mundial" (Nkrumah, 1964, pág. 3).

Es evidente que la arrogancia colonial de "reclamar un país con sólo visitarlo" (Mondlane, 1978, pág. 152) condujo al colonialismo a una malinterpretación profunda del poder de las epistemes africanas. Frantz Fanon (1968) no se equivocó tanto cuando afirmó que el siglo XX estaría en la historia de la humanidad, no solo por los "descubrimientos atómicos y exploraciones interplanetarias [sino también] incuestionablemente [debido] a la conquista de los pueblos de las tierras que les pertenecen" (pág. 120). La veracidad de tal afirmación se debe, desde luego, a una compleja combinación de cuestiones. Uno de esos problemas es, sin duda, la sagacidad de la episteme Africana. La llamada superioridad económica colonial –que tampoco era psicológica– fue profundamente incapaz de borrar las formas africanas de leer el mundo. Paradójicamente, el colonialismo hizo todo lo posible por bloquear cualquier posibilidad de emerger como una intelectualidad africana bien consolidada. El lema colonial "sin élite, sin problemas", argumenta Nkrumah (2006, pág. 38), era en realidad una realidad sutil y cruda del genocidio perpetrado por el colonialismo. Nkrumah (2006) afirma que

> en el Congo en 1960 apenas había un congoleño calificado en el país para dirigir el nuevo Estado independiente, para oficial del ejército y la policía, o para cubrir los muchos puestos administrativos y técnicos que dejaron los colonialistas que se marcharon. (pág. 38).

Lumumba (1963) era muy consciente de tal saga, no solo en lo que respecta al Congo, sino también a todas las naciones africanas que luchan contra el colonialismo (pág. 78). Como afirma, cuando visitó Guinea (Conakry),

> sólo tres de estos dieciocho ministros han estudiado en una universidad; los otros han terminado la escuela secundaria, han trabajado y adquirido cierta experiencia [por lo que] el gobierno ha traído técnicos franceses para ayudar en el campo del derecho, la economía, la agronomía [, una realidad bastante plausible para el Congo].

Un corte radical con el pasado sería imprudente porque "en muchas áreas todavía necesitamos la experiencia de Bélgica" (Lumumba, 1963, pág. 86).

La ausencia de un sólido *quadre* Africana se atribuyó juiciosamente, aunque erróneamente, a los circuitos imperiales coloniales de producción cultural como una consecuencia natural de una episteme africana débil o falta de cualquier forma digna de tal nombre, debido a una notoria carencia africana de desarrollo. Walter Rodney y Julius Nyerere, entre otros, desafiaron ferozmente la falacia colonial del (sub)desarrollo. Walter Rodney invierte el tema. En su notable obra *De cómo Europa subdesarrolló al África*, el teórico guyanés sostiene que, dentro del marco imperial colonial, el desarrollo no es solo un conjunto de procesos unilaterales y no puede reducirse a una ecuación económica eugenésica. Rodney (1973) afirma que

> con mucha frecuencia, el término "desarrollo" se utiliza en un sentido económico exclusivo, con la justificación de que el tipo de economía es, en sí mismo, un índice de otras características sociales. Entonces, ¿qué es el desarrollo económico? Una sociedad se desarrolla económicamente a medida que sus miembros aumentan conjuntamente su capacidad para tratar con el ambiente. Esta capacidad para lidiar con

el ambiente depende de la medida en que comprendan las leyes de la naturaleza (ciencia), de la medida en que pongan esa comprensión en práctica mediante el diseño de herramientas (tecnología) y de la manera en que se realice el trabajo. organizado. Tomando una visión a largo plazo, se puede decir que ha habido un desarrollo económico constante dentro de la sociedad humana desde los orígenes del hombre porque el hombre ha multiplicado enormemente su capacidad para ganarse la vida a partir de la naturaleza. La magnitud de los logros del hombre se comprende mejor si se reflexiona sobre la historia temprana de la sociedad humana y se observa, en primer lugar, el progreso de las toscas herramientas de piedra al uso de metales; en segundo lugar, el paso de la caza y de la recolección de frutos silvestres a la domesticación de animales y el cultivo de alimentos; y, en tercer lugar, la mejora del carácter del trabajo que, de ser una actividad individualista, pasó a ser una actividad que asume un carácter social a través de la participación de muchos.

Occidente creó un nexo falso entre desarrollo (y concomitantemente subdesarrollo) y mal gobierno (Adejumobi, 2002). El desarrollo o el subdesarrollo no es algo abstracto o anclado en una única dinámica social que muestre las mismas tendencias de forma diacrónica y sincrónicamente. Todo lo contrario. En las sociedades africanas precolonialistas y precapitalistas, el ritmo de desarrollo no fue el de un crecimiento sólido, sistemático y sólido. El desarrollo individual y social hacia una mayor libertad, la autonomía y el bien común se enfrentó a un gran paso atrás con el advenimiento del colonialismo y las consecuencias letales de tal Estado imperial capitalista. Las civilizaciones africanas, como las asiáticas (Amin, 2009), mostraron niveles significativos de niveles de desarrollo contextualizados –esta es una realidad innegable a nivel social y en la forma en que las sociedades se basaban comunalmente hacia el bien común–, con altibajos naturales propios de todo proceso histórico. Como argumenta Rodney (1973), "África, siendo el hogar original del hombre, [fue] el foco del desarrollo físico del hombre como tal, a diferencia de otros seres vivos". Con el advenimiento del capitalismo colonial, todo el paso y el ritmo del desarrollo en África –con sus altibajos naturales– no fue interrumpido sino aniquilado, definitivamente terminado, debido a las demandas de un proyecto imperial colonial. Mientras que durante el impulso precolonial y precapitalista el esfuerzo y el trabajo fueron, de hecho, la "clave" para el mejoramiento o la *res*pública, con el advenimiento del capitalismo, las civilizaciones africanas se enfrentaron no solo a la esclavitud sino también a la división del trabajo y los nuevos modos de producción. Las dinámicas informales y formales en la base de la sociedad fueron dramáticamente alteradas con notorias consecuencias ideológicas y políticas:

> La especialización y la división del trabajo llevaron a una mayor producción, así como a la desigualdad en la distribución. Una pequeña sección de la sociedad china llegó a adueñarse de una parte desproporcionada de los ingresos del trabajo humano, y ese fue el sector que menos hizo para generar riqueza mediante el trabajo en la agricultura o la industria. Podían permitírselo porque habían surgido graves desigualdades en la propiedad de los medios básicos de producción, que era la tierra. La tierra familiar se hizo más pequeña en lo que respecta a la mayoría de los campesinos, y una minoría se apoderó de la mayor parte de la tierra. Esos cambios en la tenencia de la tierra eran parte integral del desarrollo en su sentido más amplio. Es por eso que el desarrollo no puede verse simplemente como un asunto económico, sino más bien como un proceso social general que depende del resultado de los esfuerzos del hombre para lidiar con su medio ambiente natural. (Rodney, 1973, pág. 29).

La invención occidental del sentido común del subdesarrollo y la barbarie –a pesar del hecho de que fue en Occidente donde la historia vio algunos de las principales atrocidades humanas desde la Inquisición, pasando por el Holocausto hasta el reciente genocidio balcánico en Bosnia– no se basaron en una idea de diferentes formas de intelectos, sino, precisamente, en la idea eugenésica de que no hay intelecto en absoluto en esas comunidades del tercer mundo. Como sostiene con vehemencia Nyerere (1967), la supervivencia de las comunidades africanas se basó no solo en los marcos epistemológicos africanos, sino precisamente en su capacidad para preservarlos y transmitirlos también a las generaciones futuras. El dinero y el tiempo para transmitir tales formas de conocimiento a otros "se invierten mejor y aportan más beneficios a nuestro país que el dinero y la gran cantidad de tiempo que dedicamos a lo que llamamos desarrollo". Esto también está muy claro en el razonamiento de Machel (1985). Como él sostiene (1985),

> debemos ser conscientes de que las nuevas generaciones van creciendo en contacto con las viejas generaciones que están transmitiendo los vicios del pasado. Nuestra experiencia práctica muestra cómo los

niños y jóvenes de nuestros propios centros pueden contaminarse con ideas, hábitos y gustos decadentes. (pág. 28).

Además, la lucha contra el colonialismo no estuvo subordinada a ninguna epistemología occidental contrahegemónica. A pesar de las innumerables vías de apoyo, solidaridad e influencia del llamado mundo socialista en la lucha contra el colonialismo, es innegable que fue esa política cultural informal de los ancianos la que permitió a los líderes intelectuales africanos promover su conciencia política. Como hemos mencionado anteriormente, Machel (1985) sostiene que

> ningún libro de Marx llegó nunca a mi ciudad natal, ni ningún otro libro que hablara contra el colonialismo. Nuestros libros eran estos ancianos. Fueron ellos quienes nos enseñaron qué es el colonialismo, los males del colonialismo y lo que hicieron los colonialistas cuando llegaron aquí. Fueron nuestra fuente de inspiración. (pág. x).

Aunque, claramente, el servilismo hacia las perspectivas contrahegemónicas occidentales no fue el caso, no puede socavarse la existencia de intereses ideológicos comunitarios. Nkrumah (1964, 2006), en realidad va más allá de tal posición argumentando que la actitud de los africanos "hacia la experiencia occidental e islámica debe ser significativa. Debe guiarse por el pensamiento, porque la práctica sin pensamiento es ciega" (pág. 78). Debido a un sistema educativo colonial que se negó a incorporar las perspectivas epistemológicas africanas (Lumumba, 1963), la supervivencia de las comunidades africanas se basó precisamente en su capacidad no solo para resistir las epistemologías coloniales, sino, simultáneamente, para continuar leyendo la palabra (y el ahora nuevo colonialismo) de una episteme africana que ya existía mucho antes del letal encuentro colonial. Sin embargo, la lucha contra el colonialismo y el imperialismo también se produjo en el seno mismo de las potencias imperiales. Los estados cristianos, argumenta Lumumba (1963), eventualmente se darían cuenta (como realmente lo hicieron) "que no les conviene en absoluto utilizar la fuerza para perpetuar una política que, a pesar de todos sus esfuerzos, tarde o temprano colapsará" (pág. 92). Mirando hacia atrás al caso del imperio colonial portugués, estaba claro que las luchas lideradas por movimientos anticoloniales –como FRELIMO, PAIGC, MPLA (*Movimiento Popular de Liberación de Angola*), MLSTP (*Movimiento de Liberación de Santo Tomé y Príncipe*) y FRETILIN (*Frente Revolucionario de Timor-Leste Independiente*)– hicieron insostenible la vida cotidiana en su propio continente. Tal insostenibilidad llevó a la llamada revolución de los claveles el 25 de abril de 1974 (Carvalho, 2014; Spinola, 1974; Veloso, 2012). La política cultural imperial de tergiversación de las luchas contra los imperios coloniales dejó de ser eficiente. El éxito de la resistencia africana y el contraataque al colonialismo europeo no era esperado, es decir, no estaba en los planes. El imperio se perdió entre los teatros de guerra en las colonias y el giro social en el continente.

Tales levantamientos africanos exitosos podrían estar bien enmarcados en lo que Dussel (1995, pág. 14) llamó esclarecedoramente "filosofía de la liberación". Es decir, la vieja ontología clásica del centro dominado por Europa y Estados Unidos está bajo presión de los oprimidos, que es un proceso irrevocable. Dussel (1995, pág. 14) afirma que una filosofía de liberación "está surgiendo de la periferia, de los oprimidos, de la sombra que la luz del Ser no ha podido iluminar". Es decir, prosigue (1995b), "nuestro pensamiento parte del no-Ser, de la nada, de la alteridad, de la exterioridad, del misterio del sinsentido. Es, pues, una 'filosofía bárbara'" (pág. 14). Volveré a este tema más adelante cuando analice la Teoría Curricular Itinerante.

No es preciso aclarar que el capitalismo impuso una noción monolítica de desarrollo, plagada de marcos deterministas e irracionalidades agresivamente criticadas en las dinámicas de segregación de clases, razas y géneros, el núcleo mismo del proyecto imperial. Por tanto, la colonización y la civilización constituyen un oxímoron. Entre la primera y la segunda hay una distancia infinita (Amin, 2009). Bajo la etiqueta del subdesarrollo y la urgente necesidad de ofrecer libras y galones de civilización, el colonialismo produjo una dialéctica explosiva que "descivilizó" al colonizador y "cosificó" al colonizado. La colonización, afirma Cesaire (2000), vive de un efecto búmeran ya que

> deshumaniza hasta al hombre más civilizado; que la actividad colonial, la empresa colonial, la conquista colonial, fundada sobre el desprecio al hombre nativo y justificada por este desprecio, tiende inevitablemente a modificar a aquél que la emprende; que el colonizador, a fin de aliviar su conciencia, se habitúa a ver en el otro a la bestia, se acostumbra a tratarlo como bestia y tiende, objetivamente, a transformarse él mismo en bestia. (pág. 41).

Como filosofía de práctica eugenésica, el colonialismo se basó, en gran medida, en la deshumanización, la descivilización y la brutalización de los oprimidos y de los colonizados. Fanon enseñó mucho en este contexto. Fanon (1963) examina cómo el éxito del colonialismo se basó en la psique de los colonizados. Como él sostiene, "no es posible esclavizar a los hombres sin hacerlos lógicamente inferiores de pies a cabeza [y] el racismo es sólo la explicación emocional, afectiva, a veces intelectual, de esta inferiorización" (Fanon, 1964, pág. 40). Por más impactante que pueda resultar, afirma Cesaire (2000), lo que hizo Hitler fue aplicar "a Europa los procedimientos colonialistas que hasta entonces habían estado reservados exclusivamente para los árabes de Argelia, los culíes de la India y los negros[8] en África" (pág. 36). Lo peligroso es cómo estas prácticas deshumanizadoras están tan conectadas con la política cultural de la memoria perdida. Eso es, sostiene Memmi (1991), dentro de los procesos sociales de "cosificación" y brutalización, el colonizado "pierde la memoria", no sólo por un efecto biológico sino también, precisamente, socio-psicológico porque "la memoria no es un fenómeno puramente mental" (pág. 103). Más directamente en el tema,

> así como la memoria de un individuo es fruto de su historia y de su fisiología, la de un pueblo descansa sobre sus instituciones. Ahora las instituciones del colonizador están muertas o petrificadas. Apenas cree en aquellas que siguen dando algunos signos de vida y confirma, a diario, su ineficacia. A menudo se avergüenza de estas instituciones, como de un monumento ridículo y exagerado. (Memmi, 1991, pág. 103).

La lucha contra el epistemicidio implica una posición innegociable contra el eugenismo, pero, sobre todo, contra "las repercusiones [de esa eugenesia] en todos los niveles de sociabilidad" (Fanon, 1964, pág. 36). Esto nos ayudará a comprender no sólo el estruendo entre raza y cultura, sino también el hecho de que, si bien la raza no es la categoría totalitaria que alimenta la disputa colonizador-colonizado, se puede decir que es uno de los "elementos más crudos de la estructura colonial" (véase Fanon, 1964, pág. 32).

El éxito de las luchas anticoloniales se basó en gran medida en la fuerza de las epistemologías africanas que se niegan a rendirse y a someterse a la matriz de poder colonial y, al mismo tiempo, desafían y destruyen el impacto psicológico del colonialismo mediante estrategias continuas de demolición de la mentalidad colonial que ve persistentemente las maneras africanas de entender y de percibir el

---

8. N. de las T.: En el original inglés "nigger", palabra considerada ofensiva.

contexto social no exactamente como inferior sino como inexistente (Sousa Santos, 2014) debido a la increíble incapacidad de la lógica episteme occidental para admitir cualquier marco epistemológico más allá de la plataforma eurocéntrica occidental. Respetar y apoyarse en las epistemologías africanas era, innegablemente, una posición ideológica, una declaración política, una cuestión de emancipación social. Samora Machel (de próxima publicación) revela esto con precisión:

> Nuestra ideología política es el resultado del combate de las masas laboriosas exploradas por su emancipación y fue templada en la lucha política armada de nuestro pueblo contra el colonialismo, el imperialismo y la explotación por la conquista y edificación del Poder Popular. Cada victoria que alcanzamos, cada debilidad que notamos, encuentra su fundamento en la forma en que hemos hecho que las masas populares asuman y vivan la ideología. (pág. 27).

Si bien el comunalismo y el bienestar africanos, basados fundamentalmente en las perspectivas epistemológicas africanas, fueron violados y silenciados debido a las invasiones coloniales, es innegable que la verdadera independencia, es decir, una verdadera victoria contra el colonialismo, sostiene Nkrumah (1964), requiere

> una nueva armonía [que necesita que se] forje, una armonía que permitirá combinar la presencia del África tradicional, el África islámica y el África eurocristiana, de modo que esta presencia esté en sintonía con los principios humanistas que subyacen a la sociedad africana. (pág. 70).

Es decir, "se requiere una nueva ideología, una ideología que pueda solidificarse en un enunciado filosófico, pero, al mismo tiempo, una ideología que no abandone los principios humanos humanísticos de África" (Nkrumah, 1964, pág. 70). Según Nkrumah (1964), tal ideología

> nacerá de la crisis de la conciencia africana, un conciencismo filosófico [que dará] la base teórica a una ideología cuyo objetivo será contener la experiencia africana de la presencia islámica y eurocristiana, así como la experiencia de la tradicional sociedad africana y, por gestación, emplearlos para el crecimiento y desarrollo armoniosos de esa sociedad. (pág. 70).

En realidad, Nkrumah (1964) está planteando una drástica revolución social que sería imposible sin una revolución intelectual, una revolución en la que "el pensamiento y la filosofía africanos apunten a la redención de la sociedad" (pág. 78). Así, tal filosofía debería "encontrar sus armas en el medio ambiente y en las condiciones de vida del pueblo africano; [es] en realidad a partir de esas condiciones que debe crearse el contenido intelectual de nuestra filosofía" (Nkrumah, 1964, pág. 78). No hace falta mencionar el papel que juega la educación en un principio tan humanístico. Después de todo, él sostiene (1964), "la práctica sin pensamiento es ciega y el pensamiento sin práctica está vacío" (pág. 78). Fanon (1968) defiende la importancia de una especie de nacionalismo crítico, uno que fomente las diferencias y antagonismos culturales que están en la raíz misma de la real y necesaria conciencia subjetiva africana.

El enfoque de Fanon o, mejor dicho, el "fanonismo crítico" ayuda mucho aquí. Es decir, es a través de la educación que los oprimidos y colonizados comprenderán y cuestionarán que las dinámicas de la (así denominada) nueva industrialización se apoyan en ellos y ellas como partes (desechables) de un nuevo modo de producción en un sistema que sólo puede existir produciendo masivamente cuerpos y mentes oprimidas. Es decir, el oprimido y colonizado quedará "conmocionado al descubrir que sigue siendo objeto de racismo y de desprecio" (Fanon, 1964, pág. 39). Es decir, es a través de la educación que los pueblos africanos oprimidos y colonizados no sólo huyen de cualquier pasado mitificado –tan querido por las nuevas élites (Fanon, 1968)–, sino que también se comprometerán con la posibilidad de una "utópica" (Wallerstein, 1998) África venidera, que "el pueblo [está] impaciente por hacer, interpretar, decir" (Fanon, 1964, pág. 179). La tarea, nos recuerda Cesaire (2000), es "ir más allá del pasado" (pág. 52).

Descolonizar: entre la ética propiamente dicha y la ética de la opacidad

El reclamo por revolucionar la educación, argumenta Rukare (1971), no implica que el educador africano deba adoptar todo lo que está contenido en la (s) cultura (s) africanas sobrevivientes... [Esto] no es "un fin en sí mismo, sino un medio necesario en el proceso de redescubrimiento de nuestra identidad" (pág. 286). Sin embargo, tal reclamo implica procesos contundentes de descolonización, como he mencionado antes, que es un nuevo compromiso ético y una tarea enorme dadas las consecuencias letales tanto del colonialismo como del poscolonialismo o, mejor dicho, del neocolonialismo. De hecho, nunca tuvimos un impulso poscolonial. Un impulso poscolonial real requeriría un proceso descolonial totalmente completo, que nunca se produjo. Los procesos anticoloniales fueron interrumpidos por el neocolonialismo. Y, como afirma Sankara (2007), una de "las mayores dificultades [en África] es la forma de pensar neocolonial" que crea serios obstáculos para la supervivencia de cualquier forma revolucionaria (pág. 177). Otra de las grandes dificultades es el imperialismo:

> Como revolucionario, entendí lo que era el imperialismo en términos teóricos. Pero una vez en el poder, descubro otros aspectos del imperialismo que no conocía. He aprendido y creo que todavía quedan por descubrir otros aspectos del imperialismo. Existe una gran diferencia entre la teoría y la práctica. En la práctica, he visto que el imperialismo es un monstruo –un monstruo con garras, cuernos y colmillos– que muerde, tiene veneno y es despiadado. Un discurso no es suficiente para hacerlo temblar. No. El imperialismo es decidido, no tiene conciencia, no tiene miedo. (Sankara, 2007, pág. 178).

La violencia como construcción social atraviesa un terreno ético, que produce, peligrosamente, la ética como constructo social, también utilizada y abusada a merced de quienes controlan y se benefician del sistema colonial. Walker (2011) examina el vínculo entre el terreno de la ética y las cuestiones relacionadas con las epistemologías. Según Walker (2011),

> el recurrir a la ética en pos de un proyecto emancipatorio de conocimiento abre la posibilidad de desenmascarar y "denunciar todo mito, toda mistificación, toda superstición" inherentes a una lógica disciplinaria y de disciplina de nuestra categorización contemporánea y organización del conocimiento, particularmente, en la academia del Atlántico Norte. (pág. 108).

Nos recuerda, agrega Walker (2011), "que la cuestión de la epistemología no puede abordarse sin una atención crítica a la cuestión de la ética, particularmente para aquellos proyectos que pretenden ser emancipatorios" (pág. 108). A partir de la lógica presentada por Deleuze, Badiou y Brown, Walker (2011) revela la disputa entre la ética propiamente dicha y la ética de la opacidad. Es decir,

> la ética propiamente dicha es un discurso derivado de un campo teórico de lucha riguroso, vigilante y militante. Tales luchas no son meramente por "valores", sino que exponen los "conflictos en los que [grupos, formaciones y clases] expresan sus medios de reproducir la lucha misma que los crea, y encuentran la expresión emancipadora

en sus prácticas de resistencia, placer, y autoridad". La ética así interpretada se transforma en un terreno crítico que responde las prácticas interrogativas necesarias que cuestionan las conjeturas normativas y los presupuestos metodológicos para generar una conciencia crítica en la batalla en curso por desafiar los dictados disciplinarios y las demandas epistemológicas de la organización moderna del conocimiento. La ética de la opacidad opera desde una posición similar a la anunciada por Alain Badiou [es decir] la ética no existe. Solo existe la ética de (la política, del amor, de la ciencia, del arte). Tal entendimiento ético busca moderar la estrategia imperial de la ética tradicional, las formulaciones éticas particulares, las tradiciones y prescripciones que se agrupan bajo las lógicas y las tecnologías de la colonialidad. (págs. 108-109).

Así, como esclarecedoramente argumenta Walker (2011),

la ética de la opacidad establece un movimiento crítico, [produce] una demanda ética que habla de y se basa en la responsabilidad de interrogar la producción epistemológica hegemónica y cuestiona las formulaciones y los ensayos tradicionales de la ética propiamente dicha y, radicalmente, toma en cuenta esas formulaciones "radicales" de proyectos teóricos emancipatorios, es decir, el marxismo científico, la teología dogmática, la democracia occidental y la multitud de formulaciones teóricas "post" prefijadas. (pág. 109).

Además, él (2001) afirma que la ética de la opacidad "es más que una acusación sobre las acciones y comportamientos de las culturas opresivas; va al meollo del problema. Es una acusación sobre la cosmovisión, las estructuras de pensamiento, la teoría del conocimiento, etc. de los opresores" (pág. 109), por lo que es crucial desmitificar la colonización y la descolonización.

La descolonización es un desafío masivo debido no solo a "la consecuencia de la arraigada explotación de África a través de las redes de comercio y poder global [sino también] a las imágenes deshistorizadas y estereotipadas de una distopía africana que proyectan una pobreza desenfrenada, corrupción y conflicto" (Swanson, 2012, pág. 38). Si bien los procesos descolonizadores han sido "percibidos como desprovistos de esperanza desde el punto de vista occidental" (Swanson, 2012, pág. 38), es innegable que existe una creciente conciencia colectiva africana que rechaza el impulso neocolonial contemporáneo exigiendo un cambio del *statu quo*. El exsecretario de las Naciones Unidas, Kofi Anan, "apoyó una concepción de tres épocas de la posindependencia de África, [es decir] (1) la descolonización,

   EPISTEMICIDIO CURRICULAR...

(2) la guerra civil y (3) la era del autoritarismo" (Swanson, 2012, pág. 38). Si bien estoy de acuerdo con las dos últimas, no estoy de acuerdo con la primera. No existe la descolonización. Debido a que el colonialismo fue valientemente derrotado por pueblos africanos liderados por poderosos movimientos de liberación de base, las naciones africanas, que están divididas geométricamente de acuerdo con los intereses europeos, se vieron a sí mismas en un intrincado proceso de neocolonialismo. Para decirlo crudamente, nunca hubo un momento poscolonial pleno, porque nunca hubo una etapa decolonial. Sin embargo, la descolonización es imprescindible y la tarea, en términos de Cabral, es volver a la fuente. Por lo tanto, es crucial entender, sostiene Bernasconi (1997), que "la dimensión existencial del desafío de la filosofía africana a la filosofía occidental en general y a la filosofía continental en particular, se encuentra en la necesidad de descolonizar la mente" (pág. 191). Tanto el opresor como el oprimido deben comprometerse a descolonizar la mente. Es decir, ese compromiso es al menos tan importante para el colonizador como para el colonizado. Mientras que para los africanos

la descolonización de la mente tiene lugar no solo al enfrentar la experiencia del colonialismo, sino también que al reconocer lo precolonial, que estableció la importancia destructiva de la llamada etnofilosofía, para los europeos, requiere un encuentro con los colonizados, donde finalmente el europeo tiene la experiencia de ser visto como juzgado por aquellos a los que ha negado. La medida en que la filosofía europea defendió el colonialismo y, más particularmente, ayudó a justificarlo a través de una filosofía de la historia que privilegiaba a Europa, pone de manifiesto que tal proceso de descolonización es una tarea urgente para el pensamiento europeo. (Bernasconi, 1997, pág. 192).

Sin embargo, como se dijo anteriormente, la descolonización debe primero examinarse a través de las acciones deliberadas del opresor en las que el conocimiento de los oprimidos fue descartado o destruido. Como sostiene Abdi (2011),

con la marginación de las filosofías de la educación y las epistemologías africanas, no fue un accidente que los sistemas precoloniales africanos de aprendizaje también fueran presentados como esencialmente inútiles para contribuir al desarrollo de las comunidades locales. (pág. 12).

Por ejemplo, la dominación colonial occidental a través de la producción, reproducción y legitimación del conocimiento y lo que se considera conocimiento "oficial" siempre menospreció la posibilidad de cualquier epistemología africana de ser capaz de funcionar como un pegamento social para las civilizaciones africanas.

Esto está manifiestamente claro en la incapacidad occidental para comprender la importancia y la cientificidad de las formas locales de medicina y su criticidad dentro de la estructura de la civilización africana, así como epistemes conceptuales profundamente importantes para comprender la saga colonial. Los africanos no necesitaban depender de las plataformas epistemológicas occidentales para comprender, desafiar y derrotar el genocidio, la explotación y la violación coloniales. Walker (2011) saca a relucir el clásico *La carrera por la teoría*: *la gente de color siempre ha teorizado*, de la desaparecida intelectual feminista negra Barbara Christian, quien sostiene que los africanos siempre desafiaron beligerantemente la opresión y la explotación "pero en formas bastante diferentes a las formas occidentales de la lógica abstracta" (pág. 111). Es decir, enfatiza Christian (citada en Walker, 2011), "¿de qué otra manera [los africanos] se las han arreglado para sobrevivir con tanta energía al asalto a nuestros cuerpos, instituciones sociales, países, nuestra propia humanidad?" (pág. 111). Bogue (2003), Gordon (2000) y Walsh (2012) documentaron cómo la inaceptable depreciación de la producción intelectual de las personas de color, "tiene que ver, en gran parte, con la percepción generalizada de que tal pensamiento es simplemente derivado de la experiencia, que en el caso de los negros está ligado a la esclavitud, el colonialismo, el racismo y otros fenómenos sociales" (pág. 14).

El asalto está en el espíritu de la experiencia, que son dos formas de conocimiento que son devaluadas o descartadas por el conocimiento occidental dominante bajo el culto al positivismo que pretende una visión eurocéntrica de la ciencia. Debemos comenzar a cuestionar lo que cuenta como ciencia como parte del desenmarañamiento de la ética de la opacidad, y a profundizar cada vez más la comprensión del poder colonial de legitimación y deslegitimación de conocimientos.

Otra medicina es real(idad)

Al afirmar una comprensión emancipadora de la salud y la medicina, Maria Paula Meneses (2008) expone la disputa de las "formas científicas blancas de la medicina" versus las "formas tradicionales de la medicina", en esencia, un choque entre las "formas occidentales coloniales de conocimiento" y "otras formas de conocimiento". A partir del análisis de Ngubane (1981), Meneses (2008) argumenta que

> en varios estudios realizados en África, el acto de situar el conocimiento de los "otros" se convierte en el momento clave en la producción de una relación de desigualdad; desde este punto de vista, las formas de atención de la salud premodernas se caracterizan, *en bloque*, como terapias tradicionales, frecuentemente de relevancia local. (pág. 352).

Meneses (2008) cuestiona con vehemencia la producción y reproducción y sentencia firme que han intentado las llamadas formas tradicionales de medicina. La forma en que se han descripto y definido las formas tradicionales de la medicina muestra una perspectiva eugenésica colonial sustentando la política cultural de la salud que niega el enigma sociohistórico, económico, cultural y político que subyace al desarrollo del conocimiento sobre la salud (Meneses, 2008). Las formas y prácticas de los conocimientos tradicionales son "conocimientos legítimos, con un estatus que les confiere el considerable número de pacientes que buscan médicos tradicionales" (Meneses, 2008, pág. 352). Dentro de tal pugna entre "formas científicas blancas de medicina" versus "formas alternativas de medicina", Meneses (2008, pág. 353) cuestiona el epistemicidio "al que han sido sometidas estas formas de conocimiento sobre la salud", así como la arrogante autoridad social eugenésica que participa de lo que Apple (1979) denominó, en otros contextos, la política cultural del etiquetado. Meneses (2008) es bastante revelador aquí:

> ¿Qué es la medicina alternativa? ¿Alternativa en relación a qué y a quién? ¿Qué se debe considerar? ¿Qué debe considerarse como conocimiento legítimo? ¿Legítimo a los ojos de quién? Para que el conocimiento se transforme en solidaridad, que garantice la libertad y la igualdad de cada cultura, es necesario darle a esa "otra" cultura el estatus de sujeto. ¿Quién es el "otro", el que produce y preserva otras formas de conocimiento? (pág. 353).

¿Alternativa a qué? ¿Quién define? Como sostiene Meneses (2008), en un mundo donde la imposición hegemónica del conocimiento científico está ampliamente presente, pero en competencia con otras formas de conocimiento, una de las principales batallas se refiere a lo que hay que saber (o ignorar), cómo representar este conocimiento, y para quién. (pág. 356).

Es interesante notar cómo los poderes coloniales se apropiaron y colonizaron formas indígenas de conocimiento sobre la salud. Apoyándose en el trabajo de otros estudiosos, Meneses (2008) aclara la conveniente propaganda creada en torno a la medicina tradicional y las brujerías (pág. 356). La fabricación del "otro" como un cuerpo sin conocimiento es una de las estrategias más agudas de la colonialidad del poder y el ser. En Mozambique, Meneses (2008) afirma, "la búsqueda de una definición de medicina tradicional más allá de la evidente diversidad y heterogeneidad de las prácticas terapéuticas, tiene que inscribirse en el orden social, resultado del proceso de colonización del conocimiento mismo" (pág. 356). Meneses (2008) añade que "los conocimientos y las prácticas terapéuticas se van fragmentando, entonces, según los sistemas de clasificación de la ciencia moderna" (pág. 356). Es decir, "tal compartimentación del conocimiento permitió al sistema colonial apropiarse de los principios farmacológicos de diversos productos utilizados por el terapeuta local, como se muestra en varios registros de científicos portugueses que trabajan en Mozambique" (Meneses, 2008, pág. 356).

Además, la lucha sobre lo que constituye la ciencia debe verse dentro de lo que Henry (2000) llama una coherente política económica y cultural occidental que otorga otredad a las epistemes africanas (pág. 179). Siguiendo el razonamiento de Fanon, Gordon, Sekyi-Out y Wynter, Henry (2000) afirma que

> la otredad africana se había transformado en la posibilidad irracional y, por lo tanto, "fobogénica", que el occidental racional debe luchar para suprimir [porque] ser otro es ser liminalizado o asociado con la categoría de caos del sistema de orden reinante [ser] otro es ser víctima de un "no ver proyectivo". Se hará desaparecer fenomenológicamente [resumiendo] la otredad de los africanos [resultó] en estructuras categóricas de heterogeneidad que repudiaron todos los paradigmas comunicativos de reconocimiento recíproco y entendimiento mutuo. (pág. 179).

Si filosofar significa reflexionar, entonces es eugenésico negar el tesauro epistemológico africano. Es un epistemicidio; es un crimen de lesa humanidad. Las condiciones sociobiológicas que rodean a los llamados primeros filósofos occidentales –Tales de Mileto, Diógenes de Laercio, Platón, Aristóteles y otros– no eran diferentes de tantos intelectuales africanos. Omoregbe (1998) enseña mucho aquí. No es sólo en el mundo occidental, argumenta Omoregbe (1998), "que [los hombres] reflexionan acerca de las cuestiones fundamentales sobre la vida humana o sobre el universo": es decir "los hombres del mundo occidental no fueron las únicas personas bendecidas con racionalidad, con inteligencia, con pensamiento, con instinto de curiosidad" (págs. 4-5). África y los africanos no son una excepción a dicha regla, e incluso se debe enfatizar la diferencia entre los modos de transmisión y preservación de las filosofías africana y occidental, aunque difícil para los africanos (Omoregbe, 1998). Aunque esto puede ser difícil para los africanos, porque, como afirma Omoregbe (1998), "el hecho de que las reflexiones filosóficas de los pensadores africanos en el pasado no fueron preservadas o transmitidas por relatos escritos [y que] estos filósofos permanecieron desconocidos para nosotros, [esto] no significa que no existan" (pág. 5). Este tesauro filosófico no solo pudo ser preservado y transmitido a través de "mitologías, fórmulas de sabios refranes, proverbios tradicionales, relatos y, sobre todo, religión" (Omoregbe, 1998, pág. 5), sino que también su pervivencia muestra un alto perfil de capital cultural. Este capital ha sido capaz de florecer, a pesar de más de cinco siglos de políticas eugenésicas sistemáticas. Como sostiene Diop (1974, pág. xiv), "el antiguo Egipto era una civilización negra". De hecho, uno de los orígenes de las civilizaciones egipcias fue "el mundo bantú negro africano" (Dussel, 2013, pág. 6). El motivo, Marc Ela (2014, pág. 47) nació dentro de los negros en África, a pesar de la tendencia de asociar el milagro de Pericles al milagro griego, es decir, "la humanidad se reduce a un espacio-tiempo del mundo griego, en el que, 'espontáneamente' surgió una especie de generación espontánea, una civilización brillante que no le debe nada a ningún otro pueblo del planeta". Como sostiene Elungo (2014), hay un ser dentro de la filosofía africana. De hecho, si la filosofía y la ideología son mecanismos basados y arraigados dentro de la disputa "lógica"-"ilógica", defender que no hay un período anterior antes de tal disputa es profundamente eugenésico. Nuestro autoproclamado impulso "lógico-ilógico" siempre se describiría por las futuras sociedades milenarias como sorprendentemente pre-lógico-ilógico. Como analicé anteriormente, más que una clara intención de falsificar la historia (Diop y Dieng, 2014), existe un intento de retratar a África como un espacio y un tiempo sin historia.

La pregunta que debe hacerse, como lo hizo Henry (2000) con tanta elocuencia, es: "¿Cuál es el significado antropológico del proyecto occidental?" (pág. 278). Henry (2000), Omoregbe (1998), Wiredu (1991) y otros, aunque no ignoran la importancia de tal pregunta, argumentan que ahora es el momento de ir más allá de hablar sobre la filosofía africana y empezar a ponerla en práctica. El currículo tiene un papel clave en este asunto. Al abordar la pregunta, necesitamos ir más allá de la filosofía africana como una práctica contracolonial (véase Eze, 1998). Si bien fue y es tal, también es más que eso. Mucho antes de que los primeros pies blancos tocaran suelo africano, los africanos filosofaron, se comprometieron en la comprensión del mundo, se debatieron con la (ir) racionalidad y la espiritualidad. En cierto modo, si las filosofías Africana eran una práctica contracolonial, las filosofías occidentales eran prácticas contra Africana (y posiblemente filosofías contra occidentales). A través de esta suposición, rendimos homenaje conscientemente a la presencia de un terreno epistemológico bien estructurado que ya existía y que fue devastado debido a la sed occidental de riqueza para mantener una ecuación social eugenésica. Henry (2000) argumenta loablemente que las epistemologías Africana, no solo cruzan "discursos ontológicos, existenciales y éticos [sino que también están] preocupadas por el problema del conocimiento y por la regulación de la producción humana de enunciados verdaderos" (pág. 41). Afirmar que tal tapiz intelectual era inexistente y solo ocurrió después de que los pies blancos caminaron por primera vez en tierra africana es lo que llamaríamos la política cultural de la negación intelectual, que perpetró el genocidio sistemático, suscribiendo conscientemente los epistemicidios curriculares.

Referencias bibliográficas

Abdi, A. (2011) Clash of Dominant Discourses and African Philosophies and Epistemologies of Education. In A. Abdi (ed.) *Decolonizing Philosophies of Education.* Rotterdam: Sense, pp. 131-145.

Abdi, A. (2012) Eurocentric Discourses and African Philosophies and Epistemlogies in Education. En Handel Kashopr Wright and Ali A. Abdi (eds.) *The Dialectics of African Education and Western Discourses.* New York: Peter Lang, pp. 12-26.

Achebe, C. (1989) *Hopes and Impediments. Select Essays.* New York: Double Day.

Adejumobi, S. (2002) State and Civil Society in Local and Global Contexts. Colonial Contact and Bourgeois Reforms among the Yoruba of Nigeria. En T. Falola and C. Jennings (eds.) *Africanizing Knowledge. African Studies Across the Disciplines*. London: Transaction Publishers, pp. 315-42.

AIDOO, A. (1997) *Our Sister Killjoy*. Reading, MA: Addison Wesley.

AKIWOWO, A. (1980) Sociology in Africa Today. *Current Sociology*, 28 (2), pp. 1-73, p. 67.

AKIWOWO, A. (1986) Contributions to the Sociology of Knowledge from African Oral Poetry. *International Sociology*, 1 (4), pp. 343-58.

APPIAH, K. (1992) *In My Father's House. Africa in the Philosophy of Culture*. Oxford: Oxford University Press.

APPLE, M. (1979) *Ideology and Curriculum*. New York: Routledge and Kegan Paul.

ATIENO-ODHIAMBO, E. (2002) From African Historiographies to an African Philosophy of History. En T. Falola and C. Jennings (eds.) *Africanizing Knowledge. African Studies Across the Disciplines*. London: Transaction Publishers, pp. 13-64.

BABER, Z. (1995) *The Science of Empire: Scientific Knowledge, Civilization, and Colonial Rule in India*. Albany: State University of New York Press.

BERNAL, M. (1987) *Black Athena: The Afrosiatic Roots of Classical Civilization*. New Brunswick, NJ: Rutgers University Press.

BERNAL, M. (2001) *Black Athena Writes Back: Martin Bernal Responds to His Critics*. Durham, NC: Duke University Press.

BERNASCONI, R. (1997) African Philosophy's Challenge to Continental Philosophy. En E. C. Eze (ed.) *Postcolonial African Philosophy. A Critical Reader*. London: Blackwell, pp. 183-96.

BLEICHMAR, D., DE VOS, P., HUFFINE, K. and SHEEHAN, K. (2009) *Science in the Spanish and Portuguese Empires 1500-1800*. Stanford: Stanford University Press.

BOATCA, M., COSTA, S. and RODRIGUEZ, E. (2010) Introduction: Decolonizing Europea Sociology: Different Paths towards a Pending Project. En E. Rodriguez, S. Costa and M. Boacta (eds.) *Decolonizing European Sociology. Transdisciplinary Approaches*. Burlington: Ashgate Publishing Company, pp. 1-10.

BOGUE, A. (2003) *Black Heretics. Black Prophets. Radical Political Intellectuals*. New York: Routledge.

Bragança, A. and Wallerstein, I. (1982) Introduction. En A. de Braganca & I. Wallerstein (eds.) *The African Liberation Reader. The Anatomy of Colonialism, Volume 1*. London: ZED Press, pp. iii-vi.

CABRAL, A. (1969) The Weapon of Theory. En A. Cabral (ed.) *Revolution in Guine Bissau*. NewYork: Monthly Review, pp. 90-111.

CABRAL, A. (1973) *Return to the Source. Selected Speeches of Amilcar Cabral*. New York: Monthly Review Press.

CABRAL, A. (1980) *Unity and Struggle. Speeches and Writings*. London: Heinmann.

CARVALHO, O. (2014) *Alvorada em Abril*. Lisboa: Divina Comedia.

CESAIRE, A. (2000) *Discourse on Colonialism*. New York: Monthly Review Press.

CONNELL, R. (2007) *Southern Theory. The Global Dynamics of Knowledge in Social Science*. Cambridge: Polity.

DAVES, A. (2013) Memories of Black Liberation. Amilcar Cabral. En F. Manji & B. Fletcher (eds.) *Claim No Easy Victories. The Legacy of Amilcar Cabral*. Codesria & Dajara Press, pp. 463-67.

DIOP, C. (1974) *The African Origin of Civilization. Myth or Reality*. Chicago: Lawrence Hill.

DIOP, C. (1987) *Precolonial Black Africa*. Chicago: Lawrence Hill Books.

DIOP, B. and DIENG, D. (2014) *A Consciencia Historica Africana*. Lisboa: Pedago.

DUSSEL, E. (1995) *Philosophy of Liberation*. Oregon: Wipf & Stock.

DUSSEL, E. (2013) *Ethics of Liberation. In the Age of Globalization and Exclusion*. Durham: Duke University Press.

ELA, J. M. (2014) *Cheik Anta Diop ou a Honra de Pensar*. Lisboa: Pedago.

ELUNGO, P. E. A. (2014) *O Despertar Filosofico em Africa*. Lisboa: Pedago.

EZE, E. (1998) Modern Western Philosophy and African Colonialism. En E. Eze (ed.) *African Philosophy. An Anthology*. Oxford: Blackwell Publishers, pp. 213-21.

FANON, F. (1963) *The Wretched of the Earth*. New York: Grove.

FANON, F. (1964) *Toward the African Revolution*. New York: Grove Press.

FANON, F. (1968) *Black Skin, White Masks*. London: MacGibbon and Kee.

FREIRE, P. (2009) Amilcar Cabral: Pedagogue of the Revolution. En S. Macrine (ed.) *Critical Pedagogy in Uncertain Times. Hope and Possibilities*. New York: Palgrave, pp. 167-88.

FREIRE, P. (2010) *Pedagogy of the Oppressed*. New York: Continuum.

GBADEGESIN, S. (1998) Yoruba Philosophy: Individuality, Community and Moral Order. En Emmanuel Chukwudi Eze (ed.) *African Philosophy. An Anthology*. Oxford: Blackwell Publishers, pp. 130-41.

GORDON, L. (2000) *Existentia Africana. Understanding Africana Social Thought*. New York: Routledge.

GYEKYE, G. (1987) *An Essay on African Philosophical Thought. The Akan Conceptual Scheme*. Cambridge: Cambridge University Press.

HALLEN, B. (2002) *A Short History of African Philosophy*. Bloomington: Indiana University Press.

HAMMINGA, B. (2005) *Knowledge Cultures. Comparative Western African Epistemology*. Amsterdam: Rodpi.

HATCHER, J. and ERASMUS, M. (2008) Service-Learning in the United States and South Africa: A Comparative Analysis Informed by John Dewey and Julius Nyerere. *Michigan Journal of Community Service Learning*, Fall, pp. 49-61.

HENRY, P. (2000) *Caliban Reason. Introducing Afro-Caribbean Philosophy*. New York: Routledge.

HOUNTONDJI, P. (1976) *African Philosophy. Myth and Reality*. London: Hutchinson.

JAMES, C. L. (1963) *The Black Jacobins*. New York: Vintage Books.

KAPHAGAWANI, D. (1998) Themes in a Chewa Epistemology. En P. H. Coetzee and A. J. Roux (eds.) *The African Philosophical Reader*. London: Routledge, pp. 240-44.

KEBEDE, M. (2004) *Africa's Quest for a Philosophy of Decolonization*. Amsterdam: Rodopi.

KHOZA, R. (1994) *Ubuntu as African Humanism*. Ponencia leída en Ekhaya Promotions Diepkloof Extension. Artículo inédito.

LAWUYI, O. & TAIWO, O. (1990) Towards an African Sociological Tradition: Rejoinder to Aikioki and Makinde. *International Sociology*, 5 (1), pp. 57-73.

LUMUMBA, P. (1963) Lumumba Speaks, Part 1 (1958–1959). En J. Van Lierde (ed.) *The Speeches and Writings of Patrice Lumumba*, 1958-1961. Boston: Little, Brown, pp. 54-142.

MACHEL, S. (1976) *Establishing Peoples Power to Serve the Masses*. Toronto: Toronto Committee for Liberation of Southern Africa.

MACHEL, S. (1979) *Fazer da Escola uma Base para o Povo Tomar o Poder*. Maputo: FRELIMO.

MACHEL, S. (1982) Producers and Students. En A. de Braganca & I. Wallerstein (eds.) *The African Liberation Reader. The Anatomy of Colonialism, Volume 1.* London: ZED Press, pp. 115-18.

MACHEL, S. (1985) Samora Machel. En B. Munslow (ed.) *Samora Machel. An African Revolutionary.* London: Zed Books.

MACHEL, S. (de próxima publicación) Making School a Base for the Masses to Take Power. En J. Paraskeva and J. Rosa (eds.) *African Consciencism.* Rotterdam: Sense.

MAPHISA, S. (1994) Man in Constant Search for Ubuntu: A Dramatisr Obsession. *Paper presented at Ubuntu Conference.* (AIDSA). Pietermaritzburg: University of Natal, Pretoria: Ubuntu School of Philosophy.

MARX, C. (2002) Ubu and Ubuntu: On the Dialectics of Apartheid and Nation Building. *Politkon: South African Journal of Political Studies,* 29 (1), pp. 49-69.

MASOLO, D. (2004) African Philosophers in the Greco-Roman Era. En K. Wiredu (ed.) A *Companion to African Philosophy.* Oxford: Blackwell Publishing, pp. 50-65.

MBITI, J. (1969) *African Religion and Philosophy.* London: Heinemann.

MEMMI, A. (1991) *The Colonizer and the Colonized.* Boston: Beacon Press.

MENSSES, M. (2008) When There Are No Problems, We Are Healthy, No Bad Luck, Nothing: Towards an Emancipatory Understanding of Health and Medicine. In Boaventura de Sousa Santos (ed.) *Another Knowledge Is Possible. Beyond Northern Epistemologies.* London: Verso, pp. 352-80.

MIGNOLO, W. (2011a) *The Darker Side of Western Modernity. Global Futures, Decolonial Options.* Durham: Duke University Press.

MIGNOLO, W. (2011b) Epistemic Disobedience and the Decolonial Option: A Manifesto. *Transmodernity. Journal of Peripheral Cultural Production of the Luso-Hispanic World,* 1, (2), pp. 44-66.

MILLS, C. (1997) *The Racial Contract.* Ithaca: Cornell University Press.

MONDLANE, E. (1978) *Eduardo Mondlane.* London: Panaf.

MUDIMBE, V. (1988) *The Invention of Africa.* Bloomington: Indiana University Press.

MUDIMBE, V. (1994) *The Idea of Africa.* Bloomington: Indiana University Press.

NGARA, C. (2012) African Ways of Knowing. Rethinking Pedagogy in Africa. En H. Kashopr Wright and A. A. Abdi (eds.) *The Dialectics of African Education and Western Discourses.* New York: Peter Lang, pp. 129-47.

NGUBANE, H. (1981) Clinical Practice and Organization of Indigenous Healers in South Africa. *Social Science and Medicine,* 15, B, pp. 361-66.

NKRUMAH, K. (1964) *Consciencism.* New York: Monthly Review Press.

NKRUMAH, K. (2006) *Class Struggle in Africa.* London: PANAF.

NKULU, K. L. (2005) *Serving the Common Good: A Post-Colonial African Perspective on Higher Education.* New York: Peter Lang.

NYERERE, J. (1967) The Arusha Declaration (and TANU's Policy on Socialism and Self-Reliance). *Marxists Internet Archives.* Consultado en https://www.marxists.org/subject/africa/nyerere/1967/arusha-declaration.htm.

ODIEMBO, I. (2012) *Kenyan Education: Crucial Steps in Wrong Plains of the Sphere.* Paper entregado a ELP 551, at Political Economy of Urban Education, Department of Educational Leadership and Policy, University of Massachusetts, Dartmouth, August 8, 2012.

OMOREGBE, J. (1998) African Philosophy: Yesterday and Today. En E. Chukwudi Eze (ed.) *African Philosophy. An Anthology.* Oxford: Blackwell Publishers, pp. 3-8.

ONYEWUENYI, I. (1991) Is There an African Philosophy? En T. Serequeberhan (ed.) *African Philosophy. Three Essential Readings.* New York: Paragon House, pp. 29-46.

ORUKA, H. (1990) *Trends in Contemporary African Philosophy.* Nairobi: Shirikon Publishers.

ORUKA, O. (1975) Fundamental Principles in the Question of African Philosophy. *Second Order,* 4 (2), pp. 44-55.

OSEGHARE, A. (1990) Sgae Philosophy: New Orientations in African Philosophy. En H. Odera Oruka (ed.) *Sage Philosophy.* Leiden: E. J. Brill, pp. 249-58.

PARASKEVA, J. (2004) *Here I Stand. A Long (R)evolution. Michael Apple and Critical Progressive Tradition.* Minho. University of Braga.

P'BITEK, O. (1972) Reflect, Reject, Recreate. *East Africa Journal.* IX (4), pp. 28-31.

PRINSLOO, E. (1994) *Ubuntu: In Search of a Definition.* Pretoria: Ubuntu School of Philosophy.

PRINSLOO, E. (1998) Ubuntu Culture and Participatory Management. En P. H. Coetzee and A. J. Roux (eds.) *The African Philosophy Reader.* London: Routledge, pp. 41-51.

RABAKA, R. (2014) *Concepts of Cabralism. Amilcar Cabral and Africana Critical Theory.* Lanham: Lexington Books.

RODNEY, W. (1973) *How Europe Undeveloped Africa.* Consultado en http://www.blackherbals.com/walter_rodney.pdf.

ROSA, J. (2010) *Discursos Linguisticos e Realidades nas Salas de Aulas. Vencendo a Luta pelo Controlo.* Praia: Universidade de Cabo Verde.

RUKARE, E. (1971) Aspirations for Education in the 'New' and Free Nations of África. En R. Leeper (ed.) *Curricular Concerns in a Revolutionary Era.* Washington.: ASCD, pp. 283-86.

SANKARA, Th. (2007) *Thomas Sankara Speeches. The Burkina Faso Revolution 1983-1997.* New York: Pathfinder.

SENGHOR, L. (1998) *The Collected Poetry. Caribbean and African Literature.* Charlottesville: University Press of Virginia.

SMITH, L. (1999) *Decolonizing Methodologies: Research and Indigenous Peoples.* London: Zed Books.

SOUSA SANTOS, B. (2005) *Democratizing Democracy. Beyond the Liberal Democratic Cannon.* London: Verso.

SOUSA SANTOS, B. (2014) *Epistemologies of the South: Justice against Epistemicide.* Boulder: Paradigm.

SOUTH AFRICAN COMMUNIST PARTY DOCUMENTS (1918) To the Workers of the Bantu Race. *The International.* February 15. Accessed from www.marxists.org.

SPINOLA, A. (1974) *Portugal e o Futuro.* Lisboa: Editora Arcadia.

SWANSON, D. (2012) Ubuntu, African Epistemologies and Development. En H. Kashopr Wright and A. A. Abdi (eds.) *The Dialectics of African Education and Western Discourses.* New York: Peter Lang, pp. 27-52.

TEMPELS, P. (1945) *Bantu Philosophy.* Paris: Presence Africaine.

VELOSO, J. (2012) *Memories at Low Altitude: The Autobiography of a Mozambican Security Chief.* Cape Town: Zebra Press.

VIEIRA, J., HYPOLITO, A., KLEIN, M. and GARCIA, M. (2007) *Percurso Teorico Metodologico das Pesquisas sobre Currículo.*

Associação Nacional de PósGraduação e Pesquisa em Educação. Grupo de Trabalho Curriculo. Trabalho Encomendado. Caxambu, Brasil.

VISVANATHAN, S. (2009) Encontros Culturais e o Oriente. Um Estudo das Políticas de Conhecimento. En B. Sousa Santos (ed.) *Epistemologias do Sul*. Coimbra. Almedina, pp. 487-505.

WAGHID, Y. (2011) *Conceptions of Islamic Education. Pedagogical Framings*. New York: Peter Lang.

WALKER, C. (2004) *We Can't Go Home Again. An Argument About Afrocentrism*. New York: Oxford University Press.

WALKER, C. (2011) How Does It Feel to be a Problem. (Local) Knowledge, Human Interests and the Ethics of Opacity. *Transmodernity. Journal of Peripheral Cultural Production of the Luso-Hispanic World*, 1 (2), pp. 104-19.

WALLERNSTEIN, I. (1998) *Utopistics: Or, Historical Choices of the Twenty-First Century*. New York: The New Press.

WALLERSTEIN, I. et al. (1996) *Open the Social Sciences. Report of the Gulbenkian Commission on the Restructuring of the Social Sciences*. Mestizo Spaces/Espaces Metisses. Stanford: Stanford University Press.

WALSH, C. (2012) 'Other' Knowledges, 'Other' Critiques Reflections on the Politics and Practices of Philosophy and Decoloniality in the Other America. *Transmodernity. Journal of Peripheral Cultural Production of the Luso-Hispanic World*, 1 (3), pp. 11-27.

WA THIONG'O, N. (1986) *Decolonizing the Mind*. Nairobi: East African Educational Publishers.

WA THIONG'O, N. (2012) *Globalectics. Theory and the Politics of Knowing*. New York: Columbia University Press.

WA THIONG'O, N., OWUOR-ANYUMBA, H. and LO LIYONG, T. (1978) On the Abolition of the English Department. En Ngugi wa Thiong'o (ed.) *Homecoming: Essays on African and Caribbean Literature, Culture and Politics*. London: Heinemann, pp. 145-50.

WEST, C. (1999) *The Cornel West Reader*. New York: Basic Books.

WIREDU, K. (1991) *African Philosophy. The Essential Readings*. New York: Paragon House, pp. 87-110.

4

El dilema islámico:
Pérdida de historia o historia perdida

El islam no es solo una de las fuerzas clave en oposición a la que forjó la identidad occidental, ya que parece que también sigue representando la historia pasada de Occidente.
Sayyid (2004, págs. 65-66)

La lucha contra los paradigmas epistemológicos hegemónicos occidentales también destacará la importancia de estudiar el inconmensurable legado intelectual del mundo asiático-árabe. A través de esto, vemos y sentimos una rica herencia que debe incorporarse al currículo de la escuela. En este capítulo, intento ilustrar el impacto crucial del desarrollo cultural y económico asiático-árabe. Al hacerlo, presento cómo las civilizaciones orientales mostraron una mayor etapa de desarrollo para el mundo, en general, y para Occidente, en particular. Pongo en primer plano cómo los problemas sociales cruciales específicos de las sociedades contemporáneas ya eran lemas sociales en las civilizaciones embrionarias orientales, mucho antes de los enfrentamientos entre colonizadores y colonizados. Además, también develo cómo Occidente ha podido tejer una narratología particular que socava, en el mejor de los casos, y silencia, en el peor, un legado tan fenomenal. Afirmo que la lucha contra los epistemicidios curriculares debe desafiar la producción *oficial* de conocimiento occidental, que es una estrategia que refuerza el culto arrogante de una sociedad globalizada que puede tener la temeridad de perderse en *su* propia historia.

Sustraer religiosamente la historia

Debemos prestar atención al rompecabezas asiático-árabe, que ha sido construido por los circuitos dominantes occidentales o la producción cultural (ver Johnson, 1983). Dentro de la matriz asiático-árabe, es necesario prestar atención a problemas complejos demasiado específicos, incluida la democracia, la epistemología y la interpretación de las epistemologías árabe/del Medio Oriente, la interacción entre el islam y la ideología, la relación entre la religión y la ciencia y la tecnología, como entre derechos y libertad. Estos y otros temas no pueden entenderse solo con herramientas ontológicas y epistemológicas occidentales, que secularmente han estado produciendo un tapiz particular de la historia (Morgan, 2007) que socava o niega la existencia de otras formas de episteme (s) antes y más allá de la hegemonía de Occidente. No es del todo cierto que las civilizaciones asiático-árabes sufrieran un enorme déficit de desarrollo cultural y económico en el momento de los enfrentamientos beligerantes iniciales entre Occidente y Oriente. La hegemonía occidental que se impuso de manera gradual y genocida, especialmente desde el Renacimiento, tiene enormes contornos de complejidad y requiere un análisis que debe contrarrestar tanto la romantización de los hechos como la domesticación de los conceptos. Los procesos históricos resultantes de los belicosos enfrentamientos entre Oriente y Occidente apuntan a otra historia, una historia que ha sido sistemáticamente sustraída y retenida del currículo escolar y reducida al elogio de una flagrante falacia basada en la superioridad cultural y económica occidental. Por ejemplo, al hablar con maestros de secundaria en Nueva Inglaterra, uno concluye que el currículo escolar retrata la historia de Puerto Rico de una manera que muestra cómo Estados Unidos "salvó" a Puerto Rico y cómo la "Cuba comunista" es peligrosa. Sin embargo, mientras hablaban de la novela *En el tiempo de las mariposas*, los estudiantes no sabían casi nada sobre la Revolución Cubana o Las Mariposas. La invisibilización de las epistemologías no occidentales no es una historia terminada sino con un legado presente de epistemologías oprimidas, que demuestra el poder de la hegemonía. Por lo tanto, es crucial entender la supremacía epistemológica occidental más allá de su "inventiva interna y las virtudes de su espíritu empresarial único" (Abu-Lughod, 1989, pág. 18).

Para comprender la posición hegemónica moderna occidental, argumenta Abu-Lughod (1989), se requiere un examen exhaustivo "de la economía mundial del siglo trece [que] no contenía un solo poder hegemónico [y] proporciona un contraste con el sistema mundial que creció fuera de ella" (pág. 4). A partir de una miríada de fuentes (Ekholm, 1980; Mann, 1986; Schneider, 1977; Wolf, 1982), Abu-Lughod (1989) afirma que antes de que Europa se convirtiera en una de las economías mundiales en el siglo XII, cuando se unió al sistema de comercio de larga distancia que se extendía a través del Mediterráneo hasta el Mar Rojo y el Golfo Pérsico y hasta el Océano Índico y a través del Estrecho de Malaca para llegar a China, había numerosas economías mundiales preexistentes. No hubo una *necesidad histórica inherente* que cambiara el sistema para favorecer a Occidente en lugar de a Oriente, ni hubo ninguna necesidad histórica inherente que hubiera impedido que las culturas de la región oriental se convirtieran en las progenitoras de un sistema mundial moderno. (pág. 12).

Más que las diferencias son las similitudes que surgen de estos choques embrionarios entre las formas rudimentarias de capitalismo asiático, árabe y occidental. Estas semejanzas revelan inequívocamente una civilización asiático-árabe mucho más avanzada cultural y económicamente en ciertas esferas sociales occidentales. Las similitudes son bastante palpables en la invención del dinero y el crédito, mecanismos de puesta en común de capital y riqueza comercial (Abu-Lughod, 1989, pág. 16). Mientras que en ciertos terrenos asiáticos, árabes y occidentales uno podría haber "reconocido las monedas [como] una condición *sine qua non* del comercio internacional" (Abu-Lughod, 1989, pág. 15; ver también Udovitch, 1970), es innegable que

> (a) el papel moneda se introdujo en China ya en la época de T'sang (siglo IX) a pesar de que el papel moneda no apareció en Europa hasta siglos después, (b) [los mecanismos de crédito] también estaban muy desarrollados en el Medio Oriente y China mucho antes de que se volvieran críticos para las transacciones comerciales en las ferias de Europa Occidental, (c) en el Medio Oriente, existían técnicas elaboradas para juntar capital a través de barcos asociados o para distribuir las ganancias sobre la base de fórmulas que devolvían un cierto porcentaje al comerciante adelantando la mercadería y otro porcentaje al socio que acompañaba la mercadería y se encargaba de su disposición en el punto de venta. (Abu-Lughod, 1989, págs. 15-16).

Como sostiene Morgan (2007),

> esta transferencia unidireccional de estilos, ideas y tecnologías musulmanas a Europa [se prolongó] durante 800 años [pero], con demasiada frecuencia, a ese aspecto de la transferencia de tecnología se le restó importancia a favor de los aspectos del conflicto entre dos creencias religiosas. (pág. 26).

De hecho, "la tentación europea por la tecnología y el intelecto musulmanes, y el miedo al poder y la religión musulmanes, marcarían la relación entre europeos y musulmanes hasta el Renacimiento y más allá" (Morgan, 2007, pág. 33). Tal sería la realidad hasta el siglo XVI

> cuando una reescritura eurocéntrica de la historia borraría la grandeza de la edad de oro de los musulmanes y acreditaría exclusivamente a los europeos por crear las matemáticas modernas, la astronomía, la medicina, la ciencia, la tecnología, el arte de gobernar y una sociedad pluralista humana. (Morgan, 2007, pág. 33).

Volveré sobre este tema en breve. Hay pruebas innegables de que la civilización asiático-árabe exhibió un nivel de desarrollo sustancial y sostenido. Una miríada de fuentes documenta, o documentó, tal evidencia milenaria de diversas formas.

Morgan (2007) nos cuenta la historia de una familia iraquí en la época posterior a Saddam Hussein, los al-Madinas. Un día, de camino al trabajo, Ali al-Madina, un iraquí de clase trabajadora "con un buen trabajo, más específicamente, un trabajo reparando puentes y carreteras dañados por la invasión y, cada vez más, por los insurgentes", vio una caja abandonada de viejos libros (Morgan, 2007, pág. 45). Tomó al azar el primer libro que encontró y que resultó ser *Baghdad's Golden Age*, un volumen que no está relacionado con la *majestuosa* época de Hussein. Mientras Ali al-Madina esperaba un taxi, comenzó a leer. El libro, escrito y publicado por la Sociedad Histórica de Bagdad el 3 de mayo de 1915, estaba dedicado "a la memoria del glorioso y sabio califa Abu Jafar Abdullah al-Mamun de la Casa Abbasid, nacido en el año musulmán de 164 AH (786 d.C.) y muerto 47 años más tarde" (Morgan, 2007, pág. 46). El autor desarrolla sobre esto:

> Bajo el liderazgo de al-Mamun, Bagdad se convirtió en el centro del aprendizaje mundial y el corazón de la Edad de Oro árabe. Su Casa de la Sabiduría, donde traductores cristianos y extranjeros tradujeron los clásicos griegos, romanos, bizantinos, persas e hindúes al árabe, ayudó a sentar las bases de las matemáticas, la astronomía, la química, la medicina y la literatura modernas. Fruto de su mecenazgo y su visión, en esta ciudad nacieron el álgebra y la trigonometría avanzada, los nombres de las estrellas, las mezclas de tinturas y remedios, el corazón de la filosofía y de la literatura. Fue aquí donde Scheherazade contó sus cuentos de *Las mil y una noches*. (Citado en Morgan, 2007, pág. 46).

Las diferencias también eran claramente evidentes. Si las similitudes revelan una civilización oriental desarrollada y abierta en relación con Occidente, las diferencias se perciben de manera diferente, es decir, el nítido poder que ambas muestran en los siglos XIII y XVI. Abu-Lughod (1989) agrega a esto:

> La diferencia fue que en el siglo XIII Europa iba a la zaga de Oriente, mientras que en el siglo XVI había avanzado considerablemente. La pregunta que es necesario hacerse, sobre todo si se rechaza la fácil respuesta de que Europa tenía cualidades únicas que se lo permitían. Mi opinión es que el contexto –geográfico, político y demográfico– en el que se produjo el desarrollo fue mucho más significativo y determinante que cualquier factor interno psicológico o institucional. (pág. 18).

Así, "Europa avanzó porque Oriente estaba 'temporalmente' en desorden" (Abu-Lughod, 1989, pág. 18). Es decir,

> la Peste Negra que se extendió en China y hasta Europa [y] la progresiva fragmentación de las regiones intermedias de rutas comerciales terrestres, que habían sido unificadas por Genghis Khan durante la primera mitad del siglo XIII, [habían] sido subdivididas por sus sucesores [a finales de siglo]. (Abu-Lughod, 1989, págs. 18-19).

La peste negra se extendió más rápidamente "entre los elementos más móviles de la sociedad, el ejército" (Abu-Lughod, 1989, pág. 183). Además, Abu-Lughod (1989) sostiene que los conceptos coloniales occidentales, como "descubrimiento(s)", van en contra de la historia (pág. 19). Si bien los libros de texto occidentales glorifican los viajes portugueses por mar como descubrimientos, el hecho es que los manuales de navegación árabes "habían cartografiado [tales] aguas [y] la costa mucho antes, aunque en el orden inverso, de este a oeste; todo está descripto con tanto detalle en los manuales que uno no puede dudar de la circunnavegación previa de África por marineros árabes y persas" (Abu-Lughod, 1989, pág. 19; ver también Tibbetts, 1981).

Las trayectorias históricas de Roger y Francis Bacon en los siglos XIII y XVI, respectivamente, reveladas por Abu-Lughod (1989), muestran no solo lo complejo que era el enigma Este-Oeste, sino también lo reduccionista que es elogiar la cultura occidental como un sistema no contaminado que diezmó la civilización oriental e impuso una especie de totalitarismo cultural occidental (págs. 20-24). Podría decirse que, en el magistral intento de colonizar Oriente, Occidente acabó siendo colonizado. Aunque los dos han vivido en diferentes momentos históricos (el primero en el apogeo de la cultura islámica, el segundo en el cenit de la cultura occidental), al mirar con atención el camino de ambos, uno percibe claramente no solo las dificultades y vergüenzas de los principales proyectos de Occidente –que era *cristianizar* Oriente– sino también una preocupación por las epistemologías bastante latentes en los territorios orientales. Por un lado, tanto el tamaño como el no monolitismo de la población y las culturas en el mundo no cristiano "hicieron imposible la Cruzada" (Abu-Lughod, 1989, pág. 22). De hecho, ese período, subraya Morgan (2007), "como en todas partes del mundo, es sacudido por luchas políticas, golpes de estado y asesinatos, y los resentimientos y venganzas ocasionalmente desembocan en una guerra civil" (pág. 18). Sin embargo, tales disputas y asimilaciones sociales "también comienzan a producir una cultura híbrida única, una fusión nominalmente árabe pero diversa y rica con la alfabetización y la opulencia de Persia, y el aprendizaje y los estilos de Bizancio, junto con los ecos de Grecia y Roma" (Morgan, 2007, pág. 18). Por otro lado, tal dimensión no monolítica impulsó un poderoso aparato cultural. Roger y Francis Bacon eran bastante conscientes de tal poder cultural. Abu-Lughod (1989) agrega que

> en 1257 [Roger Bacon] escribió al Papa Clemente IV, pidiéndole que pusiera en marcha un gran proyecto: una enciclopedia de nuevos conocimientos en ciencias naturales. No se puede ignorar el impacto de las traducciones del árabe en sus ideas. Roger Bacon era plenamente consciente de [una literatura importante] y en sus cartas al Papa, destacó la necesidad de reemplazar las guerras y las cruzadas por la enseñanza y la prédica. Francis Bacon [escribió] en 1605 *El avance del saber* [que] era un plan para reorganizar el estudio de las ciencias naturales, pero, entonces, esas ciencias eran autóctonas. (págs. 22-23).

Roger Bacon en realidad "esperaba reformar la educación europea incorporando el conocimiento disponible en estas civilizaciones 'superiores'" (Abu-Lughod, 1989, pág. 21). El desarrollo de la civilización árabe fue, por tanto, incuestionable. Esta alta etapa de desarrollo no llega por casualidad. Había todo un dinamismo basado en un mecanismo social particular que, naturalmente, crearía un gran desarrollo económico y cultural. Era una sociedad extremadamente abierta al mundo como, de hecho, puede verse por la influencia de numerosas civilizaciones asiáticas y europeas. De hecho, como documenta Marquand (2011) en el siglo XVI, "cuando los europeos quemaban su ética en la hoguera, Akbar, el gran emperador mogol del norte de la India, solía sostener diálogos interreligiosos entre musulmanes, hindúes, cristianos, parsis, judíos, y jainistas" (pág. 4).

Pioneros en el progreso social y cognitivo

Las raíces nativas del intelectualismo y el racionalismo islámicos, afirma Morgan (2007),

> se remontan a los escritos de pensadores musulmanes ya en los siglos VI y VII, mucho antes de que llegara la influencia griega. Los conceptos de *ilm* (conocimiento) y *aql* (razón, inteligencia humana, sabiduría) aparecen con frecuencia en el Corán, así como en los primeros escritos musulmanes. (pág. 52).

La radiografía de Morgan merece ser citada extensamente:

> En los siglos VIII y IX, el islam desarrolla dinámicamente una multitud de influencias cosmológicas, filosóficas y étnicas, incorporando innumerables perspectivas nuevas. Esta onda de choque cultural diversifica rápidamente la cultura y el pensamiento islámicos en un rico mosaico de ideas. No será hasta el siglo X cuando esta diversidad eche raíces en unas escuelas chiitas y sunitas más familiares que sobrevivirán hasta los tiempos modernos. En el momento en que comienza el califato de al-Mamun, existen al menos varias docenas de tendencias y escuelas de pensamiento. Y todas estas escuelas se superponen, de alguna manera, y se fertilizan mutuamente. Incluyen los tradicionalistas (algunos de los cuales se definirán más tarde como sunitas), los chiitas (algunas de cuyas ideas influyen en la ideología abasí), los *fuqaha* (una clase emergente de eruditos jurídicos sobre la ley islámica) y los *mutakallimum*. Estos últimos son eruditos teológicos que recurren a la filosofía antigua para articular y fortalecer sus ideas. (pág. 52).

El mundo islámico "construyó el primer hospital universitario del mundo" (Morgan, 2007, pág. 56), así como uno de los primeros centros de aprendizaje racionalista, "La Academia Persa de Gundeshapur en la actual provincia de Juzestán" (Morgan, 2007, pág.55). Gundeshapur, o la Casa de la Sabiduría, ha "atraído a una deslumbrante variedad de pensadores" (Morgan, 2007, pág. 56). Tal casa

> es la institución suprema, que puede ser el fundamento de una sociedad basada en la razón y la invención, para un imperio mundial de fe filtrado a través del lente de la razón. Su centro científico

contendrá un observatorio, un hospital, una biblioteca y programas de investigación en retórica y lógica, metafísica y teología, álgebra, trigonometría, geometría, física, biología, medicina y farmacología… Estos temas y otras investigaciones académicas no serán llevados a cabo por especialistas que operen en compartimentos separados de conocimiento. No… En estos primeros tiempos, los eruditos ven todos estos estudios y fenómenos como ventanas en mosaico hacia una realidad conectada mucho más grande, que es el universo de Dios. Más importante aún, estos hombres no tienen como propósito el forzar su investigación científica para ajustarse a una noción pre-concebida del universo dirigida por la teología. En cambio, ven que su misión es tratar de comprender la complejidad de la creación, por difícil o, incluso, imposible que sea hacerlo. (Morgan, 2007, pág. 60).

Los avances islámicos hacia Occidente han quedado también bastante claros en las huellas de los actuales territorios occidentales, antaño fortificaciones evidentemente islámicas, como es el caso de la actual ciudad española de Córdoba, por ejemplo. En el siglo XI, Morgan (2007) documenta Córdoba como "la ciudad más avanzada de Europa con una población de medio millón, con unos 300 baños, 300 mezquitas, 50 hospitales y una alta alfabetización pública manifestada en las bibliotecas públicas y privado, con más libros que en todo el resto de Europa" (pág. 69). De hecho, sostiene Fakhri (2004), "el comienzo de la especulación filosófica en el islam coincidió con la fundación del califato abasí en el siglo VIII [y] el principado rival fue establecido en España por el único príncipe omeya superviviente tras el derrocamiento de los omeyas en 749" (pág. 267). La España omeya "fue capaz de escribir uno de los capítulos culturales más brillantes de toda la historia del islam y de servir de puente a través del cual el saber greco-árabe pasó a Europa occidental en el siglo XII" (Fakhri, 2004, pág. 267). Abu Bakr Muhammad (n. Al-Sayigh), "más conocido como Ibn Bajah [y] la primera figura importante en la historia de la filosofía árabe-española, [nació] en Zaragoza [y] más tarde se trasladó a Sevilla y Granada [muriendo] envenenado en Fez en 1138" (Fakhri, 2004, pág. 269). Un razonamiento tan innegable y poderoso promueve la legitimidad de la siguiente pregunta: "¿Se elevó Occidente o cayó Oriente?" (Abu-Lughod, 1989, pág. 260).

Este no es un tema menor, sobre todo para quienes asumen conscientemente la necesidad de luchar por la justicia epistemológica. Desafortunadamente, como argumenta Goody (1996), arrogantemente "el ascenso de Occidente a menudo ha sido asociado, por los occidentales, con la posesión de una racionalidad no disponible para otros", lo cual es una afirmación profundamente problemática (pág. 11). Como afirma Morgan (2007), y como se muestra más adelante, "los eruditos extranjeros, siglos después, simplificarán en exceso [y] perpetuarán la tergiversación de que el racionalismo islámico proviene exclusivamente de fuentes griegas, y esa tergiversación continuará en el siglo XXI" (pág. 52). Aunque hay una existencia indiscutible de numerosas traducciones y traductores de obras clásicas griegas por parte de eruditos islámicos, tampoco es menos cierto que tales eruditos no eran traductores ordinarios. Eran, en la mayoría de los casos, importantes intelectuales que se dedicaron al arduo trabajo de traducciones de otras obras más allá del terreno epistemológico árabe con un único propósito: enriquecer la ya rica episteme árabe. Fakhri (2004) sostiene que los grandes traductores,

> la mayoría de los cuales eran cristianos de habla siríaca de las poco ortodoxas comuniones nestorianas y monofisitas, no eran meros traductores o serviles imitaciones de autores griegos u otros autores extranjeros. Algunos de ellos, como como Hunain (m. 873) y Yahia b. 'Adi (m. 974) se les atribuye una serie de importantes obras científicas y filosóficas. (pág. xxiv).

Si bien los intereses de investigación de Hunain eran "principal-mente médicos y científicos, los intereses de investigación de Yahia estaban más centrados en cuestiones teológicas y filosóficas" (Fakhri, 2004, pág. xxiv). Ibn al-Khammar (m. 970), el gran discípulo de Yahia, escribió el famoso tratado *Agreement of the Opinions of the Philoso-phers and the Christians*[1] en el que se abordan cuestiones relativas al razonamiento y la revelación (Fakhri, 2004, pág. xxiv). Hay múltiples evidencias irrefutables –aunque inteligentemente relegadas al olvi-do– sobre la fuerza intelectual, cultural y tecnológica de las épocas preislámica e islámica. Ya en el período preislámico –a falta de una palabra mejor– los signos de tal desarrollo intelectual eran masivos.

En su *Historia de la filosofía islámica*, Magid Fakhri (2004) examina los inicios de los escritos filosóficos sistemáticos a finales del siglo VIII y principios del siglo IX. Siguiendo a Fakhri (2004), Abu Yusuf Ya'qub (n. Ishaq al-Kindi) es considerado el primer filósofo árabe. Al-Kindi era miembro de la tribu Kinda, una tribu que también "dio a

---

1. N. de las T.: En español *Acuerdo de las opiniones de los filósofos y los cristianos.*

la literatura árabe una de sus más grandes figuras, el príncipe-poeta Imru'l-Quais" (Fakhri, 2004, pág. 67). Fakhri (2004) agrega que

algunas autoridades incluso le atribuyen erróneamente la traducción de "numerosas obras filosóficas", sin duda debido a su papel en la revisión o la paráfrasis de varios tratados filosóficos. Sin embargo, la contribución de al-Kindi al naciente movimiento filosófico y teológico en el islam del siglo IX y sus esfuerzos por contrarrestar la aversión natural de sus correligionarios a la recepción o asimilación de conceptos y métodos extranjeros le dan derecho a un lugar enteramente suyo en la historia del pensamiento filosófico en el islam. (pág. 67).

Aunque la mayor parte de su trabajo se ha perdido, el trabajo restante expone a al-Kindi profundamente enfocado a una multiplicidad de temas, como "lógica, metafísica, aritmética, música, astronomía, geometría, medicina, astrología, teología, psicología, política, meteorología, topografía, pronóstico y alquimia" (Fakhri, 2004, pág. 68). Al-Kindi fue "el primer escritor filosófico sistemático en el islam [y] uno de los grandes defensores de la aplicación del proceso racional para revelar textos" (Fakhri, 2004, pág. 68). Fakhri (2004) examinó su concepción de la naturaleza y el alcance de la filosofía y la forma en que se diferencia de otras disciplinas:

La filosofía es "el conocimiento de las realidades de las cosas, según la capacidad humana", y la primera filosofía o metafísica, más específicamente, es "el conocimiento de la Primera Realidad, que es la Causa de toda realidad." El conocimiento metafísico, explica al-Kindi, es el conocimiento de las causas de las cosas. En la medida en que conocemos las causas de un objeto, nuestro conocimiento es más noble y más completo. Estas causas son cuatro: la material, la formal, la eficiente (o emotiva) y la final. La filosofía también se ocupa de las cuatro preguntas, ya que... el filósofo indaga sobre "el *si*, el *qué,* el *cuál* y el *por qué*"; o la existencia, el género (o especie) la *differentia* y la causa final de las cosas. Así, quien conoce la materia conoce el género, quien conoce la forma conoce la especie, así como la *differentia* que conlleva; y una vez conocida la materia, la forma y la causa final, también se conoce la definición, y *eo ipso*, la realidad del *definiendum*. (pág. 71).

Lo que está en juego aquí es más que una pálida búsqueda de la verdad por sí sola. Al-Kindi se centra en muchas formas diferentes de leer la verdad. Esta demanda de múltiples caminos (incluso más allá de la plataforma epistemológica preislámica e islámica) para interpretar la verdad no solo muestra una aquiescencia de la verdad como construcción social; asimismo, destaca la existencia de un terreno epistemológico islámico sólido y bien definido, que busca una posición fuerte a partir de esta interfaz con Occidente.

Según Fakhri (2004), al-Kindi era consciente de la importancia de todos los filósofos y eruditos precedentes del llamado mundo árabe (pág. 71). Como afirmó al-Kindi,

> debemos un gran agradecimiento a aquellos que nos han impartido incluso una pequeña medida de verdad, y mucho menos a los que nos han enseñado más, ya que nos han hecho partícipes de los frutos de su reflexión y simplificado las complejas cuestiones relativas a la naturaleza de la realidad. (pág. 71).

Alabando a sus antepasados preislámicos e islámicos, al-Kindi reconoce claramente la existencia de una línea de pensamiento autónoma preislámica e islámica, pero busca ampliar la búsqueda de la comprensión de la verdad y del mundo entablando un diálogo con las infraestructuras de la epistemología occidental. Nuestro objetivo, afirma al-Kindi, "debería ser dar la bienvenida a la verdad de cualquier fuente que haya venido" porque nada debería ser más estimado para el buscador de la verdad que la verdad misma (Fakhri, 2004, pág. 72). La tarea es "comenzar por exponer las opiniones de nuestros predecesores de la manera más fácil y clara posible, completándolas donde sea necesario, de acuerdo con las normas de nuestro propio idioma y época" (Fakhri, 2004, pág. 72). Además, al-Kindi enfatiza que el conocimiento humano muestra diferentes canales (es decir, el canal del sentido y la experiencia, el canal de la cognición racional) que están entrelazados en la forma en que el individuo reconoce su camino hacia la verdad.

De hecho, al-Kindi defendió que "a cada ciencia le corresponde un tipo particular de prueba" (Fakhri, 2004, pág. 74). Es decir, mientras que en "la metafísica y las matemáticas buscamos la demostración (*burhan*), en las ciencias subordinadas, como la física, la retórica y la historia, buscamos el asentimiento, la representación, el consenso o la percepción sensorial" (Fakhri, 2004, pág. 74). Después de hacer una clara distinción entre entidades materiales e inmateriales, que correspondía "a la doble división de la filosofía en física y metafísica (o como [él] llama hiperfísica)" (Fakhri, 2004, pág. 73), al-Kindi se comprometió en la naturaleza de tal hiperfísica, examinando "algunos de los temas cardinales que conciernen a esta 'ciencia divina'"

(Fakhri, 2004, pág. 74), a saber, el Eterno, el Ser Eterno, la noción de infinito y el complejo terreno de la ética.

El primer principio de todas las cosas es "lo que él [al-Kindi] a veces llama el Eterno, a veces el Verdadero. A éste lo define como aquello que no puede concebirse que no exista, o que tenga una causa para su ser distinta a sí mismo" (Fakhri, 2004, pág. 74). Ese ser

> necesario y no causado [es] inmutable e indestructible, ya que el cambio en general y la destrucción en particular resultan de la sobrevenida sobre el tema de los contrarios comunes, tales como calor y frío, húmedo y seco, más dulce y más amargo, que pertenecen al mismo género. (Fakhri, 2004, pág. 74).

El Eterno "no está en un género, es susceptible de cambio o destrucción". Tal Eterno no puede dejar de "ser", "no puede transformarse en un ser más perfecto, por un lado, o en un ser menos perfecto, por el otro" (Fakhri, 2004, pág. 74). Existe en un estado de excelencia permanente que nunca se puede superar. La preocupación de al-Kindi por el concepto de infinito no se separa en absoluto de su noción de ser eterno. Su concepto de infinito "se aplica al tiempo, movimiento y magnitud en general; sin embargo, su interés no se inspiró en consideraciones teóricas ociosas" (Fakhri, 2004, pág. 74). El enfoque de al-Kindi en el infinito surgió "de su preocupación teológica por problemas tan cruciales como la demostración de la existencia de Dios, la posibilidad de la creación *ex-nihilo*, la cesación y destrucción definitiva del mundo a instancias de Dios" (Fakhri, 2004, pág. 74).

Al-Kindi también estaba interesado en la ética. Siguiendo las afirmaciones de Fakhri (2004, pág. 94) sobre la lógica de al-Kindi, la excelencia moral no era una imposibilidad, y era muy importante para cualquier fervor filosófico, pues "la fortaleza moral y la abnegación están expuestas en nobles términos filosóficos" (Fakhri, 2004, pág. 94). Fakhri (2004) afirma que al-Kindi y otros filósofos, como al-Farabi e Ibn Sina, disputan exhaustivamente dentro de la dialéctica "filosofía/dogma" (pág. 210). Mientras que el primero "llegó a abrazar la causa del dogma casi incondicionalmente y trató de erigir un edificio intelectual compacto sobre la base del dogma" (Fakhri, 2004, pág. 210), el segundo "se esforzó por disminuir el efecto de tal división al enfatizar las áreas de acuerdo y las preocupaciones comunes de la filosofía y el dogma" (Fakhri, 2004, pág. 210).

Sin embargo, el trabajo de al-Kindi no puede verse aislado. Los mundos (pre) islámicos vivían una impresionante atmósfera dinámica cultural y científica con la ayuda de los llamados mecenas. Ya en el siglo IX, Fakhri (2004) argumenta que el mundo (pre) islámico estaba presenciando "una auténtica lucha por el material filosófico y científico, en la que los mecenas adinerados rivalizaban con los propios califas" (pág. 9). De hecho, la producción filosófica y científica de la mayoría de las "disciplinas literarias que cultivaban los árabes, como las *belles lettres*, la escritura en verso y la narrativa, dependía de la generosidad o el interés de los mecenas adinerados" (Fakhri, 2004, pág. 9). Si bien se puede documentar un gran número de patrocinadores (lo que en realidad atestigua un gran dinamismo intelectual), a saber, Umayyad Khalib (n. Yazid), Abu Ja'far Muhammad (n. Musa), la familia Banu Munsu y la familia Barmakid, es innegable que Al-Ma'mun "fue el mayor mecenas de la filosofía y de la ciencia en toda la escabrosa historia del islam" (Fakhri, 2004, pág. 10). No hace falta decir que todos ellos eran más que meros mecenas porque "no solo presumen de una gran riqueza, sino de una verdadera brillantez intelectual" (Fakhri, 2004, pág. 10). El trabajo de Al-Ma'mun cruzó temas de poder, el Estado, la teología, la sociedad islámica, todos ellos debatidos en sus salones "con inusual audacia [arrojando] mucha luz sobre las preocupaciones intelectuales, así como sobre el clima general de opinión prevaleciente en ese tiempo" (Fakhri, 2004, pág. 10). Mientras que Al-Ma'mun fue el gran patrocinador, Hunain (n. Ishaq) fue "por lejos, la figura más importante en la historia de la traducción de la filosofía y la ciencia griegas" (Fakhri, 2004, pág. 12). Fakhri (2004) explica:

La actividad de Hunain marca una etapa decisiva en la historia de la traducción. Una nueva preocupación por una mayor precisión hizo necesario volver a traducir los textos filosóficos y científicos actuales o mejorar las traducciones ya existentes mediante un examen detenido del texto original. [La] medida de la precisión de Hunain se puede estimar por el hecho de que hizo numerosas traducciones de muchas de las obras que cita en una epístola que escribió en 856. Por ejemplo, afirma que cuando tenía unos veinte años hizo una traducción al siríaco del tratado de Galeno *Sobre el orden de mis propias obras* (π. της ταξεως των ιδιων βιβλιω) de una mediocre copia griega. Sin embargo, veinte años después, dice: "Habiendo adquirido varias copias griegas de esta obra, las recopilé cuidadosamente, hasta que tuve en mi poder una copia buena, que luego cotejé con la versión siríaca y la corregí. Luego lo volví a traducir por segunda vez". Y esto, agrega de manera significativa, "ha sido mi costumbre en todo lo que he traducido poco después al árabe para Abu Ja'far Muhammad n. Musa [su mecenas]". (págs. 12-13).

La traducción fue, como podemos ver, un proceso intelectual serio y minucioso. Traducir era escribir otro libro, interpretar los originales, cuestionar, llevar los argumentos del original a otro nivel. Como ya se reconoce abiertamente en los períodos preislámico e islámico, los estudiosos estaban seriamente preocupados por cuestiones que también dominarían la agenda de investigación de Occidente siglos después.

Morgan (2007) rastrea el concepto y las prácticas de la meritocracia –tan de moda hoy en día bajo la agenda neoliberal– hasta las épocas preislámica e islámica. La meritocracia surge asociada a la necesidad de mantener la fuerza muscular del islam. De hecho, los imperios islámicos "alcanzarán su apogeo político e intelectual bajo Suleiman el Magnífico [que institucionaliza] el uso de la meritocracia en lugar de la nobleza hereditaria para administrar el Imperio" (Morgan, 2007, pág. 77). Conceptos como democracia y socialismo, también están bien documentados por Sharabi (1970) durante los períodos preislámico e islámico. Sharabi (1970, pág. 50) afirma que, tanto la democracia como el socialismo, "como se demostró que por principio de organización política tenía profundas raíces en la práctica de la comunidad musulmana primitiva, el verdadero socialismo, como la democracia genuina, se encontraban en el islam" (pág. 79). Por lo tanto,

> no tenía sentido volverse a Europa cuando los musulmanes podían encontrar su mejor guía en su propia herencia. Aquello que una democracia islámica en la edad de oro tenía para ofrecer era muy superior a cualquier cosa proporcionada por Europa. La doctrina del socialismo fue rechazada por motivos similares. Tal como surgió en Europa, se consideró que se basaba únicamente en el odio y la opresión. Ningún pensador político europeo fue capaz de presentar una doctrina socialista que pudiera ser racionalmente aceptable. (Sharabi, 1970, pág. 50).

Incluso en los marcos socialistas que estallaron después de la Primera Guerra Mundial, y especialmente después de la Segunda Guerra Mundial, en el Medio Oriente, las raíces del islam eran bastante palpables (ver Karpat, 1982). El socialismo en el Medio Oriente, documenta Karpat (1982), es "una extensión del nacionalismo [y] tiene dos facetas" (pág. xxxi). Por un lado, "puede aparecer como un rechazo al sistema económico occidental (capitalismo), a los excesos del poder económico individual y a la diferenciación de clases" (Karpat, 1982, pág. xxxi); por otro lado, "el socialismo también puede aparecer como un movimiento igualitario para erradicar las diferencias de riqueza y posición y así allanar el camino para la integración social necesaria para la supervivencia del Estado moderno" (Karpat, 1982, pág. xxxi). El hecho es que el socialismo "extrae gran parte de su fuerza ético-moral del islam y de Occidente. Las ideas islámicas de caridad, justicia social y responsabilidad, a la luz de las necesidades contemporáneas, proporcionan bases poderosas para la acción socialista" (Karpat, 1982, pág. xxxi). Muchos de los predicados más progresistas de las sociedades occidentales (contemporáneas) –por ejemplo, la noción de verdad y justicia social– ya eran bastante palpables en las civilizaciones árabes embrionarias.

El nexo de religión, comunidad (*ummah*), democracia y educación asociado con la verdad y la justicia también fue bastante poderoso. En un intento para comprender cómo se hace realidad la noción de comunidad en las prácticas sociales, Waghid (2011) analiza que "uno de los objetivos de la educación islámica es producir una buena persona, es decir, una persona de *adah*" (pág. 17). La verdad y la justicia no eran conceptos y prácticas mecánicos e insípidos. Por el contrario, la acción justa se refiere "principalmente a la relación armoniosa y correctamente equilibrada que existe entre el hombre [o la mujer] y su yo" y, de un segundo modo, "sólo entre lo que existe entre otro y otros" (Waghid, 2011, pág. 17, citado en Al-Attas, 1995). Es decir, la verdad y la justicia –el objetivo de la educación comunitaria democrática basada en la religión– no se relacionaban únicamente con "situaciones relacionales de armonía entre la sociedad y el Estado"; una "persona injusta consigo misma no se inmuta acerca de la actualización de su potencial como persona pensante y espiritual e, invariablemente, causar daño a su sociedad" (Waghid, 2011, pág. 17). No pretendemos aquí encontrarnos ante una visión monolítica indiscutible de la educación islámica. De hecho, es precisamente lo contrario. Como documentan Bamyeh (1999), Fakhri (2004), Waghid (2011) y otros, las sociedades islámicas no eran monolíticas, lo cual era un activo que creaba demasiados problemas a las potencias coloniales (ver Morgan, 2007). La sinopsis de Waghid (2011) sobre la visión minimalista-maximalista de la educación islámica nos enseña mucho. Si bien la visión minimalista de la educación se basa en el entendimiento de que la verdad y la justicia involucran solo a las personas que están unificadas en una comunidad específica por motivos de religión, y que la bondad no puede extenderse más allá de los parámetros de las fronteras homogéneas religiosas o no religiosas. (Waghid, 2011, pág. 16).

Asimismo, "la visión maximalista de la educación islámica (*ta'dib*) implica que se haga justicia hacia todos y no limitar los actos justos a la propia comunidad étnica, cultural, política, literaria o religiosa" (Waghid, 2011, págs. 16-17). Mientras que la primera es demasiado "limitado en el sentido de que la verdad y la justicia para y hacia las personas en la sociedad no puede basarse simplemente en la lealtad de uno al Corán y la Sunnah; la segunda actúa con sinceridad y justicia hacia toda la humanidad" (Waghid, 2011, pág. 16).

Sin embargo, la visión maximalista de la *ummah*

extiende la práctica de la comunidad hacia un ámbito político [es decir] *ummah* es más una sociedad política, ya que es una comunidad religiosa [y] aboga por una visión integrada de la Umah: religiosa para el individuo y política para el cultivo de la humanidad. (Waghid, 2011, pág. 18).

Así, las prácticas *umaáticas* "que están vinculadas a la práctica de algunos de los ideales de la democracia equivalen a adherirse a una visión maximalista de la educación islámica" (Waghid, 2001, pág. 19). Este punto es crucial ya que la democracia y la justicia no suelen estar asociadas con el islam en los Estados Unidos. De hecho, "las prácticas de una comunidad democrática (*ummah*) no son incompatibles con las fuentes primarias de la educación islámica" (Waghid, 2011, pág. 19). Waghid (2011) describe la base de la educación islámica:

En primer lugar, la autonomía para oponerse, hablar y criticar (*hisbah*), encontrar expresión en el Corán y la Sunnah. En segundo lugar, el juzgar a través de los errores, más conocido como razonamiento jurídico independiente (*ijihad)* puede considerarse como otra práctica en el islam que puede asociarse con la noción de una comunidad democrática (*ummah*). En tercer lugar, la práctica de *ikhtilaf* (desacuerdo) fomenta y legitima las diferencias entre los musulmanes en la interpretación de las fuentes primarias de la educación islámica. (Waghid, 2011, págs. 23-24).

A pesar de los ejemplos actuales del movimiento Occupy[2] y la Primavera Árabe, parece que esa autonomía se ha perdido. En el caso

---

2.   N. de las T.: En español también llamado Otoño Estadounidense, Ocupa Wall Street o Toma Wall Street.

occidental, por ejemplo, la necesidad de diferencia y desacuerdo, ha sido irónicamente saneada o neutralizada del llamado sistema educativo democrático que tanto en la forma como en el contenido no muestra ninguna base democrática.

Es incuestionable que el período islámico anterior al siglo XIII fue cultural y económicamente bastante poderoso debido a su sistema educativo. En los cuatro siglos precedentes, por ejemplo, Bagdad fue el centro de un gran imperio cultural, económico y religioso. Morgan (2007) escribe,

> El primer gran hospital urbano del mundo se levantará en el siglo X. Se establecen dos madrasas que se convertirán en universidades globales: las universidades Nizamiya del siglo XI y Mustansiriyah del siglo XIII. Mustansiriyah ofrecerá matrícula, atención médica, alojamiento y comida en forma gratuita. Surgirán observatorios en Shammasiyah, asociados con la Casa de la Sabiduría, y en las casas privadas de astrónomos independientes como al-Hasan y los hermanos Banu Musa. Para el siglo XIII, Bagdad tendrá 36 bibliotecas públicas y 100 librerías. (pág. 60).

Siguiendo la exégesis de Morgan (2007), este dinamismo cultural y económico transformó Bagdad "en la capital mundial de la poesía [como] resultado no solo de la riqueza, diversidad e inventiva de la ciudad [sino] de la fusión de dos de las culturas e idiomas más poéticos del mundo: árabe y persa" (pág. 62). Además, Bamyeh (1999) afirma que Ilm-al-Kalam, o escolasticismo, "fue uno de los componentes más fundamentales de la filosofía islámica primitiva" (pág. 115). De hecho, la centralidad del análisis de la lengua en las sociedades islámicas fue enorme. Como documenta Bamyeh (1999), "hay pocas dudas de que la relación entre lengua, representación y verdad ha sido una característica central y recurrente de la civilización islámica desde sus inicios" (pág. 115). Tal escolasticismo al ciento por ciento (*Kalam*) conectado con la religión dio origen a "la primera gran escuela de teología, la Mu'tazilah, cuyos principales médicos florecieron durante el siglo IX y cuya causa fue defendida con tanto celo por el gran califa abasí Al-Mamun" (Fakhri, 2004, pág. 45); esta escuela intentó congregar varios rangos antagónicos del islam. Durante este tiempo, los debates sobre el libre albedrío, la predestinación y el pecado grave (*Kabirah*) relacionados con la pérdida de la identidad islámica, entre otros temas, dividieron a los primeros juristas (*Fuqaha)* y los tradicionalistas (*Muhaddithum*) y muestran diferentes interpretaciones de los textos sagrados y, al mismo tiempo, desarrollaron un poderoso entorno intelectual.

Este celo cultural es bastante visible también en otros campos intelectuales. Por ejemplo, no se pueden negar las similitudes entre los números modernos en Occidente y el sistema de numeración árabe-índico medieval (Morgan, 2007). Además, no se puede olvidar el impacto de eruditos como Ibn al-Haytham. Al-Haytham "retomó su propia investigación sobre el tema de la luz" (Morgan, 2007, pág. 102). Según al-Haytham, Morgan (2007, pág. 103) sostiene que "ninguna mente humana, por brillante que sea, es capaz de teorizar el mundo físico. Debe medirse y observarse". Como los eruditos y científicos "de mil años después, [al-Haytham no tomó] declaraciones científicas sobre la fe" (Morgan, 2007, pág. 103). La investigación de al-Haytham sobre la naturaleza misma del globo ocular ayudará a los científicos posteriores a "desarrollar una explicación moderna de la visión humana" (Morgan, 2007, pág. 104). Morgan proporciona los siguientes detalles:

> Inspirado por el globo ocular humano, [al-Haytham] comienza a construir lo que luego se conocerá como la cámara oscura. Quinientos años antes de Leonardo da Vinci, [al-Haytham] indaga en cosas que luego se atribuirán al gran italiano y a Kepler y a Descartes cuando ellos, en realidad como algunos pensadores renacentistas y posrenacentistas, están realmente reproduciendo o construyendo sobre lo que los grandes científicos musulmanes habían establecido hace mucho tiempo. El trabajo de al-Haytham también allanará el camino para una temprana forma de cálculo. En uno de sus mayores y más audaces triunfos, Ibn-al-Haytham deduce que el curioso intervalo del crepúsculo, algo que al observador casual parece mágico y que debe darse por sentado, tiene diversas explicaciones matemáticas y físicas. Calcula que el crepúsculo solo ocurre cuando el sol está a 19 grados por debajo del horizonte. Utilizando ese hecho, está a las puertas de medir la profundidad de la atmósfera, algo que no se verificará hasta el siglo XX, el siglo de los viajes espaciales. Llegando a los límites mismos de la física superior, parece ser consciente de la gravedad misma y escribe sobre la atracción de las masas 600 años antes de Galileo y de Sir Isaac Newton. (Morgan, 2007, págs. 104-105).

Políticas culturales de ignorancia y educación errónea

La exploración científica no fue la única área en la que el mundo árabe demostró avances. Por ejemplo, las diferencias entre religiones muestran al Corán en un nivel superior diferente. Muhammad El Saadawi (2010) es "un poco más progresista en relación con las mujeres y, de hecho, el Corán es más progresista en relación con las mujeres y la libertad mental que la Torá y el Nuevo Testamento" (pág. 327). El Saadawi (2010) sostiene que

> la Virgen María demuestra una fijación con la virginidad. No hay virginidad del hombre y esto produce un doble estándar moral y político: castidad para las mujeres y promiscuidad para los hombres, monogamia para las mujeres y poligamia para los hombres. Es la base del patriarcado. La virginidad es la causa del velo, los crímenes de honor, la lapidación de mujeres, etc. La virginidad es la base de la opresión de las mujeres, de la doble moralidad; es la base de la circuncisión femenina, de la clitoridectomía. Ese ha sido fatídico hasta el día de hoy. Y esto está en el Antiguo y en el Nuevo Testamento. La teoría biológica de Aristóteles es que el feto tiene vida a partir del espermatozoide del macho y el óvulo permanece en silencio; no hay vida en el óvulo. La mujer es solo la portadora del feto. Aristóteles propagaba la inferioridad de la mujer. El Antiguo Egipto es totalmente diferente: nuestra Diosa Nut era la Diosa del Cielo, de la inteligencia, y su esposo Geb era el Dios de la Tierra, y representaba lo físico, el cuerpo. Con el fin del sistema matriarcal y el inicio del sistema patriarcal, todo se revirtió. (págs. 327-328).

En *Las sultanas olvidadas. La historia silenciada de las reinas del islam,* Fatima Mernissi (1993) examina cómo, aunque "no existe una forma femenina para las palabras *imán* o *califa,* las dos palabras que encarnan el concepto de poder en el idioma árabe, [y] aunque ninguna mujer llegó a ser califa han sido muchas las que lograron ser *sultana y malika* (reina)" (Mernissi, 1993, pág. 13). Mernissi (1993) devela el papel crucial interpretado por las Sultanas Razia, quien tomó el poder en Delhi en 634; Shajar al-Durr, una gobernante de Egipto que tomó el poder en El Cairo en 648; y Axia Madre de Boabdil, madre del último gobernante árabe de España, Muhammad Abu 'Abdallah. Siguiendo el razonamiento de Mernissi (1993), las mujeres surgen en momentos caóticos de la historia con un desempeño social notorio mientras son silenciadas sistemáticamente por una visión dominante del mundo.

El discurso dominante occidental niega peligrosamente los grandes logros del islam medieval en áreas como la religión, la filosofía, las matemáticas, la astronomía, la medicina y la poesía (Jahanbegloo, 2007, Torres Santomé, 2010). El tejido cultural y económico de los intelectuales y la intelectualidad preislámica e islámica fue tan poderoso, que llegó a naciones como India, Ceilán, Indonesia, Malasia y China (Abu-Lughod, 1989) y, por lo tanto, dio forma al mundo antes que la hegemonía europea. De hecho, Abu-Lughod (1989) sostiene que "los comerciantes musulmanes establecieron colonias en todo el mundo asiático transportando no solo sus bienes comerciales, sino también su cultura y religión" (pág. 242).

Estos cenit culturales no solo propiciaron el surgimiento de un bloque sólido de laicos musulmanes ("el término deriva del hecho de que este grupo de intelectuales árabes era musulmán, por eso, para ser diferenciados de los intelectuales cristianos occidentalizados, y que no tenían una orientación religiosa, y también diferenciarse de los tradicionalistas y reformistas musulmanes" –Sharabi, 1970, pág. 87–), pero también tendrían concomitantemente un impacto profundo en la educación que estuvo bastante conectada con las necesidades sociales y los deseos. Un buen ejemplo es la "educación otomana [que] fue principalmente educación profesional [proporcionando] formación en tres campos principales: derecho, medicina y militar" (Sharabi, 1970, pág. 90). Algunas de las fuertes críticas hacia Occidente estallaron por parte de los musulmanes laicos que veían a Occidente como incapaz de lidiar con "diferencias étnicas, naturalmente depredadoras, indignas de confianza y una falsa civilización con una gran pobreza espiritual" (Sharabi, 1970, págs. 98-99). Además, los eruditos musulmanes, afirma Sharabi (1970), no estaban conducidos por "impulsos económicos" (pág. 20). La visión oriental hacia Occidente fue siempre de escepticismo, porque la occidentalización, sostiene Sharabi (1970), "acercó la dominación" (pág. 46). De hecho, Sharabi (1970) explica que

> Europa no podía tener nada que ofrecer al islam que no estuviera manchado por sus rapaces intenciones hacia los países islámicos. El islam no podía desear tomar prestado de ella nada más que aquellos elementos que conducían directamente a la adquisición de los medios para defenderse, y a la posesión del poder. En el plano más elevado, estos medios se presentaron nuevamente en términos de "*Ilm*"; más directamente, consistían en nuevas armas y organización y técnica militar. Europa no era vista ahora tanto como la sede de la civilización, sino como una civilización que poseía el secreto del poder y la dominación. (pág. 47).

La ignorancia europea acerca de Oriente era enorme. Abu-Lughod (1989) afirma que era "un simple indicador de cuán aislada estaba todavía del sistema al que buscaba unirse. Esto no era de extrañar" (pág. 159). Sin duda, la ignorancia no es inocente. Como afirma Sanjakdar (2011), "el discurso occidental sobre los musulmanes y el mundo islámico refleja ignorancia, en el mejor de los casos, y racismo, en el peor" (pág. 24). Abu-Lughod (1989) sostiene que

> si los romanos clásicos que mantuvieron contactos comerciales y recibieron importaciones del lejano oriente en la era cristiana primitiva permanecieron básicamente ignorantes de sus principales socios comerciales, ¿cómo podría suponerse que la Europa medieval, aislada durante cientos de años, estaba en condiciones de saber más? (pág. 159).

Ejemplos de ciudades europeas, como Córdoba en España y Tours en Francia (Morgan, 2007), así como iconos europeos, como Marco Polo (Abu-Lughod, 1989), muestran lo accidentado que está el tapiz occidental de la historia:

> Con demasiada frecuencia, los escritos europeos ven a los estados marítimos italianos medievales como agentes "activos" en una sociedad islámica "pasiva". A los italianos se les atribuye la introducción de enormes e innovadores mecanismos de transporte y comercio en una región presuntamente menos competente. Ese argumento, sin embargo, ilustra algunas de las falacias [creadas por Occidente], a saber, razonar hacia atrás a partir de los resultados y no descartar la perspectiva al evaluar las narrativas. Si bien es cierto que "Occidente" finalmente "ganó", no debe asumirse que lo hizo porque estaba más avanzado en la teoría o en la práctica capitalistas. La sociedad islámica no necesitaba maestros en estos asuntos. (Abu-Lughod, 1989, pág. 216).

Morgan (2007) narra un día de una familia musulmana, los Ghafiqis, en el parque central de Tours. Se consideraban a sí mismos musulmanes franceses. Morgan describe las raíces de Tours[3] y describe cómo Karima Ghafiq disfruta, perezosamente, leyendo un periódico mientras Driss se ha unido a la herencia secular no occidental de la ciudad. En Tours, los impulsos no occidentales hablaban con Driss. Algo en la catedral de Tours tenía que ver con el Marruecos musulmán. La mini-historia de Morgan (2007) refleja los sentimientos de

---

3. Tours es una ciudad que se remonta a la época gaélica y romana de hace 2000 años, "un hogar final de un guardaespaldas imperial romano que adoptó el cristianismo y se convirtió en el hombre que los cristianos conocen como San Martin. Los vikingos saquean la ciudad dos veces en el siglo IX y X, [más tarde] se convierte en el hogar del protestantismo hugonote, en el auge de la industria textil y, en el asedio prusiano de París durante la guerra franco-prusiana, Tours incluso sirvió como capital temporal de Francia" (Morgan, 2007, págs. 2-3).

muchos musulmanes y descendientes de musulmanes cuando se enfrentan a las mismas realidades en numerosas ciudades europeas.

La historia oficial árabe musulmana de Occidente, legitimada por el sistema escolar y los principales aparatos de los medios de comunicación, "se ha reducido a una serie de fechas, batallas y conquistas, pintadas como la imposición forzada de un nuevo orden religioso" (Morgan, 2007, pág. 15). Más que una imposición forzada, Occidente ha ensamblado el colonialismo como un proceso de salvación. Por extraño que parezca, las civilizaciones árabes musulmanas han sido examinadas y criticadas de forma reductiva por su fundamentalismo religioso. Si bien el examen de la civilización árabe-musulmana desde una perspectiva religiosa no es inexacto en absoluto, la tendencia de sentido común de equiparar la civilización árabe-musulmana como basada simplemente en un ancla religiosa no solo es profundamente errónea, sino que también oculta el hecho de que en todas las civilizaciones (dominantes y contradominantes), las religiones juegan un papel enorme y, en muchos casos, tienen impulsos totalitarios. Es decir, por un lado, el conocimiento oficial de sentido común (Apple, 2000), que oculta el hecho de que una gran masa de musulmanes está

> recurriendo a la religión [desarrollando una] identidad religiosa visible más fuerte [como] resultado de que muchos se sienten impulsados a promulgar y habitar sus identidades musulmanas, de una manera más deliberada de lo que podría haber sido el caso, como una forma de expresar una fuerte oposición y resistencia a Occidente. (Sanjakdar, 2011, pág. 24).

Por otro lado, los silencios y la religión han sido milenariamente preponderantes en todas las civilizaciones. El Saadawi (2010) enseña mucho aquí. Ella (2010) "pasó veinte años comparando los tres libros sagrados" aclarando que "Dios no es un libro" (pág. 327), afirma El Saadawi (2010, pág. 322). Siguiendo el razonamiento de El Saadawi (2010), "las religiones son servidores milenarios del sistema político y no al revés" (pág. 328). Ella agrega,

> ¿Por qué tenemos el fundamentalismo? Porque en tres libros sagrados hay enseñanzas fundamentalistas. La religión es una ideología política. Todos los regímenes políticos del Imperio Romano, todos los imperios, incluido el actual imperio, han utilizado la religión. Bush, el líder del imperio estadounidense, utiliza el fundamentalismo cristiano y, en cierto sentido, el fundamentalismo islámico y el fundamentalismo judío. [Tomemos] Reagan, y Sadat [y Bush] el padre. Utilizaban a

los grupos islámicos de derecha para hacer varias cosas. Los usaron para luchar contra el comunismo y los grupos nasseristas, contra socialistas, feministas e incluso demócratas liberales. Los usaron para dividir el país con y por la religión, porque saben que tenemos cristianos en Egipto. Siguen dividiendo a la gente con la religión. Eso es lo que hizo el Imperio Británico; dividieron a la gente por religión. Y eso es lo que está haciendo el Imperio estadounidense ahora en Irak; dividen a las personas por religión, sunitas y chiítas. Israel creó a Hamas, el grupo fundamentalista islámico, y ahora Hamas está matando a los seculares de Fatah. En Afganistán, el Imperio estadounidense anima a los talibanes y al propio bin Laden a luchar contra el comunismo. Muchos jóvenes egipcios fueron entrenados por la CIA, principalmente somalíes y sudaneses. Recogieron a jóvenes desempleados; los entrenaron y les dieron armas para luchar contra la Unión Soviética. Se les llama "los árabes afganos". Por lo general, en mis conferencias digo que George Bush y bin Laden son gemelos. (El Saadawi, 2010, págs. 324-325).

Sin lugar a dudas, el tapiz occidental de la historia tejió a través de los siglos una narrativa que

(a) pierde el hilo de que la rápida expansión del islam es causada en parte por su éxito económico, no por la conquista y conversión forzada, (b) pierde el hilo de que la conversión religiosa de los pueblos conquistados suele ocupar un lugar pobre en la agenda política del emergente imperio árabe musulmán, y (c) olvida que los gobernantes árabes no tienen un mandato religioso fuerte para convertir a los pueblos que colonizaron. (Morgan, 2007, pág. 15).

Esta visión retorcida de la historia ignora el enorme impacto de la educación de la civilización islámica y se vuelve profundamente problemática, especialmente en nuestro momento global.

Si uno deshace el tapiz de la historia occidental, uno se da cuenta de que Occidente termina bebiendo el veneno que produjo. Marquand (2011) propone otra ruta histórica que vale la pena recorrer. En *El fin de Occidente*, David Marquand (2011) deconstruye el imperio occidental, remontándose hasta la caída del Imperio Romano. Tras la caída del Imperio Romano, "Europa Occidental se hundió en una mediocridad empobrecida y anárquica" (Marquand, 2011, pág. 4); a principios del siglo XVIII, "el PBI [producto bruto interno] combinado de India y China era dos veces mayor que el de Europa. Gracias a una mezcla de fuerza, fraude y astucia, extensiones cada vez mayores de territorio indio cayeron bajo el dominio británico en la segunda mitad del siglo XVIII" (Marquand, 2011, pág. 4). Progresivamente, debido a sus estrategias genocidas coloniales, Europa asumió una posición cuasi totalitaria dominante. Es decir,

> No solo Europa era el centro del mundo, sino que los europeos daban por sentado que sus valores "occidentales" predestinaban las victorias en una lucha darwiniana por la supremacía moral e ideológica. Europa era el hogar de la modernidad y el progreso en constante avance. Su trayectoria fue un modelo para la humanidad. Y dentro de Europa prevaleció la misma mentalidad. Para los franceses, Francia era el corazón del "oeste" europeo. (Marquand, 2011, pág. 6).

Tal centralidad fue efímera. Con el advenimiento de la Primera Guerra Mundial, argumenta Marquand (2011), Europa se embarcó en un proceso de autodestrucción, afectando seriamente la posición dominante de Europa. Con el surgimiento de la Segunda Guerra Mundial, la posición dominante de Europa fue destruida e "inmediatamente después de la guerra, la mayor parte de Europa continental quedó devastada y gran parte de ella quedó traumatizada" (Marquand, 2011, pág. 8). Prácticamente Occidente estuvo a partir de ese momento en manos de Estados Unidos y la URSS. Europa no solo "dejó de ser el centro del mundo, [sino que también] se convirtió en la cabina de mando de una lucha mundial por la supremacía entre dos visiones rivales del destino humano y la buena sociedad, encarnada por dos superpotencias europeas" (Marquand, 2011, pág. 9). Sin embargo, la retórica milenaria de Occidente-Oriente, "que ayudó a estructurar la autocomprensión europea desde los días de Heródoto y Pericles, sobrevivió [y] Washington DC se convirtió en la nueva Roma, si no en la nueva Atenas" (Marquand, 2011, pág. 10). Tal impulso de la guerra fría implosionó a fines de la década de 1980 con la caída del Muro de Berlín en 1989 y el colapso de la antigua Unión Soviética en 1991 (Marquand, 2011), lo que permitió la velocidad a toda potencia del enigma neoliberal que preparó el terreno para el impulso global. Es en el corazón mismo de la globalización donde Occidente se vio sacudido con los acontecimientos del 11 de septiembre en los Estados Unidos, luego en Londres y Madrid y, a partir de 2007, por el comienzo de enormes crisis financieras. El fundamento de Marquand (2011) merece atención:

Ya está claro que las suposiciones consagradas en "La balada de Oriente y Occidente" de Kipling se han invertido. En el corazón mismo de la antinomia Oeste-Este de los últimos dos mil quinientos años se encuentra la proposición de que "Occidente" era por excelencia, el hogar de la razón, la eficiencia y el éxito evolutivo: que un "Occidente" ilustrado, moderno, racional y progresista se enfrentó a un "Este" atrasado no ilustrado. Estas suposiciones son ahora manifiestamente absurdas. Las crisis financieras y todo lo que siguió mostró que −al menos en los estrechos términos de crecimiento económico que el propio modelo estadounidense había privilegiado− China "oriental" e India eran más eficientes, más exitosas y más racionales que los Estados Unidos absolutamente "occidentales"; de hecho, sin la avalancha de los ahorros chinos que se vertieron en Estados Unidos, el derroche estadounidense hubiera sido imposible. Y la India logró combinar el éxito con una democracia local vibrante y bulliciosa, tan vigorosa como la de Estados Unidos. (pág. 19).

La autoridad política global fue recalibrada y, hoy, Estados Unidos no es la única "nación indispensable; China e India también son profundamente indispensables" (Marquand, 2011, pág. 20).

No estamos afirmando aquí que las civilizaciones islámicas no se hayan enfrentado a importantes momentos tumultuosos a lo largo de los siglos. De hecho, sostiene Aksikas (2009), los enfrentamientos entre colonizadores y colonizados crearon enormes transformaciones y fracturas sociales. Estos enfrentamientos siembran la semilla de un estado de conmoción y humillación muy visible en "cuentos, poemas y canciones populares que, afortunadamente, han sobrevivido" (Aksikas, 2009, pág. 15). Es decir, "la caída del mundo árabe en el colonialismo obviamente perturba la conciencia árabe" (Aksikas, 2009, pág. 15). Tal cultura de humillación allana el camino para un sentimiento nacionalista anticolonial creciente y poderoso. Como afirma Aksikas (2009), el anticolonialismo, la cara visible del nacionalismo, "se convirtió en el estado de ánimo dominante, aunque no el único" (pág. 15). De hecho, el lenguaje del nacionalismo, la modernización nacional y el renacimiento se convirtió en un lema para desafiar al colonizador. Atrocidades, como la invasión de Egipto por los ejércitos de Napoleón en 1798, impulsaron el desarrollo de una conciencia renacentista moderna. Aksikas (2009) afirma que la ocupación colonial "hizo esta ideología aún más fuerte y de naturaleza más anticolonial y antiimperialista" (pág. 18). Los intelectuales árabes, sostiene Aksikas (2009), siempre estuvieron impulsados por cuatro epítomes, a saber, "autenticidad, continuidad, universalidad y estilo artístico para expresar los males sociales actuales" (pág. 38). Es decir,

> en primer lugar, la principal preocupación de los intelectuales árabes es definir su Yo, lo que necesariamente implica una definición de su Otro, Occidente. La segunda preocupación es el pasado: ¿cómo conciben los árabes su pasado largo, aunque vago, un pasado lleno de éxitos y fracasos, de victorias y derrotas, de tinieblas e iluminación? La tercera preocupación es metodológica, tanto a nivel intelectual como científico. ¿Qué modo de acción y análisis garantizará al sujeto intelectual árabe moderno la igualdad con el Otro, Occidente? La cuarta y última preocupación se refiere a la expresión de esta situación transitoria, llena, como está, de incertidumbres y contradicciones. ¿Qué estilo artístico o literario es capaz de representar la situación actual y diagnosticar la crisis presente? (Aksikas, 2009, pág. 18).

El legado intelectual de Abu Bakr Muhammad (n. Al-Sayigh), Abu Yusuf Ya'qub (n. Ishaq al-Kindi), Ibn al-Haytham, Umayyad Khalib (n. Yazid), Abu Ja'far Muhammad (n. Musa), Banu Munsu, al-Farabi, Ibn Sina y otros contemporáneos, como Abdallah Laroui, Abdesselman Yassine, Samir Kassir, Adonis y muchos otros, no pueden ser relegados a un camino inferior, en el mejor de los casos, o a un camino de la inexistencia, en el peor. Es necesario respetar el alto calibre de tal intelectualidad y, en consecuencia, el impacto en lo que sería el marco posterior del Imperio Occidental. De hecho, vencer el dominio cultural y económico de las sociedades islámicas embrionarias y de las sociedades occidentales contemporáneas modernas muestra que "la superioridad inherente de Europa y la inferioridad inherente del islam han demostrado ser incorrectas" (Sharabi, 1970, pág. 44). Aunque los enfrentamientos revelaron un flagrante genocidio perpetrado por Occidente no solo durante los conflictos, sino también después de tales disputas por parte de las instituciones sociales occidentales (es decir, la educación, las iglesias y los medios de comunicación), que silenciaron y ocultaron, positivamente, tales ricos legados históricos. Sorprendentemente, estos "conquistadores" occidentales genocidas fueron absolutamente incapaces de evitar la forma en que el islam y el cristianismo se rozaran entre sí en formas muy beligerantes y contenciosas de muchas maneras, pero sin duda también de muchas formas dialógicas.

Nadha: el renacimiento árabe

La lucha contra los paradigmas epistemológicos hegemónicos occidentales también traerá a primer plano la importancia de estudiar la *Nahda i*slámica, el renacimiento árabe o, como Kassir (2006) revela, cómo los *Nahdawis* (los hombres del renacimiento) "se reconstruyen [a sí mismos] sobre la base del descubrimiento del Otro, el Otro europeo" (pág. 49). Fue durante *Nahda*, como revela Kassir, que el mundo vio una interacción cultural impresionante entre las culturas occidental y árabe. Profundamente conectada con el gigantesco Imperio Otomano, *Nahda* dio forma al humanismo, una importante revolución cultural y epistemológica, una "metamorfosis colosal" que abrió espacio para "los más extensos y variados debates: sobre los descubrimientos científicos, las virtudes del comercio, la lucha contra la superstición, la educación de la mujer, el racionalismo del análisis histórico" (pág. 51). *Nahda* incluía tanto a musulmanes como a cristianos.

Si es importante comprender por qué y cómo realidades como el orientalismo (Said, 1978) y el eurocentrismo (Amin, 2009) han sido edificadas y perpetuadas por paradigmas científicos hegemónicos occidentales, no es menos importante percibir, estudiar y comprender profundamente qué tipo de debates están impregnando las sociedades no occidentales. Necesitamos desafiar lo que Abu-Lughod (2001) llama la política de negación retratada por los sionistas en el Medio Oriente, que niega una identidad al pueblo palestino y su cultura. La cuestión es comprender la construcción social occidental del llamado malestar árabe (Kassir, 2006) y percibir por qué, por ejemplo, como argumenta Boroujerdi (2001), el panorama intelectual y político de civilizaciones, como Irán, a menudo ha sido etiquetado como "anacrónico, desconcertante, enigmático, incongruente, intrincado, irónico, multidimensional, paradójico, permutable, recóndito, fortuito e impredecible" (pág. 13). Según Amin (2009), es un error reducir el poder en las sociedades islámicas a los líderes religiosos –*ulema*– aunque "la clase dominante, o el bloque hegemónico, para usar un término contemporáneo, siempre incluyó algunos miembros religiosos" (pág. 63). Amin (2009) sostiene que reducir las sociedades antiguas "a las teocracias no contribuye en nada a comprender la naturaleza de las sociedades en cuestión en toda su complejidad" (pág. 64). Siguiendo el razonamiento de Amin (2009, pág. 66), *Nahda* "no fue un Renacimiento [islámico] [sino una fuerte] reacción a un impacto externo". Su crítica merece ser citada extensamente:

> La *Nahda* no fue una ruptura con el pasado; no captó el significado del secularismo, la separación entre lo religioso y lo político. Esta es la condición que hace posible que la política se convierta en el escenario de la libre innovación y, por tanto, de la democracia en el sentido moderno. La *Nahda* creía que es posible sustituirla por una reinterpretación de la religión purgada de sus aspectos oscurantistas. Hasta el día de hoy, las sociedades árabes están mal equipadas para comprender que el secularismo no es una especificidad occidental, sino un requisito de la modernidad. La *Nahda* no comprendió el significado de democracia, entendida adecuadamente como el derecho a romper con la tradición. Por lo tanto, quedó prisionera de los conceptos del Estado autocrático. La *Nahda* no entendió que la modernidad también da lugar a las aspiraciones de liberación de las mujeres, la posibilidad de ejercer su derecho a innovar y romper con la tradición. De hecho, la *Nahda* redujo la modernidad, a la aparición inmediata de su producto: el progreso técnico. (Amin, 2009, pág. 67).

De hecho, la *Nahda* no es el nacimiento de la modernidad sino precisamente su fracaso (Amin, 2009, pág. 68). Morgan (2007) se suma a esto, destacando lo que él llama "tolerancia interreligiosa" (pág. 17) para describir mejor tales rechinamientos colonizador-colonizado. El enfoque de los estudiosos en la lucha contra los epistemicidios occidentales desafiará y complejizará dicha lectura. La lucha contra los epistemicidios revelará no sólo el rico legado de las culturas asiático-árabes embrionarias, sino también lo poderosas que fueron y siguen siendo en la reunión y consolidación del llamado Imperio Occidental; cómo los circuitos occidentales de conocimiento y producción cultural se han comprometido sistemática y secularmente a ignorar, negar y silenciar una civilización cultural y económica exuberante; cuánto debe Occidente a una estructura cultural y económica que ya existe en esas sociedades orientales desarrolladas; cómo la ciencia (occidental), y el sentido mismo de lo que es ciencia, han sido totalmente contaminados por una deshonestidad intelectual tan gigantesca, que se fabrica y legitima según un sesgo producido por un bloque hegemónico fundamentalista judeocristiano milenario.

¿De quién es la ciencia?

En su *Historia Popular de la Ciencia*, Conner (2005) cuestiona cómo
la ciencia debe ser vista como un código racial, una fabricación social
controlada por una élite eugenésica consolidada durante "la era del
imperialismo europeo triunfante, y sirvió como una ideología útil
para explicar el derecho natural de los europeos blancos a dominar
a los pueblos más oscuros del mundo" (pág. 125). El concepto oficial
de lo que es ciencia y lo que se acepta como científico no se separa en
absoluto de una ideología racial que afirma que el "caucasianismo"
es científica y religiosamente superior y, concomitantemente, "simplemente trató la inferioridad [de otras razas] como evidente por sí
misma" (Conner, 2005, pág. 125). Este concepto racializado también
se clasifica y codifica por género. La narrativa oficial occidental de
la ciencia y el cientificismo borra la importante contribución de las
mujeres en la historia de la ciencia. Basándose en el razonamiento
de Smith, Conner (2005) sostiene que "las mujeres juegan un papel
esencial en los orígenes de la ciencia botánica" (pág. 234). La erudición
árabe-islámica, agrega Conner (2005), no fue solo un "reflejo pasivo
de los triunfos griegos, [es decir] los eruditos musulmanes no fueron
simplemente los traductores y copistas [porque] agregaron extensos
comentarios críticos, a veces basados en sus propias investigaciones
científicas originales al corpus de la ciencia griega" (pág. 161). De hecho,
"la transmisión de la ciencia islámica a Occidente [debe entenderse]
como un acto de expropiación violenta, corolario de la guerra que
resultó en la destrucción del poder musulmán [digamos] en España"
(Conner, 2005, pág. 163). Una gran cantidad de evidencia no deja dudas
sobre las influencias egipcias en la cultura griega. Dicha evidencia
está "incorporada en nuestro idioma con palabras, como algoritmo,
álgebra, seno, coseno, [pero también] en testimonios como el de
Heródoto, quien sostiene que la geometría se conoció por primera
vez en Egipto, de donde pasó a Grecia" (Conner, 2005, pág. 123).
Conner (2005) cuestiona cómo Occidente fabrica la ciencia como
una (ir)real(idad) pura, resultado de un proceso no mundano de la
vida cotidiana, que está desencarnado del sujeto. La ciencia siempre
ha sido un proceso mundano, y el cuerpo humano sigue siendo la
mejor herramienta científica, no solo en Oriente, como podemos ver
en un informe de un marinero occidental:

He escuchado de varias fuentes que el equilibrio más sensible eran los testículos de un hombre y que cuando era de noche o cuando el horizonte estaba oscuro, o dentro de la cabina, este era el método utilizado para encontrar el foco de las marejadas en una isla. (Conner, 2005, pág. 56).

Este caso gráfico muestra cómo la "ciencia" oficial ha sido capaz de negar el valor y la experiencia del conocimiento de la gente. En un examen extraordinario de las consecuencias de los enfrentamientos entre colonizador y colonizado, David Scott (2004) llama nuestra atención sobre la importante obra de Stanley Diamond y su visión del colonialismo. A partir de un ensayo escrito por Talall Asad, *"Conscripts of Western Civilization"*[4] –un volumen para honrar el trabajo y el pensamiento de Diamond– Scott (2004) retrata a Diamond

> como el gran protagonista de la idea de la civilización occidental como una fuerza destructiva que reordena las palabras de los pueblos no europeos, y de la antropología como una "disciplina civilizada" moldeada por esa destrucción y que responde de manera autorreflexiva. (pág. 8).

La lucha contra los epistemicidios es una lucha bastante sensible que es una historia perdida que necesita ser recapturada. La tarea es desafiar la visión occidental dominante de la historia. Hasta que lo hagamos, nuestra deuda con la humanidad estará abierta, ya que el colonialismo, como afirmó Machel, es un crimen de lesa humanidad. La tarea, por lo tanto, es reemplazar el sesgo occidental y eurocéntrico del currículo con literatura no occidental (McCarthy, 1998). Tal lucha será "fun^da^mental(mente)" (sic)

> plantear cuestiones que no sean exclusivas de los musulmanes [con] el objetivo de educar mediante la provocación, así como promover luchas, vinculando a los musulmanes con otros, luchas por la discriminación racial y de clase, contra el colonialismo, etc.; destaca y evoca experiencias coloniales globales compartidas tanto de opresión como de luchas; expone las hipocresías liberales-seculares y destaca la intolerancia de un [Occidente] supuestamente tolerante; se compromete con la cultura, la política y los valores europeos; y se conecta a una *ummah* global. (Swedenburg, 2010, pág. 291).

Sería prudente destacar aquí que tal sesgo no está tan separado de la política cultural de la traducción que selecciona lo que está

---

4.   N. de las T.: En español "Reclutas de la civilización occidental".

dentro y fuera del conocimiento oficial. Por ejemplo, al hablar con una docente progresista muy crítica, compartió que, al buscar libros sobre Hiroshima y Nagasaki, luchó por encontrar novelas de estudiosos no occidentales que abordaran un capítulo tan vergonzoso de la historia imperial del mundo.

Como sostengo con frecuencia, algo está bastante mal dentro de la sociedad occidental que le impide comprender el origen del resentimiento (quizás justificadamente) que la sociedad no occidental exhibe hacia Occidente. Mientras tanto, la gran mayoría de las personas en Occidente no saben prácticamente nada sobre las formaciones sociales no occidentales. El odio no se desarrolla de la noche a la mañana, ni es algo que se pueda descartar con conceptos extravagantes, como el subdesarrollo y la barbarie. Este no es un tema menor, especialmente cuando Occidente sigue ignorando el papel que juega en la dinámica del poder, la pobreza y la educación.

En resumen, la lucha contra los epistemicidios no solo revela múltiples formas de perseguir otras formas de conocimiento, además de aquellas bajo el paraguas epistemológico científico occidental, sino que también confirma que la corriente dominante de la ciencia moderna es un proyecto de paradigma funcional y reductivo edificado por hombres blancos. Las palabras de Shiva (1993) aclaran esto:

La corriente dominante de la ciencia moderna, el paradigma reduccionista o mecánico, es una proyección específica del hombre occidental que se originó durante los siglos XV y XVII como la tan aclamada revolución científica. En el centro de esta dominación y subyugación hay una barrera arbitraria [entre] el "conocimiento" (especializado) y la "ignorancia" (no especializado). Esta barrera opera eficazmente para excluir del dominio científico la consideración de ciertas cuestiones vitales relacionadas con el tema de la ciencia, o ciertas formas de conocimiento no especializado. (pág. 21).

No hace falta decir que la integridad cultural del imperio siempre estuvo en duda. En su análisis de la relación entre la cultura y el imperio, Said (1993) argumenta, elocuentemente, que "los discursos africanistas o indianistas [necesitaban] ser vistos como el esfuerzo europeo general para gobernar tierras y pueblos lejanos [desde un] misterioso Oriente [anclado] en los estereotipos sobre la mente africana [e india]" (pág. xi). Tal estrategia imperial alimentó siempre "alguna forma de resistencia activa y, en la abrumadora mayoría de los casos, la resistencia, finalmente, salió victoriosa" (Said, 1993, pág. xii).

Harding (1998, 2008) no tiene pelos en la lengua en su deconstrucción del llamado culto eurocéntrico occidental limpio de la ciencia. Ella (1998) argumenta, que la ciencia moderna, "se ha conceptualizado como contrastante con la magia, la brujería, el pensamiento prelógico, las supersticiones o las pseudociencias de las culturas europeas y no europeas anteriores" (pág. 9). De hecho, "los norteños tienen problemas para descifrar cómo referirse a las tradiciones científicas y tecnológicas de otras culturas" (Harding, 1998, págs. 9-10). Huelga decir que las instituciones educativas y, en concreto, la educación superior –tan bien conectada con los modos y condiciones de producción de un sistema capitalista eurocéntrico occidental– han sido profundamente responsables de una visión y una praxis de la ciencia muy eugenésicas. Es decir, las representaciones eurocéntricas de la objetividad y la racionalidad son muy claras en unos cuantos departamentos de historia, filosofía y antropología que debían verse como "formas de eurocentrismo institucional y social [que alimentan] intereses eurocéntricos" (Harding, 1998, pág. 10). Esta praxis eurocéntrica institucional es la enzima del eurocentrismo social, el núcleo mismo del epistemicidio. A pesar de su base eugenista, la ciencia moderna eurocéntrica occidental se ha enmarcado como una praxis ética y ontológica inmaculada que organiza, no solo la forma en que uno piensa sobre economía, política, cultura, filosofía, geografía, sociología, literatura, antropología, biología y medicina sino, sobre todo, también en la creación de un sentido común en el que uno solo puede pensar científicamente recorriendo las venas mismas de tales terrenos. Al negar o eclipsar otras epistemes, la ciencia moderna eurocéntrica occidental es una toma epistemológica que se niega a sí misma epistemológicamente. La ciencia moderna siempre construyó a las mujeres como una categoría inexistente; nunca colocó a la mujer como sujeto de ciencia (Harding, 2008). Este no es un debate paleolítico. Las recientes afirmaciones eugenésicas de Watson llaman nuestra atención sobre su "así llamado" descubrimiento del ADN, que destaca la disputa de género que también dice mucho sobre cómo la ciencia moderna edifica la praxis misma de la verdad.

En el núcleo mismo de este totalitarismo científico moderno se encuentra una dinámica clasificada, de género y de raza (Harding, 2008), la misma que no parpadeó ni un minuto cuando utilizó espacios y cuerpos no occidentales como conejillos de indias para probar algunos experimentos, o fabricar una guerra en particular para probar algunos "descubrimientos", o para aprovecharse vergonzosamente de los científicos nazis después de la Segunda Guerra Mundial. Queda por responder la pregunta: ¿De quién es la ciencia?

Referencias bibliográficas

ABU-LUGHOD, J. (1989) *Before European Hegemony. The World System A.D.* 1250-1350. New York: Oxford University Press.

ABU-LUGHOD, J. (2001) Territorially-Based Nationalism and the Politics of Negation. En E. Said and C. Hitchens (eds.) *Blaming the Victims: Spurious Scholarship and the Palestinian Question*. New York: W. W. Norton, pp. 193-206.

AKSIKAS, J. (2009) *Arab Modernities. Islamism, Nationalism and Liberalism in the Post-Colonial Arab World*. New York: Peter Lang.

AL-ATTAS, M. (1995) *Prolegomena to the Metaphisics of Islam. An Exposition of the Fundamental Elements of the Worldview of Islam*. Kuala Lampur: The International Institute of Islamic Thought and Civilization.

AMIN, S. (2009) *Eurocentrism*. New York: Monthly Review Press.

APPLE, M. (2000) *Official Knowledge*. New York: Routledge.

BAMYEH, M. (1999) *The Social Origins of Islam. Mind, Economy, Discourse*. Minneapolis: University of Minnesota Press.

BOROUJERDI, M. (2001) The Paradoxes of Politics in Postrevolutionary Iran. En J. Esposito and R. Ramaazani (eds.) *Iran at the Crossroads*. New York: Palgrave, pp. 13-27.

CONNER, C. (2005) *People's History of Science. Miners, Midwives and Low Mechannicks*. New York: Nation Books.

EKHOLM, K. (1980) On the Limitations of the Civilization. The Structure and Dynamic of Global Systems. *Dialectic Anthropology*, 5, pp. 155-56.

EL SAADAWI, N. (2010) *The Essential Nawal el Saadawi Reader*. London: Zed Books.

FAKHRI, M. (2004) *A History of Islamic Philosophy*. New York: Columbia University Press.

GOODY, J. (1996) *The East in the West*. Cambridge: Cambridge University Press.

HARDING, S. (1998) *Is Science Multicultural? Postcolonialisms, Feminisms and Epistemologies*. Bloomington: Indiana University Press.

HARDING, S. (2008) *Sciences from Bellow. Feminisms, Postcolonialities and Modernities*. Durham: Duke University Press.

JAHANBEGLOO, R. (2007) *Elogio da Diversidade*. Barcelona: Arcadia.

JOHNSON, R. (1983) *What Is Cultural Studies Anyway?* Centre for Contemporary Cultural Studies, University of Birmingham, Nº 74. (Mimeographed).

KARPAT, K. (1982) *Political and Social Thought in the Contemporary Middle East*. New York: Praeger.

KASSIR, S. (2006) *Being Arab*. London: Verso.

MANN, M. (1986) *The Sources of Social Power*. Volume 1. Cambridge: Cambridge University Press.

MARQUAND, D. (2011) *The End of the West. The Once and Future Europe*. Princeton: Princeton University Press.

McCarthy, C. (1998) *The Uses of Culture. Education and the Limits of Ethnic Affiliation*. New York: Routledge.

Mernissi, F. (1993) *The Forgotten Queens of Islam*. Minneapolis: University of Minnesota Press.

Morgan, M. H. (2007) *Lost History. The Enduring Legacy of Muslim Scientists, Thinkers and Artists*. Washington: National Geographic.

Said, E. (1979) *Orientalism*. New York: Vintage.

Said, E. (1993) *Culture and Imperialism*. New York: Vintage Books.

Said, E. (2005) Reconsiderando a Teoria Itinerante. En M. Sanches (org.) *Deslocalizar a Europa. Antroplogia, Arte, Literatura e História na Pós-Colonialidade*. Lisboa: Cotovia, pp. 25-42.

Sanjakdar, F. (2011) *Living West. Facing East. The (De)construction of Muslim Youth Sexual Identities*. New York: Peter Lang.

Sassen, S. (2004) Space and Power. En Nicholas Gane (ed.) *The Future of Social Theory*. London: Continuum, pp. 125-42.

Sassoon, A. (1982) *Approaches to Gramsci*. London: Writers and Readers.

Sayyid, S. (2004) Islam(ismo), Eurocentrismo e Ordem Mundial. *Revista Crítica de Ciências Sociais*, 69, pp. 53-72.

Schneider, J. (1977) Was There a Pre-Capitalist World System? *Peasant Studies*, 6, pp. 20-17.

Scott, D. (2004) *Conscripts of Modernity. The Tragedy of Colonial Enlightenment*. Durham: Duke University Press.

Sharabi, H. (1970) *Arab Intellectuals and the West. The Transformative Years 1875-1914*. Baltimore: The John Hopkins Press.

Shiva, V. (1993) Reductionism and Regeneration. A Crisis in Science. En M. Mies and V. Shiva (eds.) *Ecofeminism*. London: Zed Books, pp. 21-35.

Swedenburg, T. (2010) Fun^Da^Mental's 'Jihad Rap'. En L. Herrera and A. Bayat (eds.) *Being Young and Muslim. New Cultural Politics in the Global South and North*. Cambridge: Oxford University Press, pp. 291-307.

Tibbetts, G. (1981) *Arab Navigation in the Indian Ocean before Coming of the Portuguese*. London: Royal Asiatic Society of Great Britain and Ireland.

Torres Santomé, J. (1996) The Presence of Different Cultures in Schools: Possibilities of Dialogue and Action. *Curriculum Studies*, 4 (1), pp. 25-41.

Torres Santomé, J. (2016) The Intercultural Curriculum: Networks and Global Communities for Collaborative Learning. En J. Paraskeva & S. Steinberg (eds.) *Curriculum: Decanonizing the Field*. New York: Peter Lang, pp. 503-526.

Udovitch, A. (1970) *Partnership and Profit in Medieval Islam*. Princeton: Princeton University Press.

Waghid, Y. (2011) *Conceptions of Islamic Education. Pedagogical Framings*. New York: Peter Lang.

Wolf, E. (1982) *Europe and People without History*. Berkeley: University of California Press.

5

Oh, oh, ¿son él o ella europeos? Que cosa más extraordinaria...

¿Cómo se puede ser europeo?[1]

La tradición epistemológica especial del patriarcado occidental moderno es reduccionista ya que no solo "reduce la capacidad de los humanos para conocer la naturaleza al excluir a otros conocedores y otras formas de conocimiento, sino también porque manipula la ciencia como materia inerte y fragmentada" (Shiva, 1993a, pág. 22). En cierto modo, tal mecanismo y reduccionismo están "protegidos no solo por su propia mitología, sino también por los intereses a los que sirve. Lejos de ser un accidente epistemológico, el reduccionismo es una respuesta a las necesidades de una forma particular de organización económica y política" (pág. 23). Shiva sostiene que el paradigma científico occidental reduccionista mecánico, junto con "la revolución industrial y la economía capitalista son los componentes filosóficos, tecnológicos y económicos de un mismo proceso" (pág. 24). Este capítulo examina lo que se ha acuñado como el hurto de la historia.

Desafío también la historiografía centrada en Occidente y la historia epistemológica "en la que se basa gran parte de la teoría clásica y social" (Frank, 1998, pág. 3). Ofrezco evidencia sustancial no solo sobre los paralelismos entre el "Este-Oeste", al menos hasta fines del siglo XIX, sino también cómo los grupos dominantes occidentales fueron capaces de secuestrar y sofocar ciertas olas loables de desarrollo en las civilizaciones asiático-afro-árabes y, simultáneamente, enfatizar el ascenso gradual occidental basado exclusivamente en los méritos occidentales. Al hacerlo, observo cómo las civilizaciones asiático-afro-árabes mucho antes del Renacimiento muestran un alto grado

---

1.   Véase Immanuel Wallerstein (2006, pág. 43).

económico, cultural y político. En este capítulo, analizo cómo Occidente fue capaz de ensamblar una versión profundamente maculada de la historia que produce inherentemente la inexistencia de etapas de alto desarrollo de las civilizaciones orientales (Sousa Santos, 2007a, 2007b, 2014). También presto atención a la forma en que los sistemas escolares han producido, reproducido y legitimado esa historia oficial (aunque robada) desde al menos von Humboldt –lo que Chomsky (1992) llama ingeniería histórica– y lo que yo llamo epistemicidios curriculares. Los epistemicidios curriculares son un crimen capital en una sociedad que reclama justicia social y cognitiva. Es un crimen de lesa humanidad. ¿Cómo han fabricado Europa y Occidente una historia eurocéntrica hegemónica? Un tema que vale la pena considerar (tal vez en investigaciones futuras) es que, con el impulso actual de STEM[2] (ciencia, tecnología, ingeniería y matemáticas) y el consiguiente despido y muerte eminente de la historia y las humanidades, la forma en que la historia ha sido *descientifizada*, marginada del núcleo mismo de los regímenes de verdad, es una estrategia tan conectada con la forma en que la cientificidad de la ciencia –que es la ciencia del opresor– ha sido producida, reproducida y legitimada para asegurar el control ideológico. Este es también el poder del epistemicidio.

Siguiendo a Andre Gunder Frank (1998), lo que hemos develado en el capítulo anterior como el tapiz occidental de la historia se relaciona con el hecho de que los historiadores occidentales "recibieron mucho apoyo para escribir historias 'nacionales' en apoyo ideológico de los estados nacionales europeos y estadounidenses y servir a los intereses ideológicos, políticos y económicos de su clase dominante" (pág. 3). Estos intereses eugenésicos hicieron que tales historiadores tuvieran la temeridad de ir más allá de sus "naciones" y "afirmar que 'Europa' u 'Occidente' era y es el ombligo (de hecho, el corazón y el alma) del resto del mundo" (Frank, 1998, pág. 3). Frank (1998) afirma que la historia moderna,

> tanto temprana como tardía, fue hecha por europeos, que construyeron un mundo alrededor de Europa, como saben hacerlo los historiadores. Ese es, de hecho, el "conocimiento" de los historiadores europeos que ellos mismos "inventaron" la historia y luego le dieron un buen uso. (pág. 3).

---

2. N. de las T.: STEM acrónimo en idioma inglés de las palabras ciencia, tecnología, ingeniería y matemáticas.

Tal aniquilación histórica (Zinn, 2001) es tan poderosa y osificada que "no hay ni un atisbo de sospecha de que pudo haber sido al revés, que tal vez fue el Mundo el que hizo Europa" (Frank, 1998, pág. 3). La evidencia nos aplasta de una manera implacable y enfermiza, mostrando

> cómo Europa [y Occidente] no simplemente ha descuidado o subestimado la historia del resto del mundo, como consecuencia de lo cual ha malinterpretado su propia historia, sino también cómo ha impuesto conceptos y períodos históricos que han agravado nuestra comprensión de Asia de una manera que es significativa para el futuro y también para el pasado. (Goody, 2006, pág. 8).

Orientalismo de Edward Said se convirtió en un icono en la lucha contra este tapiz histórico. El orientalismo, argumenta Said (1979), es la propia forma en que los orientalistas ensamblan Oriente como una zona monolítica, críptica, esotérica, mítica, subdesarrollada y extensamente amplia, un conglomerado de civilizaciones reducidas a su insignificancia por una civilización occidental superior. El orientalismo en el razonamiento de Said representa una invención de una difusa civilización cultural asiático-árabe acuñada ideológicamente con dinámicas de poder y un culto a la superioridad sólo transmitido y consolidado por los circuitos occidentales de producción cultural (véase Johnson, 1983). En su *Prólogo* a los *Estudios subalternos seleccionados* de Guha y Spivak, Said (1988) enmarca cómo los estudios subalternos fueron la formalización del "grito de Ipiranga", contra el dominio británico en la India. Como él argumenta, "la historia de la India se había escrito desde un punto de vista colonialista y elitista, mientras que una gran parte de la historia de la India la habían hecho las clases subalternas y, de ahí, la necesidad de una nueva historiografía".

Desde su comienzo, los enfrentamientos civilizacionales Este-Oeste, a lo largo de los siglos, revelaron olas de desarrollo avanzado e influencias de Oriente profundamente analizadas y documentadas por investigadores occidentales. En tres volúmenes, *Atenea Negra*, de Martin Bernal (título original en inglés: *Black Athena: The Afroasiatic Roots of Classical Civilization*), desafía las opiniones dominantes sobre los orígenes de la antigua Grecia –o *Magna Graecia*– proporcionándonos una amplia evidencia de un desarrollo tan sorprendente. En su primer volumen, Bernal (1987) expuso una enorme cantidad de evidencia que refutaba, sin rodeos, la visión de las sociedades orientales como atrasadas económica, cultural y políticamente. Reelaborando lo que señalaron Pinar, Reynolds, Slattery y Taubman (1995), hay que decir que "las contribuciones de las antiguas civilizaciones africanas no son indiscutiblemente significativas en la evolución de las sociedades globales y las culturas del mundo" (pág. 818); son, de hecho, la génesis de la civilización occidental.

Tras su exégesis a veces extenuante, Bernal (1987) revela un conjunto de pruebas interesantes que sacuden la superioridad helénico occidental. Basándose en investigaciones antropológicas creíbles (es decir, T. Spyropoulos), Bernal (1987) revela cómo determinadas ciudades griegas antiguas (esto es, Tebas) fueron fundadas por colonias egipcias bajo el liderazgo de faraones negros y no por "griegos", tales como Amphion y Zethos, como Homero relata loablemente en prosa. Bernal (1987) aplasta al lector con datos, argumentando que, durante el cuarto y tercer milenio, Grecia fue invadida y ocupada sistemáticamente por hablantes indoeuropeos del norte que trajeron consigo habilidades diferentes y, en algunos aspectos, más desarrolladas a Grecia, como técnicas de riego, armas específicas, etc. Estas invasiones o infiltraciones del Norte produjeron, en consecuencia, otra gran ola de influencia y desarrollo: la lengua. Si bien se vuelve de sentido común representar a "los egipcios en un color oficialmente llamado 'rojo oscuro'" (Diop, 1974, pág. 48), tal fabricación científica, argumenta Diop (1974), expresa el color real de la falsificación moderna de la historia, una que forjó una paradoja milenaria; es decir, "si los egipcios eran blancos, entonces toda [la] gente negra y tantos otros en África también eran blancos. Llegamos así a la absurda conclusión de que los negros son básicamente blancos" (pág. 49). Como sostiene Munslow (1997), uno necesita desafiar la temeridad de "una" visión genuina de la historia, una de esas "visiones" ha sido básicamente "la creación y eventual imposición por parte de historiadores (y yo agregaría, y otros) de una narrativa particular del pasado" (pág. 3).

Conceptos milenarios erróneos

Es una perogrullada, dice Bernal (1987), que no sólo "la lengua griega se formó durante los siglos XVII y XVIII a.C. [con una estructura masiva] indoeuropea [es decir] su estructura indoeuropea y el léxico básico se combinan con un vocabulario sofisticado no indoeuropeo" (pág. 21) pero también "que existe una relación genérica entre las lenguas indoeuropeas y las de la superfamilia de lenguas afroasiáticas" (pág. 11). Esta es una pieza importante en todo el rompecabezas histórico. Los llamados grandes helenistas y latinistas de renombre mundial (Goodwin Grimal y Rocha Pereira, entre otros) afirmaron que la lengua griega antigua estaba anclada en lenguas indoeuropeas y sánscritas. Citando a Georgiev y Renfrew, Bernal (1987) sostiene que el indoeuropeo

> ya había sido hablado en el sur de Anatolia por los creadores de las grandes culturas neolíticas de los milenios VIII y VII, incluida la famosa de Catal Huyuk en la llanura de Konya. Georgiev y Renfrew proponen que el idioma se trasladó a Grecia y Creta con la expansión de la agricultura alrededor del 7000 a. C., cuando la arqueología sugiere una irrupción significativa de la costura. Así, un dialecto del indo-hitita habría sido el idioma de las "civilizaciones" neolíticas de Grecia y los Balcanes en el quinto y cuarto milenio. (pág. 13).

Pocos estudiosos, sostiene Bernal (1987), argumentarían que "fue en Mesopotamia donde se congregó, por primera vez, lo que llamamos 'civilización'" (pág. 12). De hecho, como él (1987) adelanta, "con la posible excepción de la escritura", todos los predicados de lo que llamamos "civilización" ya eran bastante visibles, a saber, la existencia de "ciudades, riego agrícola, metalurgia, piedra arquitectura y ruedas tanto para vehículos como para alfarería" (pág. 12). Tal nivel de civilización "coronado por la escritura permitió una gran acumulación económica y política que puede verse útilmente como el comienzo de la civilización" (Bernal, 1987, pág. 12). Durante el cuarto milenio, la Mesopotamia fue el epicentro de una civilización pujante, seguida de un próspero tercer milenio, una civilización que "retrata un concierto de estados ricos, alfabetizados y sofisticados que se extiende desde Kurdistán hasta Chipre" (Bernal, 1987, pág. 15). Bernal (1897) tiene la firme intención de crear un culto o teoría afroasiática, y son irrefutables las olas de influencia y desarrollo afroasiáticos en el Antiguo Egipto y en Grecia. Sin embargo, también es innegable que "la ciencia, la filosofía y la política teórica egipcia y fenicia [fueron transmitidas] por los fundadores 'griegos' de estas materias, la mayoría de los cuales estudiaron en Egipto y Fenicia" (Bernal, 1987, pág. 22). De hecho, como sostiene Goody (2006, pág. 35), "hablar de filosofía moral como algo peculiar de Grecia es descuidar los escritos de filósofos chinos como Mencio".

La fabricación de la antigua Grecia como una cultura y civilización superior e incontaminada adquiere una gran expresión a través del Renacimiento y, especialmente, como consecuencia del mismo. Durante el siglo XV, sostiene Bernal (1987), fuimos testigos del resurgimiento de una identificación reductiva con la Grecia antigua (blanca), y "nadie cuestionó el hecho de que los griegos hubieran sido alumnos de los egipcios, en quienes había un interés igual, si no más apasionado" (pág. 24). Por extraño que pueda parecer –aunque podría decirse que no es sorprendente–, "los griegos fueron admirados por haber preservado y transmitido una pequeña parte de esta sabiduría antigua" (Bernal, 1987, pág. 24) y tratados como si realmente representaran una civilización impoluta y no fueran el resultado de una miríada de complejas tendencias sincrónicas y diacrónicas de influencia y desarrollo. Copérnico y Giordano Bruno, por ejemplo, son otros dos modelos gráficos de cómo la ciencia afroasiática fue profundamente influyente en el pensamiento occidental:

> Aunque las matemáticas de Copérnico derivaron de la ciencia islámica, su *heliocentricidad* parece haber venido con el resurgimiento de la noción egipcia de un sol divino en el nuevo entorno intelectual del hermetismo en el que se había formado. Giordano Bruno abogó por el retorno a la religión original o natural, la de Egipto, por la que fue quemado vivo en la hoguera por la Inquisición en 1600. (Bernal, 1987, págs. 24-25).

Es interesante notar cómo Pankaj Mishra (2012) documenta que Napoleón, al conquistar Egipto, armado hasta los dientes con soldados, así como con "científicos, filósofos, artistas, músicos, astrónomos, arquitectos, agrimensores, zoólogos, impresores e ingenieros [mostró] la mayor admiración por el Profeta Mahoma y el islam [afirmando] que los franceses también eran musulmanes, en virtud de su rechazo de la Trinidad cristiana" (págs. 15-16).

Siguiendo las olas de influencia y desarrollo dentro del desafío afroasiático-occidental, también se revelan fascinantes secuelas; algunas de ellas todavía hoy son una verdadera gangrena social en las sociedades contemporáneas. Al examinar la forma en que se ha fabricado la historia para favorecer una superioridad occidental particular, Bernal (1987) denuncia no el surgimiento sino el desarrollo del racismo –una de las cartas principales de las sociedades capitalistas occidentales– y del (anti-) semitismo. Bernal (1987) llama nuestra atención sobre la creación de la Universidad de Gotinga en 1734, el nacimiento del primer "científico académico" sobre clasificación racial humana, que "naturalmente pone a los blancos o, para usar el nuevo término, caucásicos, a la cabeza" de la jerarquía racial (págs. 27-28). Bernal (1987) va incluso más allá, al afirmar que el racismo y el romanticismo son dos caras de la misma moneda, lo que se volvió importante en la fabricación de una visión hegemónica occidental de la historia mundial. Además, Bernal (1987) explora cómo "consciente o inconscientemente, todos los pensadores europeos veían a los fenicios como los judíos de la antigüedad" (pág. 33). La visión dominante de que la historia mundial es un diálogo perpetuo "semítico-ario" está lejos de ser precisa. La misma idea de que "el semita había creado la religión y la poesía; el ario la conquista, la ciencia, la filosofía, la libertad y todo lo demás que valga la pena dejar" (Bernal, 1987, pág. 33) no es solo reduccionista. Es falso. Siguiendo el razonamiento de Bernal (1987), vemos que, a lo largo de los siglos, fuimos testigos de una estrategia sistemática para limpiar todos los posibles vestigios de influencia no blanca en la antigua civilización griega. Por ejemplo,

> la eliminación final de la influencia fenicia en Grecia –y su total desestimación como un espejismo– se produjo en la década de 1920 con el clímax del antisemitismo como resultado del papel imaginado y real de los judíos en la Revolución Rusa y la Tercera Internacional comunista. (Bernal, 1987, pág. 34).

En la década de 1930, Bernal (1987, pág. 34) documenta que "todas las leyendas de la colonización fenicia de Grecia estaban desacreditadas, así como los informes de presencia fenicia en el Egeo e Italia en los siglos IX y VIII a. C. Los muchos orígenes semíticos de nombres y palabras griegos propuestos previamente fueron todos negados", a pesar de la "posibilidad de un componente semítico masivo en el vocabulario griego" (Bernal, 1987, pág. 37).

Bernal (1987) desafía las visiones obtusas de la ciencia, especialmente lo que él llama "positivismo arqueológico, una falacia que afirma que tratar con objetos hace que algo sea objetivo" (pág. 9). La afirmación favorita edificada por los positivistas arqueológicos, sostiene Bernal (1987), es el "argumento del silencio [que es] la creencia de que, si algo no se ha encontrado, no puede haber existido en cantidades significativas" (pág. 9). En realidad, siguiendo las afirmaciones de Bernal (1987), la visión occidental del resto es casi repugnante:

En la década de 1880, los estudiosos vieron la cultura egipcia como un callejón sin salida cultural, estático y estéril. Durante el siglo XIX, varios matemáticos y astrónomos fueron "seducidos" por lo que vieron como la elegancia matemática de las pirámides creyendo que eran depositarios de una visión antigua superior. Fueron clasificados como maniáticos por esta triple ofensa contra el profesionalismo, el racismo y el concepto de progreso, las tres creencias cardinales del siglo XIX. Entre los eruditos "sólidos", la reputación de los egipcios se ha mantenido baja. A finales del siglo XVIII y principios del XIX, los eruditos románticos veían a los egipcios como esencialmente mórbidos y sin vida. A finales del siglo XIX, empezó a surgir una nueva imagen, contraria pero igualmente despectiva. Ahora los egipcios eran vistos como ajustándose a la visión europea contemporánea de los africanos: alegres, amantes del placer, puerilmente jactanciosos y esencialmente materialistas. (pág. 30).

La idea de que solo con tratar con objetos hace que "algo" sea objetivo –una bandera del positivismo arqueológico– es profundamente problemática y crea una fabricación de la realidad, no solo separada, sino también totalmente privada de cualquier subjetividad formal o informal.

Bernal (1987) sostiene que la colonización egipcia de Grecia hizo que "la lengua y la cultura egipcias representaran un papel crucial en la formación de Grecia" (pág. 37). El hecho de que uno tenga la inocencia de creer que la civilización griega surge de la nada es al menos desconcertante. Esta posición no solo está lejos de la verdad, sino que también produce otras civilizaciones precedentes y paralelas como inexistentes para tomar prestado el concepto de Sousa Santos (2007a; 2007b). En este contexto, Bernal (1987) defiende, justificadamente, que "alguna vez debió haber personas que hablaran proto-afroasiático-indoeuropeo" (pág. 11). Existe un contraste racial, argumenta Amin (2009), entre Europa y el Oriente semítico que creó una realidad dicotómica eugenésica europea versus no europea; "sin embargo, el fundamento indoeuropeo, situado a nivel de la lingüística, fue [siempre] socavado" (pág. 171).

Como era de imaginarse, *Atenea Negra* de Bernal conmovió al mundo académico. En *Black Athena Writes Back – Martin Bernal Responds to His Critics*, editado por David Chioni Moore, Bernal (2001) hace un breve esbozo de *Atenea Negra,* enfatizando nuevamente que su obra de tres volúmenes trata "sobre los orígenes de la Antigua Grecia" (pág. 2). Bernal (2001) reitera abiertamente una preocupa-

   EPISTEMICIDIO CURRICULAR...

ción eurocéntrica "en la medida en que la Antigua Grecia ha sido el contribuyente individual más importante a la cultura europea occidental posterior, ya sea directamente o a través de Roma, Bizancio y el islam" (pág. 2). En su respuesta a sus críticos, Bernal (2001) se basa en su mayor GPS histórico presentado en los tres volúmenes *Atenea Negra*, exponiendo que "al investigar los orígenes griegos, ha encontrado útil establecer dos esquemas, que [él] ha] llamado los modelos 'Antiguo' y 'Ario'" (pág. 2). Bernal (2001) destaca una vez más que "el griego es una lengua indoeuropea, sus estructuras fonéticas y gramaticales con relativa regularidad a las de los otros miembros antiguos existentes de la gran familia lingüística que incluye el sánscrito, el latín y muchas otras lenguas" (pág. 3). Dentro del modelo ario de Bernal (2001),

> El griego como lengua no era homogéneo y los griegos no eran puros "indoeuropeos" o "arios" [este modelo antiguo defiende que] Grecia estuvo una vez habitada por tribus primitivas, pelasgos y otros y ciertas regiones, en particular Boeotia y el Peloponeso Oriental, habían sido colonizadas por egipcios y fenicios que habían construido ciudades y civilizado a los nativos. Los fenicios, por ejemplo, habían introducido el alfabeto, y los egipcios habían enseñado a los pelasgas cosas como el riego, los nombres de los dioses y cómo adorarlos. (págs. 3-4).

Es interesante notar en la respuesta de Bernal a sus críticos la forma en que vuelve a enfatizar cómo la época de la civilización de la Antigua Grecia fue rediseñada y reelaborada gradualmente por los intelectuales occidentales a lo largo de los siglos. Según Bernal (1987; 2001), el modelo antiguo no fue puesto en duda hasta finales del siglo XVIII. Para la década de 1820, Bernal (2001, pág. 4) afirma, el modelo antiguo "los estudiosos del norte de Europa comienzan a negar las colonizaciones antiguas y restar importancia a las influencias culturales egipcias y fenicias en Grecia" debido a una ola de reacción política y renacimiento religioso que puso en primer plano el "predominio del racismo, el romanticismo y un concepto perverso de progreso", y los "griegos se convierten, progresivamente, de intermediarios que habían transmitido parte de la civilización y sabiduría del 'Oriente' al 'Occidente' a ser los propios creadores de la civilización".

Así se reconceptualizó la civilización griega antigua y, concomitantemente, la historia del mundo. Gradualmente se defendió científicamente a los griegos como precursores de la "poesía épica característica de la infancia de la raza, arte asociado a la juventud en flor y a la sabiduría que llega con la madurez" (Bernal, 2001, pág. 5), una producción hegemónica de la historia en Occidente, en general, y Europa, en particular. Como afirma Goody (2006), "el humanismo y el Renacimiento tuvieron que reinventar el pasado" (pág. 35). No hace falta decir que, como Amin (2009) subraya insistentemente, si el "Renacimiento está separado del griego clásico por quince siglos de historia medieval [¿cómo] y sobre qué base es posible [reclamar] la continuidad en la cultura europea?" (pág. 169).

La educación no fue inmune a tal tarea ideológica. A través de Wilhelm von Humboldt, tal rediseño de la historia logró una notoria consolidación que

> trazó un plan para una nueva educación que reintegraría a hombres y mujeres espiritualmente destrozados y alienados por la modernidad. Esta reintegración se lograría con la ayuda del estudio de lo que Humboldt vio como los pueblos más perfectamente integrados del pasado: los antiguos griegos. (Bernal, 2001, págs. 5-6).

A cargo de la educación nacional durante el gobierno prusiano en 1806, Humboldt

> implementó muchas de sus primeras ideas (es decir, la idea de la educación como un entrenamiento completo de la personalidad humana), así como también estableció la educación humanística de la escuela secundaria, y el seminario universitario se centró en *Altertumswissenchaft*, la ciencia de estudio de la Antigüedad y de los griegos en particular. (Bernal, 2001, pág. 6).

El plan de Humboldt ayuda a edificar una "imagen predominante de los orígenes de Grecia como] un modelo ario amplio" (Bernal, 2001, pág. 7), un modelo que sería empujado a una posición fundamentalista por los "arios extremos". Tanto el modelo antiguo como el ario, argumenta Bernal (2001), muestran una especie de "influencia dual, y no una influencia única del sur y del este" en las civilizaciones griegas antiguas (pág. 9). En este contexto, Bernal (2001) plantea la noción de modelo antiguo revisado, un mundo que es

> más estimulante y emocionante de habitar que el del modelo ario [que] es decir, el modelo Antiguo revisado genera hipótesis más comprobables; permite verificar los paralelos entre civilizaciones del Mediterráneo oriental y, cuando se encuentran estos paralelos, proporciona respuestas más interesantes e intelectualmente provocativas. (pág. 11).

A la inversa, hoy en día, en los Estados Unidos y en muchas naciones del mundo, realmente no tenemos currículo y un sistema educativo provocativos y, a pesar de la enorme cantidad de diferentes formas de resistencia, la tradición educativa dominante persiste en el culto de un sistema educativo neutral. De hecho, el sistema educativo no está interesado en ver nada de esto porque el sistema está diseñado para funcionar para aquellos que se benefician de la ausencia de esta historia en particular.

La educación no fue ni es inocente en los procesos de producción y reproducción de una visión particular de la historia que separa ideológicamente las civilizaciones griegas antiguas de sus civilizaciones ancestrales y contemporáneas. Esta postura ideológica está muy viva en la etapa embrionaria del campo curricular y en la lucha entre humanistas, desarrollistas, melioristas sociales y reconstruccionistas sociales, lo cual está bien documentado en los trabajos de Kliebard (1995), Tyack (1974), Krug (1964) y otros, que tuve la oportunidad de analizar con mayor detalle en otro contexto (Paraskeva, 2007a, 2011a, 2011b).

Black Athena Writes Back es otro testimonio crítico de cómo *Atenea Negra* de Bernal trató de revolucionar la forma en que entendemos la historia del mundo y, en cierto modo, lo hizo. Ahora es conveniente señalar aquí algunas de las reacciones más importantes contra *Atenea Negra* antes de pasar a examinar la forma en que los intelectuales occidentales y europeos han sido capaces de producir y reproducir una versión distorsionada de la historia.

La contracrítica

La importancia de *Atenea Negra* es incuestionable. El hecho de que la obra estuvo, y sigue estando, bajo ataque sistemático –"por razones puramente académicas y por una mezcla de lo académico y lo que [Bernal] percibe como motivos políticos de derecha" (Bernal, 2001, pág. 1)– deja pocas dudas sobre el grado en que agita la perspectiva occidental dominante de la historia. *Atenea Negra* está en contra del historicidio perpetrado por Occidente. En un sentido muy *marxista*, la historia se repite como una farsa y luego como una tragedia. *Atenea Negra* no es una excepción. Sin embargo, *Atenea Negra* no es pionera en el proceso de cuatro etapas a través del cual las disciplinas reaccionaron violentamente contra las nuevas ideas: ignorando, desestimando, atacando y absorbiendo (Bernal, 2001). Uno de los más grandes intelectuales portugueses –si no el más grande– Fernando Pessoa vio cómo su obra principal, *Mensaje* perdía el premio literario más prestigioso del país ante la obra de un erudito menor, en cuya obra *casi* nadie tiene gran credibilidad. Además, el mundo de la literatura sabe muy bien que, a pesar de la identidad portuguesa de Pessoa, aparentemente fue "descubierto" por la *clase culta* francesa. Es imposible hacer justicia aquí a la vasta y densa parafernalia de críticas que fomenta *Atenea Negra* Estas reacciones a *Atenea Negra* provocaron innumerables libros, capítulos y artículos en revistas académicas y revistas genéricas, así como en conferencias y seminarios académicos, y también una miríada de actividades dinámicas en la web. Una mera sinopsis probablemente sería una movida imprudente e injusta. Con esto en mente, destaco brevemente algunas de esas reacciones violentas, bastante consciente de las limitaciones de cualquier representación justa de tales reacciones, pero espero que esto fomente el interés del lector en profundizar tanto en la obra de Bernal como en la de sus críticos.

Los críticos de Bernal (2001) plantearon cuestiones de gran alcance, desafiando: sus calificaciones y credibilidad como historiador, identificándolo más como un científico político; la fiabilidad de sus fuentes y el carácter perturbador de su metodología; su confusión entre analogía con evidencia real; la forma en que juega con los datos sobre cuestiones de raza y racismo; la forma en que niega entender la tensión lingüística entre el griego como un cambio lingüístico y un contacto lingüístico; su falta de precisión y coherencia en su espiral epistemológica fabricada que afirma que la antigua Grecia tiene fundamentalmente un ADN afroasiático/egipcio y, debido a que los antiguos egipcios eran negros, los antiguos griegos tienen un pedigrí negro; por su tergiversación de formas científicas antiguas; por omitir y distorsionar sin rodeos la historiografía; y por confundir mito con historia. Estos temas se presentan claramente en los trabajos de Mary Lefkowitz, Lawrence A. Tritle, Robert Palter y Clarence Walker, solo por mencionar algunos. Bauval y Brophy (2011), por ejemplo, mencionaron cómo hoy *Atenea Negra* "en los círculos académicos, es un anatema, incluso herético [y cómo] incluso el afrocentrismo es considerado una pseudociencia y, para algunos, incluso una práctica peligrosa" (pág. 162). Asimismo, Clarence Walker (2004), también citado por Bauval y Brophy (2011), afirma que el afrocentrismo tiene una "mitología que es racista, reaccionaria" con un énfasis incongruente en la cultura egipcia antigua y sin ninguna prueba creíble de que el antiguo Egipto fuera negro. Por extraño que parezca, se pueden ver algunos paralelos en demasiadas posiciones eugenésicas actuales, como es el caso del exsuperintendente Horne y la guerra de estudios étnicos en Arizona.

Algunas de las críticas más beligerantes sobre la obra de Bernal provienen de Mary Lefkowitz. En su extensa obra, *Black Athena Revisited*, Lefkowitz y Rogers (1996) documentan cómo «la etimología de Atenas de Bernal es altamente incierta e improbable» (pág. xi). Goody (2006, págs. 60-61) suscribe la importancia de la opinión de Bernal; sin embargo, plantea reservas sobre el hecho de que, según Bernal, "el cambio de énfasis de lo antiguo al modelo ario sólo llega en el siglo XIX con el desarrollo del racismo y el antisemitismo". Según Goody (2006), el "genocidio" comenzó hace mucho tiempo, y está conectado con "problemas más generales de 'raíces' y de etnocentrismo, agravados por la expansión del islam a partir del siglo VII" (pág. 61). El islam, afirma Goody (2006), fue "una amenaza para Europa, no solo militarmente, en lo que pronto se convirtió en el Mediterráneo, sino también moral y éticamente" (pág. 61). A pesar de tales reservas, el enfoque de Bernal, manifiesta Goody (2006, pág. 61), es crucial, ya que es incuestionable que el nexo de la antigua Grecia y el Cercano Oriente fue sistemáticamente descuidado, ignorado y borrado en base a la dinámica racial.

Como dice el refrán mozambiqueño, "no se puede enderezar la sombra de una rama doblada". A pesar de una crítica tan agresiva, la obra maestra de Bernal fue acogida por una miríada de eruditos de renombre, como Jack Goody, Andre Gunder Frank, Robert Bauval y Thomas Brophy, y Jurjo Torres Santomé, entre otros. Dada la heterogeneidad de tal grupo, sería imprudente acuñarlos bajo cualquier etiqueta, como vemos en demasiados casos. *Atenea Negra* sobrevuela el debate más allá de los estrechos márgenes del campo recóndito de los "clásicos". Es nuestra tarea como teóricos y académicos críticos del currículo transformador abrazarnos en un debate tan poderoso.

La ilicitud de la historia

El robo de la historia, de Jack Goody (2006), refuerza parte de la obra maestra de Bernal (1987) *Atenea Negra*. Goody (2006) desvela las hostilidades, afirmando que "sabemos lo que significa la Antigüedad en el contexto europeo, aunque han surgido discusiones entre los estudiosos clásicos sobre su inicio y su fin" (pág. 27). Sin embargo, Goody (2006) se pregunta por qué "el concepto no se ha utilizado en el estudio de otras civilizaciones, en el Cercano Oriente, en la India o en China" (págs. 27-28). Goody (2006) comparte la lógica de Bernal (1987) a este respecto. Es decir, la antigua Grecia ha sido retratada como una civilización que surgió de la nada, separada de las sociedades anteriores y contemporáneas. Cuestiona la noción de antigüedad como un "acontecimiento" occidental único. Goody (2006) pregunta ¿dónde están las razones que justifican tal exclusión (o, mejor dicho, inexistencia) y el elogio del excepcionalismo europeo? Goody (2006) repudia con vehemencia el razonamiento teológico simple que aboga por el desarrollo europeo como una línea desde el feudalismo (o capitalismo embrionario) al capitalismo contemporáneo. Él (2006) está bastante preocupado, y con razón, por la forma en que Europa ha sido capaz de proporcionar "un cómputo único de tiempo y espacio" respecto a la historia (pág. 286). Goody (2006) destaca el papel de China, que ha sido socavado y oscurecido sistemáticamente por las voces occidentales. Además, basa su análisis en trabajos de estudiosos como Joseph Needham, Norbert Elias, Fernand Braudel y Martin Bernal. A pesar de sus diferencias, Goody fue sensible a la obra maestra de Bernal. Ante esto, Goody (2006) denuncia que

> Los prehistoriadores han hecho hincapié en la progresión, en gran parte única, de sociedades anteriores en Europa y en otros lugares, cronometradas de manera diferente pero básicamente siguiendo un conjunto de etapas paralelas. Esa progresión continuó a lo largo de Eurasia hasta la Edad del Bronce. Se dice que, entonces, tuvo lugar una divergencia. Las sociedades arcaicas de Grecia fueron, esencialmente, de la Edad del Bronce, aunque se extendieron hasta la Edad del Hierro e incluso hasta el período histórico. Después de la Edad del Bronce, se dice que Europa experimentó la Antigüedad mientras que Asia tuvo que pasarla por alto. (pág. 28).

El Robo de la Historia es una poderosa reacción contra la forma en que "Europa ha robado la Historia de Occidente imponiendo sus propias versiones del tiempo (mayoritariamente cristianas) y del espacio al resto del mundo euroasiático" (Goody, 2006, pág. 286). Goody (2006) cuestiona la "periodización que han hecho los historiadores, dividiendo el tiempo histórico en Antigüedad, Feudalismo, el

Renacimiento seguido del Capitalismo" (pág. 286). Estas cartografías eugenésicas establecieron un código de desarrollo "que condujo de uno a otro en una transformación única hasta el dominio del mundo conocido por Europa en el siglo XIX, tras la Revolución Industrial que se considera que comenzó en Inglaterra" (Goody, 2006, pág. 286). La evidencia de la antigüedad oriental es bastante palpable. Durante la Edad del Bronce, sostiene Goody (2006), "alrededor de 3000 a. C., Eurasia vio el desarrollo de una serie de nuevas 'civilizaciones' en el sentido técnico de las culturas urbanas basadas en una agricultura avanzada que emplea el arado, la rueda y, a veces, el riego" (pág. 31). Durante este tiempo, estas "nuevas civilizaciones" "desarrollaron la vida urbana y la actividad artesanal especializada, incluidas las formas de escritura, iniciando así una revolución en los modos de comunicación y de producción" (Goody, 2006, pág. 29). Dicha evidencia cambia drásticamente toda la arquitectura económica histórica occidental, un tema tan bien cuestionado por Andre Gunder Frank y otros, que pronto examinaré. También hay evidencia amplia y sólida que muestra que los minoicos en Cnosos, Creta, "eran [la primera civilización europea] libre e independiente" (Goody, 2006, pág. 31).

En tal contexto, afirmar que los griegos inventaron el alfabeto es problemático, como mínimo. Los griegos, enfatiza Goody (2006), "agregaron signos vocales al esquema semítico" y a los ojos de algunos estudiosos "inventaron el alfabeto" (pág. 31). De hecho, "ya se podría lograr mucho con el alfabeto consonántico, suficiente para que los judíos produjeran el Antiguo Testamento que sirve de base para el judaísmo, el cristianismo y el islam por igual" (Goody, 2006, pág. 31). Es crucial enfatizar aquí, como documentó Amin (2009), que "el cristianismo, antes de conquistar Occidente, nació entre los orientales" (pág. 170). Hay un impulso racial que también impregna la religión. Es necesario, afirma Amin (2008),

> proponer diferencias sutiles, pero supuestamente fundamentales, que permitan hablar de las esencias del cristianismo y el islam más allá de sus expresiones y transformaciones históricas, como si estas religiones tuvieran cualidades permanentes que trascienden la historia[, que se extienden a cuestiones de clase, raza y género]. (pág. 170).

Siguiendo el razonamiento de Goody (2006), el problema del helenocentrismo es precisamente su negación de que un tipo de alfabeto, uno que no representaba vocales sino solo consonantes, había estado disponible en Asia desde aproximadamente 1500 a. C., donde había permitido una gran extensión de alfabetización entre los pueblos de habla semítica, fenicios, hebreos, hablantes de arameo y, más tarde, también de árabe. (págs. 31-32).

Además, añade Goody (2006), "el Antiguo Testamento, y luego el Nuevo, utilizaron un guion de este tipo, cuya contribución ha sido, a menudo, descuidada por los estudiosos clásicos que se concentran en las lenguas indoeuropeas" (pág. 32). Goody (2006) afirma además que

las comunicaciones no solo son de gran importancia social, sino que, a menudo, nos proporcionan un modelo para un tipo de desarrollo, desde el cambio entre (puramente) oral a escrito, desde el surgimiento de las escrituras logográficas, silábicas y alfabéticas, desde el advenimiento de papel, medios impresos y electrónicos; en esto, una nueva forma sucedió a otra, pero no la reemplazó, como sucedió en gran medida con los cambios en los medios de producción. Hubo un tipo de cambio diferente. Los eruditos han enfatizado, como de gran importancia, el paso de las sociedades prehistóricas a las orales, a las alfabetizadas o históricas. Y así fue. Un modo de comunicación se basa en otro; lo nuevo no convierte en obsoleto lo anterior, sino que lo modifica de diversas formas. El mismo proceso tuvo lugar con la llegada de la imprenta, que se ha considerado una revolución importante. Así fue, como escribir. Pero el habla y la escritura continuaron siendo de importancia fundamental para la humanidad. Quizá cambiaron las "mentalidades", pero al menos lo hicieron las tecnologías del intelecto, y hubo muchas continuidades, tanto en la historia económica como en la política. (pág. 33).

Tales comunicaciones produjeron grandes y diversas oleadas de desarrollo e influencia. El desarrollo de las comunicaciones fomenta lo que Goody (2006) llama "la tecnología del intelecto [es decir] la invención [y la complejidad] del alfabeto había abierto el camino a un nuevo ámbito de actividad intelectual que había sido impedido por formas anteriores de escritura" (pág. 35). Tales características no solo atestiguan que "otras culturas [antes y paralelas a la antigua Grecia] eran igualmente 'civilizadas' en un sentido muy general" (Goody, 2006, pág. 36) sino que también obliga a repensar todo el rompecabezas occidental de la historia de la educación y del currículo como ilícito. En este contexto, es necesario examinar conceptos y prácticas, como la economía, la política y la religión.

En el volumen, que se centra en la lengua, Bernal (2006) reconoce que el lenguaje es el aspecto más controvertido del proyecto *Atenea Negra* (pág. 1). A pesar de que todas las lenguas indoeuropeas han sido consideradas como resultado de la polinización cruzada lingüística, "el griego, la lengua de la cultura, [ha sido] vista como la cuna y el epítome de la civilización europea, [eso es] la pureza extrema" (Bernal, 2006, pág. 37).

El hecho de que los enfrentamientos entre Oriente y Occidente se volvieran tan beligerantes y "agravados por la expansión del islam a partir del siglo VII" es una evidencia creíble de cómo "el islam fue concebido como una amenaza para Europa, no solo militarmente, en lo que se convirtió muy temprano en el Mediterráneo, pero también moral y éticamente" (Goody, 2006, pág. 61), así como por la existencia de una plataforma religiosa oriental profundamente sólida, previa y paralela a la antigua Grecia. De hecho, durante la antigüedad, como también es cierto hoy, la religión era parte de lo político, algo que no se puede limitar a la Grecia antigua. En tal contexto, y como se discutió previamente en el Capítulo 4, Goody (2006) enfatiza, la idea de que la antigua Grecia inventó y creó la democracia, la libertad y el estado de derecho, al menos, es sospechosa.

> Se supone que la democracia es una característica de los griegos y se opone al "despotismo" o la "tiranía" de sus vecinos asiáticos. Nuestros políticos contemporáneos invocan esa suposición como una característica de larga data de Occidente, en contraste con los "regímenes bárbaros" de otras partes del mundo. Estos representan una apropiación totalmente europea y literal de la historia, del "descubrimiento" de la democracia. (pág. 50).

Goody (2006) acumula evidencia de cómo el libre albedrío fue predominante en África, India y China (pág. 51). Teniendo esto en cuenta, la afirmación de que los griegos descubrieron la libertad individual y la democracia debería ser sorprendente. En realidad, tales características sociales en la civilización antigua eran bastante visibles en las obras de Kropotkin y Durkheim (Goody, 2006). Aunque la libertad es un concepto muy complejo, se simplifica demasiado cualquier análisis que afirme que la "libertad" es una realidad "inventada" por los antiguos griegos. Lo mismo debe decirse del estado de derecho. Al igual que la libertad, la noción de estado de derecho "ha sido interpretada por miembros de culturas alfabetizadas de una manera demasiado estrecha" (Goody, 2006, pág. 58). En la antigua China, por ejemplo, "los contratos escritos se utilizaban [como] documentos de declaración, incluida la transferencia de tierras, y habían sido utilizado desde el período Tang" (Goody, 2006, pág. 59). En cuanto a la economía, también es crucial, sostiene Goody (2006), desafiar los enfoques parroquiales. Goody (2006) suscribe la posición de Gledhill y Larsen, para lo cual "necesitamos adoptar una visión de la economía más dinámica, menos estática" (pág. 41). Es decir, debemos cuestionar la idea misma de economía de mercado y tener en cuenta que, probablemente, "la emulación de las técnicas de fabricación de porcelana en Delft y Black Country (País Negro), como en el caso del algodón indio, debería considerarse fundamental para el estudio de la Revolución Industrial" (Goody, 2006, pág. 39). De hecho, Goody (2006) afirmó que "el mercado se desarrolló desde mucho antes de Grecia hasta el advenimiento del capitalismo industrial" (pág. 45). Aunque los griegos tenían una economía, no fueron los pioneros.

Re-Orientar, de Andre Gunder Frank (1998), es otro enfoque crítico que nos anima a desafiar las visiones eurocéntricas con respecto al sistema económico mundial. En su libro, Frank (1998) "propone ofrecer, al menos, alguna base en la historia económica del mundo moderno primitivo para una perspectiva y comprensión más 'centrada en el ser humano'" (pág. 2). Tal intento, agrega Frank (1998), "no es tanto escribir una historia mundial, ni siquiera una historia económica sino confrontar los paradigmas eurocéntricos recibidos con una perspectiva global más centrada en el ser humano" (pág. 4). Necesitamos, argumenta Frank (1998), una "perspectiva global para apreciar, comprender, informar y explicar el 'ascenso de Occidente', el 'desarrollo del capitalismo', la 'hegemonía de Europa', 'el ascenso y caída de los grandes poderes'" (pág. 4). Frank (1998) documenta cómo

> en cambio, Europa usó su dinero estadounidense para fortalecerse y beneficiarse de la producción, los mercados y el comercio asiáticos temporalmente; en una palabra, para beneficiarse de la posición predominante de Asia en la economía mundial, Europa escaló por la parte posterior de Asia, luego se situó sobre los hombros de Asia. (pág. 4).

Además:

> Ciertamente, Europa no era fundamental para la economía mundial antes de 1800. Europa no era hegemónica estructural ni funcionalmente, ni en términos de peso económico, ni de producción, tecnología o productividad, ni en el consumo per cápita, ni de ninguna manera en su desarrollo de la economía. instituciones supuestamente más

"avanzadas" "capitalistas". De ninguna manera el Portugal del siglo XVI, los Países Bajos del siglo XVII o la Gran Bretaña del siglo XVIII fueron "hegemónicos" en términos económicos mundiales… En todos estos aspectos, las economías de Asia eran mucho más "avanzadas", y sus imperios chinos –dinastías Ming y Qing–, indio mogol e incluso persa safávida y turco otomano tenían un peso político e incluso militar mucho mayor que cualquiera de Europa o toda ella. (Frank, 1998, pág. 5).

En el contexto de nuestra actual crisis socioeconómica, parece que volvemos al futuro. "Si alguna economía tenía una posición 'central' y un 'papel' en la economía mundial y su posible jerarquía de 'centro', era China" (Frank, 1998, pág. 5). Los paralelismos con la actualidad son impactantes. Siguiendo las afirmaciones de Frank (1998), Adam Smith, Karl Marx y Friedrich Engels "están de acuerdo y en desacuerdo sobre la historia moderna temprana y el lugar de Asia en ella" (págs. 12-17). Si bien todos acuñaron el descubrimiento de América y el paso a las Indias Orientales por el Cabo de Buena Esperanza como los imponentes "elementos revolucionarios en la tambaleante sociedad feudal" (Goody, 2006, pág. 13), Smith, según Frank (1998, pág. 13), enfatizó que "Europa fue una novata en el desarrollo de la riqueza de las naciones". La llegada de la Revolución Industrial y el comienzo del colonialismo europeo en Asia "habían intervenido para remodelar las mentes europeas y, si no, 'inventar' toda la historia, al menos para inventar un universalismo falso bajo la iniciación y guía europeas" (Frank, 1998, pág. 14). A diferencia de Marx y Engels, Frank (1998, pág. 15) sostiene que Asia no estaba más atrasada que Europa; Asia sí tenía un modo de producción, y el hecho de que los europeos inventaran el modo de producción capitalista niega un enorme y fuerte conjunto de relaciones de mercado en las civilizaciones antiguas y, al mismo tiempo, muestra la arrogancia de la civilización occidental que "viste la historia ideológicamente" (Frank, 1998, pág. 16). Mientras que para Marx y Engels lo que faltaba en las civilizaciones antiguas era un modo de producción capitalista claro y poderoso, Max Weber no solo suscribe ese razonamiento, sino que también agrega la pieza religiosa a la ecuación ya desconcertada y borrosa (Frank, 1998). En una lectura *weberiana* del mundo, había una realidad europea poderosa y superior que chocaba racional-mente con el "componente mítico, místico, mágico, en una palabra, antirracional [religioso]" (Frank, 1998, pág. 17) en las civilizaciones antiguas. La tendencia a describir "el islam como mítico en lugar de crítico" y el cristianismo como "crítico en lugar de mítico" es una visión cristiana de la historia y se convirtió en la visión dominante (Sharabi, 1970, págs. 62-63).

En su libro *Eurocentrismo* (2009), Samir Amin adoptó una visión ligeramente diferente a la de Frank, Goody y otros. El enfoque de Amin (2009) es, fundamentalmente, examinar y comprender teóricamente el concepto de eurocentrismo desde una perspectiva materialista histórica. El eurocentrismo, sostiene Amin (2009), es una asamblea cultural occidental que muestra y consolida una superioridad eugenésica que reivindica una verdad universal bastante alejada de la realidad. Tal culto a la superioridad se basa en una historia ilícita que afirma que la economía y la cultura occidentales no solo son eternas, sino también algo que emerge impoluto y separado de cualquier otro factor externo. Amin (2012, pág. 4) afirma que, en realidad, es en ese contexto donde la propia identidad europea debe ser cuestionada. Por extraño que parezca, Amin (2012) examina profundamente cómo «Europa definitivamente parece ser una realidad» desde el exterior, y cómo lo mismo no es tan lineal desde una perspectiva interior (pág. 4). Sorprendentemente, la invención de una historia universal occidental no solo creó un marco occidental ilícito, sino que también produjo, simultáneamente, una visión igualmente deshonesta del resto del mundo (Amin, 2009).

Los argumentos sustantivos de Bernal en *Atenea Negra* y de Samir Amin en *Eurocentrismo* son retomados por Frank (1998) razonando que "como parte integral del colonialismo europeo en el siglo XIX, los europeos inventaron un mito histórico sobre sus raíces, supuestamente, puramente europeas en la 'democrática', pero también esclavista y sexista, Grecia" (pág. 8). Basándose en Hodgson y Blaut, Frank (1998) llama a esta "historia inventada" "historia de túnel, es decir, derivada de una visión de túnel, que sólo ve causas y consecuencias intraeuropeas 'excepcionales' y es ciega a todas las contribuciones extraeuropeas a la historia europea y mundial moderna" (pág. 9). Sin lugar a dudas, demasiados investigadores documentaron que en los siglos XVI y XVII, el desarrollo "tecnicista" económico, científico y racional "se produjo a nivel mundial y no exclusiva o especialmente en Europa" (Frank, 1998, pág. 10). De hecho, a "principios del siglo XVI las principales civilizaciones de Asia habían alcanzado un nivel de desarrollo técnico y económico superior al de Europa" (Frank, 1998, pág. 12). La visión dominante de la historia, afirma Wallerstein

(2006), "es notablemente simple" (pág. 33). Los académicos europeos crearon una visión ilícita de los eventos históricos, bien descriptos por Wallerstein (2006):

> Sólo la "civilización" europea, que tenía sus raíces en el mundo grecorromano de la Antigüedad (y para algunos también en el mundo del Antiguo Testamento), pudo haber producido "modernidad", un término general para un pastiche de costumbres, normas y prácticas que florecen en la economía mundial capitalista. Y puesto que se decía que la modernidad era por definición la encarnación de los verdaderos valores universales, del universalismo, la modernidad no era meramente un bien moral, sino una necesidad histórica. Debe haber, siempre debe de haber habido, algo en las altas civilizaciones no europeas que fuera incompatible con la marcha humana hacia la modernidad y el verdadero universalismo. A diferencia de la civilización europea, de la que se afirmó que era inherentemente progresista, las otras civilizaciones superiores debieron haber quedado congeladas de algún modo en sus trayectorias, incapaces, por lo tanto, de transformarse en alguna versión de la modernidad sin la intrusión de fuerzas externas (es decir, europeas). (pág. 33).

Lo que necesitamos es una macrohistoria político-económica global organizada horizontalmente de eventos simultáneos, que esté guiada por los altibajos cíclicos que debe identificar y analizar (Frank, 1998, pág. 346). No queremos escribir una historia mundial, aunque hay que hacerlo, ni siquiera una historia económica que esté más allá de mis deseos como lo fueron los de Frank (1998). Esa historia mundial no se puede hacer como vemos en el ejemplo contemporáneo que surge de la Unión Europea, que está tratando de construir un libro de texto de historia unificado común para ser enseñado en las escuelas. El reclamo de la necesidad de una historia mundial aquí no es silenciar algunas historias, sino descolonizar la historia occidental actual, que, como mínimo, está profundamente infectada con ideas falsas. En este caso, unificar definitivamente no es la palabra, sino un acertijo: una miríada de acertijos locales.

Con Frank (1998) y otros, queremos confrontar "los paradigmas eurocéntricos recibidos con un paradigma global más centrado en el ser humano" (pág. 4). Al hacerlo, podría decirse que si, por un lado, estamos haciendo un llamado a escribir la historia del mundo, por el otro, estamos llamando a una lucha no negociable contra los epistemicidios curriculares. Frank (1998), citando a Braudel (1992), sostiene que "Europa inventó a los historiadores y luego los aprovechó para promover sus propios intereses en casa y en otras partes del mundo" (pág. 4).

Descolonizar el Norte

Huelga decir que el desafío contra los epistemicidios es colectivo y necesita consolidarse dentro y fuera de la cartografía occidental. Como argumenta Shiva (1993a), la erudición feminista y del tercer mundo ha comenzado a reconocer que tales sistemas dominantes

> emergen como una fuerza liberadora no para la humanidad en su conjunto (aunque se legitima en términos de beneficio universal para todos), sino como una proyección occidental machista y patriarcal que implicaba necesariamente el sometimiento tanto de la naturaleza como de la mujer. (pág. 21).

La tarea también es descolonizar la ciencia. La lucha contra los epistemicidios implica, como afirma Shiva, también la descolonización del Norte. Shiva nota que (1993b)

> La Carga del Hombre Blanco se está volviendo cada vez más pesada para la tierra y especialmente para el Sur. Los últimos 500 años de historia revelan que, cada vez que se ha establecido una relación de colonización entre el Norte y la naturaleza y los pueblos fuera del Norte, los hombres colonizadores y la sociedad han asumido una posición de superioridad y, por lo tanto, de responsabilidad por el futuro de la tierra y por otros pueblos y culturas. Del supuesto de superioridad surge la noción de la Carga del Hombre Blanco. De la *idea* de la Carga del Hombre Blanco fluye la *realidad* de las cargas impuestas por el hombre blanco sobre la naturaleza, las mujeres y otros. Por lo tanto, la colonización del Sur está íntimamente ligada a la cuestión de la colonización del Norte. La descolonización es, por tanto, tan relevante en el contexto del colonizador como en el del colonizado. La descolonización en el Norte también es esencial porque el proceso de creación de riqueza genera, simultáneamente, pobreza, el proceso de creación de conocimiento genera, simultáneamente, ignorancia y el proceso de creación de libertad genera, simultáneamente, falta de libertad. (pág. 264).

Esto es crucial sobre todo cuando tenemos un sistema educativo que, discursivamente, niega cualquier realidad espiritual como parte del ser humano, aunque permite manifestaciones explícitas del cristianismo siempre y cuando se acompañe de una actitud patriótico como se puede apreciar en el ritual escolar del Juramento a la Bandera. De hecho, la lucha contra el epistemicidio curricular requiere un *currículocidio* del actual currículo formal.

Según Shiva (1993b),

la descolonización en el Norte se vuelve imprescindible para superar lo que se denomina la crisis ambiental y de desarrollo en el Sur. La receta del Norte para la salvación del Sur siempre ha creado nuevas cargas y nuevas ataduras, y la salvación del medio ambiente no puede lograrse a través del viejo orden colonial basado en la Carga del Hombre Blanco, las dos son ética, económica y epistemológicamente incongruentes. (pág. 265).

Este proceso de descolonización ayudará a interrumpir, para usar la perspectiva de Beck (2009), que África sea vista como una "idea transnacional y la puesta en escena de esa idea, que es una contra África, una comunidad imaginada" (pág. 27) fabricada por el opresor, consumida por un oprimido autodespreciado (Freire, 1990), y permaneciendo ignorante del hecho de que "para el esclavo, no hay nada en el centro sino peor esclavitud" (Achebe, 2000, pág. 95).

Este es precisamente el mismo sentimiento político que uno ve en las afirmaciones de Appiah. Según Appiah (1992), "ninguno de nosotros, occidentales y africanos, entenderemos qué es la modernidad hasta que nos entendamos entre nosotros" (pág. 245). Después de todo, la colonización debe ser vista como una cultura compartida "para aquellos que han sido colonizados y para aquellos que han colonizado" (Smith, 1999, pág. 45). Sin embargo, cualquier lucha descolonizadora necesita ser entendida en lo que uno podría llamar un marco *mphahleleano*, como explica el escritor sudafricano Ezekiel Mphahlele (1965):

Los negros han conciliado en ellos lo occidental y lo africano, mientras que los blancos se niegan a rendirse a su influencia. Esto es simbólico de la situación de Sudáfrica. La única vitalidad cultural que se observa entre los africanos: no han sido elevados por la cultura occidental, sino que han conciliado a las dos en sí mismos. (pág. 22).

Este sentimiento ya era palpable en el argumento de Kenyatta (1960) de que la gente en Kenia "no está preocupada de que otras razas estén aquí con nosotros en nuestro país, pero insistimos en que somos los líderes aquí, y lo que queremos, insistimos en obtenerlo" (pág. 301). Además, la lucha contra los epistemicidios no es, a la vez, una ingenua romantización de las culturas indígenas que tiene bastante fluidez en algunos elementos del movimiento de la negritud. Es precisamente lo contrario. La lucha contra los epistemicidios es, de hecho, una lucha contra lo que podríamos llamar *"educación indígena"*, una mistificación de las culturas y conocimientos indígenas. La posición de Mphahlele (1965), nuevamente, es muy clara:

> Ahora, a la *negritud* misma. ¿Quién es tan estúpido como para negar el hecho histórico de la negritud como una protesta y una afirmación positiva de los valores culturales africanos? Todo esto es válido. Lo que no acepto es la forma en que gran parte de la poesía inspirada en ello romantiza a África, como símbolo de inocencia, pureza y primitivismo ingenuo. Me siento insultado cuando algunas personas dan a entender que África no es también un continente violento… Puro romanticismo que no logra ver que el gran paisaje de la personalidad del africano hace mala poesía. La síntesis de Europa y África no necesariamente rechaza la *negritud* de lo africano… Me niego a que me pongan en un archivo de negros, a que vengan sociólogos y me examinen… Me niego a que me pongan en un dossier. (págs. 23-25).

La complejidad o las consecuencias que implica la negritud como movimiento –muy explícito en palabras de Mphahlele (1965)– podrían ser una buena señal metafórica para ayudarnos a sortear algunos de los peligrosos abismos a los que se enfrenta actualmente el campo curricular:

> Se nos dice que la negritud es menos una cuestión de tema que de estilo. Debemos esforzarnos por visualizar al hombre en su totalidad, no solo las cosas que están destinadas a halagar el ego del negro. Tampoco hay que olvidar que la negritud se superpone a la protesta europea del siglo XIX contra las máquinas y los cañones. En el lugar del cuco, el ruiseñor, el narciso, África ha sido arrastrada al altar de Europa. Los hombres de la negritud no deberían simular que este es un concepto enteramente africano. (pág. 25).

Nkrumah (2006) es abiertamente corrosivo con respecto a la negritud, etiquetándola como una "teoría pseudointelectual que sirve como puente entre la clase media africana dominada por extranjeros y el *establishment* cultural francés. Era irracional, racista y no revolucionario" (pág. 25).

Soyinka (1988) tampoco fue tímido en su crítica a la dinámica de la formación ideológica occidental en la raíz misma de la negritud.

Como él afirma, los defensores de la negritud fueron incapaces de una ruptura clara con la racionalidad indígena occidental, por lo que hipotecaron casi perennemente el surgimiento de una nueva voz africana real, no romántica.

Innegablemente, la lucha contra los epistemicidios (aquellos que han sido edificados por las epistemologías hegemónicas masculinas occidentales) es una tarea hercúlea pero que no podemos negar si estamos verdaderamente comprometidos con una sociedad real y justa. En realidad, como nos recuerda Cox (2002), "la globalización es, también, una lucha por el conocimiento de los asuntos mundiales" (pág. 76). La lucha contra la colonialidad eugenésica occidental del conocimiento es la mejor manera de transformar la escuela y sus agentes sociales en verdaderos líderes en su lucha por democratizar la democracia. Como afirma Sen (1999), el surgimiento de la democracia fue *el* evento del siglo XX. El verdadero problema, dice, es percibir cómo una comunidad particular se prepara a sí misma a través de la democracia, sin tratar de escudriñar si está lista para una sociedad democrática. Esta es una época paradójica; como sostiene Sousa Santos (2005), por un lado, "nuestra época actual está marcada por grandes desarrollos y cambios dramáticos, una era que se nos refiere como la revolución electrónica de las comunicaciones, la información, la genética y la biotecnología" (pág. vii). Por otro lado,

> es un tiempo de inquietantes regresiones, de retorno de los males sociales que parecían haber sido, o estaban por ser, superados. El regreso de la esclavitud y el trabajo servil; el regreso de la alta vulnerabilidad a viejas enfermedades que parecían haber sido erradicadas y ahora aparecen ligadas a nuevas pandemias como el VIH/SIDA: el regreso de las repulsivas desigualdades sociales que dieron su nombre a la cuestión social a fines del siglo XIX; en suma, el regreso del espectro de la guerra, quizás ahora más que nunca una guerra mundial, aunque es todavía indecidible si será fría o no. (pág. vii).

Daves (1990) también afirma que "estamos viviendo en una era de profunda crisis global para el monopolio del capitalismo, una época de crecientes riesgos de omnicidio nuclear y una época, un período, en el que la amenaza del fascismo presenta peligros sin precedentes" (pág. 21). Como Andrew (2009) explicó en "Leaner and Meaner? The Perils of McDonaldizing the Academy and Kinesiology", que fue la conferencia conmemorativa de Alan G. Ingham que Andrew dio en la Universidad de Miami, es necesario involucrarse y fomentar la crítica de la producción de conocimiento dentro de la academia y la kinesiología. La tarea, enfatiza Andrew, es desafiar el proceso acelerado de consumismo rápido, la racionalización acelerada de la sociedad asociada con el capitalismo tardío que ha llevado a una McDonaldización epistemológica. Tal pastoral imperial margina tipos particulares de conocimiento relacionados con análisis críticos, sociológicos, históricos y cualitativos. Andrew desafía la forma en que la jungla académica corporativa se rindió ante tan peligrosa pastoral, que es un verdadero obstáculo para comprender mejor el movimiento humano y enmarca la educación a través de privilegios, evaluaciones de alto nivel y *Common Core*, entre otros.

El rol de los maestros como intelectuales públicos, argumenta Giroux (1994), es posicionar el currículo de una manera que lo descentre de sus formas y contenido occidentalizantes. El verdadero problema, según Giroux, es "cómo democratizar las escuelas para que aquellos grupos que, en gran medida, están separados o, simplemente, no están representados en el currículo puedan producir sus propias representaciones, narrar sus propias historias y entablar un diálogo respetuoso con los demás" (pág. 18). Argumenta, además, que una buena manera de hacerlo es ser consciente de la diferencia entre la educación política y la politizadora

Mientras que el primero, que es fundamental para la pedagogía crítica, alentaría a los estudiantes a convertirse en mejores ciudadanos para desafiar a quienes tienen poder político y cultural, así como para honrar las tradiciones críticas dentro de la cultura dominante que hacen que tal crítica sea posible y de significado inteligible descentrando el poder en el aula y otros espacios pedagógicos para que se pueda abordar la dinámica de aquellas desigualdades institucionales y culturales que marginan a algunos grupos, reprimen tipos particulares de conocimiento y suprimen el diálogo crítico, este último es una forma de terrorismo pedagógico en el que el tema de lo que se enseña, por quién y bajo qué condiciones está determinado por una agenda política doctrinaria que se niega a examinar sus propios valores, creencias y construcción ideológica. (pág. 18).

La escolarización y la educación deben jugar un papel protagónico para abordar uno de los temas más desafiantes que tenemos ante nosotros: la democratización de la democracia. Vavi (2004) argumenta que la democracia está pasando por alto a los pobres, dando crédito a la afirmación de Sousa Santos (2005) de que vivimos en una era con problemas modernos, pero sin soluciones modernas. Para democratizar la democracia, sugiere Sousa Santos, necesitamos reinventar la emancipación social porque su forma moderna tradicional fue empujada a una especie de callejón sin salida por la globalización neoliberal.

Sin embargo, un cosmopolitismo insurgente o globalización contrahegemónica ha impulsado una miríada de movimientos y transformaciones sociales, desafiando la perspectiva neoliberal hegemónica. Es en la médula misma de tales formas contrahegemónicas de globalización –y en sus choques con la agenda hegemónica neoliberal– que se están gestando nuevos itinerarios de emancipación social (Sousa Santos, 2008). Tales disputas económicas, políticas y culturales fueron acuñadas metafóricamente por Sousa Santos (2005) como un choque entre el Norte y el Sur, que pondría en primer plano la lucha entre la democracia representativa y la participativa. A pesar de parecer hegemónica, la globalización ha estado promoviendo una democracia de baja densidad, anclada en argumentos sobre la privatización, que está creando más desigualdad social.

Sin embargo, un cosmopolitismo insurgente o globalización contrahegemónica ha impulsado una miríada de movimientos y transformaciones sociales, desafiando la perspectiva neoliberal hegemónica. Es en la médula misma de tales formas contrahegemónicas de globalización –y en sus choques con la agenda hegemónica neoliberal– que se están gestando nuevos itinerarios de emancipación social (Sousa Santos, 2008). Tales disputas económicas, políticas y culturales fueron acuñadas metafóricamente por Sousa Santos (2005) como un choque entre el Norte y el Sur, que pondría en primer plano la lucha entre la democracia representativa y la participativa. A pesar de parecer hegemónica, la globalización ha estado promoviendo una democracia de baja densidad, anclada en argumentos sobre la privatización, que está creando más desigualdad social.

Así, la lucha por la democracia "es ante todo una lucha política sobre la forma de gobernar, implicando así la reconstitución del Estado y creando las condiciones para el proyecto emancipador" (Shivji, 2003, pág. 1). Esto es especialmente importante de enfatizar a la luz de la hegemonía del discurso neoliberal, "que tiende a privar a la democracia de sus dimensiones sociales e históricas y presentarla como un nirvana final" (pág. 1).

De alguna manera, estamos claramente ante lo que Sousa Santos (1998, 2007a, 2007b) llama un Estado que debe ser visto como un nuevo movimiento social inmaculado; en otras palabras,

una organización política más amplia en la que las fuerzas democráticas lucharán por una democracia distributiva, transformando así al Estado en una nueva, pero poderosa, entidad social y política. Tal Estado está incluso mucho más directamente involucrado en criterios de redistribución y profundamente comprometido con políticas económicas y culturales inclusivas. (Sousa Santos, 2007a, pág. 60).

Es precisamente este Estado, como un nuevo e inmaculado movimiento social, "el que despertará la tensión entre el capitalismo y la democracia real, y esto sólo podrá lograrse si la democracia se concibe y moldea como democracia redistributiva" (Sousa Santos, 2007a, pág. 41). La lucha por una democracia redistributiva es el primer paso crucial para reforzar el papel del Estado en una sociedad más justa, un reclamo abordado por Kenyatta (1960):

Si nos unimos ahora, todos y cada uno de nosotros, y cada tribu con otra, provocaremos la implantación en este país de eso que los europeos llaman democracia. La verdadera democracia no tiene distinción de color. No elige entre blanco y negro. Queremos prosperar como nación, y como nación exigimos igualdad, es decir, igual salario por igual trabajo. Nunca obtendremos nuestra libertad a menos que tengamos éxito en esta cuestión. No queremos el mismo salario por el mismo trabajo mañana, lo queremos ahora mismo. Nunca se ha sabido en la historia que un país prospere sin igualdad. (págs. 306-308).

La tarea, por lo tanto, es determinar cómo reinventar una democracia democratizada en una era en la que la globalización y la localización son "las fuerzas impulsoras y las expresiones de una nueva polarización y estratificación de la población mundial en ricos globalizados y pobres localizados" (Beck, 2009, pág. 55). De hecho, la globalización debe entenderse como un proceso de globalización de localidades particulares (Sousa Santos, 2008). Lo que necesitamos, según Nussbaum (1997), es "fomentar una democracia… que genuinamente considere el bien común" (pág. 19). No es bueno para la democracia "que el pueblo vote en base a los sentimientos que ha absorbido de la radiodifusión y nunca se haya cuestionado" (pág. 19). Lo más probable es que tenga que comenzar una lucha completamente nueva. El escritor mozambiqueño Couto (2005) afirma que esta es la mejor manera de avanzar para desafiar un pasado retratado de forma deformada, un presente vestido con ropa prestada y un futuro ya ordenado por intereses foráneos. Además, como sabiamente afirma Nyerere (1998), será prudente no elegir el dinero como arma, porque "el desarrollo de un país lo hacen las personas, no el dinero" (pág. 129), que es algo que quienes se dedican al marketing parecen descuidar.

La educación pública sí tiene un papel clave en afirmar que otro saber es posible y explicar cómo eso es crucial para los procesos transformadores de democratización de la democracia. Como, acertadamente, nos recuerda Aronowitz (2001), quien figura en la lista de Horowitz de los cien profesores más peligrosos de Estados Unidos, "necesitamos luchar por una política de democracia directa y de acción directa. De esto depende la revitalización de la izquierda" (pág. 149). Tales tareas implican una ola curricular teórica diferente, que he etiquetado en otro lugar (Paraskeva, 2007b, 2011a) como una Teoría Curricular Itinerante (TCI), que es un camino futuro del río curricular crítico. Tal teoría necesita contrarrestar una historia ilícita, necesita involucrarse en la reconstrucción de "la historia del mundo para dejar en claro que Europa fue durante la mayor parte del tiempo una zona marginal y probablemente esté destinada a seguir siéndolo" (Wallerstein, 2006, pág. 43).

Al desafiar la obra maestra de Bernal, Lefkowitz (1996) hace una afirmación interesante que merece ser destacada (pág. 4). Según Lefkowitz (1996), las teorías, y el propio Bernal,

> pídannos que reconozcamos que hemos sido racistas y mentirosos, los perpetradores de un vasto encubrimiento intelectual y cultural o, por lo menos, los supresores de un pasado africano que, hasta que nuestros estudiantes y nuestros colegas comenzaron a mencionarlo, teníamos nosotros mismos sin saber nada al respecto. ¿Nos habían engañado nuestros maestros y sus maestros los habían engañado a ellos? (pág. 4).

No hace falta decir que Lefkowitz no está esperando una respuesta del tipo "sí" o "no". Existe amplia evidencia, relacionada con las invasiones coloniales y de Colón, de cómo el poder colonial occidental produjo y reproduce una "ingeniería histórica" particular, un epistemicidio curricular para enfatizar y glorificar la superioridad blanca occidental mientras hacía silencio sobre Colón como un asesino en masa. Después de todo, los investigadores no son los registros epistemológicos de la verdad. La propia Lefkowitz (1996) admite que

> según los clasicistas, ellos son propagandistas del Ministerio de Cultura Clásica de la Europa Blanca. A nuestro juicio, los clasicistas son historiadores que intentan mirar al pasado de manera crítica, sin prejuicios de ningún tipo, en la medida humanamente posible. Ni que decir que tenemos un esquema curricular que pretende producir, reproducir y legitimar un culto al saber, neutral y puro. Si los clasicistas en verdad han malinterpretado los hechos sobre el pasado de los griegos, ciertamente no lo han hecho voluntariamente. (pág. 5).

Necesitamos ir más allá del tipo de respuesta "sí-no" y desafiar por qué tales debates están fuera del aula. ¿Qué tipo de teoría y práctica curricular en un impulso global fomentará tales debates dentro de la caja negra?

Hasta ahora he examinado los límites y posibilidades que ofrecen algunos enfoques curriculares críticos. Yo defiendo que para que ese futuro posible sea realidad, la vena política del currículo crítico debe ir más allá de los puntos muertos dentro de sus propios territorios y prestar atención y extenderse a otras epistemes más allá de la plataforma hegemónica epistemológica occidental. Defiendo que tal futuro es un desafío contra los epistemicidios, y argumento que otro saber y otro currículo son posibles. Tal currículo nos permitirá combatir la colonialidad del saber y la colonialidad del ser. Estas luchas desafiarán la forma en que las civilizaciones africanas y orientales, así como las civilizaciones oprimidas en Occidente, han sido ensambladas o silenciadas por los mecanismos occidentales de producción y reproducción del conocimiento de una manera muy simplista y malinterpretada.

Además, esta lucha desafiará la forma "milagrosa" en que la civilización occidental surgió de la nada, solo debido a fuerzas no centrífugas, absolutamente desconectadas y, por lo tanto, limpias de otras civilizaciones no contaminadas, bárbaras y subdesarrolladas, aunque se formaron antes de civilizaciones contemporáneas. Examinamos y documentamos la importancia de las antiguas civilizaciones afro-asiáticas-árabes en el surgimiento y desarrollo de la Grecia antigua y las etapas civilizatorias occidentales (desde el capitalismo embrionario hasta las tardías formaciones capitalistas). También hemos ofrecido un análisis sobre la forma en que la historia ha sido borrada (Zinn, 1999) y cómo la educación humboldtiana fue una gran pieza en el proceso de ensamblar y ejecutar una versión particular de la historia, adorando y deificando a Occidente, no solo silenciando y domesticando los genocidios del currículo, así como anulando la amplia evidencia que, como mínimo, cuestiona severamente a la antigua Grecia como una *ars magistra* blanca.

En lo que sigue, propongo lo que denomino TCI como un futuro para el río curricular crítico. Vuelvo a los argumentos que planteé anteriormente (Paraskeva, 2011a), y los amplío quirúrgicamente, aunque dominado por las limitaciones de tamaño de la serie. Abordo algunas de las reacciones que suscitó la TCI (Paraskeva, 2011a), y vuelvo a enfatizar acerca de la necesidad de que los teóricos del currículo y los educadores asuman una posición desterritorializada itinerante.

Referencias bibliográficas

ACHEBE, Ch. (2000) *Home and Exile.* Oxford: Oxford University Press.

AMIN, S. (2009) *Eurocentrism.* New York: Monthly Review Press.

AMIN, S. (2012) Implosion of the European System. *Monthly Review*, 64 (4). Consultado en http://monthlyreview. org/2012/09/01/implosion-of-the-european-system/.

ANDREW, D. (2009) *Leaner and Meaner? The Perils of McDonaldizing the Academy and Kinesiology.* Alan G. Ingham Memorial Lecture, McGuffey Hall Auditorium. Oxford: Miami University.

APPIAH, K. (1992) *In My Father's House. Africa in the Philosophy of Culture.* Oxford: Oxford University Press.

ARONOWITZ, S. (2001) *The Last Good Job in America. Work and Education in the New Global Technoculture.* Lanham: Rowman & Littlefield Publishers.

BAUVAL, R. and BROPHY, Th. (2011) *Black Genesis. The Prehistoric Origins of Ancient Egypt.* Rochester: Bear & Company.

BECK, U. (2009) *What Is Globalization?* London: Polity.

BERNAL, M. (1987) *Black Athena: The Afrosiatic Roots of Classical Civilization.* New Brunswick, NJ: Rutgers University Press.

BERNAL, M. (2001) *Black Athena Writes Back: Martin Bernal Responds to His Critics.* Duke University Press.

BERNAL, M. (2006) *Black Athena. The Afrosiatic Roots of Classical Civilization. Volume III, The Linguistic Evidence.* New Brunswick, NJ: Rutgers University Press.

BRAUDEL, F. (1992) *The Perspective of the World.* Berkeley: University of California Press.

CHOMSKY, N. (1992) *Chronicles of Dissent: Interviews with David Barsamian— Noam Chomsky.* Monroe: Common Courage Press.

COUTO, M. (2005) *Pensatempos.* Lisboa: Caminho, p. 10.

COX, R. (2002) *The Political Economy of a Plural World. Critical Reflections on Power, Morals and Civilization.* London: Routledge, p. 76.

DAVES, A. (1990) *Women, Culture, Politics.* New York: Vintage Books.

DIOP, C. (1974) *The African Origin of Civilization. Myth or Reality.* Chicago: Lawrence Hill & Company.

FRANK, A. G. (1998) *Reorient. Global Economy in the Asian Age.* Berkeley: University of California Press.

FREIRE, P. (1990) *Pedagogy of the Oppressed.* New York: Continuum.

GIROUX (1994) *Doing Cultural Studies: Youth and the Challenge of Pedagogy.* Consultado en http://www.gseis.ucla.edu/courses/ed253a/giroux/giroux1.html (Agosto 2008).

GOODY, J. (2006) *The Theft of History.* Cambridge: Cambridge University Press.

JOHNSON, R. (1983) *What Is Cultural Studies Anyway?* Centre for Contemporary Cultural Studies, University of Birmingham, Nº 74. (Mimeographed).

KENYATTA, J. (1960) The Kenya Africa Union Is Not the *Mau Mau.* En F. D. Cornfield (ed.) *The Origins and Growth of Mau Mau,* Documento de sesión, N. 5 of 1959-1960. Nairobi, pp. 301-308.

KLIEBARD, H. (1995) *The Struggle for the American Curriculum: 1893-1958.* New York: Routledge.

KRUG, E. (1964) *The Shaping of the American High School, 1880-1920.* Madison: The University of Wisconsin Press.

LEFKOWITZ, M. (1996) *Not Out of Africa: How Afrocentrism Became an Excuse to Teach Myth as History.* New York: New Republic and Basic Books.

LEFKOWITZ, M. and ROGERS, G. M. (eds.) (1996) *Black Athena Revisited.* Chapel Hill: University of North Carolina Press.

MISHRA, P. (2012) *From the Ruins of Empire. The Intellectuals who Remade Asia.* New York: Farrar, Strauss & Giroux.

MPHAHLELE, E. (1965) Negritude and Its Enemies. A Reply. En G. Moore (ed.) *African Literature and the Universities. The Congress for Cultural Freedom.* Dakar: Ibadan University Press, pp. 22-26.

MUNSLOW, A. (1997) *Deconstructing History.* New York: Routledge.

NKRUMAH, K. (2006) *Class Struggle in Africa.* London: PANAF.

NUSSBAUM, M. (1997) *Cultivating Humanity: A Classical Defense of Reform in Liberal Education.* Cambridge, MA: Harvard University Press.

NYERERE, J. (1998) Good Governance for Africa. *Marxism and Anti-Imperialism in África. Marxists Internet Archives.* Consultado en www.marxists.org/subject/africa/nyerere/1998/10/13.htm.

PARASKEVA, J. (2007a) *Ideología, Cultura e Currículo.* Lisboa: Didatica Editora.

PARASKEVA, J. (2007b) *Continuidades e Descontinuidades e Silêncios. Por uma Desterritorialização da Teoria Curricular.* Associação Nacional de Pós-Graduação e Pesquisa em Educação (ANPEd), Caxambu, Brasil.

PARASKEVA, J. (2011a) *Conflicts in Curriculum Theory. Challenging Hegemonic Epistemologies.* New York: Pgrave.

PARASKEVA, J. (2011b) *Nova Teoria Curricular.* Lisboa: Edicoes Pedago.

PINAR, W., REYNOLDS, W., SLATTERY, P. and TAUBMAN, P. (1995) *Understanding Curriculum.* New York: Peter Lang.

SAID, E. (1979) *Orientalism.* New York: Vintage.

SAID, E. (1988) Prólogo. En R. Guha and G. Spivak (eds.) *Selected Sulbaltern Studies.* New York: Oxford University Press, pp. v-x.

SEN, A. (1999) Democracy as a Universal Value. *Journal of Democracy,* 10 (3), pp. 3-17.

EPISTEMICIDIO CURRICULAR...

SHARABI, H. (1970) *Arab Intellectuals and the West. The Transformative Years 1875-1914*. Baltimore: The John Hopkins Press.

SHIVA, V. (1993a) Reductionism and Regeneration. A Crisis in Science. En M. Mies and V. Shiva (eds.) *Ecofeminism*. London: Zed Books, pp. 21-35.

SHIVA, V. (1993b) Decolonizing the North. En M. Mies and V. Shiva (eds.) *Ecofeminism*. London: Zed books, pp. 264-76.

SHIVJI, I. (2003) The Struggle for Democracy. *Marxism and Anti-Imperialism in Africa*. Consultado diciembre 2006 en www.marxists.org.

SMITH, L. (1999) *Decolonizing Methodologies: Research and Indigenous Peoples*. London: Zed Books.

SOUSA SANTOS, B. (1998) *Reinventar a democracia*. Lisboa: Gradiva.

SOUSA SANTOS, B. (2005) *Democratizing Democracy. Beyond the Liberal Democratic Cannon*. London: Verso.

SOUSA SANTOS, B. (2007a) *Another Knowledge is Possible*. London: Verso.

SOUSA SANTOS, B. (2007b) Beyond Abyssal Thinking. From Global Lines to Ecologies of Knowledges. *Review*, XXX (1), pp. 45-89.

SOUSA SANTOS, B. (2008) *Globalizations. Theory, Culture and Society*, 23, pp. 393-39.

SOUSA SANTOS, B. (2014) *Epistemologies of the South: Justice against Epistemicide*. Boulder: Paradigm.

SOYINKA, W. (1988) *Art, Dialogue and Outrage: Essays on Literature and Culture*. Ibadan: New Horn Press.

TYACK, D. (1974) *The One Best System. A History of American Urban Education*. Cambridge: Harvard University Press.

VAVI, Z. (2004) Democracy Has By-passed the Poor. *Marxism and Anti-Imperialism in Africa*. Consultado diciembre 2006 en www.marxists.org.

WALKER, C. (2004) *We Can't Go Home Again. An Argument about Afrocentrism*. New York: Oxford University Press.

WALLERSTEIN, I. (2006) *European Universalism. The Rhetoric of Power*. New York: The New Press.

ZINN, H. (1999) *The Future of History*. Monroe: Common Courage Press.

ZINN, H. (2001) *On History*. New York: Seven Stories Press.

6

Desterritorializar.
Trabajar hacia una Teoría Curricular Itinerante

En este capítulo, propongo una reexaminación y reiteración de la Teoría Currícular Itinerante (TCI), que acuñé y conceptualicé en *Conflictos en la teoría curricular: desafiar los epistemicidios hegemónicos* (Paraskeva, 2011). Hago esta propuesta en respuesta a mi constante replanteamiento ideológico del proyecto, al mismo tiempo que percibo respetuosamente las reacciones positivas a la TCI en las anteriores AAACS (Asociación Estadounidense para el Avance de los Estudios Curriculares) y AERA (Asociación Estadounidense de Investigación Educativa) realizadas en Vancouver y en San Francisco, así como de colegas de todo el mundo, lo cual fue una grata sorpresa. Al hacerlo, me han ayudado a reforzar la necesidad de fortalecer el compromiso del campo en la lucha decolonial contra los epistemicidios curriculares. La TCI, como creo que muchos estarían de acuerdo, de hecho, introdujo y fue pionera en la lucha contra los epistemicidios. Como he examinado extensamente en *Conflictos en la Teoría Curricular* (Paraskeva, 2011), Huebner (1966) nos advirtió sobre la importancia de luchar por nuevas formas de hablar sobre el currículo, así como el enfoque de Deleuze nos permite percibir la teoría del currículo como (a) una forma de desterritorialización, (b) como un acto de devenir, y (c) como un simulacro. De hecho, Deleuze nos ayuda a comprender plenamente la necesidad de pensar y sentir diferente, de cuestionar, como Macdonald (1977) diría, "qué tipo de herramientas culturales son las más apropiadas para hablar sobre el currículo" (pág. 15).

Materialismo dialéctico: el mejor currículo para hacer

En uno de sus brillantes trabajos, Huebner (1966) insistía en que el lenguaje curricular está inmerso en dos mitos tiránicos: "uno es el del aprendizaje, el otro el del propósito... elementos casi mágicos que el trabajador del currículo teme ignorar, y ni que hablar de cuestionar" (pág. 10). Sostiene que "el aprendizaje es sólo un concepto postulado, no una realidad y no siempre se necesitan objetivos para la planificación educativa" (pág. 10). Para Huebner (2002a), el gran problema en el mundo de la educación, "que ha hecho un cortocircuito por los objetivos conductuales, las ciencias y la teoría del aprendizaje, era el hecho de que no estábamos lidiando con la autobiografía, no estábamos lidiando con la vida y la inspiración" (Cinta 1).

El lenguaje de la educación está lleno de "peligrosos mitos no reconocidos e indiscutidos" (Huebner, 1966, pág. 9), lo que hace imposible cuestionar si los "tecnólogos tal vez iban en la dirección equivocada" (Huebner, 2002a, Cinta 1). Esto se vuelve mucho más complejo y alarmante en una sociedad que se enfrenta a que "el problema ya no es el de explicar el cambio, sino el de explicar el no cambio" (Huebner, 1967, pág. 174), y que un ser humano por su condición trascendente, "tiene la capacidad de trascender lo que él es para convertirse en algo que no es" (pág. 174).

> Durante siglos el poeta ha cantado sobre sus íntimas infinitudes; el teólogo ha predicado de su depravación e insinuado su participación en lo divino; el filósofo ha luchado por abarcarlo en sus sistemas, solo para que escape repetidamente; el novelista y el dramaturgo han capturado sus fugaces momentos de dolor y pureza en formas estéticas inolvidables; y el hombre comprometido en el currículo tiene la temeridad de reducir este ser a un solo término: aprendiz. (Huebner, 1966, pág. 10).

Como reacción a este reduccionismo, Huebner (1966) propone cinco sistemas de valores que contienen "formas de racionalidad que pueden ser utilizadas para hablar de la actividad en el aula" (pág. 20). Estos sistemas de valores incluyen el técnico, que se expresa casi en su totalidad en la "ideología curricular actual"; la política, en la que "toda actividad educativa se valora políticamente; ...y el maestro u otro educador tiene una posición de poder y control"; la científica, donde "la actividad educativa puede ser valorada por el conocimiento que produce sobre esa actividad"; la estética, en la que "la actividad educativa es vista con significados simbólicos y estéticos"; y la ética, que ve "la actividad educativa como un encuentro entre el hombre/ mujer" (págs. 14-18). Para Huebner, en efecto, existe una diferencia entre los lenguajes curriculares, que modelan el pensamiento del especialista curricular, y la necesidad de entender el acto educativo teorizado como un acto piadoso, tal como lo proponen Macdonald, Wolfson y Zaret (1973). A pesar de que "el currículo como estrategia de orientación exige que la actividad educativa se valore principalmente en términos de categorías morales", Huebner (1964) vio el aprendizaje como "el concepto rector en el pensamiento educativo... una piedra angular importante en la ideología educativa" (págs. 1-15). Basándose en esto, Huebner (1968b) dividió posteriormente el uso real del lenguaje curricular en seis categorías: "descriptivo, explicativo, de control, legitimación, prescripción y el lenguaje de afiliación" (págs. 5-7).

Huebner (2002b) explicó que su idea "no era transformar el mundo. Lo que estaba tratando de transformar era el lenguaje con el que hablamos de educación que, luego, lleva a la transformación del mundo" (Cinta 2). Él creía que "el problema crucial era, y sigue siendo, la forma en que la gente común habla de la educación. No son conscientes de cómo eso los limita en su visión y sus acciones, o su control" (Cinta 2).

Basado en la creencia de Dewey (1902) de que la función del educador es determinar el entorno del niño, Huebner (1966) propuso un concepto amplio y humano para el proceso curricular en el que el "educador participa en la estructura paradójica del universo" (pág. 8). De hecho, Huebner (1968b) argumentó que "el hombre y su lenguaje forman una relación paradójica" (pág. 4) que lo sitúa en una constante relación dialéctica con el mundo (Huebner, 1967). El currículo, por lo tanto, debe ser percibido como un entorno "que encarnaría las formas dialécticas valoradas por la sociedad" (pág. 177). Dicho entorno "debe incluir componentes que provocarán respuestas de los estudiantes que deben ser reactivas y deben brindar oportunidades para que el estudiante tome conciencia de su temporalidad, para participar de una historia que es un horizonte de su presente" (pág. 177). Nos enfrentamos así a un concepto de currículo, cuyas raíces habían ya surgído en la tesis doctoral de Huebner (Huebner, 1959; 1968b, 1974a). Es en esta conceptualización que Huebner (1968a, 1968b, 1974a) defiende la educación como un acto político que transmite fuertes dinámicas de poder. Según Huebner (1974b), "la escolarización es inherentemente política, siempre lo ha sido, y siempre lo será, porque implica que alguien o algún grupo social tiene uso del poder... para intervenir en la vida de los demás" (pág. 1). Así, el uso del poder "para intervenir en la vida de los demás es un acto político" (pág. 1). Naturalmente, y dada la esencia política de la educación, Huebner (1962, 1979) defendía la necesidad de "destruir el mito imperante de que la educación puede ser gratuita, un mito que se ve reforzado por los llamados métodos objetivos de evaluación y el movimiento hacia la responsabilidad en los Estados Unidos" (1979, pág. 2).

Huebner (1977), en lo que para mí es su mejor obra, propone "el materialismo dialéctico como método de hacer educación... Aunque los métodos actuales de educación impiden el desarrollo de la conciencia dialéctica o método dialéctico y privan a los estudiantes y profesores de su poder de vivir temporalmente, de vivir educativamente" (pág. 4), Huebner defiende la necesidad de un método dialéctico. Como él mismo señala, "la base materialista del método de hacer educación es la aceptación de la afirmación de Marx de que no es la conciencia de los hombres la que determina la existencia, sino su existencia social la que determina la conciencia" (pág. 5). De esta manera, argumenta Huebner (1967), los educadores deben comprender que el fundamento materialista dialéctico extensivo a toda vida humana "no es futuro... tampoco es pasado, sino, más bien, un presente hecho de un pasado y un futuro traídos al momento... en otras palabras, el hombre es temporal... un ser histórico" (pág. 176).

Huebner (1961) no defiende la escolarización exactamente como un arte sino como un "arte creativo", en el que estudiantes y profesores interactúan "como en un cuarteto de jazz, cada uno encontrando su propia forma de agregar belleza a la forma de jazz" (pág. 10). Así, el aula "es un lugar concurrido, pero no un lugar indisciplinado" (pág. 10). Así como "el poeta no puede escribir sin dominar las palabras, el artista no puede pintar sin conocer los símbolos" (pág. 11), así sucede en el "aula estudio, donde parte del tiempo se dedica a conocer las herramientas del arte y su limitación" (Alexander, 2003, pág. 11).

Claramente, el enfoque que defendía Huebner interfería mucho con el poder instituido en el campo. Las ideas que defendía lo llevarían a confrontaciones acaloradas y desagradables con sus compañeros durante sus últimos momentos en *Teachers College*. De hecho, las tensiones se habían ido acumulando desde el principio. Existían sus profundas diferencias con Passow, porque Huebner (2002a) "seguía argumentando en contra del endurecimiento de los estándares" (Cinta 1), y con Foshay y Goldberg, porque Huebner se oponía a la excesiva dependencia de la teoría del aprendizaje que ambos defendían. Sin embargo, la crisis se agudizó hacia fines de la década de 1970, cuando "Cremin fue presidente y trajo a Noah... economista, para ser su decano" (Cinta 1). Huebner no podía estar de acuerdo de ninguna manera con la estrategia política de Cremin para transformar *Teachers College* en "un líder mundial en el desarrollo de recursos humanos" (Cinta 1). Para Huebner era totalmente incomprensible e inaceptable que un historiador de la educación "hablara de los seres humanos como recursos humanos" (Cinta 1), y desde ese momento sintió que "ya no formaba parte de esa institución" (Cinta 1).

Huebner (1975) sentía que el campo se había rendido a una peligrosa demagogia "no me hables de individualismo psicológico. No prediques los imperativos morales de Kant teñidos de una doctrina religiosa de salvación. Ese es un lenguaje denigrante" (pág. 276), lo que explica el campo acentuado y una fragilidad teórica alarmante. Consciente de los enfoques de Johnson (1968) y Mann (1968), Huebner (1968a, 1968b) destaca: "la falta de organización de las ideas y esfuerzos relacionados con la teorización del currículo y el problema que tienen los curriculistas con su propia historia de teorizar" (pág. 2). El campo curricular, advirtió, estaba siguiendo un curso peligroso en varios niveles:

Me parece que el principal problema es que tanto a nivel de la escuela local como a nivel de la escuela de nivel de educación no hay una comprensión real de cuál es el verdadero problema educativo. Están tan ocupados resolviendo problemas... que no son capaces de tomar una amplia postura para invitar a la gente a hablar con ellos sobre lo que puede estar pasando en su propio nivel, o con profesores y estudiantes. El problema de la escuela básicamente es la falta de respeto a la individualidad de los profesores y del alumno. Cuando construyes un sistema que ignora la dimensión humana de las interacciones, eso se convierte en la fuente de los problemas. La escuela no funciona en beneficio de los niños. La alienación que ocurre en la escuela es la fuente de los problemas. Es la alienación de los niños de sí mismos, los niños de los maestros, los niños de su sociedad.

Parte de la dificultad es que la inversión en educación se ha producido en las universidades a nivel de investigación. Y el dinero que se ha invertido en construir la superestructura del estudio de la educación con miles de personas involucradas significa que hay menos dinero para poner en las escuelas locales. Los maestros de escuela tienen problemas; no tienen tiempo para resolverlos, y la gente universitaria lleva estos problemas de los profesores a su ambiente enrarecido y utiliza sus técnicas empíricas para tratar de resolverlos. Claramente, tenemos un problema de teoría-práctica. El problema teoría-práctica es un problema político, en cuanto a quién estudia los problemas de la enseñanza. Los profesores no estudian sus problemas, y ese es el problema. Debajo de esto, el continuo ataque a los docentes, parcialmente justificado porque la calidad de la formación docente es otro problema importante, y la suposición de que se puede mejorar la enseñanza socavando la energía y el entusiasmo de los docentes es un profundo error. El uso de la línea de producción de Henry Ford en la escuela es una ideología completamente sin sentido. (Huebner, 2002b, Cinta 2).

Expresando incredulidad por el curso de los acontecimientos, Huebner arremetió y criticó incisivamente a las instituciones que tenían fuertes responsabilidades en el campo, como ASCD (Asociación para la Supervisión y Desarrollo Curricular). Huebner (2002b) ya consideraba a ASCD como una caricatura del proyecto inicial de la década de 1940 (Cinta 2). Al renunciar a la visión de la escuela como "una manifestación de la vida pública" (Huebner, 1975b, pág. 280) y al no percibir a los educadores como "activistas políticos que buscan un mundo público más justo" (pág. 280), ASCD fue una institución sin futuro. Huebner (1976) reconoció que el campo se encontraba en un estado caótico:

> Si *The curriculum* (1918) marcó la madurez temprana del campo curricular, entonces, los últimos diez o quince años fueron sus años dorados. Ahora, el final está aquí. Muchos individuos y grupos con diversas intenciones se han reunido en torno a esta empresa ahora envejecida, "currículo". Reconozcamos su desaparición, reunámonos en el velatorio, celebremos con alegría lo que nuestros antepasados hicieron posible y, luego, dispersémonos para hacer nuestro trabajo porque ya no somos miembros de un solo hogar. (págs. 154-155).

Mirando el estado del campo a principios de este siglo, tenemos que estar de acuerdo en que Huebner fue, de hecho, un curriculista *avant la lettre*. Incisivo, ciceroniano (que significa "cortar", como en el estilo oratorio de Cicerón) Huebner "estaba escribiendo en un idioma y usando un lenguaje con el que el *statu quo* del campo no estaba familiarizado, porque estaba cuestionando la estructura predominante, a saber, ciencias del comportamiento" (Huebner, 2002a, Cinta 1).

Luego de denunciar la ausencia de una dinámica crítica e histórica –algo que Schwab también había denunciado, pero de manera algo simplista–, Huebner se alejó gradualmente del campo de la educación laica al de la educación religiosa (Huebner, 2002a, Cinta 1). Muy influenciado por el principio protestante de Tillich, entre otros, Huebner pudo implementar un proyecto mucho más crítico dentro de la educación religiosa. Tal proyecto "se convierte en uno de los principales vehículos para la liberación, la recreación o la creatividad" (Cinta 1), un lenguaje "que a la educación secular no le gustaba escuchar" (Cinta 1).

Más allá del representacionalismo

Leer a Deleuze (1990a, 1990b, 1994) y leer sobre Deleuze (Agamben, 1999; Khalfa, 1999; Roy, 2003) nos permite comprender cuán crucial es (re)formar nuestra propia imagen del pensamiento, que ha sido dominante en el curso de la historia. El problema, argumenta Deleuze (1994), es subvertir el mundo cuestionando la tradición dominante dentro de la médula misma del pensamiento humano: esto es representacionalismo. Según Deleuze, necesitamos desafiar el pensamiento representacionalista que ha subyugado nuestro propio pensamiento y es un obstáculo que debemos superar para poder actuar con mayor libertad. El representacionalismo, subraya Deleuze, no capta la escala global de la diferencia.

Al enmarcar el enfoque de Deleuze en los campos teóricos y prácticos de la educación y el currículo, se puede argumentar que este enfoque es crucial para comprender la formación docente. La gran mayoría de los programas de formación docente son profundamente insensibles a fomentar diferentes formas de pensar, ya que están aprisionados por requisitos de permisos irracionales y demandas estatales injustificables. Los docentes ya están agotados por el intento de producir estudiantes con "similitudes" en medio de multiplicidades cada vez más diversas e intrincadas (Roy, 2003). Necesitamos, de acuerdo con el enfoque deleuzeano, comprender la formación docente libre de un marco representacionalista, lo que permitirá a los jóvenes docentes pensar de nuevas maneras y comprender el poder productivo y relacional de la diferencia (Roy, 2003; Paraskeva, 2007b, 2011a). De hecho, es una diferencia, más que una similitud, lo que impulsa todo el proceso de cambio. El desafío es trabajar dentro de la teoría y la práctica del currículo crítico para encontrar mecanismos que incorporen la comprensión de la diferencia por parte de docentes y estudiantes de manera positiva (Roy, 2003; Paraskeva, 2007b, 2011a). Lo que está en juego es la interfaz de la identidad y la diferencia, y la necesidad de desafiar supuestos falsos, como la existencia de identidades estables.

Básicamente, a partir de los análisis de Deleuze (1994), necesitamos luchar por una teoría y una práctica del currículo que se aparten de las áreas regidas por los sistemas de significado dominantes que nos mantienen confinados dentro de ciertos marcos, pero sin descuidarlos o disminuirlos. En una palabra, necesitamos desterritorializar la teoría del currículo. Si somos capaces de hacerlo, también demostramos que cada grieta en la plataforma dominante produce una diferenciación que amplía nuestros poderes de acción y compromiso y nuestras emociones (Paraskeva, 2007b). En otras palabras, la teoría curricular debe leerse como un "acto de devenir", como algo que busca producir diferencia y así articula nuevos mundos (Roy, 2003; Paraskeva, 2008).

Apoyándome en Hartley (1977), argumento que la teoría del currículo debe reflejar la comprensión de que la educación debe sacarnos del espacio y el tiempo en que nos encontramos, y que sus efectos pueden aprisionarnos en un significado tecno-racional como una forma única. de pensar. En resumen, la educación ignora el conocimiento ontológico y el pensamiento desarticulado que habla el lenguaje de lo impredecible, la imaginación y las pasiones, ninguna de las cuales puede reducirse, discreta u objetivamente, a entidades analizables/cuantificables. Tomando el ejemplo de la formación docente, la teoría del currículo desterritorializado está explorando nuevas formas de pensar, sentir y encontrar formas de producir nuevos y diferentes propósitos mentales (Roy, 2003; Paraskeva, 2006a, 2006b, 2007b, 2008). En esencia, la teoría curricular debe dar voz a la ingeniería de las diferencias desterritorializándose y buscando nuevas formas de pensar y sentir la educación. Es importante que la teoría curricular abarque otros espacios y tiempos, algo muy valioso en los enfoques de Huebner y Deleuze. De hecho, ambas perspectivas nos desafían a reconocer que las prácticas educativas deben pasar del sentido común tradicional a la creación de nuevos valores y nuevas direcciones. De hecho, conceptos deleuzianos como "encuentros" y "simulacros" son muy importantes en este contexto. Como argumenta Deleuze (1994), hay algo en el mundo que nos empuja a pensar, y ese algo no es un sujeto de reconocimiento sino un encuentro crucial. La teoría curricular necesita un encuentro con las propias prácticas y las realidades que la rodean.

En esencia, y para apoyarnos en el marco de Deleuze (1990a), la teoría del currículo debería contribuir a subvertir y revertir la posición platónica, que ve el mundo como una reproducción de un modelo original particular y lo percibe como un simulacro o una copia sin original (Roy, 2003; Paraskeva, 2006a, 2006b, 2007b, 2008). Como argumenta Roy (2003), en lugar de abordar las "cosas" como estados ideales, necesitamos encontrar ventajas en sus propias variaciones y dinámica.

Desterritorializar la teoría del currículo

Luchar por una teoría curriculares y prácticas desterritorializadas que privilegien el culto a la diferencia implica la necesidad de entender la educación como un conjunto de relaciones en las que lo personal y lo político juegan un papel protagónico. Además, y partiendo de Deleuze y Guattari (1987), luchar por una teoría curricular y práctica desterritorializada significa ser conscientes de que el crecimiento y el desarrollo no se dan por "la adquisición de sistemas, partes o componentes, sino precisamente por sus pérdidas" (pág. 48). De hecho, mientras que el aprendizaje emerge en el Estado modernista "en términos de adquisición", en los enfoques deleuzeano y huebneriano, se vuelve más una creación de diferencias. Como se reveló anteriormente, Huebner fue profundamente crítico con los enfoques que tendían a reducir a los estudiantes a una pálida categoría de aprendices. Tanto Deleuze como Huebner abrieron la puerta a teorías y prácticas curriculares desterritorializadas. Al hacerlo, permitieron la construcción de un nuevo lenguaje en el que pensamos en la educación como una fuente crítica para la edificación de una sociedad más justa y que conduzca a la transformación del mundo; un mundo alimentado por una justicia cultural y económica.

El gran desafío que enfrenta la teoría curricular es, en esencia, descifrar cómo "hacer funcionar un nuevo orden, un nuevo sistema anclado en nuevas y poderosas formas de articulación no estatales, que impone nuevas geografías de centralidad" (Sassen, 2004, pág. 126). Por lo tanto, necesitamos teorías y prácticas curriculares que intensifiquen sus propias territorialidades, que reflejen una conciencia crítica transformadora de que el nuevo orden y el contra-orden deben ser vistos en el marco de las relaciones de poder. Como argumenta Foucault (1994), no se tienen los discursos de poder, por un lado, y los discursos que se oponen a los discursos de poder, por el otro. Los discursos son, más bien, elementos o bloques tácticos en el campo de las relaciones de poder. Las actuales fuerzas dominantes de la educación y el currículo han mostrado una ausencia de responsabilidad sin precedentes al negarse sistemáticamente a pensar en la escolarización como impedida por ciertos tabúes. Los temas escolares, como la evaluación, la materia, los horarios de asistencia, los libros de texto y los conocimientos que se transmiten, se aceptan erróneamente como dogmas. Una visión tan limitada hace que sea casi imposible tener una visión de la escolarización sin cumplir con tales condiciones. Retomando los argumentos de Quantz (2011), "la suposición de que los humanos actúan racionalmente es uno de los primeros y más fundamentales defectos de gran parte de la política educativa" (pág. 5). Esta es, ciertamente, la médula de *Rituals and Student Identity in Education*[1] de Quantz. De hecho, como subrayó Jorge Luis Borges (1962), la realidad "no siempre es probable, o plausible". El análisis de Bourdieu (2001) es crucial aquí. Argumenta que el idioma oficial se ha impuesto en toda la población como única lengua legítima y que es producida y mantenida no sólo por los autores que reclaman la autoridad para escribir, pero también por las fuerzas curriculares dominantes que lo codifican, y los docentes cuya tarea es enseñar en base a ese lenguaje.

La tarea, por lo tanto, es pensar la educación en general y el currículo en particular desde una perspectiva diametral, porque, como destaca Latour (2006), no hay mayor delito que enfrentarse a los desafíos intelectuales actuales con los equipos del pasado. Debemos tratar temas de interés, más bien que con cuestiones de hecho porque la realidad no se define simplemente por cuestiones

---

1.   N. de las T.: En español *Rituales e identidad de los estudiantes en la educación.*

de hecho. Además, argumenta Latour, las cuestiones de hecho deben verse como versiones controvertidas y políticas de temas de interés. Defender una escuela disciplinada que se doblega a los ritmos de clasificación y compartimentación, encabezada por dinámicas espurias y entregada a resultados segregados, es confiar en Latour (2006), como un hecho curricular.

Básicamente, una gran pregunta latouriana es si se puede buscar otra poderosa herramienta descriptiva que aborde estos temas de interés, temas que permitirá la producción de nuevos lenguajes, nuevas palabras de orden (Deleuze & Guattari, 1987). Así, apoyándonos en el enfoque de Deleuze y Guattari (1987), la desterritorialización es la nueva palabra de orden de la teoría curricular contemporánea, algo que hemos estado afirmando consistentemente (Paraskeva, 2006a, 2006b, 2007b, 2008). Tal tarea no es utópica; la estabilidad, la sobrecodificación de tal concepto está profundamente relacionada con un enfoque que comprende la teoría y las prácticas curriculares de acuerdo con lo que Latour (2006), tomando como base a Tarde, llamó sociología de la movilidad. Es decir, es importante comprender las políticas y prácticas curriculares teniendo en cuenta el hecho de que lo social no está encerrado en una concepción estática de la sociedad, sino que emerge de las asociaciones móviles entre "cosas".

Teoría Curricular Itinerante

En esencia, la teoría del currículo desterritorializado implica el compromiso de luchar por una plataforma de investigación diferente, que lleve la investigación a un "nivel de inestabilidad, no de estabilidad, generando conceptos también, en sí mismos, inestables" (O'Brien & Penna, 1999, pág. 106). Al hacerlo, una teoría curricular desterritorializada se convierte cada vez más en una teoría itinerante, una teoría de los no espacios (Auge, 2003). En esencia, como afirma Gough (2000), uno necesita asumir un enfoque rizomatoso que ve la realidad más allá de las dicotomías, más allá de los comienzos y finales; un enfoque que nace de la multiplicidad de plataformas inmanentes y, desde su posición sin centro y sin periferia, desafía los territorios de conocimiento limpio (DeLeuze & Guattari, 1987; Eco, 1984).

Los argumentos de Said (2005) son bastante significativos en este sentido. Afirma que cuando la experiencia humana se registra por primera vez y, luego, se le da una formulación teórica, su fuerza proviene del hecho de que está directamente relacionada con las circunstancias históricas reales y es un resultado orgánico de estas circunstancias. Las versiones posteriores de tal teoría no pueden reproducir su poder original, porque la situación se ha calmado y cambiado. A través de esto, la teoría se ha degradado y deteriorado, se ha domesticado y se ha transformado en un sustituto de lo mismo. Su propósito inicial (cambio político) ha sido subvertido. En esencia, Said (2005) cuestiona la forma en que las teorías viajan a distintas situaciones, perdiendo en este proceso parte de su poder y rebeldía originales. Necesitamos una miríada de formas de construir una postura teórica del currículo desterritorializado que obligue a la investigación del currículo a lidiar con marcos múltiples, no fijos, dentro de ondas epistemológicas amplias e intrincadas.

Si bien es cierto que estamos en presencia de una edificación teórica itinerante que intenta superar las formulaciones teóricas anteriores, también es un hecho que esta posición itinerante debe ser vista como transgresora. Junto con Said (2005), se podría decir que "el propósito de la teoría del currículo[/teóricos], es viajar, ir más allá de los límites, moverse y permanecer en una especie de exilio permanente" (pág. 41). Una teoría de los no lugares y los no tiempos es, en esencia, una teoría de todos los lugares y todos los tiempos. El teórico del currículo es, como Jin (2008) lo expresó, un migrante constante que experimenta "una serie de eventos epistemológicos" (Khalfa, 1999). Estoy reivindicando un enfoque epistemológico atípico que será capaz de deconstruir las imágenes del pensamiento. Tal enfoque se desarrollará naturalmente, como lo expresó Merelau-Ponty (1973), en creaciones voluntarias e involuntarias. Además, el trabajador y creador del currículo debe ser visto como "un autor, que es bastante aumentado, o la persona que aumenta, incrementa o perfecciona el acto (de hecho), ya que toda creación es siempre una concreción, así como todo *auctor* es *qui auget*" (Agamben, 2005, pág. 76). El teórico de la educación y del currículo necesita ser visto como un paria epistemológico que es desafiante y cuestionado por un camino teórico que es inexacto pero riguroso (Deleuze, 1990b). Tal teórico itinerante provoca (y existe en medio de) un conjunto de crisis y produce silencios loables.

El teórico es una cadena volcánica, que muestra una constante falta de equilibrio, y, por lo tanto, es siempre un extraño en su propio lenguaje. Él o ella es un teórico itinerante profundamente consciente de las multiplicidades de líneas, espacios y devenires dinámicos (Deleuze, 1990b). Tal curso teórico está definido por un conjunto de procesos de vanguardia, "malangataniano" y "pollockiano"[2], no porque sea abstracto sino porque es opresivo en su libertad. Sin embargo, no es un acto único; es una soledad poblada. Este camino teórico itinerante, reclama un compromiso curricular multifacético, y "huye" de cualquier desafortunada "canonología". Tal Teoría Curricular Itinerante es un himno contra la indignidad de hablar por el otro (Deleuze, 1990b). Siguiendo la crítica de Bogues y Gordon, Walsh (2012) cuestiona la falta de atención de la producción intelectual de las personas de color. Ella tampoco usa eufemismos dirigidos al hemisferio izquierdo:

> Para la izquierda, la "experiencia" en sí misma no es el problema. De hecho, la "experiencia" es importante porque revela las realidades vividas de la opresión y la resistencia y ayuda a pensar el cambio social y la revolución. Sin embargo, no son las voces o la producción intelectual de quienes han vivido "esta" opresión y resistencia lo que generalmente ha interesado a los pensadores de izquierda, sino la interpretación y utilidad de esta "experiencia". Es decir, es la práctica intelectual de "hablar *por*" los subalternizados y los oprimidos lo que generalmente ha caracterizado la política de izquierda y el pensamiento de izquierda particularmente en América Latina; una práctica que tiende a reproducir y mantener la subalternización. El problema, entonces, y con respecto a esta discusión, está en las formas en que el pensamiento crítico de izquierda continúa menospreciando, oscureciendo o negando la producción intelectual que se deriva no de la modernidad misma sino de su otra cara, es decir, de la colonialidad y de los sujetos que han vivido la herida colonial. (Walsh, 2012, pág. 14).

Tal supresión epistémica también es bastante visible en la "invasión" de formas epistemológicas occidentales dominantes y contradominantes en espacios y lugares no occidentales. Ibarra Colado (2007) devela tal colonización epistémica a través de los procesos de traducción:

> Este proceso de colonización epistémica ha sido asistido por el aumento de la traducción de libros de texto distribuidos por las grandes editoriales desde Estados Unidos y otros países anglosajones dominantes, que garantizan la reproducción de su ideología. El análisis de los planes de estudios de cualquier universidad latinoamericana revela la presencia generalizada de autores estadounidenses de renombre. Del mismo modo, existen falsificaciones bajo la firma de

---

2. Véase el trabajo de Jackson Pollock, un ícono del expresionismo estadounidense.

autores "latinoamericanos" que han adquirido la capacidad de pensar como americanos hasta el punto de ignorar su realidad nativa abdicando de su propia identidad. Además, no debemos olvidar los bestsellers internacionales de los gurús de la gestión cuyos libros ocupan los mayores espacios en los programas de estudio y las aulas de las universidades latinoamericanas.

La teoría itinerante es mucho más que un enfoque ecléctico; en realidad es una disciplina profundamente teórica. Después de todo, como afirma Popkewitz (2001), "los desafíos sobre el conocimiento no son solo sobre el conocimiento académico, sino sobre las normas culturales de progreso y cambio social que son parte de la política de la vida contemporánea" (pág. 241).

La TCI confronta y lanza al sujeto a una pregunta permanente e inestable, ¿Qué es pensar? Además, la TCI empuja a uno a pensar a la luz del futuro, así como a preguntarse cómo podemos realmente afirmar que sabemos las cosas que afirmamos saber si no estamos preparados específicamente para pensar las cosas impensables, sino ir más allá de lo impensable y dominar su infinitud. La TCI es ser (o no ser) radicalmente impensable. La TCI es una metamorfosis entre lo pensado y lo no pensado y lo impensable, pero se trata fundamentalmente de la temeridad de la colonización de lo no/im/pensado dentro del pensamiento. La TCI intentan entender para domesticar lo grande que es el infinito, el infinito del pensamiento y la acción. Si uno desafía al infinito, "entonces es un caos porque uno está en el caos"; eso significa que la pregunta o preguntas (cualesquiera que sean) están mal desterritorializadas y son fundamentalmente sedentarias. El foco es captar que la TCI implica una comprensión del caos como doméstico, como público, como un *punctum* dentro del puro lujo de la inmanencia. En tal multitud de territorios, la TCI deben entenderse como *poiesis*. Juega en el plano de la inmanencia. Siendo la inmanencia "una vida", la TCI es "una vida". ¿Una vida marcada por una o una revolución? "Sí, por favor", en pleno estilo Žižekiano. Las TCI es, ante todo, el lenguaje para/del hacer. Dicho lenguaje, afirma Deleuze (1995a),

no puede ser un sistema homogéneo, es algo inestable, siempre heterogéneo en el que el estilo talla diferencias de potencial entre las cuales las cosas pueden pasar, llegar a pasar, una chispa puede encender un estallido del lenguaje mismo, para hacernos ver y pensar lo que yacía en la sombra alrededor de los mundos, cosas que apenas somos conscientes de que existían. (pág. 141).

La TCI es una *poiesis* que lanza itinerantemente al sujeto contra el infinito de la representación para captar la omnidad de la realidad y la racionalidad, dominando así lo trascendente. Siendo más *poiesis* que teoría (y no porque sea menos teoría), su posición itinerante *epitomiza* una trascendente nomadografía, que no es trascendental. Para apoyarnos en Deleuze y Guatarri (1995), "no es la muerte la que quiebra [al teórico itinerante] sino ver, experimentar, pensar demasiado la vida. Hay un vínculo profundo entre los signos, los acontecimientos, la vida y el vitalismo. son los organismos los que mueren, no la vida" (pág. 143).

Tal indagación implica, como felizmente revelan Deleuze y Guattari, que un teórico itinerante no es sólo una máquina de guerra que choca juiciosamente con verdades anquilosadas y realidades fosilizadas, sino que su existencia itinerante en realidad, sólo es posible en un teatro de guerra permanente. No hace falta decir que la TCI no es arrogante con la historia. Tampoco es solo una pálida reacción contra la forma en que dicha historia ha sido *cuasi* asfixiada por tradiciones hegemónicas y contrahegemónicas particulares. Aunque se trata de un concepto, posiblemente geofilosófico, va mucho más allá de una disputa estética entre plataformas hegemónicas teóricas sedentarias y plataformas contrahegemónicas particulares, y enfoques nómadas libres de muros, represas, territorios burgueses institucionalmente atrasados. La TCI implica una indagación nómada pero que los focos ocupen la capacidad itinerante verdaderamente total del no lugar, una posición itinerante suave permanente, una búsqueda perpetua que apunta de todo corazón a la saturación. La nomadografía de tal teoría se enmarca en la postura itinerante incesante en la que los creadores de la *poiesis* parecían ser parte de la historia del pensamiento, pero escapaban de ella en un aspecto específico o en conjunto.

Esas normas culturales enmarcaron lo que uno entiende por, digamos, filosofía, sociología y qué tipos de conocimiento "oficial" estructuran tales campos de estudio.

Catherine Walsh (2012) trae a colación la posición asumida por Rafael Sebastián Guillén, estudiante de maestría en la Universidad Nacional Autónoma de México, en 1980, en la defensa de su tesis doctoral. Guillén describió la filosofía como confusa, afirmando: "Filosofía. Yo estoy haciendo filosofía, nosotros estamos haciendo filosofía. Filosofía de la ciencia para ser más exactos. Teoría de la teoría. Masturbación mental que ni siquiera llega al orgasmo" (Guillén, citado en Walsh,

2012, pág. 11). Guillén sostiene que la filosofía no podía desligarse de la disputa entre ciencia y política. Walsh (2012) lo cita extensamente:

> De esta filosofía es necesario tomar cierta distancia. Dejar el discurso. Detectar sus mecanismos de funcionamiento, los lugares en los que surge, los lugares en los que actúa, los lugares en los que desaparece. Es necesario hablar de la filosofía como no-filosofía, volver el discurso filosófico contra sí mismo... cambiar la problemática... hacer un cambio político en la teoría... reconocer varias formas de "hacer" filosofía, varias "prácticas" de filosofía... abrir problemáticas que puedan producir nuevos propósitos teóricos y prácticos... asumir una posición política que posibilite "otra" estrategia discursiva, "otro" trabajo filosófico, y abra "otros" espacios de producción teórica. (pág. 110, traducción de la autora). (Tal como se cita en Walsh, 2012, pág. 13).

Tal posición probablemente no hubiera llamado la atención del público si Rafael no fuera un líder y no fuera el Subcomandante Marcos o el Subcomandante Insurgente Marcos, el líder del Ejército Zapatista de Liberación Nacional. Guillén (Subcomandante Marcos) se enfoca particularmente en situar la producción de conocimiento en las historias modernas/coloniales locales y las luchas locales de la "otra América", es decir, la América del Sur –me refiero al sur, o sures, demasiado a menudo ofuscados en "América", incluidos los "sures" dentro del norte, así como en y dentro del Caribe, América Central, América del Sur y, en particular, América Andina–. Tal interés encuentra su base en las formas particulares en que los intelectuales y movimientos indígenas y afrodescendientes andinos entienden y utilizan la producción epistémica como un componente clave de sus proyectos políticos, proyectos que apuntan no solo a enfrentar los vestigios del colonialismo (descolonización), sino más bien a la reconstrucción radical del saber, del poder, del ser y de la vida misma. Proyectos dirigidos a la "decolonialidad", entendida como los procesos simultáneos y continuos de transformación y creación, la construcción de imaginarios sociales, condiciones, relaciones de poder y saberes radicalmente distintos (Walsh, 2012, pág. 11).

Es decir, estos "otros" lugares, espacios y posiciones que forman el corazón de mi intervención aquí; "otras" filosofías y "otros" conocimientos que desafían no solo las definiciones y los límites de la división analítico-continental de la filosofía, sino también el ordenamiento geopolítico del conocimiento y las cuestiones de quién produce el conocimiento, cómo y dónde, y con qué fines.

La TCI también intenta volver la teoría del currículo contra sí misma. Es una filosofía de liberación, consciente de los escollos de las dinámicas de internacionalización dentro del campo curricular. A partir de *Ciencia Propria y Conolialismo Intelectual* de Fals-Borda, Mignolo (2008) afirma astutamente que "la expansión planetaria de las ciencias sociales implica que la colonización intelectual sigue vigente, incluso si esa colonización es bien intencionada, proviene de la izquierda y apoya la descolonización" (pág. 232). Es decir, agrega Mignolo (2008), la descolonización intelectual "no puede provenir de filosofías y culturas académicas existentes. La dependencia no se limita a la derecha; se crea también desde la izquierda" (pág. 232).

La postura itinerante proporciona un espacio poderoso para entablar una conversación global atenta al globalismo (Sousa Santos, 2008); profundamente consciente de las multiplicidades de esferas públicas y contra públicos subalternos (Fraser, 1997); verdaderamente atenta a la producción de localidades (Hardt & Negri, 2000) y particularismo militante (Harvey, 1998), ya la (de)construcción del nuevo cosmopolitismo insurgente (Popkewitz, 2007; Sousa Santos, 2008); consciente de la disputa entre unos pocos globalizados y el resto localizado (Bauman, 1998); y sin embargo profundamente alerta a la peligrosa hegemonía del idioma inglés (Macedo et al., 2003).

Dicha conversación debe ocurrir en otros idiomas además del inglés. Como mencioné antes, es un hecho grosero que la gran mayoría de los puntos de vista epistemológicos occidentales contradominantes parecían descuidar otras formas lingüísticas y otras formas de conocimiento. No sorprende que la mayoría de las referencias bibliográficas utilizadas por académicos occidentales (en su mayoría estadounidenses), incluso aquellos cuyas vidas están dedicadas a la lucha por una sociedad justa, sean de académicos de habla inglesa y en inglés. La abrumadora mayoría "no conoce (y si conoce, no valora) el conocimiento científico producido en la semiperiferia o periferia; se le considera inferior en todo; y es fácilmente canibalizado y convertido en recurso o materia prima por la ciencia central" (Sousa Santos, 2005). Obviamente, esto es el resultado de un sistema escolar que abierta y oficialmente socava la importancia de otros idiomas basándose en una teoría del lenguaje retrógrada. La mayoría de los estudiantes no están expuestos formalmente ni participan en otros idiomas hasta la escuela intermedia o secundaria, a diferencia de Europa y otras culturas, pero están rodeados de diferentes idiomas.

En algunos casos, se ha vuelto común "utilizar" realidades indígenas, y los científicos las han cooptado y envuelto en conceptos occidentales, lo que Sousa Santos (2005) llama "la proletarización de un científico semiperiférico y periférico" (pág. xxiv). Spivak (1995), en su notable libro *¿Puede hablar el subalterno?*, desafía la habilidad de intelectuales particulares para construir narrativas creíbles basadas en las experiencias diarias de los individuos "entre el campesinado analfabeto, las tribus, los estratos más bajos del subproletariado urbano que han sido visitados por la violencia epistémica de encuentro colonial" (pág. 28). Uno no debe olvidar, argumenta Guha (1983), que la subalternidad está "materializada por la estructura de una propiedad, institucionalizada por la ley, santificada por la religión y hecha tolerable –e incluso deseable– así por la tradición, rebelarse es, ciertamente, para destruir tales señales" (pág. 1).

Retomando los imponentes argumentos planteados en capítulos anteriores, estos hechos nos abren la puerta para afirmar que los puntos de vista epistemológicos occidentales deben prestar atención y aprender de otros puntos de vista epistemológicos no occidentales dentro y más allá de Occidente y dentro y fuera del idioma inglés. De lo contrario, las afirmaciones contra el movimiento de solo inglés son solo retóricas. Como revela perspicazmente Macedo (2000), estamos viviendo el colonialismo del idioma inglés. Descuidar esta lucha es ser cómplice del genocidio cultural y lingüístico. Las epistemologías hegemónicas occidentales fueron erigidas y sustentadas por el imperialismo de los significantes particulares o, más exactamente, por el imperialismo del significante, por lo que solo se validaron "significados oficiales" específicos. En realidad, nos enfrentamos a una superación despótica, para usar el término de Deleuze (1990b), que legitima canales políticos particulares en la lucha entre *"idioma y palabra"*. Además, como enfatiza Kawagely (2009), la alfabetización no se trata solo de palabras; es, más bien, un proceso complejo holístico y un viaje de alegría y placer. Haciendo este viaje, podremos enseñar lo que significa ser humano, combatiendo así uno de los mayores peligros derivados de la tecnología.

No hay que olvidar, como señala wa Thiong'o (1986), que "el lenguaje era el vehículo más importante cuyo poder fascinaba y mantenía prisionera al alma. La bala era el medio para la subyugación física. El lenguaje era el medio del sometimiento espiritual" (pág. 9). El genocidio lingüístico está en realidad en el núcleo mismo del proyecto colonial y neocolonial. Vale la pena señalar la posición de wa Thiong'o:

> El verdadero objetivo del colonialismo era controlar la riqueza del pueblo; qué producían, cómo lo producían y cómo se distribuía; controlar, en otras palabras, todo el ámbito del lenguaje de la vida real. El colonialismo impuso su control de la producción social de riqueza a través de la conquista militar y la posterior dictadura política. Pero su área de dominación más importante fue el universo mental de los colonizados, el control a través de la cultura, de cómo las personas se percibían a sí mismas y sus relaciones con el mundo. El control económico y político nunca puede ser completo o efectivo sin control mental. Controlar la cultura de un pueblo es controlar sus herramientas de autodefinición en relación con los demás. Para el colonialismo, esto implicó dos aspectos del mismo proceso; la destrucción o la desvalorización deliberada de la cultura de un pueblo, su arte, danzas, religiones, historia, geografía, educación, oratoria y literatura y la elevación consciente de la lengua del colonizador. La dominación de la lengua de un pueblo por las lenguas de las naciones colonizadoras fue crucial para la dominación del universo mental de los colonizados. (pág. 16).

Y sin embargo, como argumenta Achebe (1977), "el único lugar donde la cultura es estática y existe independientemente de las personas, es el museo, y esta no es una institución africana" (pág. 29). Obviamente, el enfoque aquí está en realidad en la importancia pervertida del museo de un lugar que socializa basado en inexactitudes y no necesariamente en un encuentro veraz con la historia. El museo, escribe Visvanathan (2009), "es una cuasi racionalidad de la piratería" (pág. 488). En otras palabras, el museo, como creación política occidental, "representa la paradoja de los encuentros entre Occidente y Oriente que crean una jerarquía de culturas que legitiman la violencia como táctica legítima contra aquellos etiquetados como primitivos, subdesarrollados" (pág. 489; Coomaraswamy, 1947). Por lo tanto, afirma Coomaraswamy, más que un encuentro cultural, el museo incorpora la arrogante objetividad de la ciencia moderna occidental y su profundo olor a muerte. El museo fue y es la extensión de un laboratorio eugenésico.

Sin embargo, como señala wa Thiong'o (1986), "las lenguas africanas se negaron a morir" (pág. 23). Esto también es una parte crucial de la postura desterritorializada. Este no es un tema menor, sobre todo porque, como argumenta Popkewitz (1978), los marcos teóricos deben ser vistos como herramientas políticas. La teoría educativa, afirma, es una forma de afirmación política; es potente porque su lenguaje tiene cualidades prescriptivas. Una teoría guía a los individuos "a reconsiderar su mundo personal a la luz de conceptos, generalizaciones y principios más abstractos. Estas categorías más abstractas no son neutras" (pág. 28). Luchar por una conversación sensible a la globalidad en idiomas distintos al inglés es luchar con un ideal factible que tiene una tradición secular en el continente africano.

A principios del siglo XX, el reverendo Agbebi (1903), un ingeniero y líder espiritual africano, lideró una lucha para abolir los himnos y libros en inglés, así como los nombres y vestimentas europeas, en la iglesia africana. Demandó al "cristianismo sin sus elementos no esenciales"; a pesar de su violenta crítica al cristianismo y su sangrienta asociación con el imperialismo europeo, sintió que esto crearía un espacio natural para la espiritualidad y religiosidad africana basada en "canciones originales" y discursividad (Agbebi, 1903; Falola, 2003). La asamblea oficial de epistemicidios es revelado profundamente por Walker (2011):

> La fallecida erudita feminista negra y crítica literaria Barbara Christian declaró en su famoso ensayo de 1987 "*La carrera por la teoría*": "Puesto que las personas de color siempre han teorizado, pero en formas bastante diferentes de la forma occidental de lógica abstracta... ¿De qué otra manera nos las hemos arreglado para sobrevivir con tanta energía el asalto a nuestros cuerpos, instituciones sociales, países, nuestra propia humanidad?". En el apogeo de Theory Wars, la intervención de Christian fue un recordatorio oportuno de que una pluralidad de posiciones epistemológicas estaba abierta y disponible al considerar la (re)producción afroamericana del conocimiento. De hecho, esta observación crucial sirve como una advertencia profética contra una lectura absolutista de la afirmación tan repetida de Gayatri Spivak: "El subalterno no puede aparecer sin el pensamiento de la élite". Es con este espíritu que creo que podemos (re)volver a la construcción del conocimiento local como, en palabras de Joan Scott, "una teoría epistemológica que ofrece un método para analizar los procesos mediante los cuales se crean los significados". (págs. 110 y 111).

El giro decolonial

TCI es un giro curricular; un "pluri-versal", "no uni-versal"; un giro decolonial. La TCI necesita ser vista dentro de la cartografía de los seres decoloniales. Mignolo (2011a, 2011b) también es de gran ayuda aquí, argumentando que la genealogía de pensamiento decolonial

> es pluri-versal (no uni-versal). Como tal, cada nudo en la trama de esta genealogía es un punto de desvinculación y apertura que reintroduce lenguajes, memorias, economías, organizaciones sociales y, al menos, dobles subjetividades: el esplendor y las miserias del legado imperial, y la huella imborrable de lo existente que se ha convertido en herida colonial; en la degradación de la humanidad, en la inferioridad de los paganos, los primitivos, los subdesarrollados, los no democráticos. (2011b, pág. 63).

Gough (2000) destaca claramente que la indagación curricular debe verse como un proceso que se centra en la pertinencia de la ubicación, así como en "una forma de producción cultural contemporánea a través de la cual se puede expresar y negociar un imaginario transnacional" (pág. 334). Después de todo, "la globalización del conocimiento y la cultura occidental reafirma constantemente la visión de Occidente de sí mismo como el centro del conocimiento legítimo, el árbitro de lo que cuenta como conocimiento y la fuente del conocimiento 'civilizado'" (Smith, 1999, pág. 63). Frente a los persistentes esfuerzos por mantener la superioridad posicional, como diría Said, uno debe ser cauteloso ante cualquier intento de reclamar la derrota de la hegemonía epistemológica patriarcal eurocéntrica occidental dentro del campo de la educación, en general, y en el currículo en particular. Aunque entiendo el contexto en el que algunos teóricos del currículo reclaman tal impulso victorioso –Pinar (2004), por ejemplo, declara que "el concepto patriarcal y eurocéntrico ya no está de moda" (pág. 224)–, prefiero señalar que el dominio hegemónico científico de Occidente se enfrenta a una profunda crisis de confianza epistemológica, como diría Sousa Santos (2005), que fue instigada por una miríada de formas epistemológicas occidentales y no occidentales contrahegemónicas. No hace falta decir que, aunque tal pérdida de confianza epistemológica "está abriendo espacios para la innovación, la crítica de la epistemología será por mucho tiempo mucho más avanzada que la epistemología de la crítica" (pág. xix). Tal trabajo curricular es, afirma Wraga (2002), un "caleidoscopio de acciones" (pág. 17), y como argumenta Applebee (1996), plantea complejas preguntas sobre quién debe orquestar tales conversaciones. Sin embargo, este no es el único tema crucial. La posición política de Spivak (1990) ayuda mucho aquí:

Para mí la pregunta "¿Quién debe hablar?" es menos crucial que "¿Quién escuchará?" "Hablaré por mí mismo como persona del Tercer Mundo" es una posición importante para la movilización política hoy. Pero la verdadera exigencia es que, cuando hable desde esa posición, se me escuche con seriedad; no con ese tipo de imperialismo benévolo. (págs. 59 y 60).

En una exégesis extraordinaria sobre las políticas seculares y depredadoras en América Latina, Galeano (1997) nos alerta sobre los peligros de la internacionalización como aspecto crucial en la compleja matriz del epistemicidio. Usando la afirmación de Francis Bacon, Galeano (1997) argumenta que "el conocimiento es poder, y desde entonces ha quedado claro cuánta razón tenía" (pág. 244). Es decir, "hay poca universalidad en los universales científicos; objetivamente están confinados dentro de las fronteras de las naciones avanzadas" (Galeano, 1997, pág. 244). De hecho, "el trasplante de las tecnologías de los países avanzados no solo involucra aspectos culturales, y más definitivamente económica: subordinación". En cierto modo, lo que ha significado la internacionalización, en el caso de América Latina y África y Medio Oriente, es que "el subdesarrollo no es una etapa en el camino hacia el desarrollo, sino la contraparte del desarrollo en otros lugares" (Galeano, 1997, pág. 245). De hecho, el enfoque de Galeano (1997) expone que la internacionalización se ha convertido en sinónimo de cinco siglos de saqueo de un continente de recursos humanos, recursos naturales, agricultura, conocimiento y capacidad científica. La perspectiva de Galeano también encaja bastante bien en las realidades africanas y árabes/del Medio Oriente.

Aunque debe hacerse, Gough (2000) describe con precisión cuán difícil es nuestra tarea:

La internacionalización de los estudios curriculares podría entonces entenderse no tanto en términos de traducir las representaciones locales del currículo en un discurso universalizado, sino más bien como un proceso de creación de espacios transnacionales en los que las tradiciones locales de conocimiento en la investigación curricular pueden llevarse a cabo juntas. De hecho, la necesidad de recuperar vigorosa y rigurosamente los sistemas locales de conocimiento, tanto en sus lenguajes performativos como representativos, ha sido amplificada, para mí, por algunas experiencias recientes de trabajo curricular en el sur de África. Aquí, muchas tradiciones locales de conocimiento se han vuelto invisibles por los efectos de la universalización de los discursos y prácticas imperialistas. En países como Zimbabue y Malawi, por ejemplo, el concepto de "buena educación" para la gran mayoría de los estudiantes africanos, la mayoría de los cuales vive en asentamientos rurales de subsistencia, es equiparada con reprobar los exámenes de nivel O de la Universidad de Cambridge en inglés. (pág. 339).

Como señalamos anteriormente, instituciones como el Programa de Líderes Internacionales en Educación (ILEP) y la Sociedad Civil y Desarrollo de Medios (IREX) son ejemplos gráficos de cómo funciona ideológicamente la hegemonía: enviar maestros de naciones extranjeras para formarse en los Estados Unidos y regresar a sus naciones profundamente aculturados y enmarcados con un conocimiento "oficial" específico.

En esencia, la lucha contra los epistemicidios consolida una especie de nuevo revisionismo curricular que desafía los marcos, afirmando que la autoridad de discursos y jerarquías particulares necesita identidades, derechos, subjetividades y experiencias. Este nuevo tipo de revisionismo curricular no solo refuerza la necesidad de complejizar, clarificar y superar (o no) las tensiones particulares dentro de un determinado río curricular crítico progresista, sino que también ofrece argumentos jugosos para un análisis relacional veraz de las escuelas y el currículo, que nos permite contar con las herramientas más actuales para combatir lo que Pinar (2004) afirma que es la pesadilla curricular contemporánea: *el presentismo*. De hecho, el presentismo ha sido fomentado por enfoques representacionalistas. Necesitamos una teoría curricular que no destruya lo local ni lo hipoteque frecuentemente dentro de la geopolítica occidental del poder (Mignolo, 2008; Walsh, 2012). La TCI ayuda a comprender cómo situar la teoría del currículo en el proyecto de modernidad/colonialismo/descolonización. Basándose en académicos como Radhakishnan (1994) y Appadurai (1990), Ibarra Colado (2007) afirma que

> el reconocimiento de la "otredad" nos lleva a comprender que la inclusión global no debe eliminar las particularidades de cada realidad local. Si bien la globalización parece significar la eliminación de las diferencias, por todas partes hay evidencias que indican que estas diferencias permanecen y se multiplican. (pág. 3).

Una nueva intransdisciplina epistemológica –basada en la desobediencia epistemológica– nos permitirá comprender con mayor precisión nuestras propias luchas por pedagogías (Gore, 1993) que puedan resolver los mitos represivos y no terminados (Ellsworth, 1989) y superar las trampas funcionalistas (Liston, 1988), al tiempo que reconocer que la tarea "no es celebrar a los retadores, sino leer literaturas disciplinarias" (Popkewitz, 2001, pág. 241).

La desterritorialización de la teoría del currículo tendría en cuenta, como lo expresaría Smith (1999), a un sólido compromiso político en la descolonización de los marcos metodológicos. Como argumenta Kaomea (2004),

> el proceso de descolonización requiere nuestros continuos esfuerzos para cuestionar y revelar las influencias coloniales ocultas en las creencias y prácticas pasadas y actuales, tanto las de los *haole* (o extranjeros) como las de nuestros propios *kanakaa maoli* (pueblo indígena), incluidos nuestros *kupuna* (ancianos), nuestros ancestros y nosotros mismos. (pág. 32).

Sin embargo, como afirma Smith (1999), la investigación descolonizadora no implica un rechazo total de las teorías y enfoques de investigación occidentales. Por el contrario, implica la deconstrucción de las visiones occidentales totalitarias dominantes de la ciencia, los desafíos a lo que cuenta como ciencia y, sobre todo, implica un profundo trabajo colaborativo entre investigadores nativos y no nativos que es consciente de las complejidades examinadas por Espinosa-Dulanto (2004) sobre "quién llega a ser nativo/indígena vs. extranjero/forastero" (pág. 45).

En cierto modo, como Mutua y Swadener (2004) afirman claramente, la investigación descolonizadora crea condiciones para cuestionar, es decir,

> ¿Quién define y legitima lo que cuenta como escolaridad? ¿Quién tiene el poder de nombrar? ¿Cómo el nombrar cosifica las relaciones de poder existentes? ¿Las herramientas para la descolonización solo están disponibles para los investigadores indígenas o puede ser un proceso compartido? ¿Cómo se ha colonizado o apropiado el discurso sobre la investigación descolonizadora? (pág. 2).

Son preguntas difíciles porque sabemos muy bien que "la estructura de la universidad es un impedimento para la descolonización de la investigación" (Blauner & Wellman, 1973, pág. 324). Tales dificultades están conectadas no sólo con problemas burocráticos administrativos sino también con la costumbre paleolítica de la soberanía del conocimiento disciplinario. Las pastorales científicas hegemónicas occidentales fueron capaces de instigar y fomentar el culto de un paradigma anclado en

> sus estrictas y estrechas divisiones entre disciplinas, sus metodologías positivistas, que no distinguen la objetividad de la neutralidad, su organización burocrática y discriminatoria del conocimiento en departamentos, laboratorios y facultades que reducen el avance del conocimiento a una cuestión de privilegio corporativista. (Sousa Santos, 2005, pág. xix).

Una severa crítica al conocimiento disciplinario proviene de Smith (1999), quien afirma que

> la "mirada" etnográfica de la antropología ha recopilado, clasificado y representado otras culturas en la medida en que los antropólogos son, a menudo, los estudiosos percibidos popularmente por el mundo indígena como el epítome de todo lo malo de los académicos. Hanuni Kay Trask acusa a los antropólogos de ser "tomadores y usuarios" que "explotan la hospitalidad" y la generosidad de los nativos. Livingstone se refiere a esta disciplina como la "ciencia del imperialismo por excelencia". (pág. 67).

La cuestión es cómo nos involucramos en tal tarea. El ejemplo de Žižek (2006) es muy apropiado:

> Este es un viejo chiste que circulaba en la desaparecida Alemania Oriental. Se trata de un trabajador alemán que encontró trabajo en Siberia. Consciente de que todas sus cartas serían leídas por los censores, les explica a sus amigos: "Vamos a establecer un código. Si reciben una carta mía escrita con tinta azul, significa que estoy diciendo la verdad. Si la carta está escrita con tinta roja, significa que estoy mintiendo". Un mes después sus amigos recibieron la primera carta escrita con tinta azul: "Aquí todo es hermoso, las tiendas están llenas de mercadería, la comida es abundante, las habitaciones espaciosas y bien calentadas, los cines pasan películas del oeste, hay muchas chicas disponibles. Aquí lo único que falta es la tinta roja". (pág. 17).

Žižek nos muestra cómo la gente miente sobre la mentira, ocultando así la verdad. El problema real es decidir en qué color escribiremos la teoría del currículo itinerante. Como argumenta Kliebard (1995), la tarea del campo curricular en los próximos cincuenta años es desarrollar alternativas a las formas de pensar que claramente han dominado los primeros años del campo, antes del impacto letal de las políticas neorradicales; esta es la mejor forma de que se haya desarrollado el campo, pero no es la ideal. En realidad, es la mejor interacción entre la teoría y la práctica que no se puede dicotomizar. Creo que no es correcto priorizar una sobre la otra. Entender el currículo de esta manera muestra cómo estamos atrapados en un terreno inestable que ha sido determinado por la miríada de experiencias de estudiantes, de profesores y de la comunidad. Estas experiencias revelan un ambiente pedagógico relevante a través del diálogo y la negociación, sabiendo, como afirmo en otro lugar (Paraskeva, 2010), que no hay justicia social sin justicia cognitiva. Tal postura curricular también incentiva a lo que denominé currículo indígena (alumnos y docentes) a entablar una confrontación incesante con problemas reales, estableciendo así una conexión dentro de la vida cotidiana que, hay que decirlo, es no determinista.

Como he afirmado en *Conflictos en la teoría curricular* (2011a), reitero aquí que no estoy reclamando una salida que satisfaga a todos. De hecho, no pretendo hacerlo. Un enfoque teórico itinerante se atreve a violar el canon metodológico e intenta ir más allá de algunos choques (contra)dominantes interesantes para superar algunos callejones sin salida y silencios que gritan, pero es una lucha epistemológica dentro de las plataformas del cosmopolitismo insurgente (Sousa Santos, 2008) tanto dentro y más allá de la cartografía dominante occidental.

Como argumenta Sousa Santos (2005), su proyecto, que apunta a reinventar la emancipación social, "no contaba con un marco teórico estructurado" (pág. xxv).

En cambio, argumenta,

es imperativo abrir los cánones teóricos, analíticos y metodológicos como un binomio de renovación y transformación. En lugar de un marco teórico, el proyecto tenía un conjunto de amplias orientaciones analíticas que constituían un horizonte dentro del cual podían caer varios marcos teóricos. Dichos horizontes analíticos eran estrictamente necesarios para motivar a los científicos sociales a unir fuerzas en la búsqueda de objetivos que sean lo suficientemente importantes como para ser compartidos activamente. Estas violaciones del canon metodológico no se cometieron a la ligera. Allí estaba el riesgo de caos y de cacofonía. (pág. xxv).

Una Teoría Curricular Itinerante, continúa, es una "falta de respeto deliberada al canon, una lucha contra la ortodoxia epistemológica" (pág. xxv), e intenta "confrontar el conocimiento científico con los conocimientos no científicos, explícitamente locales, conocimientos fundamentados en la experiencia de los líderes y activistas de los movimientos sociales estudiados por los científicos sociales" (pág. xxv). Este es el núcleo mismo de su facultad nutritiva, para usar el enfoque aristotélico de Agamben (1999). Una teoría del currículo itinerante es un ejercicio de "ciudadanía y solidaridad" (pág. xxv) y, sobre todo, un acto de justicia social y cognitiva.

Como diría Žižek (2006), es la mejor manera de entender cómo la realidad puede estallar y cambiar lo real. Lo que estoy reclamando aquí es una nueva ideología emergente, como diría Nkrumah (1964, pág. 70), "que pueda solidificarse en una declaración filosófica... y nacerá de las crisis" de la conciencia histórica del campo. Una Teoría Curricular Itinerante exige un "conciencismo filosófico" (Nkrumah, 1964, pág. 70), que no oprima al "yo Ellisoniano" (Taliaferro-Baszile, 2010, pág. 487).

Estos son ejemplos reales de que la lucha contra los epistemicidios es posible, que otro saber es posible, que la existencia de una teoría del Sur (Connell, 2007) y de una multifacética plataforma de epistemologías del Sur (Sousa Santos, 2009b) no son un ideal inalcanzable. Una epistemología del Sur, afirma Sousa Santos (2009b), respeta tres pilares fundamentales: (1) aprender que el Sur existe, (2) aprender a ir al Sur, y (3) aprender desde y con el Sur. Esto implica no solo occidentalizar Occidente sino también evitar cualquier tipo de eurocentrismo, algo que algunos enfoques posmodernos y poscoloniales ignoraron (Sousa Santos, 2009b). Aunque, como afirma con precisión Autio (2007), algunas teorías posmodernas, poscoloniales y posculturales desafiaron una tradición eurocéntrica clasificada, de género y racializada, la tarea es, como enfatiza Goody (2006), buscar una "historia global" que sólo es posible si se superan tanto el eurocentrismo como el antieurocentrismo-eurocentrismo, así como el occidentalismo y el orientalismo. Como afirma Goody (2006), algunos enfoques posmodernos y poscoloniales terminan siendo eurocéntricos en su misma reivindicación contra el eurocentrismo. Así, la narrativización de la modernidad y el colonialismo, para complejizar la afirmación de Autio (2007), implican también la narrativización de la posmodernidad y el poscolonialismo.

Sin embargo, como he mencionado antes, esta no es una lucha indígena. La lucha contra la mistificación y el monopolio de las formas occidentales del conocimiento no puede caer en la misma trampa del misticismo. La tarea es tratar de comprender y analizar no solo cómo el conocimiento contrahegemónico es una forma particular de conocimiento indígena, sino también cómo se comparan las dos formas: ¿cuáles son sus similitudes y en qué difieren? Nosotros necesitamos hacer preguntas cruciales: ¿De quién es el conocimiento indígena? ¿Quién se beneficia? ¿Qué tan racializado es ese conocimiento? ¿Cómo se clasifica ese conocimiento? ¿Cuánto de género contiene ese conocimiento? ¿Qué tan democráticas son tales formas de conocimiento indígena? Al hacerlo, evitaremos romantizar el conocimiento indígena, ya que sería intelectualmente inexacto afirmar que las formaciones culturales indígenas están libres de cualquier forma de segregación de clase, género y raza.

Como argumenta Smith (1999), los estudiosos de la educación deben involucrarse en las teorías indígenas. Sin embargo, la postura teórica itinerante que recomendamos desafía el intento de favorecer el conocimiento indígena contrahegemónico del Norte sobre el conocimiento indígena del Sur. Este tipo de compromiso puede ser una lucha que está profundamente relacionada con la identidad y no dicotomiza lo ontológico y lo epistemológico. No es una lucha contra la ciencia sino un compromiso político para avanzar en una nueva comprensión de la ciencia que implica un esfuerzo por descolonizar las universidades y, en particular, los programas de formación docente.

¿Por qué, pregunta Barnhardt (2009), una forma de vida tiene que morir para que otra pueda vivir? No se puede ignorar que al mismo tiempo que el campo curricular reclama su internacionalización, países como Estados Unidos se niegan a firmar la Declaración de las Naciones Unidas sobre los Derechos de los Pueblos Indígenas (2007). Dado que el conocimiento es el núcleo mismo del campo curricular, este no es un tema menor. La tarea es luchar por una pedagogía de los conocimientos indígenas que se vea como una lucha por una onto-episteme global, que es una comprensión de la interacción entre lo ontológico y lo epistemológico, y que ve las formas de conocimiento indígena como conocimiento local que es significativo dentro del escenario mundial. Este no es un objetivo utópico. Como argumenta wa Thiong'o (1986),

> el campesinado no vio ninguna contradicción entre hablar sus propias lenguas maternas y pertenecer a una geografía nacional o continental más grande... Ellos no vieron una contradicción antagónica necesaria entre pertenecer a su nacionalidad inmediata, a su estado multinacional a lo largo de las fronteras trazadas por Berlín, y a África como un todo. (pág. 23).

Otra ciencia no sólo es realmente posible. Es real. La TCI es un reclamo por una teoría justa, un reclamo por una ciencia justa. Es posible que la TCI, que argumentamos que es el mejor camino para los estudiosos del currículo progresista crítico, no solo capte conceptos y dinámicas preciosas, como hegemonía, ideología, poder, emancipación social, clase, raza y género en la era compleja. de la globalización (Sousa Santos, 2008) o de los globalismos, sino también para volver a abordar mejor las grandes cuestiones del currículo, comenzando por la que se planteó Counts en el siglo pasado: *¿Se atreven las escuelas a construir un nuevo orden social?* Mientras la pobreza y la desigualdad siguen multiplicándose, la pregunta sigue siendo central. El impacto arrasador de las políticas neoliberales obliga a la intemporalidad de ciertos desafíos. Como tal, creo que la TCI desafía al río del currículo crítico a ir más allá de sus posiciones contradominantes y dominantes dentro de las posiciones contradominantes, sintonizando así la lucha por la relevancia del currículo en una lucha por la justicia social y cognitiva. Como mostraré más adelante al examinar el enfoque de Chomsky (1971), si bien la transformación de la sociedad es crucial, no es menos importante comprenderla con precisión.

No estoy afirmando que la TCI sea una teoría perfecta; en realidad, afirmé que no existe una teoría perfecta (ver Quantz, 2011). Evidentemente, hay espacio para la crítica, por ejemplo, se podrían ampliar los enfrentamientos al interior de las posiciones postestructuralistas. El dominio ecológico no debería ser tan silencioso. La TCI cuestiona el imperialismo lingüístico representado por el inglés y otras lenguas imperiales occidentales. También desafía la forma en que se ha definido y legitimado la ciencia a partir de las políticas culturales de la escritura académica, que no son sólo fórmulas sociales, sino que legitiman el epistemicidio moderno y son, por lo tanto, verdaderos obstáculos a la justicia social y cognitiva. La TCI también desafía el impulso de la internacionalización, así como el lenguaje de quién esté transitando tal época. La TCI es una alerta sobre el hecho de que la propia lucha por internacionalizar el campo de los estudios curriculares es un fenómeno relativamente reciente para el medio académico de los Estados Unidos. Los académicos curriculares de España, Brasil, Argentina, México, Italia y otros lugares se internacionalizaron hace muchas décadas. Esto plantea la cuestión que es bastante visible en el análisis de la TCI, a saber, "¿La internacionalización de quién?". Los académicos, como Pinar y Gough, son conscientes de esto y han sido elocuentes al alertar sobre esta problemática. Será reduccionista ver la TCI como un camino teórico binario. La TCI no es un choque entre dominios epistemológicos occidentales y no occidentales. Es un himno epistemológico descolonizado. Emerge de los choques dentro de esos caminos, aunque va más allá de esos altercados al abogar por una toma itinerante, una plataforma teórica perpetua de no espacios y no tiempos. La TCI fuerza a la teoría del currículo contra sí misma y fomenta las contradicciones dentro de las perspectivas dominantes y contradominantes occidentales y no occidentales. La TCI reclama una teoría justa. Es la teoría del pueblo. Y, por lo tanto, como argumenta Martí (1979), no es sólo una labor de amor; es, como la educación y el currículo deben ser "un acto de amor infinito" (pág. 74).

Referencias bibliográficas

ACHEBE, Ch. (1977) *Conversations with Chinua Achebe*. Edited by Bernth Lindfors. Jackson: University Press of Mississippi.

AGAMBEN, G. (1999) Absolute Immanence. In J. Khalfa (ed.) *An Introduction to the Philosophy of Gillen Deleuze*. London: Continuum, pp. 151-69.

AGAMBEN, G. (2005) *State of Exception*. Chicago: University of Chicago Press.

AGBEBI, M. (1903) *Inaugural Sermon Delivered at the Celebration of the First Anniversary of the "African Church"*. New York: Edgar Howorth. In this regard bide also T. Falola (2003) *The Power of African Cultures*. New York: University of Rochester Press, pp. 20-48.

ALEXANDER, H. (2003) Education as Spiritual Critique: Dwayne Huebner's Lure of the Transcendent. *Journal of Curriculum Studies*, 35 (2), pp. 231-45.

APPADURAI, A. (1990) Disjuncture and Difference in the Global Culture Economy. *Theory, Culture, and Society, 7*, pp. 295-310.

APPLEBEE, A. (1996) *Curriculum as Conversation: Transforming Traditions of Teaching and Learning*. Chicago: University of Chicago Press.

AUGE, M. (2003) *Não-Lugares: introdução a uma antropologia da supermodernidade*. Campinas: Papirus Editora.

AUTIO, T. (2007) Towards European Curriculum Studies: Reconsidering Some Basic Tenets of Building and Didaktik. *Journal of the American Association for the Advancement of Curriculum Studies*, Volume 3, February.

BARNHARDT, R. (2009) *Indigenous Knowledge*. American Educational Research Association, S. Diego.

BAUMAN, Z. (1998) *Globalization. The Human Consequences*. London: Blackwell Publishers.

BLAUNER, R. and WELLMAN, D. (1973) Toward the Decolonization of Research. In J. Ladner (ed.) *The Death of White Sociology*. New York: Random House, pp. 310-30.

BORGES, J. L. (1962) *Labyrinths*. New York: New Directions.

BOURDIEU, P. (2001) *Language and Symbolic Power*. Cambridge: Harvard University Press.

CHOMSKY, N. (1971) *Problems of Knowledge and Freedom*. New York: The New Press.

CONNELL, R. (2007) *Southern Theory. The Global Dynamics of Knowledge in Social Science*. Cambridge: Polity.

COOMARASWAMY, A. (1947) *The Bugbear of Literacy*. London: Dennis Dobson.

DELEUZE, G. (1990a) *The Logic of Sense*. New York: Columbia University Press.

DELEUZE, G. (1990b) *Pourparlers*. Paris: Les Editions de Minuit.

DELEUZE, G. (1994) *What Is Philosophy*. New York: Columbia University Press.

DELEUZE, G. (1995a) *Difference and Repetiton*. New York: Columbia University Press.

DELEUZE, G. (1995b) *Negotiations* 1972-1990. New York: Columbia University Press.

DELEUZE, G. and GUATTARI, F. (1987) *A Thousand Plateaus. Capitalism and Schizophrenia*. Minneapolis: University of Minnesota Press.

DEWEY, J. (1902) *The Child and the Curriculum*. Chicago: University of Chicago Press.

ECO, U. (1984) *Proscript to the Name of the Rose*. New York: Harcourt, Brace and Jovanovich.

ELLSWORTH, E. (1989) Why Doesn't This Feel Empowering? Working Through the Repressive Myths of Critical Pedagogy. *Harvard Educational Review*, 59 (3), pp. 297-324.

ESPINOSA-DULANTO, M. (2004) Silent Screams: Deconstructing (Academia) the Insider/Outsider Indigenous Researcher Positionalities. In K. Mutua and B. Swadener (eds.) *Decolonizing Research in Cross-Cultural Contexts. Critical Personal Na-*rratives. New York: New York University Press, pp. 45-51.

FALOLA, T. (2003) *The Power of African Cultures*. New York: University of Rochester Press.

FOUCAULT, M. (1994) *História da Sexualidade I-A Vontade de Saber*. Lisboa. Relóio D'Água.

FRASER, N. (1997) *Justice Interrupts. Critical Reflections on the "Postsocialist" Condition*. New York: Routledge.

GALEANO, E. (1997) *Open Veins of Latin America. Five Centuries of Pillage of a Continent*. New York: Monthly Review Press.

GOODY, J. (2006) *The Theft of History*. Cambridge: Cambridge University Press.

GORE, J. (1993) *The Struggle for Pedagogies. Critical and Feminist Discourses as Regimes of Truth*. New York: Routledge.

GOUGH, N. (2000) Locating Curriculum Studies in the Global Village. *Journal of Curriculum Studies*, 32 (2), pp. 329-42.

GUHA, R. (1983) The Prose of Counter Insurgency. In R. Guha (ed.) *Subaltern Studies II*. Oxford: Oxford University Press, pp. 1-42.

HARDT, M. and NEGRI, T. (2000) *Empire*. Cambridge: Harvard University Press.

HARTLEY, D. (1977) *Re-schooling Society*. Washington: Falmer Press.

HARVEY, D. (1998) What's Green and Makes the Environment go Round? In F. Jameson and M. Miyoshi (eds.) *The Cultures of Globalization. Post-Contemporary Interventions*. Duke University Press, pp. 327-355.

HUEBNER, D. (1959) *From Classroom Action to Educational Outcomes. An Exploration in Educational Theory*. Madison: University of Wisconsin-Madison, pp. 35-78.

Huebner, D. (1961) *Creativity in Teaching*. No publicado.

Huebner, D. (1962) Politics and Curriculum. In H. Passow (ed.) *Curriculum Crossroads*. New York: Teachers College Press, pp. 87-95.

Huebner, D. (1964) *Curriculum as a Guidance Strategy*. Trabajo presentado en Elementary Guidance Workshop, pp. 1-15.

Huebner, D. (1966) Curricular Language and Classroom Meanings. In J. Macdonald and R. Leeper (eds.) *Language and Meaning*. Washington: ASCD, pp. 8-26.

Huebner, D. (1967) Curriculum as Concern of Man's Temporality. *Theory into Practice*, 6 (4), pp. 172-9.

Huebner, D. (1968a) Teaching as Art and Politics. (Mimeographed).

Huebner, D. (1968b) *The Tasks of the Curricular Theorist*. Presentado en ASCD. (Mimeographed).

Huebner, D. (1974a) The Remaking of Curriculum Language. In W. Pinar (ed.) *Heightened Consciousness, Cultural Revolution and Curriculum Theory*. Berkeley: McCutchan Publishing Corporation, pp. 36-53.

Huebner, D. (1974b) *Curriculum... With Liberty and Justice for All.* No publicado.

Huebner, D. (1975) Poetry and Power: The Politics of Curricular Development. In W. Pinar (ed.) *Curriculum Theorizing, The Reconceptualists*. Berkeley: McCutchan Publishing Company, pp. 271-80.

Huebner, D. (1976) The Moribund Curriculum Field: It's Wake and Our Work. *Curriculum Inquiry*, 6 (2), pp. 153-167.

Huebner, D. (1977) *Dialectical Materialism as a Method of Doing Education.* (Mimeografiado).

Huebner, D. (1979) *Perspectives for Viewing Curriculum. Curriculum Symposium. British Columbia Teachers Federation.* No publicado.

Huebner, D. (2002a) Cinta # 1, Entrevista con Joao M. Paraskeva; registrada en el 3718 Seminary Rd, Alexandria, VA 22304, Washington, USA.

Huebner, D. (2002b) Cinta # 2, registrada en el 3718 Seminary Rd, Alexandria, VA 22304, Washington, USA.

Ibarra-Colado, E. (2007) Organization Studies and Epsitemic Coloniality in Latin America: Thinking Otherness form the Margins. *Worlds and Knowledges Otherwise*, Fall, pp. 1-24.

Jin, H. (2008) *The Writer as Migrant*. Chicago: The University of Chicago Press.

Johnson, M. (1968) The Translation of Curriculum into Instruction. Trabajo preparado para una invitación a una pre-sesión sobre la teoría del curriculum en AERA, February.

Kaomea, J. (2004) Dilemmas of an Indigenous Academic: A Native Hawaiian Story. In K. Mutua and B. Swadener (eds.) *Decolonizing Research in Cross-Cultural Contexts. Critical Personal Narratives.* New York: New York University Press, pp. 27-44.

Kawagely, O. (2009) *Indigenous Knowledge*. San Diego: American Education Research Association.

Khalfa, J. (1999) Introduction. In J. Khalfa (ed.) *An Introduction to the Philosophy of Gillen Deleuze*. London: Continuum, pp. 1-6.

Kliebard, H. (1995) *The Struggle for the American Curriculum: 1893-1958*. New York: Routledge.

Latour, B. (2006) *O Poder da Crítica*. Discursos. Cadernos de Políticas Educativas e Curriculares. Viseu: Livraria Pretexto Editora.

Liston, D. (1988) *Capitalist Schools. Explanation and Ethics in Radical Studies of Schooling*. New York: Routledge.

MACDONALD, J. (1977) Values Bases and Issues for Curriculum. In A. Molnar and A. Zahorik (eds.) *Curriculum Theory*. Washington: ASCD, pp. 10-21.

MACDONALD, J., WOLFSON, B. and ZARET, H. (1973) *Reschooling Society: A Conceptual Model*. Washington: ASCD.

MACEDO, D. (2000) The Colonialism of the English Only Movement. *Educational Researcher*, 29 (3), pp. 15-24.

MACEDO, D., DENDRINOS, B. and GOUNARI, P. (2003) *The Hegemony of the English Language*. Boulder: Paradigm.

MANN, J. (1968) *Toward a Discipline of Curriculum Theory*. Baltimore: The John Hopkins University, The Center for the Study of Social Organization of Schools. (Mimeografiado).

MARTI, J. (1979) *On Education*. New York: Monthly Review Press.

MERELAU-PONTY, M. (1973) *The Prose of the World*. Evanston: Northwestern.

MIGNOLO, W. (2008) The Geopolitcs of Knowledge and Colonial Difference. In M. Morana, E. Dussel and C. Jauregui (eds.) *Coloniality at Large. Latin America and the Postcolonial Debate*. San Antonio: Duke University Press, pp. 225-58.

MIGNOLO, W. (2011a) *The Darker Side of Western Modernity. Global Futures, Decolonial Options*. Durham: Duke University Press.

MIGNOLO, W. (2011b) Epistemic Disobedience and the Decolonial Option: A Manifesto. *Transmodernity. Journal of Peripheral Cultural Production of the Luso-Hispanic World*, 1, (2), pp. 44-66.

MUTUA, K. and SWADENER, B. (2004) Introduction. In K. Mutua and B. Swadener (eds.) *Decolonizing Research in Cross-Cultural Contexts. Critical Personal Narratives*. New York: New York University Press, pp. 1-23.

NKRUMAH, K. (1964) *Consciencism*. New York: Monthly Review Press.

O'BRIEN, M. and PENNA, S. (1999) *Theorizing Welfare*. London: Sage.

PARASKEVA, J. (2006a) Desterritorializar a Teoria Curricular. *Papeles de Trabajo sobre Cultura, Educación y Desarrollo Humano*, 2 (1). Obtenido de http://www.doaj.org/doaj.

PARASKEVA, J. (2006b) Desterritorializar a Teoria Curricular. In J. Paraskeva (org.) *Currículo e Multiculturalismo*. Lisboa: Edicoes Pedago, pp. 169-204.

PARASKEVA, J. (2007a) *Ideologia, Cultura e Curriculo*. Lisboa: Didatica Editora.

PARASKEVA, J. (2007b) *Continuidades e Descontinuidades e Silêncios. Por uma Desterritorialização da Teoria Curricular*. Associação Nacional de Pós-Graduação e Pesquisa em Educação, (ANPEd), Caxambu, Brasil.

PARASKEVA, J. (2008) Por uma Teoria Curricular Itinerante. In J. Paraskeva (org.) *Discursos Curriculares Contemporaneos*. Lisboa: Edicoes Pedago, pp. 7-21.

PARASKEVA, J. (2010) Hijacking Public Schooling: The Epicenter of Neo Radical Centrism. In S. Macrine, P. McLaren and D. Hill (eds.) *Revolutionizing Pedagogy: Educating for Social Justice within and Beyond Neo-liberalism*. New York: Palgrave, pp. 167-186.

PARASKEVA, J. (2011) *Conflicts in Curriculum Theory. Challenging Hegemonic Epistemologies*. New York: Palgrave.

PINAR, W. (2004). *What Is Curriculum Theory?* Mahwah, NJ: Erlbaum.

POPKEWITZ, Th. (1978) Educational Research: Values and Visions of a Social Order. *Theory and Research in Social Education*, 4, (4), p. 28.

Popkewitz, Th. (2001) A Changing Terrain of Knowledge and Power: A Social Epistemology of Educational Research. In R. G. McInnis (ed.) *Discourse Synthesis. Studies in Historical and Contemporary Social Epistemology*. Westport: Praeger, pp. 241-66.

Popkewitz, Th. (2007) *Cosmopolitanism and the Age of School Reform. Science, Education, and Making Society, by Making the Child*. New York: Taylor and Francis.

Quantz, R. (2011) *Rituals and Students Identity in Education: Ritual Critique for a New Pedagogy*. New York: Palgrave.

Radhakrishnan, R. (1994) Postmodernism and the Rest of the World. *Organization*, 1 (2), pp. 305-40.

Roy, K. (2003) *Teachers in Nomadic Spaces*. New York: Peter Lang.

Said, E. (2005) Reconsiderando a Teoria Itinerante. In M. Sanches (org.) *Deslocalizar a Europa. Antroplogia, Arte, Literatura e História na Pós-Colonialidade*. Lisboa: Cotovia, pp. 25-42.

Sassen, S. (2004) Space and Power. In N. Gane (ed.) *The Future of Social Theory*. London: Continuum, pp. 125-42.

Smith, L. (1999) *Decolonizing Methodologies: Research and Indigenous Peoples*. London: Zed Books.

Sousa Santos, B. (2005) *Democratizing Democracy. Beyond the Liberal Democratic Cannon*. London: Verso.

Sousa Santos, B. (2006) *The Rise of the Left the World Social Forum and Beyond*. London: Verso.

Sousa Santos, B. (2008) Globalizations. *Theory, Culture and Society*, 23, pp. 393-9.

Sousa Santos, B. (2009) *Epistemologias do sul*. Coimbra: Almedina.

Spivak, G. (1990) Question of Multiculturalism. In S. Harasayam (ed.) *The PostColonial Critic: Interviews, Strategies, Dialogues*. New York: Routledge, pp. 59-60.

Spivak, G. (1995) Can the Subaltern Speak? In B. Ashcroft, G. Griffiths and H. Tiffin (eds.) *The Post-Colonial Reader*. London: Routledge, pp. 28-36.

Taliaferro-Baszile, D. (2010) In Ellison Eyes, What Is Curriculum Theory? In E. Malewsky (ed.) *Curriculum Studies Handbook*. New York: Routledge, pp. 483-95.

United Nations Declaration on the Rights of Indigenous Peoples (2007) New York: United Nations.

Visvanathan, S. (2009) Encontros Culturais e o Oriente. Um Estudo das Políticas de Conhecimento. In B. Sousa Santos (ed.) *Epistemologias do Sul*. Coimbra: Almedina, pp. 487-505.

Walker, C. (2011) How Does It Feel to be a Problem. (Local) Knowledge, Human Interests and the Ethics of Opacity. *Transmodernity. Journal of Peripheral Cultural Production of the Luso-Hispanic World*, 1 (2), pp. 104-119.

Walsh, C. (2012) 'Other' Knowledges, 'Other' Critiques Reflections on the Politics and Practices of Philosophy and Decoloniality in the Other America. *Transmodernity. Journal of Peripheral Cultural Production of the Luso-Hispanic World*, 1 (3), pp. 11-27.

wa Thiong'o, N. (1986) *Decolonizing the Mind*. Nairobi: East African Educational.

Wraga, W. (2002) Recovering Curriculum Practice: Continuing the Conversation. *Educational Researcher*, 31 (6), pp. 17-19.

Žižek, S. (2006) *Bem-Vindo ao Deserto do Real*. Lisboa: Relogio D'Agua.

7

Hacia un pensamiento alternativo
acerca de las alternativas

> *Vamos camaradas,*
> *el juego europeo está definitivamente terminado,*
> *es necesario encontrar algo más.*
> *Fanón (1963)*

El dialogismo de *Schwab-Huebner* sería una opción interesante para captar el estado actual de la modernidad y señalar nuevas direcciones. Es decir, dentro del contexto actual Schwab (1978), probablemente, diría que

> el campo de la modernidad está moribundo. Es incapaz, por sus métodos y principios actuales, de continuar trabajando y contribuyendo significativamente al avance de la sociedad, en general, y la educación, en particular. Requiere nuevos principios, que generarán una nueva visión del carácter y variedad de sus problemas. Requiere nuevos métodos adecuados al nuevo presupuesto de problemas. (pág. 287).

Si la modernidad se encontraba en realidad en un estado moribundo en el que luchaba por enfrentar los grandes desafíos frente a las demandas depredadoras impuestas por la maraña compleja y enmarcada por la tercera fase hegemónica del capitalismo (véase Arrighi, 2005), el advenimiento de una plena explosión de globalización negativa (Giroux, 2011) –con todas sus consecuencias locales a veces cuasi irreversibles (ver Bauman, 1998)–, su condición iba mucho más allá de un estado de agonía. Para confiar en las palabras de uno de los más grandes teólogos progresistas *tillicheanos*, Dwayne Huebner,

> ahora que el final está cerca, reconozcamos su deceso, reunámonos en el velorio, celebremos con alegría lo que [el modelo de modernidad cartesiana occidental] hizo posible y, luego, dispersémonos para hacer nuestro trabajo, porque ya no somos miembros de una sola familia. (Huebner, 1976, págs. 154-155).

Supongo que Latour (1993) no estaba tan equivocado, y nunca fuimos modernos.

Sabet (2008) afirma que

la modernidad fracasó en lograr la realización multidimensional requerida por la sociedad humana, es decir, su seductora promesa de una vida mejor ha enmascarado una preocupación permanente por la autorrealización humana a través tanto del desarrollo espiritual como material. (pág. 31).

La modernidad, Dussel (2013) está en el punto de mira por la imposibilidad de la sumisión perpetua de los "otros". Es decir, "la exclusión y el arrinconamiento en la pobreza [cuasi-terminación] de la alteridad africana, asiática y latinoamericana y su indomable voluntad de supervivencia" llevó a la modernidad a un punto insostenible.

La arrogancia modernista de la llamada cientificidad de la ciencia (Giroux, 1981), está en crisis, afirma Munslow (1997), "debido a la objeción de que el significado es generado por prácticas discursivas socialmente codificadas y construidas que median tanto la realidad que cierran efectivamente el acceso directo" (pág. 11). Es decir, "la metanarrativa de la objetividad científica y el despliegue del progreso a través de nuestra comprensión del pasado está ahora bajo desafío" (Munslow, 1997, pág. 17). Más concretamente, la realidad no se puede enmarcar solo desde la dinámica eurocéntrica moderna occidental de producción ideológica en la que la clase, la raza y el género juegan un papel clave, especialmente cuando tales dinámicas están enmarcadas y enmarcan también los modos y condiciones de producción no capitalistas de las sociedades precoloniales no occidentales (ver Rodney, 1973). La modernidad se perdió (¿intencionalmente?) entre las realidades y las representaciones de la realidad.

A todos los efectos prácticos, el modelo de modernidad cartesiano occidental es un modelo hegemónico con su pretensión arrogante de abordar problemas sociales globales que no solo está moribundo, está muerto. La modernidad, afirma Harding (2008), fue/es un "sueño engañoso" (pág. 23). La sentencia final de la modernidad estuvo determinada, en parte, por la modernidad misma y su culto verdaderamente totalitario, un napalm cultural y económico que pretendía borrar todas las demás manifestaciones epistemológicas que, paradójicamente, terminó reforzándose y fortaleciéndose sistemáticamente a partir de los choques beligerantes con la modernidad. Si el colonialismo es un crimen de lesa humanidad, y el colonialismo y el imperialismo no tenían existencia fuera de la modernidad, entonces la modernidad tampoco es inocente en tal crimen de lesa humanidad, no porque fuera intrascendente en evitar/frustrar políticas y prácticas genocidas, sino, precisamente, porque su existencia misma depende de su capacidad para perpetuar un genocidio masivo. La historia no está absolviendo, y no absolverá al modelo de modernidad cartesiano occidental. Los grandes logros en áreas como la conquista del espacio y las tecnologías se han reducido a una pálida insignificancia para la gran mayoría de la población mundial frente a la esclavitud, el genocidio, el holocausto, la pobreza, la desigualdad, el apartheid social y cognitivo, la injusticia intergeneracional y la temeridad de cambiar la naturaleza, entre otras cuestiones. Lamentablemente, todas estas sagas están en la raíz misma de tales avances tecnológicos sociales modernos. Basándonos en la metáfora de Eagleton (2003), "parece que Dios no era moderno" (pág. 1). El siglo XX, afirma Thernborn (2010), "fue el último siglo eurocéntrico" (pág. 59).

Del pensamiento abismal al no abismal

Como pude desvelar en *Conflictos en la teoría curricular* (2011), Boaventura Sousa Santos (2007a, 2007b) denuncia el pensamiento moderno occidental como abismal y nos desafía a transitar hacia un pensamiento postabismal. El enfoque de Sousa Santos "ofrece algunos de los análisis críticos más precisos y refinados de la larga crisis de la epistemología" (Arriscado Nunes, 2008, ÁG. 46). El pensamiento occidental moderno, afirma Sousa Santos (2007b), "es un pensamiento abismal" (pág. 45). Consiste

> en un sistema de distinciones visibles e invisibles, siendo las invisibles el fundamento de las visibles. Las distinciones invisibles se establecen a través de líneas radicales que dividen la realidad social en dos ámbitos, el ámbito de "este lado de la línea" y el ámbito del "otro lado de la línea". La división es tal que "el otro lado de la línea" se desvanece como realidad, se vuelve inexistente y, de hecho, se produce como inexistente. Inexistente significa que no existe de ninguna manera relevante o comprensible de ser. Todo lo que se produce como inexistente queda radicalmente excluido porque se encuentra más allá del ámbito de lo que la concepción aceptada de inclusión considera como su otro. Entonces, lo que más fundamen-

talmente caracteriza el pensamiento abismal es la imposibilidad de la co-presencia de los dos lados de la línea. En la medida en que prevalece, este lado de la línea sólo prevalece agotando el campo de la realidad relevante. Más allá, sólo hay inexistencia, invisibilidad, ausencia no dialéctica.

El lema de tal pensamiento abismal va mucho más allá de la imposibilidad radical de la co-presencia y una negación radical fundamental de la existencia del otro. La radicalización de tal episteme abismal es eclipsada por las "distinciones intensamente visibles que estructuran la realidad social de este lado de la línea y se basan en la invisibilidad de la distinción entre este lado de la línea y el otro lado" (Sousa Santos, 2007b, pág. 46). En cierto modo, Sousa Santos va mucho más allá de Todorova (1997) con respecto al "otro incompleto". Es decir, no hay un "otro incompleto" (y un "yo incompleto") porque no hay nada más allá de la línea abismal. La invisibilidad y la inexistencia de "un lado" son las raíces de la visibilidad y la existencia del "otro lado". El conocimiento y el derecho moderno son dos áreas complejas principales, distintas, pero interrelacionadas, que representan los logros más refinados de tales políticas culturales de inexistencia y negación radicales (Sousa Santos, 2007b).

Dentro del campo del conocimiento "el pensamiento abismal consiste en otorgar a la ciencia moderna el monopolio de la distinción universal entre lo verdadero y lo falso, en detrimento de dos cuerpos de conocimiento alternativos: la filosofía y la teología" (Sousa Santos, 2007b, pág. 47). Es decir, el "carácter excluyente de este monopolio está en el centro de las disputas epistemológicas modernas entre formas de verdad científicas y no científicas" (Sousa Santos, 2007b, pág. 47). Tal monopolio ha logrado confinar la lucha epistemológica dentro de un marco particular en torno a "ciertos tipos de objetos bajo ciertas circunstancias y establecidos por ciertos métodos" (Sousa Santos, 2007b, pág. 47). Un monopolio que, al producir otras formas de conocimiento como inexistentes –por no encajar con la cientificidad científica del pensamiento moderno occidental (Giroux, 2011)–, regía por "la razón como verdad filosófica o la fe como verdad religiosa" (Sousa Santos, 2007b, pág. 47), borrando su propio relativismo y el relativismo de la verdad "científica". Las batallas beligerantes visibles y legítimas entre la ciencia, la filosofía y la teología –no hay que olvidar que pertenecemos a una civilización que quemaba viva a la gente porque afirmaba que el mundo no era plano– cartelizan el lado moderno cartesiano occidental y "su visibilidad se basa en la invisibilidad de formas de conocimiento que no pueden encajar en ninguna de estas formas de conocimiento" (Sousa Santos, 2007b, pág. 47). Es decir,

> los saberes populares, laicos, plebeyos, campesinos o indígenas del otro lado de la línea desaparecen como saberes relevantes o conmensurables porque están más allá de la verdad y de la falsedad. Es inimaginable aplicarles no solo la distinción científica verdadero/falso, sino también las verdades científicamente indeterminables de la filosofía y de la teología que constituyen todo el conocimiento aceptable de este lado de la línea. Al otro lado de la línea, no hay conocimiento real; hay creencias, opiniones, entendimientos intuitivos o subjetivos que, a lo sumo, pueden convertirse en objetos o materias primas para la investigación científica. Así, la línea visible que separa la ciencia de otras modernas opiniones se basa en la línea invisible abismal que separa la ciencia, la filosofía y la teología, por un lado y, por el otro, los conocimientos convertidos en incomprensibles e inconmensurables por no satisfacer ni las demandas de los métodos científicos de la verdad ni las de sus reconocidos contendientes en el ámbito de la filosofía y de la teología. (Sousa Santos, 2007b, pág. 47).

En tal contexto, no sólo el conocimiento, sino la misma pregunta/respuesta "qué es pensar" está totalmente prostituida. ¿Cómo puede "uno" realmente afirmar que, de verdad, sabe las cosas que afirma saber si una inmensa plataforma epistemológica que congrega una miríada de otras formas de episteme ha sido brutalmente producida como inexistente?

Chomsky (1971) en sus *Bertrand Russell Lectures* afirmó que "un problema central en la interpretación del mundo es determinar cómo, de hecho, los seres humanos proceden a hacerlo. Es el estudio de la interacción entre un determinado sistema complejo biológicamente dado –la mente humana– y el mundo físico y social" (pág. 3). La irrefutabilidad de tan visionaria afirmación pone en la picota el pensamiento abismal del modelo cartesiano occidental condenado a muerte sin posibilidad de apelación. La aguda afirmación de Chomsky (1971) valida la imposibilidad de una sola forma a través de la cual los seres humanos intentarán captar el mundo, así como el relativismo de los impulsos totalitarios que han sido secularmente producidos por el modelo moderno cartesiano occidental para producir, reproducir y legitimar seres humanos unidimensionales (Marcuse, 1964), una unidimensionalidad que se basa en la producción de las "otras dimensiones como inexistentes" (Sousa Santos, 2014).

Las intrincadas y diferentes formas en que los seres humanos experimentan el mundo exhiben cuán endeble es la muy moderna teoría hegemónica del aprendizaje que ha sido acuñada como científica y, por lo tanto, como oficial. Haciéndose eco del consulado de Russell, Chomsky (1971) argumenta que el estudio mismo de la

psicología humana se ha desviado hacia canales secundarios por la falta de voluntad para plantear el problema de cómo la experiencia se relaciona con el conocimiento y la creencia, un problema que, por supuesto, presupone una racionalidad previa a la investigación de la estructura de los sistemas de conocimiento y de creencias. (pág. 47).

Un marco abismal alimenta solo esa unidimensionalidad "en la medida en que elimina, efectivamente, cualquier realidad que esté al otro lado de la línea" (Sousa Santos, 2007b, 48). Además, tal negación radical de la co-presencia, argumenta Sousa Santos (2007b),

fundamenta la afirmación de la diferencia radical que, de este lado de la línea, separa lo verdadero y lo falso, lo legal y lo ilegal. El otro lado de la línea comprende un vasto conjunto de experiencias descartadas, invisibilizadas tanto como acciones como agentes y sin ubicación territorial fija. (pág. 48).

Bienvenidos a la zona colonial, una zona que encierra "lo que no puede ser pensado como verdadero o falso, legal o ilegal" (Sousa Santos, 2007b, pág. 48). La zona colonial es

por excelencia, el reino de las creencias y comportamientos incomprensibles que, de ninguna manera, pueden ser considerados conocimientos, sean verdaderos o falsos. El otro lado de la línea alberga solo poderes mágicos incomprensibles o prácticas idólatras. La absoluta extrañeza de tales prácticas llevó a negar la naturaleza humana de los agentes de tales prácticas. Sobre la base de sus refinadas concepciones de la humanidad y la dignidad humana, los humanistas llegaron a la conclusión de que los salvajes eran subhumanos. (Sousa Santos, 2007b, pág. 51).

No se puede desligar el pensamiento abismal de la economía política y la cultura de las condiciones materiales que subyacen al surgimiento y desarrollo del capitalismo. La modernidad, afirma Latour (1993), muestra una moderna constitución (o constituciones) asimétrica que, a pesar de celebrar "el nacimiento del hombre o anunciar su muerte, pasó por alto el nacimiento simultáneo de la no humanidad, un comienzo igualmente extraño de un Dios tachado, relegado al margen", tan conectado con el desarrollo de un entramado capitalista (pág. 13). La modernidad en sí misma, argumenta Amin (2008), "no es solo una revolución cultural; deriva su significado sólo a través de la estrecha relación que tiene con el nacimiento y posterior crecimiento del capitalismo" (pág. 88). En realidad, es el carburador de dicho sistema. Si bien el *Tratado portugués-español* denominado *Tratado de Tordesillas* podría identificarse como la primera línea global moderna occidental producida por tal episteme abismal, "las líneas verdaderamente abisales emergen a mediados del siglo XVI con las líneas de amistad". Sousa Santos (2007b) postula que la afirmación moderna muy occidental de "más allá del ecuador no hay pecados", fue el beso de la muerte al otro lado de la línea (págs. 49-50). El colonialismo es "el punto ciego sobre el que se construyen las concepciones modernas del conocimiento y el derecho" (Sousa Santos, 2007b, pág 50). Debido a que el capitalismo y el pensamiento abismal son las dos caras de la misma moneda, las políticas culturales y económicas de la negación radical se han mejorado desde su surgimiento. En este contexto, es necesario comprender las teorías del contrato social dentro de los siglos XVII y XVIII que "inventa pasados para dar cabida a un único futuro homogéneo", que impone un fascismo social.

Amin (2008) afirma que la modernidad "hace posible la democracia liberal", y además,

> requiere laicismo, en el sentido de separación de lo religioso y lo político, es decir, la compleja asociación de modernidad, democracia y laicismo, sus avances y retrocesos, ha ido configurando el mundo contemporáneo. Las formas concretas de modernidad, democracia y laicismo que se encuentran hoy deben, entonces, ser consideradas como productos de la historia concreta del crecimiento del capitalismo. Están moldeados por las condiciones específicas en las que se expresa la dominación del capital, los compromisos históricos que definen los contenidos sociales de los bloques hegemónicos. (págs. 87 y 88).

Paradójicamente, afirma Sousa Santos (2007b), el socialfascismo está en el centro de la democracia liberal desde entonces:

> Como régimen social, el socialfascismo puede coexistir con la democracia política liberal. En lugar de sacrificar la democracia a las demandas del capitalismo global, trivializa la democracia hasta tal

punto que ya no es necesario, ni siquiera conveniente, sacrificar la democracia para promover el capitalismo. Es, por lo tanto, un fascismo pluralista, es decir, una forma de fascismo que nunca existió. De hecho, mi opinión es que podemos estar entrando en un período en el que las sociedades son políticamente democráticas y socialmente fascistas. (pág. 61).

Dicho esto, el socialfascismo está en el centro mismo de la política de negación radical que

resulta en una ausencia radical, la ausencia de humanidad, la subhumanidad moderna, así la humanidad moderna no es concebible sin la subhumanidad moderna. La negación de una parte de la humanidad es sacrificial, en tanto, es la condición de la afirmación de esa otra parte de la humanidad, que se considera universal. (Sousa Santos, 2007b, pág. 52).

La visión de la modernidad sobre la falta de desarrollo del "otro no occidental" esconde subrepticiamente una pedagogía de la dominación y la violencia. Es decir, el culto a la cultura superior eurocéntrica, la falacia del desarrollo allana el camino a la violencia necesaria como precio del desarrollo y, naturalmente, "las víctimas son culpables de su propia conquista violenta y de su propia victimización" (Dussel, 1995a, pág. 66).

Huelga decir que las líneas globales abismales que han ido enmarcando el pensamiento occidental moderno no son construcciones estáticas o fijas. Tampoco expresan un movimiento monolítico. Hay impulsos contradictorios dentro del núcleo mismo del pensamiento occidental moderno dentro de los terrenos de la filosofía y la religión, así como entre ambos. Lo mismo hay que decir del otro lado de la línea tantas veces también mal producido como monolítico. Y hay desafíos entre ambos lados de las líneas. Uno de los últimos ejemplos de tales disputas, que cambiaron dramáticamente los cursos de la multiplicidad de esa línea global, fue el impulso anticolonial. Es decir, "el otro lado de la línea se levantó contra la exclusión radical de los pueblos que han sido sometidos al paradigma de la apropiación/ violencia y exigen ser incluidos en el paradigma de la regulación/ emancipación" (Sousa Santos, 2007b, pág. 54).

Hoy, las consecuencias locales de la globalización (Bauman, 1998) con la multiplicación exponencial de los niveles de pobreza y desigualdad, al mismo tiempo que muestran el ADN depredador del pensamiento occidental moderno, abren espacio para el surgimiento de un pensamiento postabismal producido por lo que Sousa Santos (2007b) llama "cosmopolitismos subalternos" (pág. 55). Es decir, la globalización, o el último período hegemónico del capitalismo (ver Arrighi, 2005), es la evidencia de que "el pensamiento occidental moderno sigue operando a través de líneas abismales que dividen lo humano de lo infrahumano, de tal manera, que los principios humanos no existen" (Sousa Santos, 2007b, págs. 52 y 53). Sin embargo, los desafíos contrahegemónicos particulares dentro de la médula misma del pensamiento occidental moderno también debían repensarse cuidadosamente (Andreotti, 2011; Cho, 2012; Fraser, 2014; Paraserkeva, 2011a). Como he mencionado anteriormente, ciertas plataformas occidentales contradominantes terminaron siendo tan funcionalistas como el funcionalismo que desafiaban. Entre otras cuestiones, fueron incapaces de actuar con lo decolonial, descolonizando también su posición. ¿Qué hay entonces de nuevo entre las epistemologías contrahegemónicas occidentales y los cosmopolitismos subalternos más allá de la disputa del eurocentrismo eurocéntrico versus el eurocentrismo anti-eurocéntrico? Lo nuevo es que

> la novedad del cosmopolitismo subalterno radica, sobre todo, en su profundo sentido de incompletud sin, sin embargo, apuntar a la completud. Por un lado, defiende el hecho de que la comprensión del mundo supera, con creces, la comprensión occidental del mundo y que, por lo tanto, nuestro conocimiento de la globalización es mucho menos global que la propia globalización. Por otro lado, defiende el hecho de que las concepciones del mundo más no occidentales se identifican mientras se hace más evidente que aún quedan muchos otros por identificar y que las interpretaciones híbridas, que mezclan componentes occidentales y no occidentales, son virtualmente infinitas. El pensamiento postabismal parte así de la idea de que la diversidad del mundo es inagotable y que tal diversidad aún carece de una epistemología adecuada. En otras palabras, la diversidad epistemológica del mundo aún no tiene forma. (Sousa Santos, 2007a, pág. xx).

Al reconocer las limitaciones de determinados impulsos contrahegemónicos occidentales modernos, Fraser (2014) solicita una nueva teoría crítica que se adapte a la nueva realidad de nuestro tiempo al incorporar las dimensiones de las crisis sociales, una crisis que tampoco pudo interrumpir. Como ella afirma (2014), si se reduce el énfasis solo a los aspectos financieros y económicos de la sociedad, se perderá la capacidad de clarificar los impulsos sociales, ecológicos y políticos y su relación con la economía. Lo que Fraser reclama es la necesidad de huir de la tentación funcionalista de centrarse exclusivamente en la lógica del sistema y captar la lógica de la acción social. Por lo tanto, afirma Fraser (2014), todo enfoque crítico que quiera abordar los problemas sociales actuales debe superar al economicismo al ser multidimensional y al funcionalismo al prestar atención a la estructura y a la acción. Es decir, la crisis actual es "multidimensional, abarcando no solo la economía y las finanzas, sino también la ecología, la sociedad y la política" (Fraser, 2014, págs. 541-542). Fraser (2014) agrega que la teoría crítica aborda los tres hilos alimentados por tales crisis, es decir, el ecológicos, el financiero y el de reproducción social de la crisis. Sin embargo, como ella (2014) argumenta, hoy

> carecemos de tal teoría crítica. Nuestra comprensión recibida de la crisis tiende a centrarse en un solo aspecto, típicamente el económico o el ecológico, que aíslan de los demás y los privilegian. En su mayor parte, los teóricos ecológicos aíslan la crisis de la naturaleza de la de las finanzas, mientras que la mayoría de los críticos de la economía política no logran relacionar ese dominio con la ecología. Y ninguno de los campos presta mucha atención a la crisis de la reproducción social, que se ha convertido en el campo de los estudios de género y la teoría feminista y que, por lo tanto, permanece confinado. (pág. 542).

Argumento que la afirmación de Fraser (2014) es crucial y refuerza la afirmación de involucrar y mover la ruta crítica hacia un proceso descolonizado. De lo contrario, es intrascendente. Necesita mostrar la temeridad de ser postabismal, es decir, de no ser abismal:

> El pensamiento postabismal parte del reconocimiento de que la exclusión social, en su sentido más amplio, adopta formas muy diferentes según esté determinada por una línea abismal o no abismal, y que mientras persista una exclusión definida abismalmente, no habrá realmente progresismo. La alternativa poscapitalista es posible. Durante un período de transición, probablemente largo, enfrentar la exclusión abismal será una condición previa para abordar, de manera efectiva, las muchas formas de exclusión no abismal que han dividido al mundo moderno de este lado de la línea. Una concepción postabismal del marxismo (en sí misma, un buen ejemplo de pensamiento abismal) afirmará que la emancipación de los trabajadores debe ser luchada junto con la emancipación de todas las poblaciones descartables del

Sur Global, que están oprimidas, pero no explotadas directamente por el capitalismo global. También afirmará que los derechos de los ciudadanos no están garantizados mientras los no ciudadanos sigan siendo tratados como subhumanos. (Sousa Santos, 2007b, pág. 65).

Al reconocer el pensamiento abismal como un cartel epistemológico hegemónico, el pensamiento crítico jugará un papel muy importante en la desacreditación de tal plataforma eugenésica. Es decir, "sin tal reconocimiento, el pensamiento crítico seguirá siendo un pensamiento derivado que irá reproduciendo las líneas abismales, por más antiabismal que se proclame" (Sousa Santos, 2007b, pág. 65). El pensamiento postabismal, afirma Sousa Santos (2007b), "es un pensamiento no derivado; implica una ruptura radical con las formas occidentales modernas de pensar y actuar" (pág. 65). Pensar en términos derivados "significa pensar desde la perspectiva del otro lado de la línea, precisamente porque el otro lado de la línea ha sido el reino de lo impensable en la modernidad occidental" (Sousa Santos, 2007b, pág. 65).

No hace falta decir que el pensamiento postabismal debe verse como un movimiento colectivo. Captar cabalmente la complejidad de tal abismo requiere de un esfuerzo hercúleo que "ningún estudioso puede hacer solo, como individuo" (Sousa Santos, 2007b, pág. 66). Como argumenta Amin (2008), "la globalización de las estrategias del capital dominante exige una respuesta global colectiva de sus víctimas" (pág. 77). El pensamiento postabismal es una forma alternativa de pensar las alternativas de "aprender del Sur a través de una epistemología del Sur al confrontar la monocultura de la ciencia moderna con la ecología de los saberes, que está fundada en la idea de que el conocimiento es inter saberes" (Sousa Santos, 2007b, pág. 66). El pensamiento postabismal implica una copresencia radical, es decir, "las prácticas y los agentes de ambos lados de la línea son contemporáneos en igualdad de condiciones" (Sousa Santos, 2007b, pág. 66); implica una ecología de saberes "basada en la idea de la diversidad epistemológica del mundo, el reconocimiento de la existencia de una pluralidad de saberes más allá del conocimiento científico" (Sousa Santos, 2007b, pág. 67). Al hacerlo, el pensamiento postabismal, en un sentido hegemónico, renuncia a una epistemología general, proporcionando la claridad política de que "probablemente necesitamos un requisito epistemológico general residual para avanzar:

una epistemología general de la imposibilidad de una epistemología general" (Sousa Santos, 2007b, pág. 67).

Transmodernidad, pensamiento fronterizo o ¿Co-presencia radical? Sí, por favor

Dicho esto, el pensamiento postabismal de Sousa Santos (2007b) con sus pretensiones innegociables de "co-presencia radical" y de "una epistemología general de la imposibilidad de una epistemología general", establece una poderosa liturgia con plataformas decoloniales, como la transmodernidad (ver Maldonado-Torres, 2008) y el pensamiento fronterizo (ver Tlostanova & Mignolo, 2012). Es decir, sostengo que el pensamiento postabismal de Sousa Santos (2007b), aunque roza con fluidez la afirmación transmodernista –perfectamente sintonizada con algunos de sus fundamentos cruciales– muestra una interfaz diferente con algunas de las afirmaciones que enmarcan a los teóricos y la plataforma del pensamiento fronterizo.

La transmodernidad, argumenta Maldonado-Torres (2008), debe enmarcarse dentro de la matriz compleja del giro decolonial. Es el cuarto impulso de tal giro. El giro decolonial puede percibirse como

una expresión de una manifestación particular de escepticismo hacia la teodicea occidental (una forma de teodicea en la que la propia civilización occidental toma el lugar de Dios y debe ser defendida frente a cualquier mal). Tiene sus raíces en las respuestas críticas al racismo y al colonialismo articuladas por sujetos coloniales y raciales desde los comienzos de la experiencia colonial moderna hace más de quinientos años. El giro decolonial es una respuesta simultánea a la crisis de Europa y a la condición de sujetos radicalizados y colonizados en la modernidad. Postula la primacía de la ética como antídoto a los problemas con las concepciones occidentales de libertad, autonomía e igualdad, así como la necesidad de la política para forjar un mundo donde las relaciones éticas se conviertan en la norma y no en la excepción. El giro decolonial destaca la relevancia epistémica de la búsqueda esclavizada y colonizada de la humanidad. Busca abrir las fuentes del pensamiento y romper el apartheid de los dominios teóricos a través de formas renovadas de crítica y colonización epistémica. (pág. 7).

Por lo tanto, el decolonial no es un giro nuevo. De hecho, su primera fase se remonta a finales del siglo XIX y está relacionada con los dilemas de la emancipación de los afroamericanos. La siguiente fase beligerante estalló con la Primera Guerra Mundial y la Segunda Guerra Mundial y los subsiguientes movimientos de descolonización que surgieron dentro de la debacle de la posguerra. Es en un momento tan sanguinario que es necesario situar el surgimiento y desarrollo de las epistemes críticas dentro y fuera de Europa. La tercera fase estalló a finales de la década de 1960. La posibilidad de la imposibilidad planteada durante los principales movimientos sociales no monolíticos, como los relacionados con el advenimiento de la teología de la liberación en mayo de 1968, la filosofía de la liberación, las teorías subalternas, fueron un llamado de atención tanto para el pensamiento occidental moderno dominante como para la plataforma occidental contradominante.).

La transmodernidad es el llamado contra el sanguinario modelo occidental moderno, un impulso sinceramente paradójico que se basa simultáneamente en la emancipación racional y en la praxis de la violencia (Dussel, 1995a). Como argumenta Maldonado-Torres (2008), "mientras la modernidad lleva la emancipación a un universal abstracto o a un diseño global, la transmodernidad ofrece la posibilidad de pensar diversamente la comunalidad" (pág. 231). La filosofía de la liberación de Dussel y la idea de la transmodernidad

> están en gran parte orientadas por una percepción de los límites de la modernidad, particularmente cuando estos se hacen evidentes desde una perspectiva global que incluye al Sur como una especie de vara de medir para el radicalismo de las teorías críticas y como un lugar del que emergen perspectivas críticas. (Maldonado-Torres, 2008, pág. 232).

> Así, la transmodernidad, Maldonado-Torres (2008)

> implica un doble movimiento: por un lado, la subsunción de lo mejor de la modernidad globalizada europea y norteamericana desde la perspectiva de la razón liberadora (no de la emancipación europea) y, por el otro, la afirmación crítica de los aspectos liberadores de las culturas y saberes excluidos u ocluidos por la modernidad. (págs. 231-233).

La transmodernidad desafía el paradigma de guerra de la modernidad (Maldonado-Torres, 2008).

La transmodernidad no solo valida que "ni la modernidad ni la colonialidad (o la modernidad/colonialidad) han borrado por completo las historias, las memorias y los recursos epistemológicos y hermenéuticos de las culturas colonizadas o las tradiciones religiosas" (Maldonado-Torres, 2008, pág. 232) sino también se acercan a impulsos contrahegemónicos cruciales dentro del núcleo mismo del pensamiento occidental moderno para transgredir las líneas globales abismales (Sousa Santos, 2007b). Es justo aquí que el pensamiento postabismal se aleja del pensamiento fronterizo, no por la negación de los puntos en común con respecto al impacto del proyecto despiadado de la modernidad, sino por la negativa de los teóricos fronterizos a comprometerse en la importancia de la posición radical de co-presencia como la necesidad de la búsqueda de una epistemología general de la imposibilidad de una epistemología general. Si bien la búsqueda de una epistemología general de la imposibilidad de una epistemología general es un leitmotiv de los teóricos fronterizos, éstos defienden que tal fin podría lograrse, no necesariamente, por el culto radical de la co-presencia.

Mignolo (2012) examina el pensamiento fronterizo junto con la diferencia colonial para desenmascarar los peligros de simplificar la modernidad y la colonialidad como solo dos caras de la misma moneda. La disputa entre la modernidad y la colonialidad –aunque una parte integral de la matriz capitalista– se extendió de manera diferente (o, deberíamos decir, como hace Latour [1999], "sucedió" de manera diferente) en todo el mundo. Por ejemplo, mientras que para un sujeto latinoamericano oprimido, "la modernidad y la colonialidad son claramente dos caras de la misma moneda", para un sujeto norteafricano dado, como Rashida Triki, historiadora del arte de la Universidad de Túnez, está claro que "la colonialidad no solo vino después de la modernidad, sino que no es fácil para ella [ni para sujetos oprimidos como ella] entender que, desde la perspectiva de las Américas, la colonialidad es constitutiva de la modernidad" (Mignolo, 2012, pág. 50). Es decir, un análisis certero de la matriz capitalista implica una comprensión clara de las diferencias coloniales (o, deberíamos decir, diferencias), una colonialidad que "funciona en dos direcciones, rearticulando las fronteras interiores vinculadas a los conflictos imperiales y rearticulando las fronteras exteriores dando un nuevo sentido a la diferencia colonial" o diferencias (Mignolo, 2012, pág. 50). África y Europa, así como en otras partes del mundo, como América Latina y Asia, revelan diferentes configuraciones de modernidad y colonialidad (Mignolo, 2012). Además, esto es crucial para diseccionar las raíces mismas del sistema mundial moderno.

Es decir, como venimos argumentando, en los nuevos circuitos comerciales abiertos entre el Mediterráneo y el Atlántico "se sientan las bases tanto de la modernidad como de la colonialidad" (Mignolo, 2012, pág. 51). Esta re-geoconfiguración del planeta explica muy bien los choques epistemológicos entre construcciones sociales, como Occidente y Oriente. Mignolo (2012) no se anda con rodeos al respecto cuando afirma que "el occidentalismo fue la figura geopolítica que articula el imaginario del sistema mundo moderno/colonial. Como tal, es también la condición del surgimiento del orientalismo: no puede haber Oriente, como el otro, sin Occidente como el mismo" (pág. 51). Además, añade Mignolo (2012),

> Occidente nunca fue el otro de Europa sino la diferencia dentro de la mismidad: Indias Occidentales y luego América, fue el extremo Oeste no su alteridad. América, a diferencia de África y Asia, se incluyó como parte de la expansión europea y no como su diferencia. Por eso, una vez más, sin occidentalismo no hay orientalismo. (pág. 58).

Mignolo (2012) nos reta a desafiar los cultos canónicos que ven "la modernidad como un negocio europeo y la colonialidad como algo que sucede fuera de Europa", argumentando la necesidad de "conectar y dibujar una genealogía de pensamiento a partir de historias locales que subsumen diseños globales" (pág. 51).

Tlostanova y Mignolo (2012) defienden el pensamiento fronterizo como la epistemología de la exterioridad y, como tal, es la condición necesaria para los proyectos decoloniales. Contrariamente al paradigma crítico occidental, el pensamiento fronterizo decolonial "se basa en las experiencias de las colonias y los imperios subalternos, negando así el privilegio epistémico de las humanidades y las ciencias sociales, el privilegio de un observador que hace del resto del mundo un objeto de observación" (pág. 60). Es decir, el pensamiento fronterizo es un paso de lo poscolonial a lo decolonial "cambiando la geo y la política del conocimiento, una fractura de la epistemología del punto cero" (pág. 60):

> El pensamiento fronterizo decolonial pone en primer plano diferentes tipos de actores teóricos y principios del conocimiento que desplazan a la modernidad europea y empoderan a aquellos que han sido epistémicamente desempoderados por la teopolítica y la egopolítica del conocimiento. El cambio decolonial ya no se basa en las categorías de pensamiento griegas y latinas que informaron la epistemología moderna en las seis lenguas imperiales europeas

(italiano, español, portugués para el Renacimiento; francés, inglés y alemán para la Ilustración), sino en la frontera epistémica entre las categorías imperiales europeas y las lenguas y categorías que la epistemología moderna descartó como epistemológicamente insostenibles (por ejemplo, mandarín, japonés, ruso, hindi, urdu, aymara, náhuatl, wolof, árabe). La epistemología del punto cero es "gerencial" y hoy es común en negocios, ciencias naturales, escuelas profesionales, y ciencias sociales. El pensamiento fronterizo es la epistemología del futuro, sin el cual otro mundo es imposible. (Tlostanova & Mignolo, 2012, pág. 61).

Es precisamente aquí que el pensamiento postabismal de Sousa Santos complejiza el pensamiento y los pensadores fronterizos. La afirmación de que los pensadores fronterizos deben "alejarse de los universales abstractos imperiales (por ejemplo, la teoría crítica, la semiótica de la cultura o la nomadología para todos en el planeta) que darán cuenta de todas las experiencias y la violencia y los recuerdos geohistóricos" (Tlostanova & Mignolo, 2012, pág. 65) choca frontalmente con la co-presencia radical de la ecología de saberes que enmarca el pensamiento postabismal. Si bien el pensamiento fronterizo, "desde una perspectiva imperial, es casi una imposibilidad y, desde una perspectiva colonial, es una necesidad directa", mi argumento es que el llamado debería ser a descolonizar, no necesariamente solo los universales abstractos imperiales impulsados por la modernidad occidental, sino la fuente misma de tales universales.

Andreotti (2013) sugiere una forma diferente e interesante de salir de tal disputa. Ella (2013) reconoce que tanto la transmodernidad como el pensamiento fronterizo plantean algunos problemas. Por ejemplo, por un lado, nos alerta sobre el hecho de que la transmodernidad bien podría caer en los mismos universalismos peligrosos de la modernidad, imponiendo una sola historia, una sola gramatología; por otro lado, el pensamiento fronterizo del "culto de la limpieza" bien podría estar en una especie de posición reproductiva que los pensadores fronterizos desafían con tanta precisión. Para resolver tal contenido, Andreotti (2013) planteó el concepto de hospitalización; es decir, hay que mirar, digamos, a la modernidad como un ser humano moribundo que, por el lío que ha creado, destruye su legitimidad para reclamar lo que debe o no hacer

Mi argumento, tal como lo expliqué en los párrafos iniciales de este capítulo, trata de complejizar tal disputa. Mi afirmación es que la modernidad colonial occidental ha sido intrascendente al abordar y acabar con las sagas sociales, como la pobreza, la segregación, el hambre y la miseria, no porque tenga un tesauro conceptual débil, sino precisamente porque su existencia misma depende de la producción de esas sagas sociales. Mientras que "la igualdad económica vuelve a aumentar después de su mínimo histórico en la década de 1970, la estructura de clases de las fuerzas sociales se está erosionando" (Thernborn, 2010, pág. 57). No hace falta decir que no estoy definiendo la modernidad monolíticamente. Sin embargo, mientras que las tradiciones dominantes de la modernidad, en realidad, se centraron en las prácticas genocidas como una forma de existencia, las tradiciones contradominantes, a las que todos les debemos mucho, debo admitirlo, a pesar de las melladuras creadas dentro de la plataforma dominante, se han quedado sin respuestas y acorralados con frustraciones exacerbadas por *poiesis* deshumanizadas, como el estalinismo y el maoísmo. En cierto modo, tanto las perspectivas dominantes como las contradominantes quedaron acorraladas en el mismo "túnel de la historia" (Harding, 1998) y, por ello, no son inmunes al gusanillo funcionalista (Paraskeva, 2011). Mientras que el primero es el autor intelectual del epistemicidio, el segundo, si bien en algunos casos lideró la lucha para denunciar la limpieza epistemológica en el núcleo mismo del proyecto capitalista de la modernidad, en demasiados casos y ocasiones ha hecho poco para poner fin a tal purga. Los epistemicidas son endémicos de la modernidad occidental. Más concretamente, la modernidad es una plataforma moribunda para desafiar tal limpieza epistemológica. Permítanme hacer una pausa aquí y retomar un comentario que acabo de hacer anteriormente cuando afirmé que le debemos bastante a plataformas contradominantes específicas en la lucha contra los epistemicidios. Si la modernidad es un juego de herramientas para revertir el epistemicidio, ¿cómo es que estamos en deuda con ciertas tradiciones contradominantes dentro de la modernidad? Y es aquí donde soy más sintónico con la co-presencia radical de Sousa Satos.

Descolonizar el (neo-)marxismo

A pesar de la inconsecuencia de los enfoques occidentales modernos contradominantes/contrahegemónicos en la lucha contra los epistemicidios, es irrefutable que, de muchas maneras, esas posiciones allanaron el camino, incluso a través de sus limitaciones y silencios, para tantos triunfos masivos contra el capitalismo que están en el mismo núcleo del marco occidental moderno. Si hay un movimiento que provocó grandes cambios en la humanidad durante el siglo anterior –hacia una dinámica más humana– ese fue sin duda el (neo) marxismo o movimiento progresista profundamente influenciado por la plataforma (neo)marxista y progresista, no solo en Occidente, sino también en todo el mundo. Dicho esto, mi argumento es que debemos ser conscientes de los coágulos que crean un golpe de tales transformaciones hacia una plena justicia social y cognitiva. Es decir, hay validez epistemológica en ciertos enfoques contradominantes si se quiere desenmascarar sus limitaciones y desafíos. Así, un nuevo pensamiento crítico implica un duelo con la historia, un choque con el túnel de la historia (Harding, 1998). Tal duelo debe ocurrir a partir del "conciencismo filosófico de Nkrumahanian" (1964), que comprende, por ejemplo, las diferencias entre el pensamiento crítico/ (neo-)marxista y el decolonial. Quijano (2000b) junto con Mignolo (2013) y otros, reivindican el marxismo como

> proyecto crítico y liberador que habita en la historia local de Europa, en una comunidad relativamente homogénea donde los trabajadores y los dueños de las fábricas pertenecían a la misma etnia y, por lo tanto, el marxismo se basaba en la opresión de clase y la explotación del trabajo. Sin embargo, a medida que la economía y la teoría política europeas se expanden y conquistan el mundo, las herramientas que ofrece Marx en el análisis del capital son, por supuesto, útiles más allá de Europa. Sin embargo, subjetividades y saberes en la época colonial y el mundo excolonia son tan importantes como divergentes de las experiencias europeas. De esas subjetividades, experiencias, religiones, historias, cotidianidad, surgieron proyectos de pensamiento fronterizo y liberador decolonial. El marxismo es entonces subsumido e incorporado en proyectos paralelos pero diferentes. (Mignolo, 2013, págs. 16 y 17).

El pensamiento decolonial, agrega Mignolo (2013), enfatiza no solo "la discriminación racial (la jerarquía de los seres humanos, desde el siglo XVI, que justificaba la subordinación económica y política de las personas de color y de la mujer)" sino también la segregación de clases (pág. 17). Este intento descolonizado del marxismo lo vemos en muchos intelectuales africanos, como examiné antes, y en Abdel Khaliq Mahgoub en su "En virtud del marxismo, Su Señoría". En su discurso, pronunciado ante el tribunal justo antes de ser condenado a muerte, Mahgoub (2012) revela cómo "pueden los africanos utilizar el pensamiento marxista para crear una cultura progresista que incorpore una crítica sistemática de todo lo que es reaccionario dentro de sus sociedades" (Hassan, 2012, pág. 7). El marxismo fue un buen aliado para "emancipar a las sociedades africanas de los estragos del dominio colonial y la transgresión" (Mahgoub, 2012, pág. 17). Hassan (2012) enmarca la importancia del marxismo como parte del proceso decolonial, afirmando,

> Nunca la violencia, la desigualdad, la exclusión, el hambre y, por ende la opresión económica, habían afectado a tantos seres humanos en la historia de la tierra y de la humanidad. En lugar de cantar el advenimiento del ideal de la democracia liberal y del mercado capitalista en la euforia del fin de la historia, en lugar de celebrar el "fin de las ideologías" y el fin de los grandes discursos emancipadores, nunca descuidemos este hecho: ningún grado de progreso permite ignorar que nunca antes, en cifras absolutas, tantos hombres, mujeres y niños habían sido subyugados, muertos de hambre o exterminados sobre la tierra. (págs. 7 y 8).

"Yo no", niega firmemente Mahgoub (2012), "llamé a la puerta del marxismo en busca de ganancias fugaces o transitorias" (pág. 20). Por el contrario, "fui fiel a la causa de la emancipación mediante la construcción de una república sudanesa soberana y digna en la que sus hijos e hijas disfrutarán de su abundancia y plenitud" (Mahgoub, 2012, pág. 20). Mahgoub (2012) fue bastante elocuente al denunciar cómo centrarse en la emancipación le permitió percibir cambios cruciales en la epistemología y el poder político. Descolonizar o replantear el marxismo y las plataformas teóricas críticas implica una parte itinerante de los impulsos eurocéntricos de Marx, así como la forma en que se han utilizado el marxismo y plataformas teóricas críticas particulares (ver, por ejemplo, Escobar, 2013; Cho, 2012). De hecho, es posible identificar algunos murmullos decoloniales en algunos planteamientos de Marx y Engels. Obviamente, tal afirmación no socava la visión eurocéntrica fundamental del marxismo. Por ejemplo, Grosfoguel (2010) da en el clavo cuando denuncia el racismo epistémico de Marx y su consiguiente incapacidad para comprender el potencial del "espíritu proletario de las masas musulmanas" (pág. 34). En términos de Marx, Grosfoguel (2010) afirma que "los musulmanes de origen turco son una turba de ignorantes que hacían parecer sabios a las turbas del Imperio Romano" (pág. 35). Sin embargo, es importante prestar atención a algunos impulsos decoloniales –aunque bastante anémicos, se admitiría– en algunas piezas marxistas.

Marx en los márgenes, de Anderson, proporciona uno de los exámenes más críticos y completos de los escritos de Marx "sobre sociedades que fueron, en su mayor parte, periféricas al capitalismo durante su vida" (Anderson, 2010, pág. 2). Anderson (2010) se refiere a las obras de Marx y Engels publicadas en el *New York Daily Tribune*, que también aparecen en el volumen *Acerca del colonialismo* (1853). En tales obras (Marx & Engels, 1853; Anderson, 2010), se necesita nadar en la comprensión de Marx de los procesos coloniales-decoloniales. Estos escritos muestran a Marx preocupado por los efectos de la colonización de la modernidad capitalista en naciones como India, Indonesia, Argelia y China, que estaban "de una forma u otra en los márgenes" (Anderson, 2010, pág. 2). Marx (y Engels) fueron muy claros en que naciones como Rusia, India, China y Argelia (y se podría agregar Indonesia), "poseían estructuras sociales marcadamente diferentes a las de Europa Occidental. A lo largo de sus escritos, [Marx y Engels] abordan la cuestión del desarrollo futuro de estas sociedades no occidentales" (Anderson, 2010, pág. 2); además, las obras del *New York Daily Tribune* de Marx y Engels exhiben exámenes sobre "naciones oprimidas y grupos étnicos como Polonia, Irlanda, trabajadores irlandeses en Gran Bretaña y negros en los Estados Unidos" (Anderson, 2010, pág. 3). Así, estos dos temas interconectados

> no eran incidentales a la teorización del capitalismo de Marx, sino parte de un análisis complejo del orden social global de su tiempo. El proletariado de Marx no solo era blanco y europeo, sino que también abarcaba la mano de obra negra en los Estados Unidos, así como los irlandeses, no considerados "blancos" en ese momento por las culturas dominantes de Gran Bretaña y América del Norte. Además, a medida que la modernidad capitalista penetraba en Rusia y Asia, socavando los órdenes sociales precapitalistas de estas sociedades, surgirían nuevas posibilidades para el cambio revolucionario [defendió Marx] desde estos nuevos lugares. (Anderson, 2010, pág. 3).

El traslado de Marx a Inglaterra marcó, definitivamente, el comienzo de su especial atención a las sociedades no occidentales, a pesar de que sus escritos, digamos sobre la India, "han sido fuente de tremenda controversia con los críticos de Marx apuntándolos como prueba de su eurocentrismo" (Anderson, 2010, pág. 11). Sin embargo, hay cierta legitimidad en tal crítica.

La dominación británica en la India (1853) es el primer examen amplio de Marx de una sociedad no occidental específica. Después de acuñar "Indostán como la Irlanda de Asia" (Marx, 1853), Marx produjo un diagnóstico preciso de la India bajo el dominio británico y concluyó que "no puede quedar ninguna duda de que la miseria infligida por los británicos en Indostán es de un tipo esencialmente diferente e infinitamente más intenso que todo el Indostán tuvo que sufrir antes" (pág. 32). India tenía una estructura social ancestral que fue devastada por el imperio colonial británico que, desde su ocupación, se preocupó más en el desarrollo de un marco particular plenamente sintonizado con los nuevos modos y condiciones de producción impuestos por los "nuevos mercados". En realidad, los escritos de Marx sobre las sociedades no occidentales están hegemónicamente basados/cruzados por (a) la necesidad de contextualizar tales naciones dentro o fuera de los modos de producción capitalistas modernos y (b) la noción problemática de que la destrucción de realidades como la India necesitaba ser vistas como la fuente de *la* revolución. Aunque tal afirmación no estaba del todo equivocada, mirando digamos al continente africano, en cierto modo es precisamente una de las raíces mismas de la incapacidad de Marx de evitar una opinión eurocéntrica. Aceptarlo es admitir que la transformación radical sólo es posible una vez que el camino ha sido allanado por la destrucción creada por el capitalismo colonial moderno. Es más, parece que no hay cambio sin pasar por el dolor del eurocentrismo, especialmente para las sociedades no occidentales que, como está documentado, mostraban una forma distinta, estable y menos estructura social desigual. Es decir, mientras que, por un lado, Marx estaba en lo cierto cuando afirmó que las antiguas estructuras sociales no occidentales en naciones como la India eran la fuente misma del despotismo oriental (Marx, 1853), por otro lado, también es irrefutable que admitir que las condiciones para el cambio revolucionario vendrían al costo de la destrucción masiva de las sociedades no occidentales, es reclamar la inevitabilidad histórica del capitalismo genocida eugenésico pero, peor que eso, certificar la subalternación epistemológica de las sociedades no occidentales que, de una forma masoquista, necesitan ser inmolado bajo las despiadadas torturas de la modernidad occidental.

Jani (2002) avanza en un examen profundo de la maraña de marxismo y eurocentrismo prestando también mucha atención a las obras de Marx (y Engels) en el *New York Daily Tribune*. Bastante consciente de la crítica bien enmarcada edificada por intelectuales, como Said (1979) y Warren (1980) entre otros, que reivindicaron el marxismo como un pensamiento y una plataforma eurocéntricos "que vio la destrucción de las sociedades asiáticas precapitalistas como algo progresista y trágicamente necesario para el avance del capitalismo" (Jani, 2002, pág. 82), y, si bien está de acuerdo en que "Marx nunca rechazó la idea de que el colonialismo fue esencial para traer el capitalismo a Asia" (Jani, 2002, pág. 83), Jani (2002) afirma que es necesario prestar atención a una lógica más profunda entre las ideas de Marx y la revuelta de 1857 de la India británica. Es decir, Jani (2002) afirma que, debido al impacto de tal revuelta dentro y fuera de la India, el enfoque de Marx "pasó cada vez más de un enfoque exclusivo en la burguesía británica a teorizar la autoactividad y la lucha de los indios colonizados" (pág. 82). Además, el conflicto entre el modo asiático y las condiciones de producción y la creciente atención de Marx a la lucha de la India colonizada, lo llevó a una posición anticolonial ahora abierta y explícita (Jani, 2002). El enfoque de Marx sobre la revuelta en la India exhibe una comprensión refinada de la lucha del colonizador y el colonizado. En demasiadas ocasiones en sus guiones del *New York Daily Tribune*, Jani (2002) argumenta que Marx denuncia inequívocamente el colonialismo, "usando repetidamente formas del término 'barbarie científica' para describir el proyecto colonizador y sus agentes y enfatiza el papel degenerativo de los británicos" (pág. 85). En estos guiones periodísticos, la brutalidad del colonialismo, subraya Jani (2002), es desenmascarada por Marx no como una necesidad sino como "una expresión de los horrores del capitalismo" (pág. 87). El progreso indio, admitió Marx, es un producto de la lucha contra el colonialismo.

Replantear el marxismo y las formas teóricas críticas particulares implica una comprensión clara de la raíz eurocéntrica del marxismo, que enmarca al marxismo como

> un proyecto crítico y liberador residiendo en la historia local de Europa en una comunidad relativamente homogénea donde los trabajadores y los dueños de las fábricas pertenecían a la misma etnia y, por lo tanto, el marxismo se basaba en la opresión de clase y la explotación del trabajo. Sin embargo, a medida que la economía y

la teoría política europeas se expandieron y conquistaron el mundo, las herramientas que ofreció Marx en el análisis del capital son, por supuesto, útiles más allá de Europa. Sin embargo, las subjetividades y los saberes en el mundo colonial y excolonial son tan importantes como divergentes de las experiencias europeas. De estas subjetividades, la experiencia, las religiones, las historias, la cotidianidad, surgieron el pensamiento fronterizo y los proyectos decoloniales liberadores. (Mignolo, 2010, págs. 12 y 13).

Repensar el marxismo y los impulsos críticos específicos requiere una comprensión clara de que, si bien "el marxismo y los proyectos decoloniales apuntan en la misma dirección, cada uno tiene agendas bastante diferentes, por lo tanto, los proyectos decoloniales no pueden subsumirse bajo la ideología marxista y, el marxismo, debe ser subsumido en los proyectos decoloniales" (Mignolo, 2010, pág. 17). Al hacerlo, no solo replantearemos al marxismo como la fuente para desenmascarar el impulso de la colonialidad, sino que también impediremos que "el marxismo sea una ideología imperial de izquierda" (Mignolo, 2010, pág. 17), una maldita malinterpretación y tergiversación como ya ha sido documentada por la historia. La legitimidad del marxismo se basa en su capacidad para ser replanteado, para ser des-eurocentrado, para ser descolonizado.

Thernborn (2010) enmarca la necesidad de otro marxismo dentro de un marco preciso de los controles y equilibrios de la izquierda contrahegemónica como un movimiento político en su postura de confrontación con los grupos hegemónicos. Afirma (2010) que el próximo impulso del marxismo (es decir, el posmarxismo) necesita ser consciente de los éxitos y fracasos de la izquierda. Mientras que, dentro del primero, Therborn (2010) enfatiza

el desprestigio del racismo explícito y la caída del colonialismo, la discusión de la posguerra sobre el estado de bienestar dentro de los países capitalistas avanzados, el estudiante mundial de 1968 y el nuevo movimiento feminista que cuestionó el liderazgo masculino radical de los movimientos por la liberación y la igualdad en los que los roles de género tradicionales permanecieron sin cambios. (págs. 22 y 23).

Él (2010) destaca que este último es

el fracaso de la izquierda para hacer frente a los conflictos distributivos que estallaron durante la crisis económica de los años setenta y ochenta, el *rendez vous manqué* entre los manifestantes de 1968 y los movimientos obreros existentes, la capacidad de derechos para la violencia, la implosión del comunismo en la década de 1990, el hecho de que las políticas neoliberales trajeron algunas recompensas materiales y no pudieron ser denunciadas como un fracaso total para la derecha y los eventos geopolíticos a nivel estatal que han tenido mucho peso en el equilibrio izquierda-derecha de las fuerzas mundiales. (págs. 23-25).

Como el conflicto chino-soviético, el conflicto de Pol Pot-Vietnam y las rupturas estatales en África, entre otros temas. Dichos frenos y contrapesos que determinan (y son determinados por) un espacio socioeconómico radicalmente diferente, no solo arrinconaron a la izquierda en muchos sentidos a una "posición defensiva sino que también fuerza la necesidad de una dialéctica social marxista diferente" (Thernborn, 2010, pág. 57). Eso es "el modernismo de la Ilustración secularizado, del cual el movimiento obrero marxista ha sido una parte importante y que ha proporcionado un entorno propicio para el arte iconoclasta radical y el pensamiento social crítico se ha debilitado seriamente" (Thernborn, 2010, pág. 59).

McLaren (2008), el principal marxista educativo de EE. UU., no se distrae con el movimiento de descolonización dentro del núcleo mismo de la teoría crítica y la pedagogía. Él (2008) señala la necesidad de descolonizar las perspectivas críticas marxistas en el marco de la educación democrática, como una forma de romper el oxímoron capitalismo-democracia. Si bien la interpretación de McLaren (2008) es justificadamente tímida, es importante destacar cómo su enfoque denuncia tanto la condescendencia de las epistemologías modernas occidentales, al enmarcar el pasado y el presente del mundo, como la ilegitimidad teórica de la clase como categoría única, que alimenta los modos y condiciones de producción de la bestia capitalista, así como la necesidad de que los teóricos y pedagogos críticos superen el actual marco de colonialidad que anquilosa epistemes particulares, no como hegemónicas sino como únicas. En sus reflexiones marxistas, McLaren (2008) muestra no necesariamente coraje, sino honestidad intelectual para ir más allá de los debates centrípetos, aunque cruciales, entre raza y predominios de clase. Después de alertar sobre la peligrosa "antipolítica plana del posmodernismo" (McLaren, 2008, pág. 47), como un "giro equivocado" en los procesos de descolonización, que intentaba reescribir las luchas de clases dentro de una compleja formación lingüística de la política de la diferencia, McLaren (2008, pág. 48) haciéndose eco de la opinión de Grosfoguel, desafía al descartesianismo, como una matriz arrogante, una que no solo "reemplazó a Dios con el hombre como fundamento del conocimiento", sino también específicamente un Dios particular y un hombre particular, es decir, la construcción occidental de Dios y hombre. Es decir, argumenta (2008), la superioridad basada en la eugenesia de los académicos estadounidenses los lleva a creer

> no solo que el conocimiento es inmune a los antagonismos estructurales de la geopolítica, el género y la lucha de clases, sino que también existe algo así como un Estado de conciencia universal que colinda con los intelectuales que representan la vanguardia de la civilización occidental. (pág. 48).

La tarea de los educadores críticos, postula McLaren (2008), es enseñar críticamente

> como una forma de descolonizar la democracia lo que significa negarse a asegurar la supremacía del capital financiero internacional, un compromiso para perturbar las prerrogativas de inversión y mercado de las corporaciones transnacionales, y a ponerlos bajo el control popular del pueblo. (pág. 49).

Si bien McLaren (2008) afirma, abiertamente, que una nueva "pedagogía revolucionaria crítica implica necesariamente una lucha para descolonizar la democracia hacia una alternativa socialista" (págs. 50-51), el hecho es que ser un intelectual marxista líder en educación en los Estados Unidos justificadamente, el campo, si bien elogia su reconocimiento sobre la necesidad de descolonizar la teoría crítica como el futuro de cualquier educador crítico revolucionario, lo cierto es que tal vez en futuros trabajos necesite profundizar en algunas de sus interesantes cavilaciones y reflexiones sobre el marxismo y el (neo)marxismo como respuestas válidas y legítimas dentro de la actual colonialidad del poder y el ser, un tema que McLaren (2008) cubre aunque superficialmente. No hace falta decir que aquí no estoy socavando la opinión de McLaren (2008). Precisamente lo contrario. Mi argumento es que sería importante ver, como intenta hacer este volumen, cuán concretamente McLaren (2008) reacciona frente a la lucha contra los epistemicidios (el epistemicidio es una mercancía) y, por lo tanto, se une a los modos y condiciones de producción del mercado de la sociedad capitalista. (Marx & Engels, 1853).

Mientras enfatiza el descrédito general de las ideologías neoliberales, Thernborn (2010) argumenta que, en un mundo posteurocéntrico, los admiradores de Marx tienen que admitir que el crudo y puro "marxismo resultó ser un modernismo insostenible y que el marxismo fue un movimiento profundamente europeo" (pág. 61). Como examiné antes y mostraré más adelante, su ADN europeo no significa que tanto Marx como ciertos intelectuales marxistas no prestaran atención (o nunca prestaron atención) a los impulsos no eurocéntricos. En tal contexto, sería una precipitación intelectual equiparar la condición europea del marxismo y una negación total y contundente de las construcciones sociales no eurocéntricas. Thernborn (2010) despliega el trans-socialismo como el próximo impulso no eurocéntrico del marxismo, una perspectiva de transformación social que no es post-socialista porque

> parte de una aceptación de la legitimidad histórica del vasto movimiento socialista y su heroica epopeya de creatividad y entusiasmo, de resistencia y lucha, de hermosos sueños y esperanzas, de fracasos y desilusiones, en fin, tanto de derrotas como de victorias. Conserva la idea marxista fundamental de que la emancipación humana de la explotación, la opresión, la discriminación y el vínculo inevitable entre el privilegio y la miseria sólo puede provenir de la lucha de los propios explotados y desfavorecidos. (Thernborn, 2010, pág. 61).

Tal perspectiva transsocialista, argumenta Thernborn (2010), requiere, entre otras cuestiones, una comprensión precisa de la dialéctica social del capitalismo, "la dialéctica de la identidad étnica colectiva entre los grupos étnicos oprimidos y discriminados" (págs. 62-63). Precisamente, debido a la dialéctica eugenésica del capitalismo, arraigada en políticas y prácticas genocidas resueltas, el trans-socialismo, como próximo impulso del marxismo, necesita reforzar su atención a las plataformas epistemológicas no occidentales y, al mismo tiempo, abordar y resolver sus rompecabezas dialécticos. Estos rompecabezas dialécticos están enmarcados por y dentro de un terreno epistemológico de Europa occidental; a pesar de sus intentos de interrumpir y erradicar el capitalismo mundial y sus devastadoras consecuencias, sin la temeridad de involucrarse en procesos decoloniales, sería inútil prestar atención a una plataforma posmarxista.

En este contexto, es inexacto afirmar que el marxismo es "indeleblemente eurocéntrico, cómplice de la narrativa maestra dominante de la modernidad, incluida la del propio colonialismo" (Bartolovitch, 2002, pág. 1). Dicho esto, y apoyándonos en el planteamiento de Bartolivitch (2002), reclamar la necesidad de un marxismo descolonizado no es reunirse para "un entierro mundial del socialismo" (Galeano, 1991, pág. 250; Bartolovitch, 2002). El impacto del marxismo dentro de tantos intelectuales no occidentales brillantes, prominentes y efectivos es una clara señal de las percepciones anticoloniales y del potencial decolonial del marxismo y debería "dar que pensar a tantos que, frívolamente, descartan el marxismo como una pura filosofía europea y nada más" (Bartolovitch, 2002, pág. 4). Además, "si el eurocentrismo connota un discurso y una visión del mundo sostenidos que hacen de Europa (occidental) el centro del mundo –política, económica, teórica y, por lo tanto, racialmente–, entonces los artículos de Marx de la India no son eurocéntricos" (pág. 11). Además, descolonizar Marx es denunciar el mito de la modernidad. Es decir, argumenta Dussel (1995a), es innegable que Marx "explica cómo la miseria de las personas (indígenas, africanos, mestizos, campesinos, obreros) de las naciones periféricas es proporcional a la opulencia de los ricos tanto en la periferia como en el centro. De la capital" (pág. 130). Al ignorar todo esto, la modernidad debe ser vista como un mito.

Los procesos descolonizadores marxistas no pueden desvincularse de parte del trabajo realizado por Negri. Las interacciones entre Negri, Althusser y Deleuze ya revelan cómo Negri estaba bastante preocupado por la capacidad de la teoría marxista para abordar cuestiones específicas como la virtualidad, la desterritorialización, el rizoma, la materialidad/inmaterialidad del trabajo y la dinámica de la multitud y la nueva acción, así como para desenmascarar un nuevo camino marxista teórico más allá de Marx. Negri adelantó nuevos modelos de supremacía ontológica del sujeto frente a un intrincado mundo real redactando una violenta crítica al modelo hegemónico capitalista occidental que el marxismo de la Primera, Segunda y Tercera Internacional intenta abolir incansablemente y sin éxito.

Linguisticidios: nacionalización occidental, No internacionalización

Descolonizar el pensamiento (neo)marxista y crítico implica también una comprensión clara de una de las herramientas más poderosas del pensamiento abismal occidental moderno, el terrorismo lingüístico y el genocidio (Anzaldua, 2007). El idioma juega un papel clave en el giro decolonial. Amin (2011) contextualiza la lucha lingüística dentro de una matriz compleja de escritura fonética y conceptual (pág. 168). Aunque China estaba cinco siglos por delante de Europa, el desarrollo de una escritura fonética y conceptual fuerte y diversa inventada en el Medio Oriente fue aplastado con el advenimiento de la "modernidad capitalista que bajo la mitología de una nación/estado lingüísticamente homogénea impuso una lengua común ajena para muchos" con impacto dramático en una pluralidad de identidades que convivieron de una manera disposicional siglos antes. La homogeneidad de los idiomas occidentales modernos, a lo largo del mantra capitalista, como el italiano, el español, el portugués, el francés, el inglés y el alemán, que, por extraño que parezca, algunos de ellos tienen una base lingüística occidental no moderna, dice mucho de uno de los aspectos más importantes de la colonialidad occidental moderna. Al imponer un tesauro uniforme para legitimar un paradigma de guerra (Maldonado-Torres, 2008), allanando una comprensión específica del mundo y de la palabra, el pensamiento occidental moderno celebró las indigeneidades como inexistentes. Como vocifera Anzaldua (2007), dentro del tablero lingüístico occidental moderno, las chicanas son

> *desenguadas, somos los del español deficient.* Somos tu pesadilla lingüística, tu aberración lingüística, tu *mestizaje* lingüístico, el sujeto de tu *burla*. Porque hablamos con lenguas de fuego, estamos culturalmente crucificados. Racial, cultural y lingüísticamente *somos huérfanos* –hablamos una lengua huérfana–. (pág. 80).

Este es un tema crucial para todo teórico del currículo itinerante.

Las TIC apuntan precisamente a "una epistemología general de la imposibilidad de una epistemología general". Esa es una postura itinerante que está profundamente involucrada en el compromiso de una co-presencia radical. No es abismal porque no solo desafía el culto occidental moderno al pensamiento abismal, sino que también intenta diluir ese vacío ficticio entre líneas. En tal contexto, la TCI es un acto de resistencia también a nivel metafísico. Es decir, la lucha contra el pensamiento abismal occidental moderno no es una cuestión de política. También está por encima y más allá de eso. Es una cuestión existencial y espiritual. Es decir, la lucha contra el modelo cartesiano occidental no puede significar la sustitución del modelo cartesiano por otro. Además, la tarea no es dominar tal modelo o golpetear con un impulso más humanista. La tarea es pronunciar sus últimas palabras, preparar sus restos para un funeral respetuoso. La tarea no es cambiar el lenguaje y los conceptos, aunque eso es crucial. La tarea es acabar con la particular geografía hegemónica del conocimiento, que promueve la eutanasia epistemológica.

El pensamiento postabismal, mientras que un desafío abierto contra el colonialismo del idioma inglés (Macedo et al, 2003), así como un llamado a las armas contra todas las demás formas de colonialismo lingüístico perpetrado por otros idiomas occidentales modernos (ver Paraskeva, 2011) , es también una alerta contra lo que Ahmad (2008) acuña como nacionalismos tercermundistas e internacionalización e internacionalismo occidentales modernos. En *Conflictos de la teoría curricular* (2011a), me comprometí en una exégesis de la historia del campo curricular estadounidense y presenté la TCI como un futuro para el campo, alerté sobre la necesidad de alejarme de todas las formas de romanticismo con respecto a las epistemes occidentales no modernas. La TCI no es una plataforma teórica nacionalista. Explícitamente afirmé en *Conflictos de la teoría curricular* (2011a) que uno debería luchar contra cualquier forma de indigenismo. Ahmad (2008) revela elocuentemente los peligros de tal trampa ideológica. Al asumir una posición nacionalista fundamental como posición clave, argumenta Ahmad (2008), "las posiciones teóricas de la 'literatura del tercer mundo' y el 'análisis del discurso colonial' tenderían a subvertir, con intención abierta o no, la rica historia de nuestra oposición y producciones culturales radicales" (pág. 44). Es decir, uno necesita construir mejores conocimientos más amplios sobre la base de ricas diferencias dentro y más allá de las influencias ante, anti y pro marxistas. El reemplazo de influencias tan complejas ante, anti y pro marxistas por un "vacío del nacionalismo del tercer mundo es política y teóricamente una regresión" (Ahmad, 2008, pág. 44). La TCI alerta vívidamente de tal mutación, tan querida por las plataformas epistemológicas occidentales modernas dominantes y algunas contradominantes. El nacionalismo (ver Cabral, 1969; Fanon, 1968; Lumumba, 1963; Machel, 1985; Nkrumah, 1964, 2006), enmascara intencionalmente la falacia del monolitismo dentro de las epistemologías occidentales no modernas (Paraskeva, 2011). Como categoría no unificadora, el nacionalismo implica tipos de impulsos progresistas y retrógrados y tantos tipos diferentes de ideologías y prácticas que "los debates teóricos y los relatos históricos globales se vuelven más opacos cuando la categoría de nacionalismo se une a la categoría de cultura para producir un 'nacionalismo cultural'" (Ahmad, 2008, págs. 7-8). Es decir, el nacionalismo cultural

> se presta muy fácilmente a la estrechez mental, al racismo inverso y al oscurantismo indigenista, por no hablar de la inclinación de la pequeña burguesía profesional a representar sus propias prácticas y aspiraciones culturales, virtualmente encarnándolas como tantos otros emblemas de una cultura nacional unificada.

Ser cauteloso con tal "estudio indígena" (Paraskeva, 2011, pág. 3) es también ser consciente de los circuitos de producción cultural (ver Johnson, 1983) a través de los cuales navega tal episteme tercermundista dentro de la plataforma occidental moderna, así como el actual credo de internacionalización que coloniza el campo. Nuevamente, el enfoque de Ahmad (2008) es crucial aquí. Como él (2008) argumenta,

> la inclusión de algunos escritores del tercer mundo en nuestros currículos existentes, seguramente sería una ganancia, pero relativamente menos significativa, especialmente si se hace de una manera ecléctica y sin negociar las consecuencias del hecho de que las epistemologías de otras zonas del tercer mundo –digamos africanas, árabes o caribeñas– nos llegan no de forma directa o autónoma sino a través de redes de acumulación, interpretación y reubicación que se rigen desde los países metropolitanos. Cuando una novela latinoamericana llega a Delhi, ya ha sido seleccionada, traducida, publicada, reseñada, explicada y asignada al floreciente archivo de literatura del tercer mundo a través de un conjunto complejo de mediaciones metropolitanas. Es decir, llega aquí con esos procesos de circulación y clasificación ya inscriptos en su textura misma. (págs. 44 y 45).

Quijano (2010) enmarca este hilo epistemológico dentro de las complejidades de la disputa entre colonialismo y colonialidad. La opinión epistemológica hegemónica de la modernidad occidental construyó y produjo un peligroso simulacro de totalidad social. Así, la tarea, argumenta Quijano (2010), no es

> rechazar toda la idea de tal totalidad para despojarse de las ideas e imágenes con las que fue elaborada dentro de la modernidad/ colonialidad europea sino liberar la producción de conocimiento, reflexión y comunicación desde los escollos de la racionalidad/ modernidad europea. (pág. 31).

La totalidad social no sólo niega, sino que, precisamente, depende de una rica diversidad epistemológica que ha sido silenciada; históricamente, depende de la existencia del montaje de "otros", como invisible, inexistente:

Fuera de Occidente, prácticamente en todas las culturas conocidas, toda visión cósmica, toda imagen, toda producción sistemática de conocimiento está asociada a la producción de totalidad. Pero en esas culturas, la perspectiva de la totalidad en el conocimiento incluye el reconocimiento de la heterogeneidad de toda realidad; del carácter irreductible y contradictorio del último; de la legitimidad, es decir, de la deseabilidad del carácter diverso de los componentes de toda realidad y, por lo tanto, de lo social. Entonces, la idea de totalidad social no sólo niega, sino que depende de la diversidad y heterogeneidad histórica de la sociedad, de toda sociedad. En otras palabras, no solo no niega, sino que requiere la idea de un "otro", diverso, diferente. Esa diferencia no implica necesariamente el carácter desigual del "otro" y, por lo tanto, la absoluta exterioridad de las relaciones, ni la desigualdad jerárquica ni la inferioridad social del otro. (Quijano, 2010, pág. 31).

Las plataformas hegemónicas son totales, no únicas. Es decir, "las diferencias no son necesariamente la base de la dominación" (Quijano, 2010, pág. 31). Por lo tanto, "la heterogeneidad histórico cultural implica la co-presencia y la articulación de diversas lógicas históricas, la cual es hegemónica pero no única". Por eso, la crítica creíble no puede apoyarse en una "simple negación de todas las categorías de la modernidad occidental" (Quijano, 2010, pág. 31), que, por cierto, necesitaba ser entendida y enmarcada como una realidad plural (Boatca, 2010, pág. 222).

Innegablemente, los procesos de legitimación de determinadas epistemologías occidentales no modernas están profundamente conectados con las prácticas de producción, reproducción y legitimación de una episteme determinada que es absolutamente una *poiesis* de dominación y coerción. Los debates dentro de la academia (Mignolo, 2012), más allá del eurocentrismo y el occidentalismo, implican una reubicación "de la relación entre ubicación geohistórica y producción de conocimiento" (pág. 92).

Tal *poiesis* nos lleva a las contradicciones dentro de otro culto vigente en nuestro campo: la internacionalización. La internacionalización, argumenta Ahmad (2008), ha sido una de las tradiciones constitutivas de la izquierda, pero en esta era del capitalismo tardío es mejor reconocer que ciertos tipos de internacionalismo también surgen, más o menos espontáneamente, de los circuitos del propio capital imperialista, y las líneas entre la internacionalización de la izquierda y la globalidad de los circuitos capitalistas siempre deben demarcarse con el mayor rigor posible. (pág. 45).

Basándonos en Ahmad (2008), nuestra tarea es desmitificar la categoría misma de las epistemologías occidentales no modernas en la forma en que emerge "en las universidades metropolitanas como una especie de contra cañón y que, como cualquier cañón, dominante o emergente, no existir antes de su fabricación" (pág. 45). La TCI denuncia cómo la internacionalización ha sido, de muchas maneras, los nuevos equipos a través de los cuales las modernas epistemologías occidentales han ido expandiendo el proceso mismo y el significado de "qué es pensar". Ha expuesto aún más la herida abierta creada por "los archivos del conocimiento occidental y la cuestión de la dominación cultural ejercida por los países de capital superior sobre los países imperializados" (Ahmad, 2008, pág. 2).

La colonialidad, agrega Quijano (2010), es la actual "forma de dominación en el mundo de hoy" (pág. 24) dentro de la destrucción del colonialismo como orden político explícito, proceso que sigue fomentando los mismos modos y condiciones de producción que siempre sostuvieron las sociedades capitalistas modernas occidentales tan bien desenmascaradas en obras como el *Manifiesto Comunista* de 1848. La producción y reproducción de las formas hegemónicas de conocimiento es, precisamente, la institucionalización de un epistemicidio lingüístico y cultural que no puede desvincularse de los modos y condiciones de producción, especialmente hoy, que más que nunca, han sido tratados como una mercancía. Por alguna razón, *Das Kapital* de Marx comienza con un examen de la mercancía. Las secuelas del colonialismo no detuvieron "las condiciones ni los modos de explotación y dominación entre los pueblos" (Quijano, 2010, pág. 24).

Es el repudio de tal lingüísticidio lo que vemos en la disputa protagonizada por wa Thiongo, Owuor-Anyumba y Lo Liyong a finales de los años ochenta. Estos intelectuales africanos lideraron un movimiento en Kenia para abolir el Departamento de Inglés de la Universidad de Nairobi. wa Thiong'o, Owuor-Anyumba y Lo Liyong

(1978) lucharon por el surgimiento de un nuevo Departamento de Lenguas y Literatura Africanas para reemplazar el Departamento del Idioma del Colonizador, alegando la necesidad de examinar, comprender y estudiar la realidad social de África desde un punto de vista africano y a través de mecanismos lingüísticos africanos. Huelga decir que en el centro mismo de una lucha tan crucial no había una teoría de sustitución de una forma de literatura por otra, sino un desafío a una forma explícita de genocidio en un momento poscolonial a través de mecanismos lingüísticos y literarios. Tal genocidio borra la memoria colectiva de la civilización secular de Kenia, transformando radicalmente la identidad misma de toda una nación. wa Thiongo, Owuor-Anyumba y Lo Liyong vieron en el idioma y la cultura más que una herramienta dinámica con el nuevo impulso colonial dentro del impulso poscolonial; los vieron como el dispositivo ideológico a través del cual, de manera gradual y constante, se fueron rehaciendo las sociedades africanas. En este contexto, defendieron la abolición de todos los departamentos de inglés en todo el continente.

El *clinamen*: hacia una ecología de saberes

Mi argumento es que el pensamiento alternativo de alternativas implica aprender a desaprender, una opinión decolonial que apunta a una epistemología general de la imposibilidad de una epistemología general. No alejarse sino cruzar las líneas abismales para producir un pensamiento no abismal. Esta es sin duda una tarea difícil. Requiere una postura itinerante. Requiere pensar lo impensable. Implica atreverse a encontrar un lugar más allá del eurocentrismo, más allá del occidentalismo; implica desafiar no solo la subalternación de formas particulares de conocimiento (Mignolo, 2012), sino su producción como inexistente (Sousa Santos, 2014). Para ser más precisos, "significativo logro cultural, progreso intelectual, es esto negado a espacios específicos, que se consideran permanentemente encerrados en un estado cognitivo de superstición e ignorancia" (Mills, 1997, pág. 44). Eugénicamente, "el conocimiento, la ciencia y la capacidad de aprehender el mundo intelectualmente se restringen así a Europa, que emerge como el locus global de la racionalidad" (Mills, 1997, pág. 45). Aunque nadie tiene idea de lo que sería la vida de los colonizados sin el colonizador, argumenta Memmi (1991, pág. 114), la modernidad occidental fue capaz de desencadenar y naturalizar dentro del sentido común que "los europeos conquistaron el mundo porque su naturaleza estaba predispuesta a eso, mientras que los no europeos fueron colonizados porque su naturaleza los condenaba a eso". Sin embargo, como argumenta claramente West (1999, pág. 52), la modernidad occidental es una paradoja innoble; es decir, "la democracia floreció para los europeos, especialmente para los hombres con propiedades, junto con el florecimiento de la trata transatlántica de esclavos y la esclavitud en Nueva York". En este contexto, West (1999) afirma que "el capitalismo global y los nacionalismos nacientes se predijeron inicialmente sobre los terrores y horrores infligidos a los africanos esclavizados en el camino hacia el Nuevo Mundo o en él" (pág. 52).

Es decir, la colonialidad del ser que se deriva de la dominación colonial particular y la matriz del poder colonial han "establecido un paradigma universal" del conocimiento y de las relaciones jerárquicas entre la humanidad racional (Europa) y el resto del mundo" (Mignolo, 2012, pág. 59). La modernidad colonial occidental, no necesariamente a pesar sino precisamente por sus diferentes configuraciones, ha sido capaz de postular una particular correlación abismal sujeto-objeto-sujeto que "hizo impensable aceptar la idea de que un sujeto cognoscente era posible más allá del sujeto del saber postulado por el propio concepto de racionalidad puesto en marcha por la epistemología moderna" (Quijano, 1992, pág. 422; véase también Mignolo, 2012). La tarea es ir más allá del pensamiento abismal.

Es decir, el pensamiento postabismal es una epistemología postabismal, que abarca una ecología de saberes. Aunque, como he examinado antes, el pensamiento postabismal implica una ruptura radical con las formas occidentales modernas de pensar y actuar, tal ruptura no significa disimular los impulsos occidentales modernos específicos. Es decir,

> aunque forjar credibilidad para el conocimiento no científico, no implica desacreditar el conocimiento científico. Simplemente implica su uso contrahegemónico. Tal uso consiste, por un lado, en explorar la pluralidad interna de la ciencia, es decir, prácticas científicas alternativas que han sido visibilizadas por las epistemologías feministas y poscoloniales y, por otro lado, en promover la interacción e interdependencia entre los conocimientos científico y no-científico. (Sousa Santos, 2007b, pág. 31).

La ecología de los saberes es una cuestión tanto de *logos* como de *mythos*. Requiere una

> comprensión más profunda de las posibilidades humanas basadas en conocimientos que, a diferencia del conocimiento científico, privilegian la fuerza interior más que la exterior, o la *natura naturans* más que la *natura naturata*. A través de estos conocimientos, es posible nutrir un valor o concepto de compromiso mejorado que es incomprensible para los mecanismos positivistas y funcionalistas de la ciencia moderna. (Sousa Santos, 2007b, pág. 39).

Es decir, la ecología de los saberes propicia la

> nueva capacidad de asombro y de indignación, capaz de fundamentar una nueva teoría y práctica, inconformista, desestabilizadora y hasta rebelde, basada en la riqueza de la diversidad no canónica de los mundos y de un grado de espontaneidad basado en la negativa a deducir lo potencial de lo real. (Sousa Santos, 2007b, pág. 40).

Como desestabilizador de la epistemología que pretende desfamiliarizar la tradición canónica de las monoculturas del conocimiento, lo crucial dentro de la ecología de los saberes "no es la distinción entre estructura y acción, como es el caso de las ciencias sociales, sino la distinción entre acción conformista y lo que propongo llamar acción-con-*clinamen*" (Sousa Santos, 2007b, pág. 40). Tal noción de acción con *clinamen,* Sousa Santos (2007b) toma prestado

> de Epicuro y Lucrecio el concepto de *clinamen*, entendido como el inexplicable "quíddam" que trastorna las relaciones de causa y efecto, es decir, la capacidad de desviación atribuida por Epicuro a los átomos de Demócrito. El *clinamen* es lo que hace que los átomos dejen de parecer inertes y, más bien, sean vistos como investido con un poder de inclinación, un poder creativo, es decir, un poder de movimiento espontáneo (Epicurus, 1926; Lucrecio, 1950). A diferencia de lo que ocurre en la acción revolucionaria, la creatividad de la acción-con-*clinamen* no se basa en un quiebre dramático sino más bien en un ligero viraje o desviación cuyos efectos acumulativos hacen posibles las complejas y creativas combinaciones entre átomos, por lo tanto, también entre seres vivos y grupos sociales. (pág. 40).

Por lo tanto, Souza Santos (2007b) afirma que el *clinamen*

> no rechaza el pasado; por el contrario, asume y redime el pasado al apartarse de él. Su potencial para el pensamiento postabismal radica en su capacidad para cruzar las líneas abismales. La ocurrencia de

acción-con-*clinamen* es en sí misma inexplicable. El papel de una ecología de saberes en este sentido será meramente identificar las condiciones que maximizan la probabilidad de tal ocurrencia y, al mismo tiempo, definir el horizonte de posibilidades dentro del cual "operará" el desvío. (pág. 41).

La ecología de los saberes debe ser vista como

desestabilizadora de la subjetividad colectiva o individual, dotada de una especial capacidad, energía y voluntad de actuar con *clinamen* experimentando con formas excéntricas o marginales de sociabilidad o subjetividad dentro y fuera de la modernidad occidental, aquellas formas que se han negado definirse según criterios abismales. (Sousa Santos, 2007b, pág. 41).

El eurocentrismo es endógeno.

Al reclamar un compromiso de co-presencia radical, la Teoría Curricular Itinerante está plenamente involucrada en tal ecología de conocimientos, y el desafío de un teórico del currículo itinerante es descifrar el nexo entre lo físico y lo metafísico. Es decir, somos cuerpos; no somos instituciones, aunque nos institucionalice un sistema esquizofrénico. Nuestra tarea es desenmascarar por qué no enseñamos esto y cómo podemos enseñar para esto. En ese sentido, la TCI es una opinión ética.

Anzaldúa (2007) trae a primer plano el pensamiento de José Vasconcelos, un filósofo mexicano que "*imaginaba una raca mestiza, una mezcla de razas afi nes, una raza de color –la primera raza síntesis del globo–*" (pág. 99). A tal raza la llamó "*la raza cósmica*" (Anzaldua, 2007, pág. 99). Tal percepción cósmica implica una teoría de inclusión, una teoría cósmica

en la confluencia de dos o más corrientes genéticas con cromosomas que constantemente "cruzan" esta mezcla de razas [y podríamos agregar clases y géneros] que, en lugar de dar como resultado un ser inferior, proporciona una progenie híbrida, una especie mutable y más maleable con un rico acervo genético. A partir de esta polinización cruzada racial, ideológica, cultural y biológica, actualmente se está gestando una conciencia "ajena": una nueva conciencia *mestiza*, una *conciencia de mujer*. Es una consciencia de las zonas fronterizas.

Tal *conciencia*, como la acuña Anzaldua (2007), o concientismo, como lo hace Nkrumah (1964), es claramente incluyente. Es un llamado contra el milenario crimen cósmico cometido por el pensamiento abismal occidental moderno, el epistemicidio. Cómo en educación lidiemos con una negación colectiva de tal epistemicidio dirá mucho sobre el color mismo de la propia ideología. Esta es la verdadera cuestión curricular del siglo XXI. Es una cuestión ética.

Referencias bibliográficas

AHMAD, A. (2008) *In Theory*. London: Verso.

AMIN, S. (2008) The World We Wish to See. Revolutionary Objectives in Twenty First Century. *The Bamako Appeal*, 107-12.

AMIN, S. (2011) *Global History: A View from the South*. Dakar: Pambazuka Press.

ANDERSON, K. (2010) *Marx at the Margins. On Nationalism, Ethnicity and Non-Western Societies*. Chicago: University of Chicago Press.

ANDREOTTI, V. (2011) *Actionable Postcolonial Theory in Education*. New York: Palgrave.

ANDREOTTI, V. (2013) Renegotiating Epistemic Privilege and Enchantments with Modernity: The Gain in the Loss of the Entitlement to Control and Define Everything. *Social Policy, Education and Curriculum Research Unit*. North Dartmouth: Centre for Policy Analyses/University of Massachusetts Dartmouth, pp. b-s.

ANZALDUA, G. (2007) *Borderlands. La Frontera. The New Mestiza*. S. Francisco: Aunt Lute Books.

ARRIGHI, G. (2005) *The Long Twentieth Century. Money, Power and the Origins of Our Times*. London: Verso.

ARRISCADO NUNES, J. (2008) O Resgate da Epistemologia. *Revista Critica de Ciencias Sociais*, 80, pp. 45-70.

BARTOLOVICH, C. (2002) Introduction: Marxism, Modernity and Postcolonial Studies. In C. Bartolovich and N. Lazarus (eds.) *Marxism, Modernity and Postcolonial Studies*. Cambridge: Cambridge University Press, pp. 1-17.

BAUMAN, Z. (1998) *Globalization. The Human Consequences*. London: Blackwell Publishers.

BOATCA, M. (2010) The Eastern Margins of the Empire. Coloniality in 19th Century Romania. In W. Mignolo and A. Escobar (eds.) *Globalization and the Decolonial Option*. New York: Routledge, pp. 222-38.

CABRAL, A. (1969) The Weapon of Theory. In A. Cabral (ed.) *Revolution in Guine Bissau*. New York: Monthly Review, pp. 90-111.

CHO, S. (2012) *Critical Pedagogy and Social Change. Critical Analysis on the Language of Possibility*. New York: Routledge.

CHOMSKY, N. (1971) *Problems of Knowledge and Freedom*. New York: The New Press.

DUSSEL, E. (1995) *The Invention of Americas. The Eclipse of the Other and the Myth of Modernity*. New York: Continuum.

DUSSEL, E. (2013) *Ethics of Liberation. In the Age of Globalization and Exclusion*. Durham: Duke University Press.

EAGLETON, T. (2003) *After Theory*. London: Verso.

ESCOBAR, A. (2013) Words and Knowledges Otherwise. In W. Mignolo and A. Escobar (eds.) *Globalization and the Decolonial Turn*. New York: Routledge, pp. 33-64.

FANON, F. (1963) *The Wretched of the Earth*. New York: Grove.

FANON, F. (1968) *Black Skin, White Masks*. London: MacGibbon and Kee.

FRASER, N. (2014) Can Society Be Commodities All Wa Down? Post-Polanyian Reflections on Capitalist Crisis. *Economy and Society* 43 (4), pp. 541-58.

GALEANO, E. (1991) A Child Lost in the Storm. In R. Blacburn (ed.) *After the Fall. The Failure of Communism and the Future of Socialism*. London: Verso, pp. 250-54.

GIROUX, H. (1981) *Ideology, Culture & the Process of Schooling*. Philadelphia: Temple University Press.

GIROUX, H. (2011) *Zombie Politics in the Age of Casino Capitalism*. New York: Peter Lang.

GROSFOGUEL, R. (2010) Epistemic Islamophobia. Colonial Social Sciences. *Human Architecture: Journal of the Sociology of Self-Knowledge*, VIII (2), pp. 29-39.

HARDING, S. (1998) *Is Science Multicultural? Postcolonialisms, Feminisms and Epistemologies*. Bloomington: Indiana University Press.

HARDING, S. (2008) *Sciences from Bellow. Feminisms, Postcolonialities and Modernities*. Durham: Duke University Press.

HASSAN, S. M. (2012) *How to Liberate Marx from is Eurocentrism? Notes on African/ Black Marxism*. Documenta Series 13, 091, pp. 4-8.

HUEBNER, D. (1976) The Moribund Curriculum Field: It's Wake and Our Work.

JANI, P. (2002) Karl Marx, Eurocentrism and 1857 Revolt in British India. In C. Bartolovich and N. Lazarus (eds.) *Marxism, Modernity and Postcolonial Studies*. Cambridge: Cambridge University Press, pp. 81-96.

JOHNSON, R. (1983) *What Is Cultural Studies Anyway?* Centre for Contemporary Cultural Studies, University of Birmingham, Nº 74. (Mimeographed).

LATOUR, B. (1993) *We Have Never Been Modern*. Cambridge: Harvard University Press.

LATOUR, B. (1999) *Pandora's Hope. Essays on the Reality of Science Studies*. London: Harvard University Press.

LUMUMBA, P. (1963) Lumumba Speaks. In J. Van Lierde (ed.) *The Speeches and Writings of Patrice Lumumba, 1958-1961*. Boston: Little, Brown and Company, pp. 54-142.

MACEDO, D., DENDRINOS, B. and GOUNARI, P. (2003) *The Hegemony of the English Language*. Boulder: Paradigm.

MACHEL, S. (1985) Samora Machel. In B. Munslow (ed.) *Samora Machel. An African Revolutionary*. London: Zed Books.

MAHGOUB, A. K. (2012) *By Virtue of Marxism, Your Honor*. Documenta Series 13, 091, pp. 15-30.

MALDONADO-TORRES, N. (2008) *Against War. Views from the Underside of Modernity*. Durham: Duke University Press.

MARCUSE, H. (1964) *One Dimensional Man*. Boston: Beacon Press.

MARX, K. & ENGELS, F. (1853) *On Colonialism*. Moscow: Foreign Language Publishing House.

McLAREN, P. (2008) Decolonizing Democratic Education. Marxian Ruminations. In A. Abdi and G. Dei (eds.) *Decolonizng Democratic Education. Trans-disciplinary Dialogues*. Rotterdam: Sense, pp. 47-55.

MEMMI, A. (1991) *The Colonizer and the Colonized*. Boston: Beacon Press.

MIGNOLO, W. (2010) Introduction: Coloniality of Power and De-Colonial Thinking. In W. Mignolo and A. Escobar (eds.) *Globalization and the Decolonial Option*. New York: Routledge, pp. 1-21.

MIGNOLO, W. (2012) *Local Histories / Global Designs. Coloniality, Subaltern Knowledges and Border Thinking*. Princeton: Princeton University Press.

MIGNOLO, W. (2013) Introduction. Coloniality of Power and Decolonial Thinking. In W. Mignolo and A. Escobar (eds.) *Globalization and the Decolonial Turn*. New York: Routledge, pp. 1-21.

MILLS, C. (1997) *The Racial Contract*. Ithaca: Cornell University Press.

MUNSLOW, A. (1997) *Deconstructing History*. New York: Routledge.

NKRUMAH, K. (1964) *Consciencism*. New York: Monthly Review Press.

PARASKEVA, J. (2011) *Conflicts in Curriculum Theory. Challenging Hegemonic Epistemologies*. New York: Palgrave.

QUIJANO, A. (1992) Colonialidad y Modernidad-Racionalidad. In H. Bonilla (org.) *Los Conquistadores*. Bogotá: Tercer Mundo, pp. 437-47.

QUIJANO, A. (2000) Colonialidad del poder y classificacion Social. *Journal of World Systems Research*, 6 (2), pp. 342-86.

QUIJANO, A. (2010) Coloniality and Modernity / Rationality. In W. Mignolo and A. Escobar (eds.) *Globalization and the Decolonial Option*. New York: Routledge, pp. 22-32.

RODNEY, W. (1973) *How Europe Undeveloped Africa*. Obtenido en http://www.blackherbals.com/walter_rodney.pdf.

SABET, A. (2008) *Islam and the Political. Theory, Governance and International Relations*. London: Pluto Press.

SAID, E. (1979) *Orientalism*. New York: Vintage.

SCHWAB, J. (1978) *Science, Curriculum and Liberal Education*. Chicago: University of Chicago Press.

SOUSA SANTOS, B. (2007a) *Another Knowledge is Possible*. London: Verso.

SOUSA SANTOS, B. (2007b) Beyond Abyssal Thinking. From Global Lines to Ecologies of Knowledges. *Review*, XXX (1), pp. 45-89.

SOUSA SANTOS, B. (2014) *Epistemologies of the South: Justice against Epistemicide*. Boulder: Paradigm.

THERNBORN, G. (2010) *From Marxism to Post-Marxism*. New York: Verso.

TLOSTANOVA, M. and Mignolo, W. (2012) *Learning to Unlearn. Decolonial Reflections from Euroasia and the Americas*. Ohio: Ohio State University, 247.

TODOROVA, M. (1997) *Imagining the Balkans*. Oxford: Oxford University Press.

WARREN, B. (1980) *Imperialism: Pioneer of Capitalism*. London: New Left Books.

WA THIONG'O, N., OWUOR-ANYUMBA, H. and LO LIYONG, T. (1978) On the Abolition of the English Department. In N. wa Thiong'o (ed.) *Homecoming: Essays on African and Caribbean Literature, Culture and Politics*. London: Heinemann, pp. 145-50.

WEST, C. (1999) *The Cornel West Reader*. New York: Basic Books.

Conclusión

Teoría Curricular Itinerante.
Una reiteración

Al escribir un nuevo prefacio para la edición de bolsillo de *Conflictos en la Teoría Curricular: desafiar las epistemologías hegemónicas*, recuerdo que hace un par de años, en un viaje a casa, me encontré con un volumen sobresaliente de Ezekiel Mphahlele en una tienda en Hillbrow, Johannesburgo. Mphahlele comparte un viaje por las historias de la vida cotidiana de los sudafricanos comunes durante el régimen del apartheid y cómo esas historias fueron cruciales para comprender la compleja lucha contra la opresión, la pobreza y la dura desigualdad. Hay un pasaje del volumen que me gustaría destacar. Mphahlele y Thuynsma (2011) afirman: "Quiero escribir; debo escribir; debería escribir; voy a escribir. ¿Esto es lo que me dije a mí mismo una noche sin luna bajo un cielo negro como la tinta... pero escribir, escribir qué?... ¿Por qué debería escribir?". Con tales palabras los intelectuales sudafricanos Ezekiel Mphahlele (conocido como Es'kia Mphahlele) y Peter N. Thuynsma comienzan "The Unfinished Story" en *Corner B.* El cuestionamiento de Mphahlele y de Thuynsma invoca para mí tantas otras voces de intelectuales e innumerables horizontes. De repente, me imagino un "trílogo" entre Es'kia Mphahlele, Steve Biko y Bell Hooks. Steve Biko (1978), probablemente, respondería: "Debes escribir lo que quieras". Muy raramente Hooks (1998) enfatizaría, "Escribo sobre trabajos que no me conmueven profundamente" (pág. 137). Sin embargo, Mphahlele aportaría complejidad a los argumentos; uno necesita decirle algo al mundo, y uno necesita tener algo que decirle al mundo. Más concretamente, uno necesita tener *algo que decirle* al mundo para *poder decirle algo* al mundo. Mphahlele (2011) insiste,

> Mucho se ha escrito sobre los bantúes, pero siempre he sentido que hay algo que falta seriamente en esa literatura. Me dije que seguramente habría mucho más que decir que el mero recuento de incidentes: sobre los amores y los odios de mi pueblo; sus deseos; su propiedad y riqueza; sus logros y fracasos; su diligencia y ociosidad; su fría indiferencia y entusiasmo; su sentido de lo cómico; su carcajada a pleno pulmón y su sentido de lo trágico con sus sollozos emocionales y sus ostentosos signos de piedad. ¿Qué podría decirle al mundo? (pág. 14).

Al escribir *Conflictos en la Teoría Curricular* (2011), enfrenté conscientemente los mismos desafíos. Frustrado, como muchos de nosotros, con las ambigüedades y las brechas dentro de los vastos y complejos terrenos críticos y postestructurales, a pesar de los innumerables y cruciales logros, traté respetuosamente de ir más allá de tales enfoques y propuse, con cautela, la necesidad de una Teoría Curricular Itinerante (TCI) para abordar los problemas complejos que todos enfrentamos bajo la presión de un impulso líquido (Bauman, 1998), y que caracterizan la globalización terrestre actual (Sloterdjik, 2013). Arlene Croce (1998) argumenta que el crítico tiene tres opciones: "(1) ver y revisar, (2) ver y no revisar, y (3) no ver" (pág. 16). De hecho, añade una cuarta: "escribir sobre lo que no se ha visto; que se vuelve posible en extrañas ocasiones" (pág. 16). En este volumen valoro no sólo "la necesidad de ver y revisar"; de hecho, el volumen hace más que eso. Revisa el campo históricamente y aborda ciertos logros, fortalezas y desafíos de un río progresista radical/crítico en particular. Al hacerlo, reivindico un camino futuro –itinerario– y justifico por qué necesitamos un enfoque itinerante crítico, siendo profundamente cautelosos a la hora de emitir cualquier tipo de receta.

El área reaccionó de inmediato a la TCI. Tales reacciones provinieron de diferentes ángulos y ejes epistemológicos occidentales y no occidentales, a través de variadas formas académicas informales y formales. Algunos fueron bastante positivos. Otros plantearon preocupaciones justificadas en casos particulares, y otros no solo tergiversaron por completo la TCI, sino que demostraron con sus objeciones, precisamente, cuán importante es cuestionar también el epistemicidio. No hace falta decir que este no es un espacio adecuado para abordar este tipo de reacciones. Pero, por ejemplo, aquellos que afirman que uso la TCI como un ataque a la epistemología hegemónica masculina blanca occidental judeo-cristiana –intencionalmente o no intencionalmente– malinterpretan profundamente el argumento. La TCI va mucho más allá de tales nociones. Otras reacciones, nuevamente algunas de ellas de bienvenida y alabando los méritos de la TCI o señalando preocupaciones comprensibles, merecían atención y, probablemente, abordaré estas preocupaciones en un futuro próximo. No hace falta mencionar que, para tantos liberales, las diferencias epistemológicas son terriblemente inconvenientes. El capitalismo humanizado, templado con extravagantes formas de multiculturalismo, les es tan querido y, en algunos casos, ni siquiera están preparados para llegar tan lejos. El problema es que "hasta ahí" no es suficiente. Como me recuerdan, repetidamente, las palabras de Dwayne Huebner (2005), "muchos educadores no son necesariamente individuos magnánimos, ni están abiertos a diversas formas de pensar, ni a la crítica significativa. Bienvenido al club" (pág. 1).

La TCI intentó decir algo al campo. Presenta nuevos terrenos y situaciones teóricas. La TCI participa en la complicada conversación (véase Trueit, 2000; Pinar, 2000) –que no puede doblegarse bajo el yugo del academicismo occidental– desafiando los epistemicidios curriculares occidentales y alertándonos sobre la necesidad de respetar e incorporar epistemes no occidentales. William Pinar (2012, 2013) reconoce la sinpticidad influyente de la TCI en su reciente *Estudios curriculares en los Estados Unidos*. Él (2013) afirma,

Hay otros discursos influyentes ahora, la sustentabilidad quizás sea la principal entre ellos. La investigación basada en las artes difícilmente es periférica... Un signo es el texto sinóptico compuesto por João M. Paraskeva. La hibridez está en el orden del día. Pertinente a la discusión en que, incluso la determinación de Paraskeva de contener en un "río crítico" múltiples corrientes de comprensión del currículo, políticamente inunda sus orillas; respalda una "teoría del currículo itinerante" que afirma una "falta de respeto deliberada al canon" (2011, pág. 184). En la proclama de Paraskeva, este "río" se ha ido "al sur" (2011, pág. 186). Ese Sur es América Latina, donde podemos evitar "cualquier tipo de eurocentrismo" (2011, pág. 186) mientras no "romanticemos el conocimiento indígena" (2011, pág. 187). Abordar temas, como la hegemonía, la ideología, el poder, la emancipación social, la clase, la raza y el género, implica un nuevo pensamiento, una nueva teoría... una Teoría Curricular Itinerante. (pág. 64).

Aunque la lectura de Pinar de la TCI es fundamental, yo aclararía (quizás complejizaría) que "el" Sur no es solo América Latina. De nuevo, Sousa Santos (2009) es vital aquí:

> El Sur se concibe, metafóricamente como un campo de desafíos epistémicos, que intentan atender y reparar los daños e impactos negativos históricamente creados por el capitalismo en su relación colonial con el mundo. Tal concepción del Sur se superpone al Sur geográfico, el grupo de naciones y regiones del mundo que fueron sometidas al colonialismo europeo y que, con la excepción de Australia y Nueva Zelanda, nunca alcanzaron niveles de desarrollo económico similares al Norte Global (es decir, Europa y los Estados Unidos de América). (págs. 12 y 13).

Así, "designamos la diversidad epistemológica del mundo por epistemologías del Sur" (Sousa Santos, 2009, pág. 12). De esta forma, la TCI aborda el reclamo de Sousa Santos (2006, pág. xi) sobre la necesidad de una nueva teoría crítica, una nueva praxis emancipatoria que también necesita ser descolonizada. Como él (2006) afirma,

> contrariamente a sus predecesores, dicha teoría y las prácticas deben partir de la premisa de que la diversidad epistemológica del mundo es inmensa, como su diversidad cultural y que el reconocimiento de tal diversidad debe estar en el centro de resistencia global contra el capitalismo y de formas alternativas de sociabilidad. (pág. xi).

La TCI intenta crear un camino itinerante para abordar un problema. Al hacerlo, se enfrenta a agujeros negros indeseables pero inevitables y necesarios (Deleuze & Guattari, 1987). La TCI entiende el enfrentamiento con tales agujeros como un conjunto de procesos recompuestos hacia un plan creativo y deseable de coherencia sólo posible respetando una itinerancia perpetua. Tal teoría/teóricos entiende la estructura y los flujos de una determinada formación social. Su itinerancia permite a la teoría/teóricos comprender por qué se metamorfosea la imposición, certificación y legitimación de determinadas des-/re-/codificaciones, así como eclipsa a tantas otras. Es decir, la TCI lee y desafía esos códigos que enmarcan cada formación social y alimentan la disputa opresor-oprimido. Esto es crucial porque permite dominar los complejos procesos de axiomatización de códigos específicos dentro de la sociedad capitalista, desde la esclavitud en el siglo XV hasta las construcciones de esclavitud actuales como flujos decodificados/recodificados de una economía y una cultura impulsadas por una epidemia de sobreproducción (Marx & Engels, 2012).

La TCI es un reclamo intachable contra las formas multiculturalistas dominantes que son "eurocéntricas, primera expresión de la lógica cultural del capitalismo nacional o global, descriptiva, apolítica, represora de las relaciones de poder, explotación, desigualdad y exclusión" (Sousa Santos, 2007, págs. xxiii-xxiv), que vienen legitimando un monocultivo del conocimiento científico que necesita ser derrotado y reemplazado por una ecología de conocimientos (Sousa Santos, 2003a, 2003b). La TCI desafía la colonialidad del poder, del ser, del saber, y del trabajo (Grosfoguel, 2007; Mignolo, 2012; Quijano, 2000); se advierte que la "política de la diversidad cultural y la inteligibilidad mutua exige el complejo procedimiento de traducción recíproca y horizontal más que una teoría general" (Sousa Santos, 2007, pág. xxvi).

Formalizar la TCI en mi mente, a través de mi escritura, a través de diálogos con otros y con el mundo, ha significado y aún significa, considerar las complejidades de sus concepciones y afirmaciones. Sin embargo, su conceptualización y creación es una interacción natural compleja con el mundo, como quizás fue el caso de Miguel Ángel y Picasso con su arte.

Cuando un día le preguntaron a Miguel Ángel cómo se pintó cierto marco, es decir, de dónde salió su idea, respondió: "No tenía ni idea. La figura se quedó allí, mirándome. Simplemente le di vida/nacimiento". Picasso tuvo un diálogo similar con un oficial de la Gestapo. En el París ocupado durante la Segunda Guerra Mundial, un oficial de la Gestapo que irrumpió en el apartamento de Picasso señaló una foto del mural *Guernica* y preguntó: "¿Hiciste eso?". "No", respondió Picasso, "lo hiciste tú". Escribir es, argumenta Gilles Deleuze (1995), "dar vida a algo, liberar la vida de donde está atrapada, trazar líneas de fuga" (pág. 141).

Estas palabras de Miguel Ángel y Picasso también destacan la teoría de la traducción que funciona a través del arte. Asimismo, la TCI es una teoría de la traducción que intenta evitar que la "reconstrucción de discursos y prácticas emancipatorias caiga en la trampa de reproducir, de forma más amplia, conceptos y contenidos eurocéntricos" (Sousa Santos, 2007, pág. xxvi). La traducción es fundamental para los procesos de codificación y decodificación.

entre los diversos y específicos recursos intelectuales y cognitivos que se expresan a través de los diversos modos de producir conocimiento sobre iniciativas y experiencias contrahegemónicas tendientes a la redistribución y el reconocimiento y la construcción de nuevas configuraciones de saber ancladas en formas locales y situadas de experiencia y lucha. (Sousa Santos, 2007, xxvi).

En *The Struggle for Meaning*[1], Hountondji (2002, pág. 26) confiesa sus dilemas de búsqueda bajo la supervisión de Georges Canguilhem y, más tarde, con Georges Balandier. Hontoundji quería examinar "todo lo que la historia de las ideas podría enseñarnos sobre los modos de existencia de las formas de conocimiento y las condiciones de la transición a la ciencia". La ambición de Hontoundji (2002, pág. 26) era identificar y delimitar, dentro del corpus existente, algo así como una arqueología de la ciencia y la tecnología y aplicarla críticamente a África". Hountondji (2002) revela los desafíos en la búsqueda de tal objeto de estudio mediante una profunda exégesis del enfoque de Husserl. El enfoque de Hountodnji (2002) es un vívido ejemplo de los desafíos internos al examinar a Husserl sin poner en peligro a África como el foco del examen. Hountondji (2002, pág. 78) explica que su estrategia es su "lucha por el sentido", que fue "trabajar en los márgenes y despejar el campo con paciencia, estableciendo la legitimidad y los contornos de un proyecto intelectual que fue, a la vez, auténticamente africano y auténticamente filosófico".

Ejemplos como Acouba Sawadogo, un agricultor africano de Burkina Faso que ha estado restaurando el suelo dañado por siglos de sequía (y desertificación) a través de técnicas agrícolas tradicionales, no puede ser minimizado con arrogancia o producido eugenéticamente como inexistente o no científico, solo porque este trabajo no puede traducirse y enmarcarse dentro de la cientificidad occidental. Los intelectuales occidentales deben reconocer conscientemente que la plataforma epistemológica occidental, tanto en sus perspectivas dominantes más sofisticadas como en sus perspectivas contradominantes críticas radicales, es insuficiente e inadecuada para explicar y cambiar sus propios efectos (Seth, 2011). Un nuevo sistema no puede emerger de las cenizas del viejo. No tiene sentido pensar en el futuro sólo dentro del modelo cartesiano de la modernidad. En realidad, es inútil enmarcar el presente dentro de un modelo tan anticuado.

---

1. N. de las T.: En español *La lucha por el sentido.*

Las perspectivas occidentales contradominantes son cruciales en la lucha por la justicia social y cognitiva, pero no son suficientes. Como valientemente argumenta Sandra Corazza (2002), "necesitamos empezar a tomarnos en serio la tarea de una verdadera teoría del pensamiento curricular" (pág. 131), que abra el canon occidental del conocimiento y responda a la necesidad de una nueva configuración epistemológica. Tal viaje de luchas beligerantes –contra las dominantes y dentro de la plataforma epistemológica occidental contradominante– apunta a reemplazar la llamada monocultura del conocimiento científico por una ecología de conocimientos. Tal ecología de conocimientos es

> una invitación a la promoción de diálogos no relativistas entre conocimientos, otorgando igualdad de oportunidades a los distintos conocimientos comprometidos en disputas epistemológicas, cada vez más amplias, dirigidas tanto a maximizar sus aportes perspectivos para construir una sociedad más democrática y justa como a descolonizar el conocimiento y el poder. (Sousa Santos, 2007, pág. xx).

Como cualquier otro ejercicio teórico para comprender el mundo educativo y transformarlo (ver Pinar, 2004), la TCI exhibe ciertamente una latitud y una longitud de espacio sin fronteras para profundizar en ciertas afirmaciones. Por ejemplo, entre muchos temas, la TCI destaca el imperialismo lingüístico enmarcado por la lengua y la cultura inglesas como parte del genocidio. Conscientes de este imperialismo lingüístico como parte crucial del genocidio, la TCI permite comprender respetuosamente, por ejemplo, cómo el "camfrenglish" –"un idioma usado en las ciudades de Cameron, inventado y creado diariamente por la juventud urbana de Cameron"– un idioma que viola deliberadamente las reglas lingüísticas del francés y el inglés, y al hacerlo desacraliza dichas lenguas imperiales (Ela, 2013, pág. 24). El "camfrenglish", es el idioma del pueblo en ciudades como Yaonde.

Darder (2012), en su soberbia exégesis de la economía política de la teoría cultural y de la política, lleva el lenguaje al centro de la batalla contra eugenesia. Como afirma Darder (2012), "la complejidad del lenguaje y cómo los estudiantes producen conocimiento y cómo el lenguaje da forma a su mundo representan una preocupación pedagógica importante para todos los escenarios educativos" (pág. 105). El lenguaje, argumenta Darder (2012), es más que una herramienta que personifica una teoría de aprendizaje específica o el culto a un método extravagante. La cuestión del lenguaje se cruza con otros no epifenómenos sociales, como la cuestión de la autoridad, la reformulación de la igualdad y la justicia social y cognitiva. Cualquier teoría crítica que apunte a la democracia cultural no puede ignorar el poder del biculturalismo (formas no celebratorias) como *poiesis* que determina la cultura y las relaciones de poder en las aulas (Darder, 2012).

La TCI es una demanda por la producción ininterrumpida de una epistemología de la liberación proclamada, en el mejor sentido, por Sousa Santos, que rechaza la perversidad de la praxis colonial de dominación basada en "la realización óntica del Ser" (Dussel, 1995, págs. 44-45; véase también Dussel, 2013) y trabaja a partir y a través de una filosofía que libera la propia postura filosófica liberadora –real filosofía de la liberación que intenta

> formular una metafísica, no una ontología exigida por la praxis revolucionaria y la *poiesis* del tecnodiseño en el contexto de las formaciones sociales periféricas. Para ello es necesario despojar al Ser de su supuesto fundamento externo y divino; negar la religión fetichista para exponer la ontología como la ideología de las ideologías; desenmascarar funcionalismos, ya sean estructuralistas, lógico/científicos o matemáticos (afirmando que la razón no puede criticar el todo dialécticamente, ellos lo afirman más que critican analíticamente u operacionalizan sus partes); y delinear el sentido de la praxis liberadora. Sólo la praxis de los pueblos oprimidos de la periferia, de la mujer violada por la ideología masculina, del niño dominado, nos lo puede revelar plenamente. (Dussel, 1995, pág. 15).

Es decir, la TCI se alinea conscientemente con la necesidad de una epistemología de la liberación que requiere la liberación de la epistemología misma. La TCI también advierte sobre la necesidad de desafiar cualquier forma de indigenizaciòn o romantización de las culturas y conocimientos indígenas, y no se enmarca en ningún esqueleto dicótico de "Occidente y el resto del mundo". De hecho, desafía tales formas funcionalistas. Su dinámica itinerante empuja al teórico a un camino pluridireccional (no necesario).

Más importante aún, la TCI confronta y lanza al sujeto a una pregunta permanente e inestable, "¿Qué es pensar?". Además, la TCI empuja a uno a pensar a la luz del futuro, así como para cuestionar cómo podemos "nosotros" afirmar realmente saber las cosas que "nosotros" afirmamos saber, si "nosotros" no estamos preparados específicamente para pensar lo impensable, para ir más allá de lo impensable, y dominar su infinitud. La TCI es ser (o no ser) radicalmente impensable. La TCI es una metamorfosis entre lo pensado y lo no pensado y lo impensado, pero se trata fundamentalmente de la temeridad de la colonización de lo no-pensado/im-pensado dentro del pensamiento. La TCI intentan comprender para incorporar cuán grande es el infinito, el infinito del pensamiento y de la acción. Si uno desafía al infinito, "entonces es un caos porque uno está en el caos"; eso quiere decir que la pregunta o las preguntas (cualesquiera que sean) están mal desterritorializadas y son fundamentalmente sedentarias. El foco es comprender que la TCI implica una comprensión del caos como doméstico, como público, como un *punctum* dentro del puro lujo de la inmanencia. En tal multitud de territorios, la TCI debe entenderse como *poiesis.* Juega en el plano de la inmanencia. Siendo inmanencia, "una vida", TCI, es "una vida". ¿La vida está marcada por una *poiesis* o por una revolución? "Sí, por favor", en pleno estilo Žižekiano. La TCI es una *poiesis* que lanza itinerantemente al sujeto contra el infinito de la representación para captar la omnidad de la realidad y la racionalidad, dominando así lo trascendente. Siendo más *poiesis* que mera teoría (y no porque sea menos teoría), su posición itinerante personifica una nomadografía trascendente, que no es trascendental.

La TCI desafía el culto al libro (Tse Tung, 2007, pág. 45). De hecho, la TCI también nos anima a prestar atención a la multiplicidad de formas de leer el mundo. La verbalización del dolor y la opresión es bastante visible en África, por ejemplo, en formas de arte como la danza y la pintura. La danza, argumenta Marc Ela (2013), en un país financiera y económicamente moribundo no es solo una forma de enfrentar la desigualdad y la opresión. Es, afirma (2013), "la mejor forma de afrontar el desánimo" (pág. 26). La TCI es un intento de ayudarnos a pensar en otra forma de ser humano. El claro marco de Corazza (2002) también es crucial aquí. Como ella afirma, y sinceramente creo que la TCI atiende su reclamo, el desafío es luchar contra lo que ella acuña como *assentado curriculum* hacia un *vagamundo curriculum*; es decir, "para crear [o co-crear] un currículo *vagamundo* hay que preguntarse cómo se puede pensar lo inabordable, lo impensable, lo no-pensable del pensamiento curricular, las exterioridades, el yo diferente, el otro yo, el yo otro" (Corazza, 2002, pág. 140). Corazza (2002) agrega que tal pensamiento curricular no tiene sentido, es un vacío real, sin las fuerzas efectivas que actúan sobre tal pensamiento, así como sin las efectivas indeterminaciones que obligan a tal pensamiento [o formas de pensamiento] a pensar de otro modo, de manera diferente, mediante la creación de nuevos conceptos requeridos por la experiencia real y no solo por la experiencia posible, permitiendo así nuevas experiencias de vida. De hecho la fuerza de otro saber, así como de una nueva filosofía, se medirá por los conceptos que sea capaz de crear, o por su capacidad de renovar significados que impongan un nuevo marco a las cosas y a las acciones *assentados*, mezclan su sintaxis, y organizan su pensamiento en una lógica torpe. (pág. 140).

La aguda interpretación de Corazza (2002) proporciona a los intelectuales las extraordinarias herramientas necesarias para comprender por qué algunos académicos africanos, como Axelle Kabou (2013), Jean Mark Ela (2013) y otros, justificadamente contrarrestan los sistemas hegemónicos occidentales y no occidentales con la siguiente pregunta: "¿Qué pasa si África se niega al desarrollo?".

La definición de desarrollo debe verse a través de otras perspectivas más allá de su conceptualización monocultural occidental del desarrollo necesario para el Sur global. ¿Al propósito de *quién* sirve este desarrollo? ¿Cuál es el costo para aquellos que están bajo su rueda de molino del llamado progreso? En tal contexto, la TCI es también una cuestión de derechos humanos, debido a su compromiso con la justicia social y cognitiva. Este es un compromiso que desafía las formas multiculturales dominantes, creando las condiciones para una reconstrucción intercultural de los derechos humanos, hacia los derechos humanos postimperiales interculturales, que respete, entre otras cuestiones, (a) el derecho al conocimiento, (b) el derecho a llevar el capitalismo histórico a juicio en un tribunal mundial, (c) el derecho a la autodeterminación democrática, y (d) el derecho a otorgar derechos a entidades incapaces de asumir deberes, a saber, la naturaleza y las generaciones futuras (Sousa Santos, 2007).

La TCI es un llamado de atención para desafiar los epistemicidios curriculares al involucrarse de lleno en la compleja lucha por la justicia social y cognitiva. Este llamado es también una cuestión intergeneracional de justicia. Se considera que la TIC se basa en la metáfora de Saramago. En una de sus mejores novelas, *Ensayo sobre la lucidez*, el intelectual portugués Saramago, ganador del Premio Nobel, describe pictóricamente cómo, con el voto, los ciudadanos de un país no identificado (probablemente Portugal) bloquearon la vida cotidiana normal. Es decir, en un típico día gris y húmedo de invierno en Portugal, la gran mayoría de la población decide no presentarse a votar hasta bien entrada la tarde. La narrativa explica el pánico paulatino de los políticos que no saben qué hacer ante semejante escándalo democrático. De repente, casi al final del día, la población se presenta y vota. Sorprendentemente, después de contar los votos, los funcionarios anuncian que la mayoría de los votos estaban en blanco. Se examina tal vergüenza política y se plantean muchas razones, incluidas las desagradables condiciones climáticas. El gobierno programa otra elección para la semana siguiente en un día soleado muy agradable. Para consternación nacional, los resultados son peores: más del 80% de los votos están en blanco. El gobierno reacciona inmediatamente ante tal resultado como si se hubiera perpetrado un crimen. Se establece un estado de emergencia; tal estado allanó el camino para un estado de sitio, con la *inteliguentsia* espiando a los ciudadanos, llevándolos para interrogatorios y pruebas de detección de mentiras. La historia continúa con ejemplos surrealistas narrados por Saramago.

El *Ensayo sobre la lucidez* de Saramago es clarísimo para todos los que estamos realmente comprometidos con la lucha contra los epistemicidios. El *Ensayo sobre la lucidez* va mucho más allá de la comprensión de cómo usar la democracia para salvar la democracia. Es un llamado a votar en blanco por parte de todos los que estamos realmente comprometidos con la justicia social y cognitiva, no solo contra las formas occidentales modernas dominantes y contradominantes específicas que colonizan la forma misma en que podemos pensar, sino también contra la matriz compleja de circuitos de la producción cultural tan bien desenmascarada por Ahmad (2008) así como nuestra propia existencia en nuestros entornos académicos. Al reclamar una posición como la de *Ensayo sobre la lucidez*, la TCI nos permite avanzar hacia un mundo que deseamos ver, un mundo que se propuso en el Llamamiento de Bamako:

> (1) un mundo basado en la solidaridad entre los seres humanos y los pueblos, (2) un mundo basado en la afirmación plena y completa de la ciudadanía y la igualdad entre los sexos, (3) una civilización universal que ofrezca la mayor posibilidad para el desarrollo creativo de diversidad en todos los ámbitos, (4) un mundo que construya la civilización a través de la democracia real, (5) un mundo basado en

el reconocimiento del estatus de no mercantil de la naturaleza, los recursos del planeta y las tierras agrícolas, (6) un mundo basado en el reconocimiento del estatus de no mercantil de los productos culturales, el conocimiento científico, la educación y la salud, (7) un mundo que promueva políticas que combinen estrechamente la democracia ilimitada, el progreso social, y la afirmación de la autonomía de todas las naciones y pueblos, (8) un mundo que afirme la solidaridad de los pueblos del norte y del sur en la construcción del internacionalismo sobre bases antiimperialistas. (véase Amin, 2008, págs. 108-111).

Más concretamente, y como mencioné en *Conflictos en la teoría curricular: desafiar las epistemologías hegemónicas*, la TCI debería complacer a todos. Seguro que no, como pude ver en ciertos eventos académicos de nuestro campo (para ser honesto, más en Estados Unidos). Mientras apele a una conversación de co-presencia para confrontar los enfoques de Sousa Santos (2009) y Pinar (2004) entre ellos, no es una conversación intercultural. Nosotros, en realidad, necesitamos desafiar el culto de las conversaciones interculturales. Al-Azmeh (2009) ayuda mucho aquí. Uno necesita cuestionar radicalmente la noción de conversación intercultural.

> no porque uno desee que haya una eterna incomprensibilidad entre los pueblos, o porque desee promover la xenofobia y alentar la limpieza étnica y los actos correlativos de barbarie. Es más bien porque creo que la noción de conversaciones interculturales se basa en una suposición irreflexiva de la fijeza y finalidad de los interlocutores en esta conversación que, incluso al final de los autores filosóficos serios, tiende a hacer que la razón se denigre hasta las declaraciones más triviales en los máximos comunes de etiqueta. Es la misma suposición de fijeza e irreductibilidad que subyace en la etiqueta del interculturalismo y el multiculturalismo como una forma de etiqueta del conservadurismo, que uno ve tan aparentemente paradójico correlato de los tipos de suposiciones sobre los demás –otras *etnias*, otros grupos religiosos– que preparan las bases, en los reinos de las concepciones y la imaginación para toda la gama de posibilidades que se extienden desde la fascinación entusiasta con lo exótico en un extremo, hasta la deshumanización belicosa del Otro y la deshumanización genocida del Otro.

Al defender el compromiso con un pensamiento no abismal y desafiando el culto eugenésico del interculturalismo, la TCI plantea, junto con Mignolo (2012, 2013) y Escobar (2013) entre otros, *otro paradigma* que "no encaje en una historia lineal de paradigmas o epistemes, que vaya en contra de las más grandes narrativas modernistas y logre la posibilidad de modos de pensar no europeos" (Escobar, 2013, pág. 34).

Tal *otro paradigma* enmarca y alimenta el debate sobre la modernidad occidental dentro del llamado programa de investigación modernidad/colonialidad (Escobar, 2013, pág. 33) que desafía las perspectivas dominantes en el estudio de la modernidad que bien podrían enmarcarse como "perspectivas intramodernas" (Escobar, 2013, pág. 34). La modernidad occidental eurocéntrica, afirma Escobar (2010), no puede disociarse de la disputa global-local (pág. 37). Es decir, la modernidad occidental eurocentrada es una historia local particular que fue capaz de "producir diseños globales particulares de tal manera que ha subalternizado otras historias locales y sus diseños correspondientes" (Escobar, 2013, pág. 38; Mignolo, 2013).

El proyecto de investigación modernidad/colonialidad (en adelante MC) conceptualiza tal impulso colonial-colonialidad "basado en una serie de eventos, construcciones sociales, que lo distinguieron de las teorías establecidas de la modernidad" (Escobar, 2013, pág. 38). Es decir

(1) un énfasis en ubicar los orígenes de la modernidad con la Conquista de América y el control del Atlántico después de 1492, en lugar de los hitos más comúnmente aceptados como la Ilustración del final del siglo dieciocho; (2) la atención persistente al colonialismo y la construcción del sistema mundial del capitalismo como constitutivo de modernidad; (3) la adopción de una perspectiva mundial en la explicación de la modernidad, en lugar de una visión de la modernidad como un fenómeno intraeuropeo; (4) la identificación de la dominación de otros fuera del núcleo europeo como una dimensión necesaria de la modernidad con la subalternación concomitante de conocimientos y culturas de estos otros grupos; (5) una concepción del eurocentrismo como la forma de conocimiento de la modernidad/colonialidad, una representación hegemónica y un modo de conocimiento que reclama la universalidad para sí mismo. (Escobar, 2013, pág. 38).

Tal MC enmarca su agenda de investigación enfatizando nociones tales como

a) sistema mundial colonial moderno: como un conjunto de procesos y formaciones sociales que abarcan el colonialismo moderno y las modernidades coloniales; (b) colonialidad del poder: un modelo de poder hegemónico global vigente desde la conquista que articula raza, trabajo y pueblos de acuerdo con las necesidades del capital y en beneficio de los pueblos blancos; (c) diferencia colonial y colonialidad global, que se refiere al conocimiento y las dimensiones culturales de los procesos de subalternación efectuados por la colonialidad del poder; la diferencia colonial pone de manifiesto diferencias culturales persistentes dentro de las estructuras de poder global; (d) la colonialidad del ser: como una dimensión ontológica de la colonialidad en ambos lados del encuentro; (e) eurocentrismo: como el modelo de conocimiento que representa la experiencia histórica local europea y que se volvió globalmente hegemónico desde el siglo XVII. (Escobar, 2013, pág. 39).

La TCI debe verse también en ese marco. Es sensible al MC, pero no lo agota. Su dinámica perpetua itinerante crea esa incapacidad de entrega a un marco concreto. Sin embargo, la TCI intenta complejizar el MC. Por ejemplo, no necesariamente "va en contra de las más grandes narrativas modernistas" (Escobar, 2013, pág. 34). Definitivamente va en contra de las grandes narrativas modernistas dominantes y a través de algunas grandes narrativas modernistas contradominantes, como el marxismo, por ejemplo y, al hacerlo, lo descoloniza. Sin embargo, incluso en el intento de aplastar ciertas grandes narrativas modernistas occidentales dominantes, la TCI presta una atención cautelosa entre la disputa de la religión, es decir, el cristianismo y la espiritualidad y cómo esa historia fue y es crucial en la construcción de la (no) existencia del "otro" (véase Marc Ela, 2013). En tal sentido, la TCI es una teoría de la liberación y, sin negarlo, también de la liberación de ciertas limitaciones de la pedagogía crítica. La pedagogía crítica exhibe formas pedagógicas particulares.

> como parte de una lucha individual y colectiva en curso sobre el conocimiento, el deseo, los valores, las relaciones sociales y los modos de acción política, la pedagogía crítica es fundamental para llamar la atención sobre las cuestiones relativas a quién tiene el control sobre las condiciones para la producción de conocimiento, valores y prácticas en el aula; la pedagogía crítica es una forma de provocación y desafío que intenta llevar a las personas más allá del mundo con el que están familiarizados y deja en claro cómo los conocimientos del aula están siempre implicados en el poder. (Giroux, 2011, pág. 5-6).

Más concretamente, la TCI ve tal "lucha colectiva por el conocimiento" como una lucha que hoy necesita ir mucho más allá de la plataforma epistemológica occidental. Todos nos paramos respetuosamente sobre los hombros de los demás, y el de Giroux (2011) ayuda mucho. Es decir, al enmarcar con profundidad la teoría y la pedagogía críticas como un lenguaje de crítica y de esperanza y posibilidad, es decir, una pedagogía crítica "que aborde el potencial democrático de comprender cómo la experiencia, el conocimiento y el poder se forman en el aula en diferentes y, a menudo, desiguales contextos" (Giroux, 2011, pág. 5), él construyó un campo fundacional que se puede explorar en la lucha contra los epistemicidios. La TCI es un claro llamado contra la precariedad de cualquier posición teórica fija y anquilosada.

No hace falta decir que esto implica un conflicto severo, un conflicto que siempre fue parte de nuestra vida cotidiana. Para adaptar metafóricamente el enfoque de Dussel (1995),

> desde Heráclito hasta Henry Kissinger, si por todo se entiende el orden o sistema que controlan los dominadores del mundo, su poder y sus ejércitos, estamos en guerra: una guerra fría para quienes la libran, una guerra caliente para quienes la padecen, convivencia pacífica para quienes fabrican armas, existencia sangrienta para quienes están obligados a usarlas. (pág. 1).

La TCI es la teoría popular, una epistemología de la liberación bastante consciente de que no existe incompatibilidad teórica y/o política entre los impulsos críticos marxistas y las epistemes no-occidentales. Por ejemplo, si uno presta mucha atención al lenguaje de esperanza y posibilidad de Giroux y la forma en que enmarca la teoría crítica y la pedagogía, uno no ve ninguna incompatibilidad para que un teórico del currículum itinerante se roce con otros impulsos marxistas críticos y epistemes no occidentales. Esto implica claramente procesos descolonizadores en el seno mismo de la matriz crítica y marxista. ¿No es esto de lo que realmente nos alertó Marx cuando afirmó la necesidad de una crítica despiadada de todo lo que existe?

Referencias bibliográficas

AHMAD, A. (2008) *In Theory.* London: Verso.

AL-AZMEH, A. (2009) *Islams and Modernities.* New York: Verso.

AMIN, S. (2008) The World we Wish to See. Revolutionary Objectives in Twenty First Century. *The Bamako Appeal*, pp. 107-12.

BAUMAN, Z. (1998) *Globalization. The Human Consequences.* London: Blackwell Publishers.

BIKO, S. (1978) *I Write What I Like.* Johannesburg/ Sandton: Heinemann Publishers.

CORAZZA, S. M. (2002) Noologia do currículo: Vagamundo, o problemático, e assentado, o resolvido. *Educação e Realidade*, 27 (2), pp. 131-42.

CROCE, A. (1998) Discussing the undiscussable. In Maurice Berger (ed.) *The Crisis of Criticism.* New York: New Press, pp. 15-29.

DARDER, A. (2012) *Culture and Power in the Classrooms. Educational Foundations for the Schooling of Bicultural Studies.* Boulder: Paradigm Publishers.

DELEUZE, G. (1995) *Negotiations 1972-1990.* New York: Columbia University Press.

DELEUZE, G. e GUATTARI, F. (1987) *A Thousand Plateaus. Capitalism and Schizophrenia.* Minneapolis: University of Minnesota Press.

DUSSEL, E. (1995) *Philosophy of Liberation.* Oregon: Wipf & Stock.

DUSSEL, E. (2013) *Ethics of Liberation. In the Age of Globalization and Exclusion.* Durham: Duke University Press.

ELA, J. M. (2013) *Restituir a Historia as Sociedades Africanas.* Lisboa: Edicoes Pedago.

ESCOBAR, A. (2013) Worlds and Knowledges Otherwise. In W. Mignolo and A. Escobar (eds.) *Globalization and the Decolonial Turn.* New York: Routledge, pp. 33-64.

GIROUX, H. (2011) *Zombie Politics in the Age of Casino Capitalism.* New York: Peter Lang.

GROSFOGUEL, R. (2007) The Epistemic Decolonial Turn: Beyond Political Economy Paradigms. *Cultural Studies* 21(2-3), pp. 211-223.

HOUNTONDJI, P. (2002) *The Struggle for Meaning. Reflection on Philosophy, Culture and Democracy in Africa.* Athens: Ohio State University.

HUEBNER, D. (2005) *E-Mail Correspondence.*

KABOU, A. (2013) *E se A Africa se Recusar ao Desensvolvimento?* Lisboa: Edicoes Pedago.

MARX, K. and ENGELS, F. (2012) *The Communist Manifesto.* New York: Verso.

MIGNOLO, W. (2012) *Local histories / global designs: Coloniality, subaltern knowledges and border thinking.* Princeton: Princeton University Press.

MIGNOLO, W. (2013) Introduction. Coloniality of Power and Decolonial Thinking. In W. Mignolo and A. Escobar (eds.) *Globalization and the Decolonial Turn.* New York: Routledge, pp. 1-21.

MPHAHLELE, E. (2011) *Corner B.* New York: Penguin Classics, pp. 15-29.

PINAR, W. (2000) Introduction: Toward the Internationalization of Curriculum Studies. In D. Trueit, W. Doll Jr., H. Wang and W. Pinar (eds.) *The Internationalization of Curriculum Studies.* New York: Peter Lang, pp. 1-13.

PINAR, W. (2004) *What Is Curriculum Theory?* Mahwah, NJ: Erlbaum.

PINAR, W. (2012) *Curriculum Studies in the United States.* New York: Palgrave.

PINAR, W. (2013) *Curriculum States in the United States: Present Circumstances, Intellectual Histories.* New York: Palgrave.

QUIJANO, A. (2000) Colonialidad del poder y clasificación Social. *Journal of World Systems Research*, 6 (2), pp. 342-86.

SETH, S. (2011) Travelling Theory: Western Knowledge and Its Indian Object. *International Studies in Sociology of Education*, 21 (4), pp. 263-82.

SLOTERDJIK, P. (2013) *In the World Interior of Capital. Towards a Philosophical Theory of Globalization.* Cambridge: Polity Press.

SOUSA SANTOS, B. (2003a) Prefácio. In B. de Sousa Santos (org.) *Democratizar a Democracia—Os caminhos da Democracia Participativa.* Porto: Edições Afrontamento, pp. 25-33.

SOUSA SANTOS, B. (2003b) Para uma sociologia das ausências e uma sociologia das emergências. In Boaventura de Sousa Santos (org.) *Conhecimento prudente para um vida decente: Um Discurso sobre as ciencias revisitado.* Porto: Afrontamento, pp. 735-75.

Sousa Santos, B. (2006) *The Rise of the Left the World Social Forum and Beyond.* London: Verso.

Sousa Santos, B. (2007) *Another Knowledge Is Possible.* London: Verso.

Sousa Santos, B. (2009) Beyond abyssal thinking. From global lines to ecologies of knowledges. *Review*, 30(1), pp. 45-89.

Trueit, D. (2000) Democracy and Conversation. In D. Trueit, W. Doll Jr., H. Wang and W. Pinar (eds.) *The Internationalization of Curriculum Studies.* New York: Peter Lang, pp. ix-xvii.

Tse Tung, M. (2007) Oppose Book Worship. In Slavoj Žižek, *Slavoj Žižek presents Mao on practice and contradiction.* London: Verso, pp. 43-51.

Indice onomástico

Marxismo 29-33-34-37-75-110-135-148-
178-302-310-311-314-315-317-318-
319-346-362

Marx, Karl 3-9-13-27-28-29-38-59-141-
146-155-172-187-243-262-310-311-
312-313-314-315-317-318-319-324-
329-330-337-347-348

Masolo, D. 149-187

Materialismo dialéctico 260-262

Matriz de poder 24-129-174

Mbiti, John 142-187

McCarthy, Cameron 53-54-60-69-83-220-224

Mclaren, Peter 42-43-44-46-47-48-70-83-
131-291-316-317-330-362

medicina 149-180-181-182-194-198-200-
209-210-222

Memmi, Albert 9-10-18-174-187-325-330

memoria 92-111-123-125-144-174-194-325

meritocracia 204

Mernissi 209-224

Mignolo, Walter 19-22-24-25-26-38-39-
87-90-91-110-111-113-116-118-119-
120-121-122-123-131-132-156-157-
187-275-279-281-291-304-306-307-
308-310-315-323-325-326-329-330-
331-337-344-345-348-362

Mills, Charles W. 106-107-108-131-151-
152-187-325-331

Mishra, Pankaj 230-256

MLSTP 172

moderno 20-89-90-91-92-95-103-106-
108-109-110-113-125-127-148-193-
205-215-216-218-222-225-242-287-
295-296-297-300-301-302-305-306-
307-310-313-319-320-329-345

modernidad 7-10-21-22-24-25-27-28-35-
37-63-87-89-90-91-93-106-109-113-
114-115-118-119-120-121-122-123-
124-127-128-131-133-138-147-156-
157-214-218-234-245-247-271-281-
285-293-294-295-298-299-300-303-
304-305-306-307-308-309-312-313-
318-319-320-322-323-325-326-328-
331-338-345

Modernidad occidental 25-106-138-303-
308-309-313-322-323-325-326-328-345

Mondlane, Eduardo 145-161-168-187

Morgan, Michael 192-193-194-196-197-
198-199-204-205-207-208-211-212-
213-218-224

Mphahlele, Ezekiel (Es'kia) 247-248-256-
333-334-348

MPLA 172

Mudimbe, Valentim-Yves 142-145-147-148-
151-152-187

muhaddithum 207

Munslow, Alun 80-83-187-228-256-294-
330-331

muntu 139

musulmán 88-194-210-211-213-219

Mutua, Kagenda 282-289-290-291

nahda 217-218

Negri, Toni 275-289-319

negritud 143-152-248-249

neocolonialismo 144-165-168-176-177-179

neogramscianismo 44

neoliberalismo 11-12

neomarxismo 66

Ngara, Constantine 139-140-141-159-
160-187

Referencias en castellano

AGAMBEN, G. (2007). La inmanencia absoluta. En Giorgi, G. & Rodríguez, F. (Comp.). *Ensayos sobre biopolítica Excesos de la vida*. (59-92). Barcelona: Paidós.

APPLE, M. (1986). *Ideología y Currículo*. Madrid: Akal.

APPLE, M. (1996). *El conocimiento oficial: la educación democrática en una era conservadora*. Barcelona: Paidós.

APPLE, M. (1997). *Educación y poder*. Barcelona: Paidós.

APPLE, M. (1997). *Maestros y textos: una economía política de relaciones de clase y sexo en educación*. Barcelona: Paidós.

AU, W. (2020). *Estudios críticos del curriculum*. Buenos Aires: Miño y Dávila.

BAKHTIN, M. (1986). *Problemas de la poética de Dostoievski*. México: FCE.

BAUMAN, Z. (2001). *La globalización*. Madrid: F.C.E.

BECK, Ulrich (2008). *¿Qué es la globalización?: falacias del globalismo, respuestas a la globalización*. Ediciones Paidós Ibérica.

BERNSTEIN, B. (1988). *Clases, códigos y control III. Hacia una teoría de las transmisiones educativas*. Madrid: Akal.

BORGES, J.L. (1997). *Ficciones*. Madrid: Alianza.

BOURDIEU, P. (1985). *¿Qué significa hablar?* Madrid: Akal.

CARNOY, M. (1991). *La educación como imperialismo cultural*. Siglo XXI.

CÉSAIRE, A. (2006). *Discurso Sobre El Colonialismo*. Madrid: Editorial Akal.

CHOMSKY, Noam (1992). *Crónicas de un disenso*. Se encuentra en: https://www.bloghemia.com/2022/07/cronicas-de-un-disenso-por-noam-chomsky.html?fbclid=IwAR1eRw0rmqir6kGFv24EVX-EWX4sIi8Uu9WvXfIYAnBJTG9NFy6Mz-mdA77w.

DE LAS CASAS, B. (1552). *Brevíssima relación de la destruyción de las Indias*. Colegida por el obispo don fray Bartolomé de las Casas o Casaus, de la Orden de Santo Domingo.

DECERTAU, M. (1999). *La invención de lo cotidiano*. México, D.F.: Universidad Iberoamericana/ITESO/Centro Francés de Estudios Mexicanos y Centroamericanos.

DELEUZE, G. (1971). *Lógica del sentido*. Barcelona: Seix Barral.

DELEUZE, G. (2002). *Diferencia y repetición*. Buenos Aires: Amorrortu.

DELEUZE, G. & GUATTARI, F. (1993). *¿Qué es la filosofía?* Madrid: Anagrama.

DELEUZE, G. & GUATTARI, F. (2020). *Mil Mesetas*. Valencia: Pre-Textos.

DUSSEL, E. (2012). *Ética de la liberación en la Edad de la Globalización y de la Exclusión*. Madrid: Trotta.

DUSSEL, E. (2012). *Filosofía de la liberación*. México, D.F.: FCE.

ENGUITA, M.F. (1986). *Marxismo y sociología de la educación*. Madrid: AKAL.

FANON, F. (2015). *Los condenados de la tierra* (1961). México: FCE.

FANON, F. (2009). *Piel negra, máscaras blancas* (1952). Madrid: Akal.

FOUCAULT, M. (1997). *Historia de la sexualidad*. México, D.F.: Siglo XXI.

FRASER, N. (2012). *Iustitia Interrupta. Reflexiones críticas desde la posición postsocialista*. Bogotá: Universidad Nacional de Colombia.

FREIRE, P. (1980). *Pedagogía del Oprimido*. Buenos Aires: Siglo XXI.

FREIRE, P. (1990). *Pedagogía del oprimido*. Madrid: Siglo XXI.

FREIRE, P. (1993). *Política y educación: ensayos*. Sao Paulo: Cortez.

GALEANO, E. (2003). *La venas abiertas de América Latina*. Buenos Aires: Siglo XXI.

GIROUX, E. (1992). *Teoría y resistencia en educación. Una pedagogía para la oposición*. México: Siglo XXI Editores.

GIROUX, E. & MCLAREN, P. (1999). *Sociedad, cultura y educación* (con Peter McLaren). Buenos Aires: Miño y Dávila Editores.

GOODY, J. (2011). *El robo de la historia*. Madrid: Akal.

GRAMSCI, A. (2013). *Antología*. Selección, traducción y notas de Manuel Sacristán. Madrid: AKAL.

GROS, F. (2014). *Andar. Una filosofía*. Madrid: Taurus.

GROSFOGEL, R. (2007). *El giro decolonial: reflexiones para una diversidad epistémica más allá del capitalismo global*. Bogotá: Siglo del Hombre Editores.

HALL, S. & DU GAY, P. (comp.) (2003). *Cuestiones de identidad cultural*. Buenos Aires: Amorrortu.

HOOKS, B. (2021). *Enseñar a transgredir*. Madrid: Capitán Swing.

LACLAU, E. (1996). *Emancipación y diferencia*. Buenos Aires: Ariel.

LATOUR, B. (2001). *La esperanza de Pandora. Ensayos sobre la realidad de los estudios de la ciencia*. Barcelona: Gedisa.

MIGNOLO, W. (2003). *Historias locales/diseños globales. Colonialidad, conocimientos subalternos y pensamiento fronterizo*. Madrid: Akal.

MIGNOLO, W. (2003). *Historias locales, diseños globales. Colonialidad, conocimientos subalternos y pensamiento fronterizo*. Madrid: Akal.

QUIJANO, A. (2020). *Cuestiones y horizontes. De la dependencia histórico-estructural a la colonialidad/descolonialidad del poder*. Buenos Aires: CLACSO/Universidad Nacional Mayor de San Marcos.

SAID, W.W. (2003). *Orientalismo*. Madrid: Debolsillo.

SOUSA SANTOS, B. de (2009). *Una epistemología del SUR*. Con María Paula (eds.). México, D.F.: Siglo XXI.

Sousa Santos, B. de (2010). *Descolonizar el saber, reinventar el poder.* Uruguay: Trilce Editorial.

Sousa Santos, B. de (2022). *El fin del imperio cognitivo. La afirmación de las epistemologías del Sur.* Madrid: Trotta.

Todorov, T. (1982). *La conquista de América, la cuestión del otro.* Madrid: Siglo XXI.

Wallerstein, I. (1996). *Abrir las ciencias sociales.* Madrid: Siglo XXI.

Wallerstein, I. (2007). *Universalismo europeo. El discurso del poder.* Madrid: Siglo XXI.

Wallerstein, I. (1998). *Utopística. O las Opciones Históricas del Siglo XXI.* Madrid: Siglo XXI.

Willis, P. (1988). *Aprendiendo a trabajar. Cómo los chicos de la clase obrera consiguen trabajos de clase obrera.* Madrid: Akal.

Zizeck, S. (2013). *El año que soñamos peligrosamente.* Madrid: Akal.